상담사 커리어 로드맵

7인의 1급 상담심리사가 알려 주는 **현장 솔루션**

김태연
민춘숙
박민정
손자영
신수진
이항순
최인선
공 저

학지사

추천사

오늘날 상담의 영역은 학교, 청소년기관, 대학, 군대, 기업, 고용노동부, 병원 등 사회 전반으로 확산되고 있습니다. 이는 현대사회에 이르러 개인의 심리적 건강과 성장에 대한 관심이 높아지고, 전문적인 상담 서비스에 대한 수요가 급증하고 있음을 보여 줍니다. 그러나 상담사를 꿈꾸는 많은 이는 "어떤 분야에서 일할 것인가?"라는 근본적인 질문 앞에서 막막함을 느끼고 있는 것이 현실입니다.

이 책은 바로 그런 고민에 대한 명쾌한 답을 제시합니다. 7개 주요 상담 현장에서 활동하는 한국상담심리학회 1급 상담심리사들이 직접 나선 이 책은 단순한 정보 제공을 넘어, 현장의 생생한 목소리를 담고 있습니다. 분야별로 요구되는 전문성, 자격 취득 과정, 취업 준비 전략 그리고 실무에서 필요한 역량까지 상세히 다루고 있어, 상담사를 꿈꾸는 이들에게 실질적인 로드맵을 제공합니다.

특히 주목할 점은 이 책이 이론적 접근보다는 실무진의 경험을 바탕으로 한 실용적 가이드라는 것입니다. 각 분야에서 오랜 시간 현장 경험을 쌓은 전문가들의 솔직한 조언과 노하우는 독자들이 시행착오를 최소화하고 효율적으로 진로를 준비할 수 있도록 도와줄 것입니다.

진로 선택은 개인의 흥미, 적성, 가치관이 조화를 이루는 지점에서 이루어져야 합니다. 이 책은 상담의 다양한 분야를 체계적으로 소개함으로써, 독자들이 자신에게 가장 적합한 상담 분야를 찾을 수 있도록 도움을 줄 것입니다. 또한 각 분야의 특성과 요구사항을 명확히 제시해서, 현실적이고 구체적인 진로 계획을 세울 수 있게 합니다.

상담사는 단순히 개인의 문제를 해결하는 것을 넘어, 사회의 건강한 발전에 기여하는 중요한 역할을 합니다. 이 책을 통해 더 많은 유능한 상담사가 각자의 분야에서 전문성을 발휘하며, 우리 사회의 심리적 건강 증진에 기여하기를 기대합니다.

평소에 상담사의 진로에 늘 관심을 가졌던 사람으로서 상담사를 꿈꾸는 모든 분에게 이 책을 적극 추천합니다. 여러분의 꿈이 현실이 되는 여정에 든든한 동반자가 되어 줄 것입니다.

2025년 10월

숙명여자대학교 특임교수 **김봉환**

머리말

"나는 어떤 분야에서 상담사로 일하면 좋을까?"

상담 분야를 준비하는 여러분이 가장 많이 고민하는 질문일 것입니다. 현재 상담의 수요는 학교, 청소년 기관, 대학, 군대, 기업, 고용노동부, 병원 등 다양한 현장으로 확대되고 있습니다. 하지만 정작 예비 상담사들은 각 분야의 특성과 필요한 준비과정에 대한 정보를 찾기 어려워 많은 시행착오를 겪고 있습니다.

7인의 저자는 모두 심리상담 관련 분야에서 석사, 박사 과정을 마치고 한국상담심리학회 1급 자격증을 취득한 전문가들입니다. 각자의 분야에서 오랜 시간 경험을 쌓으며 현장 경험을 통해 깨달은 것은, 상담 분야별로 요구되는 전문성과 준비과정이 매우 다르다는 점이었습니다.

이에 저희는 후배 상담자들이 저희가 겪었던 시행착오를 조금이라도 덜 겪길 바라는 마음으로 이 책을 집필하게 되었습니다.

이 책의 가장 큰 특징은 7개 주요 상담 현장에서 다년간 상담한 경험이 있는 1급 상담심리사들의 실질적인 정보를 담고 있다는 점입니다. 각 분야별로 진로 준비과정에서부터 자격 취득, 취업, 실무에서 필요한 역량까지 세세한 정보를 아낌없이 담았습니다. 특히 현장에서 일하는 상담사들의 인터뷰를 담아 각 분야의 상담사를 꿈꾸는 여러분이 알아야 할 현장의 목소리를 전달하고자 했습니다.

이 책은 상담 관련 학과 전공생, 자격 취득 준비생, 진로 전환을 고민하는 현직 상담사들에게 든든한 길잡이가 될 것입니다. 또한 상담심리사라는 직업에 관심 있는 일반인들과 진로를 탐색하는 청소년들에게도 유용한 정보를 제공할 수 있을 것으로 기대합니다.

각자의 자리에서 전문성을 갖춘 상담사로 성장하는 과정은 결코 쉽지 않습니다. 하지만 이 책이 여러분의 여정에 작은 도움이 되어, 각자가 꿈꾸는 상담 현장에서 빛나는 전문가로 성장하시기를 진심으로 응원합니다.

마지막으로, 바쁘신 중에도 인터뷰에 흔쾌히 응해 주신 각 분야의 전문가 선생님들과 책이 세상에 나올 수 있도록 도움을 주신 학지사에 깊은 감사의 말씀을 전합니다. 여러분의 도움으로 이 책이 탄생할 수 있었습니다.

2025년 10월

저자 일동

'이 책에 수록된 모든 사례는 교육 목적으로

가상의 인물과 내용으로 구성하였습니다.'

차례

01

위기에서 성장으로: 희망을 심는 **학교상담**

학교상담사는 내담자가 겪는 정서적 어려움, 대인관계 갈등, 진로 고민 등 다양한 문제를 해결하며 건강한 삶을 영위할 수 있도록 돕는 중요한 역할을 한다. 학교상담사가 되기 위해서는 전문상담교사, 전문상담사 자격요건과 관련된 교육 및 훈련 과정을 이해하고 준비하는 것이 필수적이며, Wee프로젝트와 같은 학교상담 지원체계에 대한 이해가 상담사의 전문성을 갖추는 데 도움이 될 것이다.
또한 학교상담의 발달 과정과 그 역할에 대한 이론적 고찰을 바탕으로, 개인상담 및 집단상담기술, 심리평가, 위기상황 대처법, 윤리적 고려사항 등 실무에서 요구되는 핵심 요소들을 구체적으로 논의한다. 이를 통해 상담사가 실무에서 마주할 수 있는 다양한 상황에 효과적으로 대비할 방안을 제시하며, 학생들에게 더욱더 전문적이고 실질적인 도움을 제공할 수 있는 기반을 마련하고자 한다.

프롤로그

내면의 탐구에서 시작된 상담사의 길

심리학을 공부하게 된 계기는 나 자신을 돌보려는 마음에서 시작되었다. K-장녀로서 힘든 감정을 다른 사람에게 표현하기 어려웠기에, 심리학을 배우며 스스로를 치유하고자 했다. 처음부터 이를 직업으로 삼겠다는 생각은 없었다.

직장 생활과 병행하며 공부하는 과정은 쉽지 않았지만, 심리학은 그 어려움을 초월할 만큼 흥미롭고 매력적이었다. 시간이 지나면서 학생들을 가르치는 시간보다 학부모와 상담하는 시간이 점점 늘어났고, 그 과정에서 내가 앞으로 무엇을 하고 싶은지에 대해 고민하게 되었다. 결국, 새로운 진로를 선택하며 조금 다른 방향으로 나아가기로 결심했다.

첫발을 내디뎠을 때, 이 길이 나에게 맞는지 스스로에게 끊임없이 물었다. 오랜 시간 학생들과 학부모를 상담해 온 경험이 있었기에 큰 어려움은 없을 것으로 생각했지만, 실제 상담실에서 마주한 현실은 사뭇 달랐다. 학생들이 지닌 복잡한 감정과 그들의 목소리에 담긴 무게는 내가 예상했던 것보다 훨씬 깊고 컸다. 내가 이들에게 진정한 도움을 줄 수 있는 사람인지, 그리고 내가 이곳에 제대로 서 있는지에 대한 두려움과 불안이 밀려왔다.

더불어 학교에서 근무하면서 '나는 상담사인가?' '복지사인가?' 혹은 '나는 대체 무엇을 하고 있는가?'라는 질문이 나를 끊임없이 괴롭혔다. 학교상담사로서의 정체성에 대해 오랜 시간 고민하며 스스로 돌아보는 시간을 가졌다. 이러한 불안과 정체성의 고민들은 오히려 나를 조금 더 나은 상담사가 되도록 이끌었다. 매일 조금이라도 성장하기 위해 열심히 공부하고, 새로운 방법들을 찾아 시도했다. 실수를 통해 배우기도 하고, 성공적인 상담에서 자신감을 얻기도 하면서 차츰차츰 내 길을 찾아갔다. 그러면서 깨달은 점은 상담사의 길이란 끝없는 자기성찰과 지속적인 성장을 요구한다는 사실이었다.

이 글을 통해 후배 학교상담사들에게 내가 겪었던 고민과 성찰 그리고 그 안에서 얻은 지식과 경험을 나누고자 한다. 대부분의 학교상담사가 학생들에게 더 좋은 내일을 선물하고 싶다는 마음으로 이 길에 들어섰을 것이다. 하지만 그 여정이 언제나 순조롭지만은 않다는 것을 우리는 안다.

학교상담사는 학생들의 꿈과 미래를 함께 그려 가는 동반자다. 이 여정 속에서 여러분은 혼자가 아니며, 이 책이 여러분의 길에 작은 힘이 되기를 진심으로 바란다.

학교상담전문가 **민춘숙**

1 학교상담사, 이것만은 알고 가자

토리(여, 중3)는 무단결석 문제로 상담받게 되었다. 학기 초에는 K그룹 팬인 친구 3명(A, B, C)과 잘 지내며 학급 동료들과도 좋은 관계를 유지했으나, 최근 쉬는 시간마다 잠만 자는 모습을 보였다. 어느 날부터 A, B, C는 자기들끼리만 대화를 나누며 토리를 배제하기 시작했고, 이유에 대한 설명도 없이 반 학생 전체가 토리를 멀리하게 되었다. 급기야 점심시간에 A, B, C는 토리 바로 뒤에서 "토리가 반에서 사라졌으면 좋겠다."라고 이야기했다. 그 이후 토리는 아무것도 하고 싶지 않고 눈물만 나오며, 학교에 가는 것이 두려워졌다. K그룹의 음악을 들으며 시간을 보냈지만, 예전과 같은 즐거움은 사라졌고, 죽어야 한다는 생각마저 들며 구체적으로 극단적인 선택을 고민하고 있다.

오늘날 학교에서는 학교폭력, 학업 중단, 자살 위험 등 다양한 위기상황에 직면한 학생들이 점점 늘어나고 있다. 이러한 문제는 학생 개개인의 심리적 어려움으로 이어지며, 이는 학교 부적응과 더불어 심각한 정서적 문제를 초래하는 악순환을 만들 가능성이 크다. 토리 사례의 경우, 또래관계에서의 소외 경험이 우울감과 자살사고로 이어져 학교생활 적응에 큰 어려움을 겪게 된 전형적인 경우로 볼 수 있다. 이처럼 학생들이 겪는 심리적 어려움은 단순히 개인의 문제에 그치지 않고, 학교 전체의 환경과 연결되어 있음을 보여 준다. 따라서 이러한 문제를 해결하고 학생들이 건강하게 성장할 수 있도록 돕기 위해 학교상담의 필요성과 역할을 이해하는 것이 중요하다.

학교상담의 역사와 발전: 학생 삶의 변화를 이끌다

1) 우리나라의 정신건강 현황

한국에서 학교상담은 1960년대에 미국의 영향을 받아 본격적으로 도입되었다. 초기에는 주로 대학 입시와 관련된 진로 지도에 초점을 맞췄으나, 1970년대부터는 개인적 가치와 삶의 방향성을 중시하는 진로 및 생활지도 활동으로 그 범위를 확대했다. 이후 인터넷과 소셜 미디어(SNS)의 발달로 새로운 형태의 문제들이 대두되며, 전문적인 상담 인력의 필요성이 더욱 강조되었다.

2005년부터 전문상담교사가 학교에 배치되기 시작했지만, 여전히 상담 자원봉사자, 사회복지사, 단기 프로그램 운영 등에 의존하는 사례가 빈번했다. 그러나 자해, 자살사고, 약물 남용, 학교폭력과 같은 심각한 문제의 발생이 증가하면서 정서적 지원의 필요성이 본격적으로 대두되었다. 이러한 배경 속에서, 2010년 국가 차원의 정책으로 위(Wee)프로젝트(이하 Wee 프로젝트)가 시행되었다. 이 프로젝트는 일정 자격요건을 충족하는 전문상담사를 고용하고, 위(Wee)클래스(이하 Wee클래스)와 위(Wee)센터(이하 Wee센터)를 중심으로 학생들에게 지속적이고 체계적인 상담 서비스를 제공하도록 설계되었다.

Wee프로젝트는 위기상황 발생 시 신속하고 효과적으로 개입할 수 있는 체계를 구축함으로써 학생들의 학교적응력을 향상시키는 데 중요한 역할을 수행했다. 이를 통해 학교폭력, 자해 및 자살사고의 발생률이 현저히 감소했으며, 조기 발견과 문제 해결을 통한 학생들의 정서적 안정과 학업성취도 향상이라는 긍정적 결과를 도출했다. 실제로 학계에서도 이와 같은 긍정적 효과를 입증하는 연구가 다수 이루어지고 있다.

현재 모든 학교에 최소한 한 명 이상의 학교상담사를 배치하려는 노력이 지속적으로 전개되고 있으며, 이는 학생 복지 증진과 정신건강 강화의 중요한 기반으로 작용하고 있다. 또한 2024년부터는 전 국민 마음투자 지원사업 기관에 Wee센터와 Wee클래스가 포함됨으로써 학교상담의 역할과 책임이 한층 강화될 것으로 전망된다.

향후 학교상담은 단순히 학업성취에 국한되지 않고, 정서 안정, 사회성 발달 등 학생들의 전인적 성장을 지원하는 데 중심을 둘 것이다. 이를 위해 학교상담사는 지속적인 전문성 개발에 힘써야 하며, 다른 교육 종사자들과 긴밀히 협력해 학생들에게 최적의 환경을 제공해야 한다. 특히 급변하는 사회적 흐름 속에서 학생들의 문화를 신속히 이해하고, 이를 교육 현

표 1-1 학교상담의 역사적 발전

① 1960년대: 상담 개념 도입, 진로상담 중심
② 1970년대: 제도적 기반 구축, 상담 교사 역할 강조
③ 1980년대: 전문성 강화, 다양한 상담 역할 수행
④ 1990년대: 상담 영역 확대, 체계적 운영 지침 마련
⑤ 2000년대: 전문상담교사 배치, 정서적 지원 강화
⑥ 2010년대: 프로그램 다양화, 디지털 상담 도입
⑦ 2020년대: 통합적 접근, 코로나19로 인한 온라인 상담 확대

출처: 김계현 외(2020).

장에 적절히 반영하는 것이 필수적이다. 교사, 학부모, 지역사회 간의 유기적인 협력을 통해 위험 요인을 사전에 식별하고, 이를 효과적으로 대응하는 것이 중요한 과제로 남아 있다.

Wee프로젝트란 무엇인가

Wee프로젝트는 2008년 10월에 시작된 국가 정책 사업으로, 학교폭력, 성폭력, 학교 부적응, 학업 중단 등 다양한 위기상황에 처한 학생들을 지원하기 위해 학교, 교육청, 그리고 지역사회가 협력해 종합적인 안전망을 구축하고 이를 운영하는 체계다. 이 프로젝트의 목표는 학생들이 학교에서 겪을 수 있는 여러 위기 요인으로부터 보호받을 수 있도록 돕고, 올바른 교육과정을 통해 건강한 정서 함양을 지원하며, 학생들이 즐겁고 행복한 학교생활을 영위할 수 있도록 하는 데 있다.

2010년 천안교육청의 Wee센터 개소를 계기로 점차 전국적으로 확대되었으며, 2020년에는 '학교안전관리 통합시스템'으로 선정되어 본격 추진되기 시작했다. Wee프로젝트는 학교 단위 Wee클래스, 교육지원청 Wee센터, 시 · 도교육청 Wee스쿨로 구성된 다층적 상담 서비스 체계를 기반으로 운영되고 있다. 더불어 가정형 Wee센터, 병원형 Wee센터, 학교폭력 피해학생 전담지원기관, 학교폭력 가해학생 특별교육 이수기관, 117 신고센터 등을 통해 다양한 위기상황에 맞는 맞춤형 지원도 제공하고 있다.

이 프로젝트는 학생들의 정신건강 문제와 학교적응 문제를 해결하기 위해 주요 목표와 세부적인 하위 목표를 〈표 1-2〉와 같이 설정하고 있다.

표 1-2 Wee프로젝트의 목적과 하위 목표

목적	하위 목표
학생의 바른 인성과 관계발달	학생의 바른 인성과 발달
	가족, 친구, 교사 등과의 건강한 인간관계발달
학생의 학습 및 심리적 역량개발	학생의 학습 동기 및 삶의 동기 향상
	학생의 학습 방법 및 문제 해결능력 향상
	학생의 다양한 강점 개발
학교구성원 모두가 행복한 학교문화 창조	학교, 교사, 학부모 등 모든 구성원의 행복에 기여
	행복증진에 초점을 둔 학교 운영에 기여

출처: 한국교육개발원(2023).

1) Wee클래스: 학교 소속 상담실

Wee클래스는 초·중·고등학교에 설치된 상담실로, 재학생을 대상으로 심리상담과 교육 프로그램을 운영한다. 이를 통해 학생들의 문제 상황을 조기에 발견하고 예방적 개입을 제공하는 역할을 한다. 만약 Wee클래스가 설치되지 않은 학교의 경우, Wee센터나 순회 상담을 통해 동일한 수준의 상담 지원이 가능하다.

2) Wee센터: 관내 교육청 소속 상담실

Wee센터는 교육지원청 소속으로, 지역 내 인적·물적 자원 연계망을 활용해 심리평가, 상담, 치유를 위한 원스톱 서비스를 제공한다. Wee클래스가 없는 학교나, 문제 해결이 어려운 학생을 대상으로 하며, 일반상담 외에도 지역 특성에 맞춘 특색사업, 학교폭력 상담, 위기 지원, 전문상담(교)사 교육 연수 등 다양한 사업을 진행한다.

3) Wee스쿨

Wee스쿨은 중·장기 대안 교육기관으로서, 상담, 인성교육, 직업교육, 사회 적응 프로그램 등을 통해 학생들에게 맞춤형 지원을 제공한다. 특히 치유와 전환이 필요한 고위험 학생들을 대상으로 중·장기 위탁교육 및 상담 서비스를 운영하며, 입소 신청은 소속 학교를 통해 공문으로 진행된다. 입소 기간은 최소 1개월에서 최대 2년까지 가능하다.

4) 가정형 Wee센터

가정형 Wee센터는 학생들의 적응 환경 개선과 가정 및 학교 복귀를 돕기 위한 중·장기 위탁기관이다. 장기결석, 등교 거부, 학교폭력 피해 및 가해 사례, 정서 및 행동 문제, 은둔, 가출 등으로 기숙형 보호가 필요한 학생뿐 아니라, 가정폭력, 학대, 방임, 경제적 어려움, 가정 해체 등의 위기를 겪고 있는 학생들이 주요 대상이다. 위탁 기간은 기본 3개월이며 필요에 따라 연장할 수 있다. 이곳에서는 의식주 생활지도, 심리검사와 상담, 학부모교육, 학교 복귀 준비, 퇴소 후 사후 관리 등 종합적인 적응 훈련을 지원한다.

5) 병원형 Wee센터

병원형 Wee센터는 심리적·정서적 고위기 학생들을 위해 전문적인 상담, 교육, 치료 및 의료 자문 서비스를 제공한다. 정신건강의학과 전문의, 간호사, 사회복지사, 치료사 등이 함께 근무하며 필요한 경우 병원 치료를 연계 지원한다. 또한 기초 건강 검진, 심리검사 및 심리치료 프로그램은 물론, 학교 복귀를 위한 교과 학습과 체험활동도 병행해서 안정적인 복귀를 도모하고 있다.

학생 성장의 동반자, 학교상담사의 역할 탐구

1) 학생 정신건강 수호자로서의 학교상담사 역할

학교상담사는 학생들의 건강한 성장과 발달을 지원하기 위해 학교 내에서 중요한 역할을 담당하고 있다. 이들은 생활지도와 예방 교육을 통해 학생들에게 실질적인 도움을 제공하며, 상담, 심리검사, 예방 프로그램 등을 활용해 청소년의 심리적·교육적 요구를 이해하고 적절한 개입과 지원을 실시한다. 이러한 활동은 학생 개인의 심리적 문제 해결에 국한되지 않고, 학생들이 집단 환경 속에서 잘 적응하고 성장할 수 있도록 돕는 데 중점을 둔다.

또한 학교상담사는 학부모, 동료 교사, 관리자와 협력해, 학생들의 전인적 성장을 도모하고 건강한 학교문화를 형성하는 데 기여한다. 특히 자살, 자해, 학교폭력, 가정폭력 등 위기상황 발생 시, 학교 내외의 자원을 적극적으로 활용해 문제를 해결하는 가교 역할을 수행한다.

학교상담사는 학업, 정서, 행동 문제를 개별적으로 다루는 동시에 학교 공동체 내에서 발생할 수 있는 복잡한 문제를 해결하며, 전교생을 대상으로 한 예방 서비스를 제공한다. 이를 효과적으로 수행하기 위해 Wee클래스 활동을 학사 일정에 맞춰 계획하고 실행하며, 행정업무, 외부 기관 연계, 학생 정신건강을 지원하기 위한 예방 교육과 캠페인 등의 다양한 임무를 수행한다.

결론적으로, 학교상담사는 학생들의 심리적, 정서적, 교육적 요구를 기반으로 적절한 개입과 지원을 통해 학생들이 학교와 사회에서 성공적으로 적응할 수 있도록 돕는다. 이와 관련된 자세한 상담사의 직무와 필요한 역량에 관한 구체적인 사항은 이어질 '학생들의 마음을 돌보는 학교상담 실무'에서 다룰 예정이다.

2) 학교상담사로서 느끼는 만족감

학교상담사는 학생들의 심리적 어려움과 문제 행동을 교내에서 직접적으로 관찰하고, 이를 개선하기 위해 다양한 지원을 제공할 수 있다. 또한 학부모, 교사와의 소통을 통해 학생들을 다각적으로 이해하고, 이들의 성장에 직접적으로 기여하는 점에서 큰 만족을 얻는다.

또한 학교상담사의 역량 강화를 위한 체계적 시스템도 구축되어 있다. 교육청은 최신 상담 동향과 전문 심리학 교육을 제공하며, 청소년상담복지센터나 정신건강복지센터 등 외부 기관과 연계해 무료로 양질의 교육 프로그램에 참여할 기회를 제공한다. 아울러 학습공동체 내에서 지식을 교류하거나 교직원 간 협력을 통해 역량을 강화할 수 있는 장을 제공받는다.

학교상담사 직무 중 눈에 띄는 장점 중 하나는 일과 삶의 균형(Work-life Balance)이다. 정시 출퇴근이 보장되는 분위기 속에서 필요시 자발적 연장 근무를 하기도 하며, 8시간 근무제도에는 점심시간도 포함되어 효율적인 업무환경을 조성한다. 특히 점심시간 동안 학생상담이나 Wee클래스를 활용한 쉼터 운영 등이 가능하며, 담임교사나 임장 지도 업무에 배정되지 않아 비교적 독립적인 근무 환경을 누릴 수 있다. 또한 방학 동안에는 재택 근무의 형태로 연수와 자기 개발 활동에 참여할 수 있으며, 전문상담교사에게는 연간 20일의 개인 연수 시간이 부여된다.

더불어 복지포인트 제공, 건강검진 및 독감 예방접종 지원, 자율 연수비 지원 등 다양한 복지 혜택이 마련되어 있어 안정적이고 만족도 높은 근무 조건을 보장받고 있다.

물론 학교상담사 업무에는 어려움도 존재한다. 그러나 자신이 보유한 전문성을 활용해 미래 세대의 성장에 직접 기여할 수 있다는 사실은 상당한 보람으로 다가온다. 아울러 학생, 학부모 및 교사와의 소통과 협력을 통해 교육 현장에서 긍정적인 변화를 추구하고자 하는 열정을 가진 사람들에게 학교상담사는 충분히 도전해 볼 만한 가치 있는 진로라고 할 수 있다.

3) 학교상담사의 실무적 도전과제

학교상담사는 학생들의 성장과 발달을 돕기 위해 상담업무에 주력하지만, 공공기관의 특성상 다양한 행정업무와 예상치 못한 상황 속에서 균형을 유지해야 하는 어려움에 직면한다. 상담 이외에도 허그데이, 사과데이, 학교폭력예방 캠페인 등의 학교 차원의 행사를 계획하고 운영해야 하며, 국회 및 교육청에서 요청하는 각종 행정업무를 처리해야 한다. 더불어 교육과정에 대한 부족한 이해나 왜곡된 인식으로 발생하는 학부모 민원에도 적절히 대응해야 하는 과제가 있다. 이런 복잡한 상황 속에서 학교상담사는 관련 규정을 철저히 숙지하고, 학교를 대표한다는 책임감을 바탕으로 신중하게 업무를 수행할 필요가 있다.

학교 내 소통 구조 역시 학교상담사의 업무 효율성에 중요한 영향을 미친다. 초등학교는 학년 단위, 중・고등학교는 부서 단위로 운영되지만,

Wee클래스는 일반적으로 독립적인 공간에서 운영되기 때문에 종종 학교 내 정보 공유 및 협력체계에서 소외될 가능성이 있다. 이러한 상황을 극복하기 위해 학교상담사는 자신의 역할과 Wee클래스의 중요성을 학교 구성원들에게 적극적으로 알리고, 학교 활동에 능동적으로 참여하며 소통의 장벽을 허물기 위해 노력해야 한다.

특히 자살, 자해, 가정폭력 등 위기상황에 처한 학생들을 지원하는 과정은 더욱 복잡하고 큰 어려움을 동반한다. 상담만으로 해결하기 어려운 문제들이 많아 외부 기관과의 협력이 필수적이나, 적절한 기관을 찾고 보호자 동의를 얻는 과정에서 많은 시간과 노력이 요구된다. 이 과정에서 보고체계의 절차적 문제, 학생 및 학부모의 비협조, 또는 담임교사와의 갈등 및 민원이 발생할 수 있다. 따라서 학교와 외부 기관 간의 유기적인 협력과 원활한 정보 공유는 필수적이다.

결론적으로 학교상담사는 학생상담은 물론 행정업무, 위기관리, 학교 내외부의 원활한 소통 등 다양한 역할을 동시에 수행해야 하는 고도의 전문성과 다면성을 요구받는 직업이다. 이에 따라 복잡하고 도전적인 환경 속에서도 지속적으로 전문성을 함양하고 효과적인 지원체계를 구축하기 위해 노력해야 할 것이다.

2
학교상담사, 꿈을 현실로 만드는 준비

앞에서는 학교상담의 목적과 상담사의 역할에 대해 알아봤다면, 이번에는 학교상담사가 되기 위한 준비과정에 대해 살펴보자. 학교상담사는 임용시험을 통해 고용되는 전문상담교사와 교육청이나 학교에서 선발된 전문상담사가 있다. 학교 문제의 급증으로 전문상담교사의 임용이 많이 증가했다가 감소했지만, 다른 교원에 비해 전문상담교사의 임용은 여전히 많은 편이다. 무기계약직 전문상담사는 교육청마다 다르긴 하지만, 현재는 거의 고용하지 않고 있다. 동일한 업무를 수행하더라도 전문상담사와 전문상담교사의 처우가 매우 다르고, 응시 자격조건도 다르므로, 학교상담을 목표로 한다면 학사부터 자세히 알아보고 준비하기를 권장한다.

학교상담사가 갖춰야 할 역량

학교는 다양한 배경과 요구를 가진 사람들이 모이는 복합적인 환경으로, 이곳에서 이루어지는 상담활동은 상당히 다층적이다. 학생, 학부모, 교사를 각각 상담하고 이들에게 조언을 제공하는 학교상담사는 반드시 높은 수준의 전문 역량을 갖춰야 한다. 특히 심리학과 상담학을 기반으로 한 전문성은 기본이며, 발달심리학에 대한 깊은 이해가 필수적이다. 학생 개개인의 발달단계에 따른 신체적 · 인지적 특성을 고려해 문제 행동의 원인을 분석하고, 이에 적합한 상담기법을 적용할 수 있어야 한다. 예를 들어, 초등학생의 경우 놀이치료, 미술치료, 이야기 중심 접근법 등이 효과적일 수 있지만, 청소년에게는 논리적이고 분석적인 언어 기반 접근이 더 적합하다. 이를 통해 학생의 강점과 약점을 세밀하게 파악하고, 부모와 협력을 강화해 전인적인 성장과 발달을 도울 수 있다.

이와 더불어, 학교상담사는 발달심리학뿐만 아니라 다양한 상담이론과 기법에 대해 충분히 숙지해야 한다. 예를 들어, 인지행동치료(CBT), 가족치료, 위기개입과 같은 다양한 접근 방법을 학습하고 이를 실제 사례에 적용해 폭넓은 상황에 유연하게 대처할 수 있는 능력을 길러야 한다.

학교상담사의 또 다른 중요한 역할은 교육적 관점에서 상담과 교육적 목표를 조화롭게 융합하는 것이다. 교사의 역할도 병행하기 때문에 학습이론과 발달심리학을 활용해 학생의 학업 및 진로상담을 지원해야 하며, 이를 통해 교육과 상담 간 균형 잡힌 접근을 이루어야 한다.

추가로, 위기관리능력과 법적 책임의식 또한 중요한 자질이다. 학교폭력, 자살 위험, 아동학대 등과 같은 위기상황에서 신속하고 적절하게 대처할 수 있어야 하며, 법적 · 윤리적 기준을 철저히 준수해야 한다. 더 나아가, 관련 기관과의 협력을 통해 문제 해결에 기여할 수 있는 태도와 역량을 갖추는 것도 필수적이다.

그뿐만 아니라, 학교상담사는 연간 계획에 따라 예방 교육, 워크숍, 캠페인 등의 프로그램을 설계하고 실행할 수 있어야 한다. 이러한 프로그램은 단순히 실행에 그치지 않고 평가와 피드백 과정을 거쳐 지속적으로 개선되어야 하며, 그 과정에서 학제적인 협력과 네트워크 구축이 이루어져야 한다.

마지막으로, 정서적 안정성과 자기 관리능력은 학교상담사로서 요구되는 핵심 자질이다. 위기상황에서도 침착함을 유지하며 효과적으로 대처할 수 있어야 하고, 자기 돌봄을 통해 직무 소진을 예방해야 한다. 또한 연구와 평가능력을 바탕으로 최신 데이터와 연구결과를 활용해 근거 기반 상담을 실천해야 하며, 이를 통해 상담 프로그램의 효과성을 객관적으로 분석하고 개선함으로써 지속적인 발전 가능성을 확보해야 할 것이다.

학교상담사의 자격준비 과정

1) 전문상담사: 민간 자격증으로 학교상담사 되기

(1) 시험 지원 전 필수 확인! 응시 조건 정리

전문상담사(교육 공무직) 채용정보는 각 교육청 홈페이지에 게시되는 공고를 통해 확인할 수 있다. 일반적으로 기간제 전문상담사는 기존 상담사의 휴직이나 퇴직으로 인한 공석에 대해 채용이 이루어지며, 대부분 학기 시작 전인 1~2월 초에 공고가 나온다. 반면, 무기계약 전문상담사는 주로 10월경에 채용공고가 나온다. 따라서 각 교육청 홈페이지를 자주 확인하는 것이 매우 중요하다. 지원 자격은 대체로 동일하며 〈표 1-3〉에 명시된 조건과 같고, 일부 시도에서는 청소년상담사 3급이나 사회복지사 1급 자격을 포함할 수도 있다.

표 1-3 응시 자격 및 우대사항

- **지원 분야 자격조건 하나(이상) 소지자**

① 전문상담교사 자격소지자 / 청소년상담사 1, 2급(여성가족부)
② 임상심리사 1, 2급(산업인력관리공단) / 전문상담사 1, 2급[(사)한국상담학회]
③ 상담심리사 1, 2급[(사)한국상담심리학회] / 정신보건임상심리사 1, 2급(보건복지부)
④ 임상심리전문가[(사)한국심리학회]
※ 우대: 컴퓨터활용능력 2급 이상 또는 워드프로세서 1급 이상 소지자

출처: 교육청 홈페이지.

전문상담사가 되려면 필요한 자격요건을 충족하고, 해당 분야에서 경력을 쌓는 것이 무엇보다 중요하다. 특히 학교에서 가장 중요한 기준은 학교 상담경력이므로, 시간제 근무 등이라도 교육청 또는 학교에서 경험을 쌓는 것이 유리하다. 학교 측은 오랜 기간의 외부 상담경력보다는, 짧더라도 학교 내에서의 상담경력을 높은 가치로 둔 사례가 많다. 학교는 연 단위로 부서를 독립적으로 운영하며 행정업무와 협력이 빈번하므로, 상담업무 외에도 Wee클래스 운영 경험을 중요한 요소로 간주할 수 있다. 따라서 단기적인 채용이나 시간제 근무, 그리고 자원봉사 등을 통해 학교상담 분야에서 경험을 축적하는 것이 좋은 전략이다.

(2) 합격을 위한 준비: 이력서 작성 및 면접

자기소개서를 작성할 때는 학교상담사가 되기 위해 자신이 준비했던 과정, 학생상담에 대한 애정과 열정 그리고 이전 직장에서 겪은 경험과 얻은 교훈 등을 구체적으로 서술하는 것이 효과적이다. 특히 지원동기를 작성할 때는 학교에서 어떤 방식으로 상담을 운영하고 싶은지와 앞으로 이루고자 하는 구체적인 목표를 담을 것을 권장한다. 만약 학교 경력이 부족하다면 자기소개서를 더욱 철저하고 세밀하게 작성해 이를 보완할 필요가

있다. 잘 구성된 자기소개서는 면접 기회를 얻을 수 있다.

면접은 각 시도교육청 또는 학교에서 주관하며, 대개 담당 부장이나 교감 선생님 1~5명이 참여한다. 2인 이상의 면접관이 있는 경우, 성실성, 업무에 대한 지식, 협동심 등이 포함된 채점표를 기준으로 평가한다. 학교는 팀 내 협력과 원활한 업무 수행 능력을 중요시하므로 적극적이고 겸손한 태도와 예의를 갖출 필요가 있다. 또한 전문성을 바탕으로 따뜻하고 인간적인 접근 방식과 팀워크를 중시하는 모습을 면접에서 보여 주는 것이 바람직하다.

표 1-4 면접 TIP

① 면접 복장 및 태도
수수하고 단정한 복장, 완전 정장이 아니더라도 세미 정장 등 준비된 자세
부드럽고 편한 이미지를 줄 수 있는 정도의 화장

② 자신감 있고 예의 바른 태도
첫인사는 활기차고 예의 바르게 인사
긍정적이고 공감적인 태도
언어전달력: 적절한 목소리 톤과 크기, 부드럽지만 정확한 발음

③ 자기소개 등 예상 질문을 생각해 보자
자기소개 / 학교상담 지원 목적 / 자신의 강점, 약점 등
학교상담사의 역할 / 상담에 거부적인 학생과 학부모상담
학교폭력 발생 시 대처 방안 / 학생의 자살 · 자해, 학교폭력 발생 시 상담
비밀보장 예외사항 / Wee클래스를 어떻게 운영할 것인가 /
지원하는 초 · 중 · 고 학생문제 특징 및 상담 / 자신의 상담이론 및 장점
학교상담을 하면서 가장 힘들었던 점 / 보람을 느꼈을 때 등등

2) 전문상담교사 - 공무원 학교상담사의 길을 열다!

(1) 시험 지원 전 필수 확인! 응시 조건 정리

전문상담교사 자격증을 취득해야 교원임용에 응시할 수 있으며, 전문상담교사 2급 자격조건은 〈표 1-5〉와 같다. 자격조건과 관련해 상세한 내

용은 해당 학교에 문의해 전문상담교사 2급 자격 과정을 확인해 보는 것이 필요하다.

표 1-5 전문상담교사 2급 자격조건

① 대학 · 산업대학의 상담 및 심리관련학과 졸업자로서 재학 중 소정의 교직학점을 취득한 사람

상담심리학과 전공은 보통 교육학과, 심리학과, 사회복지학과 등 다양한 학과에 개설되어 있으며 재학 중에 교직 이수 과정을 신청할 수 있다. 교육대학원에서 제공하는 경우가 많으며, 교육부의 허가를 받은 교육과정을 통해 교사 자격증을 취득할 수 있다. 교직 이수 과정에서는 상담심리학과 관련된 필수 과목과 함께 교육학, 교과 교육론, 교육 심리학 등의 교직 과목을 이수해야 한다. 필수 과목을 이수한 후에는 교육실습을 해야 하며, 모든 과정을 졸업하면 상담교사 자격증을 취득할 수 있다.

② 상담심리 교육대학원 졸업

상담 및 심리 관련 학과 학사학위 소지자로 전문상담교사 2급 자격을 취득할 수 있는 교육대학원 목록은 다음과 같다. 교육부 홈페이지에서 확인할 수 있으며, 정확한 지원요건과 절차 등 상세 내용은 해당 각 교육대학원을 통해 확인하는 것이 필요하다.

- 전문상담교사 2급 양성 교육대학원 목록
  - 수도권: 서울대학교, 고려대학교, 국민대학교, 동국대학교, 서강대학교, 숙명여자대학교, 연세대학교, 이화여자대학교, 한국외국어대학교, 한양대학교, 단국대학교(죽전), 수원대학교, 아주대학교, 인하대학교
  - 충청권: 건양대학교, 공주대학교, 충남대학교, 충북대학교
  - 경상권: 경남대학교, 경북대학교, 대구가톨릭대학교, 대구대학교, 부산대학교
  - 전라권: 우석대학교, 전남대학교
  - 강원 · 제주권: 제주대학교, 강원대학교 등

③ 2급 이상의 교사자격증(「유아교육법」에 따른 2급 이상의 교사자격증을 포함한다)을 가진 자로서 교육과학기술부 장관이 지정하는 교육대학원 또는 대학원에서 소정의 전문상담교사 양성과정을 마친 사람

출처: 교육부 홈페이지.

(2) 합격을 위한 준비: 이력서 작성 및 면접

전문상담교사 임용시험의 응시 자격시험 과목 및 유형은 〈표 1-6〉에 명시되어 있다. 구체적인 임용 일정은 각 시도교육청의 공식 홈페이지에

게시되는 채용공고를 통해 확인할 수 있다. 시도별로 모집 인원뿐 아니라 제2차 시험 과목에서도 차이가 있으며, 특히 수도권 지역의 경쟁률이 상대적으로 높은 경향을 보인다. 따라서 합격 가능성을 높이기 위한 전략으로 지방 지역에 지원하는 방안도 고려할 수 있다. 또한 정규직 외에도 기간제 교사로 근무할 수 있으며, 기간제 교사의 경우 면접 채용 관련 세부 사항은 해당 교육청의 채용공고를 통해 확인할 수 있다.

표 1-6 전문상담교사 임용 응시 자격시험 과목 및 유형

① 전문상담교사(1급, 2급) 자격증 소지자 [이듬해 해당 과목 교원자격증 취득예정자 포함]
② 전문상담교사(초등, 중등, 특수) 자격증 소지자
③ 교도교사 자격증 소지자
※ 상담 및 진로진학상담교사 관련 자격증 소지자는 응시 대상자가 아님.

시험별	시험 과목 및 유형				문항수	배점	
제1차 시험	교육학		1교시	논술형	1문항	20점	1교시 - 09:00~10:00(60분)
	전공	A	2교시	단답형	4문항	8점	2교시 - 10:40~12:10(90분)
				서술형	8문항	32점	
		B	3교시	단답형	2문항	4점	3교시 - 12:50~14:20(90분)
				서술형	9문항	36점	각 교육청 공고 참고
	합계				24문항	100점	(행정정보-시험정보/시험공고)
제2차 시험	**교직 적성 심층면접, 교수학습지도안** 수업능력평가(수업시연, 실기 실험) 등						09:00~ (평가시간: 10분) 제1차 시험 합격자 대상 시행

출처: 교육부 홈페이지.

임용시험을 준비하면서 이용할 수 있는 강의와 정보가 많으므로, 자신에게 맞는 강사나 강의를 선택해 꾸준히 반복적으로 학습하는 것이 중요하다. 제1차 필기시험에서는 교육학이 논술형으로 나오므로, 모의고사 기출문제를 토대로 자신의 개념화가 필요하다. 주요 키워드를 중심으로 핵심적인 내용의 자신만의 서브노트를 만드는 것이 필요하다. 제2차 교직 적성 심층 면접은 교수능력과 상담능력을 모두 갖추고 있는지를 평가하는 것이므로, 교육학과 상담 분야를 철저히 준비해야 한다. 면접관의 요청대로 신속하고 자신 있게 대답하기 위해서는 예상 질문을 숙지하고 반복적인 연습을 해야 한다. 예를 들어, A 학생과 관련된 문제 증상을 두 가지 이상 말하고, 증상과 관련된 지도방안을 세 가지 요청받았다면, 문제가 있는 증상 두 가지에 각각의 지도방안 세 가지씩 두괄식으로 제시하고, 그 이유와 기대효과를 간결하게 말할 수 있어야 한다. 간단 명료하게 핵심을 이야기해야 하므로 자기만의 개념서를 만들고, 혼자보다는 스터디를 통해 타인 앞에서 많이 말하고 피드백을 받는 것이 도움이 될 것이다. 또한 동영상 촬영 등을 통해 자기 모습을 모니터링하면서 주변 피드백을 통해 면접 태도를 수정하는 방법도 좋다.

표 1-7 전문상담교사 면접 Tip

① 전반적인 교육적 지식, 해당 교육청 시책
② 교직관, 교사의 자질 및 역량, 직무, 교원의무, 학생관, 수업관 등
③ 학생지도 및 의사소통능력, 회복적 탄력 생활과 교육 등
④ 유형별 상담 및 프로그램: 초 · 중 · 고 대상과 목적에 맞는 프로그램 및 기대효과 등
학업, 중독, 진로, 도박, 비행, 시험불안, 아동학대, 학교폭력, 자살 · 자해 위기상담
우울, 불안, ADHD, 발달장애, 자폐스펙트럼, 대인관계, 적응장애 등 상담에 대한 이해
⑤ 민원, 교직원 간 갈등상황에 대한 문제 해결능력 및 자문
⑥ 학교 현장에 대한 이해: 원격교육, 온라인 교육, 디지털 리터러시, 학업성취, 진로 등
EBS 유튜버, 교육연구회, 행복한 교육, 교육시선 오늘, 논문 등을 활용한 예시

기간제 교사의 면접은 전문상담사의 면접과 유사한 부분이 있지만, 각 학교의 특성과 요구에 따라 교직관, 수업 운영 방식, 학생 관리 방법 등에 대한 준비가 필요하다. 면접에서는 지원자가 교사로서의 철학과 역량을 얼마나 잘 갖추고 있는지를 평가하기 때문에, 자기 경험과 교육적 가치를

바탕으로 성실히 답변하는 것이 중요하다.

특히 수업 시연을 요구하는 경우가 있으므로 이에 대한 철저한 준비가 필요하다. 수업 시연에서는 '생명 존중 교육', '학교폭력예방 교육' 등 필수 교육 주제를 중심으로 구체적이고 실질적인 방안을 제시하는 것이 효과적이다. 이 과정에서 학생들의 참여를 유도하고, 실제 교육 현장에서 활용 가능한 방법을 보여 주는 것이 좋은 인상을 줄 수 있다.

또한 면접 준비과정에서는 지원 학교의 교육 목표와 환경을 사전에 조사하는 것이 필수적이다. 이를 바탕으로 학교와 학생의 특성에 맞춘 답변을 준비하면 면접관에게 긍정적인 평가를 받을 가능성이 커진다. 기간제 교사가 전문상담사를 지원할 수 있으나, 보수체계가 다르고 교원임용 시 경력인정이 다르므로 사전에 잘 알아보고 지원해야 한다.

표 1-8 전문상담교사와 전문상담사 자격요건 및 준비과정 비교

구분	전문상담교사	전문상담사
신분	**교육직 공무원**(교원)	**민간 근로자**(교육공무직)
채용	각 시도교육청 임용시험	각 교육청 / 학교 자체 채용
모집시기	각 시도교육청별로 다름	수시모집(1~2월 많음)
응시자격	전문상담교사(1, 2급)	전문상담교사 및 상담 관련 자격증
자격시험	1차 필기시험 / 2차 면접	서류심사 및 면접
고용형태	정규직 / 기간제	무기계약직 / 기간제
장점	안정적 신분, 높은 사회적 인식, 방학 등	워라밸이 보장된 상담환경
단점	임용시험 경쟁률 높음	고용불안정, 상대적으로 낮은 처우

출처: 교육과학기술부(2010).

3 학생들의 마음을 돌보는 학교상담 실무

학교상담사가 실제 학교 현장에서 수행해야 하는 다양한 업무와 이를 둘러싼 윤리적 요소에 대해 구체적으로 다룬다. 교육과학기술부에서 2008년 발간한 전문상담교사 운영 매뉴얼을 중심으로 내용을 전개하며, 학교상담사로서 알아야 할 실무적 사항과 관련된 지침들을 심도 있게 분석하고자 한다. 해당 매뉴얼은 어디까지나 권고사항으로, 각 지역의 여건 및 초등학교, 중학교, 고등학교별 특수성을 고려해 학교장의 재량에 따라 탄력적으로 운영된다.

주요 상담업무: 학생의 문제 해결과 성장을 돕는 전문적 지원 활동

1) 개인상담: 마음과 마음을 잇는 소통의 다리

학교상담사는 학생들의 개인적인 문제를 해결하기 위해 일대일 개인상담 및 심리검사를 제공한다. 이러한 과정을 통해 학생들이 겪고 있는 어려움을 파악하고, 필요한 경우 외부 기관 및 자원과 연계한다. 주로 학교 환경 내에서 미성년자를 대상으로 이루어지기 때문에, 자발적인 일회성 상담을 제외한 모든 상담에는 정보 활용 동의서와 보호자의 동의가 필요하다. 동의서를 받는 과정은 담임교사, 학생, 학부모, 학교상담사의 협의를 통해 이루어지며, 이를 통해 학부모의 관심과 협조를 촉진해 학생의 어려움을 해결하는 데 기여한다. 학교상담은 학생들의 어려움과 문제점을 조기에 발견하고 도움을 제공함으로써 예방적인 목적이 강하지만, 실제로는 학교생활 부적응으로 인해 이미 발생한 문제에 대한 상담이 많으며, 이러한 문제를 완화하고 해결하는 데 초점을 두고 있다.

(1) 초 · 중 · 고등학교 급별에 따른 상담 특징

초등학생들은 어리고 감정 표현이나 조절 능력이 미성숙해 교우 관계에서 갈등, 학교폭력, 부모의 이혼, 경제적 어려움으로 인한 부적응을 경험하기도 한다. 사춘기가 빨라지면서 품행 문제, 주의력 결핍 및 과잉행동장애(ADHD), 발달장애, 우울, 불안 등의 문제로 인해 상담 의뢰가 많아진다. 또한 초등학교 학부모들은 자녀에 대한 기대와 관심으로 인해 학교 교육과 행정에 과도한 관심과 요구를 보이며 민원이 많이 발생하기도 한다.

중학교에서는 초등학교와 확연히 다른 학교 환경에 적응하는 데 어려움을 겪는 경우가 많다. 늘어난 학습량과 수행평가, 중간 및 기말 평가가 시작되면서 학교생활 부적응이 빈번하게 나타난다. 학업 스트레스, 시험 불안, 진로 선택 고민이 증가하며, 교우 관계에서의 갈등, 따돌림, 왕따 등의 문제도 자주 발생한다. 중학생들은 청소년기에 접어들면서 정체성 혼란과 자아 탐색 과정에서 불안감을 느낄 수 있다. 신체적 변화, 호르몬 불균형, 인지발달의 불균형은 다양한 갈등과 문제 행동으로 이어질 수 있다. 이러한 문제는 학교 내 학교폭력을 넘어 학교 밖에서 절도, 폭행 등 법적 문제로 확대될 수 있으며, 위기에 처한 가정 출신 학생들은 가족 갈등, 부모-

자녀 관계 문제 등을 해결하기 위해 종합적이고 체계적인 지원이 필요하다.

고등학교에서는 주로 학업 스트레스, 진로 고민, 정신건강 문제, 대인관계 문제 등으로 다양한 상담이 요청된다. 특히 고등학교 1학년의 경우 어려워진 학습 난도와 성적 저하로 인해 학교적응에 어려움을 겪는다. 대학 입시와 진로 고민, 시험 불안, 성적 부담 등으로 인해 불안장애, 우울증, 수면장애, 공황 증상 등의 정신건강 문제로 약물치료를 받는 사례가 증가하는 추세다. 또한 친구 관계에서의 갈등, 연애 문제, 부모와의 관계 문제, 학교폭력, 따돌림 등의 문제로 갈등이 발생한다. 사이버 범죄, 도박 문제 등이 증가하는 추세이며, 심각한 경우 우범소년으로 처벌받을 수 있다.

이처럼 학교 급별로 주요 상담 문제 유형이 다르므로 초·중·고 학생의 발달단계를 고려해 적절한 상담과 치료법을 숙지해야 한다. 이러한 학교상담사의 전문화는 학생들에게 더욱 효과적인 상담을 제공하고 학교적응에 도움을 줄 수 있을 것이다.

(2) 학생 정서·행동 특성검사

학생 정서·행동 특성검사는 학생들의 성격특성과 정서적, 행동적 발달 추세를 이해해 건강한 정서적 성장을 촉진하기 위해, 전국의 초등학교 1학년과 4학년, 중학교 1학년, 고등학교 1학년을 대상으로 실시한다. 초등학교는 학부모가 자녀를 대상으로, 중·고등학교는 학생 본인이 온라인이나 서면으로 검사를 한다. 검사 결과를 토대로 위험 수준에 따라 관심군(우선/일반/자살)을 선별하며, 전문기관(Wee센터, 청소년상담복지센터, 정신건강복지센터)에 의뢰하거나 병원, 외부 상담기관에서 전문치료와 상담을 받을 수 있도록 지속적으로 관리한다. 이때 상담 및 외부기관 연계와 관련해 보호자 동의가 필요하며, 보호자와 내담자가 비동의할 경우 문서화하고, 학교 내에서 담임교사와 함께 면밀하게 관찰하고 상담관리가 필요하다.

매년 교육청에서 학생 정서 · 행동 특성검사와 관련된 매뉴얼이 공문으로 내려오므로, 지침대로 운영하고 일정에 맞춰 결과보고서를 제출한다. 학생 정서 · 행동 특성검사는 실행 부서와 관련해 정확한 지침이 없으므로, 2차 전문기관 연계부터 진행하거나, 학교상담사가 전담하는 등 학교마다 다를 수 있다.

(3) 학교폭력 관련 상담

학교폭력은 '학교 내 · 외에서 학생 간에 발생한 상해, 폭행, 감금, 협박, 약취 · 유인, 명예 훼손 · 모욕, 공갈, 강요 및 성폭력, 따돌림, 정보통신망을 이용한 음란 · 폭력 정보 등에 의해 신체 · 정신 또는 재산상의 피해를 수반하는 행위'를 말한다. 폭력의 주체나 대상 중 한 명 이상, 의도를 가지고 반복적으로 한 행위를 학교폭력으로 분류한다. 학교상담사는 학교폭력 관련 학생의 심리 · 정서적 상태를 파악하고 학교폭력 대책 심의위원회, 학교폭력 전담기구의 요청 시 전문가의 의견서를 제출할 수 있다. 개인상담 등에서 위험한 상황의 학교폭력을 인지한 경우, 학생에게 비밀보장 예외사항을 알리고, 학부모, 담임교사와 관리자의 협의가 필요하다. 위급한 심리적 지원이 필요한 경우 외부기관의 연계 및 개입을 할 수 있다.

(4) 자살 및 자해 발생 시 상담

학생의 자살이나 자해와 같은 위기상황이 발생할 경우, 상황의 긴급성과 심각성을 고려해 신속하고 체계적인 대응이 반드시 이루어져야 한다. 학교에는 생명존중 행동 지침과 매뉴얼이 마련되어 있으며, 자살 및 자해와 같은 위기상황에서는 개인정보 비밀보장의 일반적인 원칙에서 예외로 처리된다. 이러한 상황을 발견하거나 인지했다면 지체 없이 해당 관리자에게 보고해야 하며, 경우에 따라 즉각적으로 위기관리 위원회가 소집될 수 있다.

학교상담사는 학생의 생명과 안전을 절대적 최우선 과제로 삼고, 구체적으로는 위험 요인과 보호 요소를 종합적으로 파악하고 평가하며, 상담을 전문적으로 진행해야 한다. 아울러 보호자와의 면담을 통해 현재 상황을 명확히 공유하고 분석하며, 이를 토대로 학생이 더욱 안전하고 보호받는 환경에 놓일 수 있도록 적극적으로 협력해야 한다.

더 나아가 위기상황에 처한 학생에 대한 지원은 학생이 가정 환경에서도 지속적이고 일관된 지원을 받을 수 있도록 외부의 적절한 전문기관과 연계 활동을 반드시 추진해야 한다. 이를 통해 학생에게 다층적인 보호 체계를 마련하고, 위기상황에서의 회복 가능성을 극대화할 수 있도록 적극적인 노력이 필요하다. 모든 절차와 대처 방안은 관련 지침에 따라 교직원, 상담사 및 기타 관계자 간의 긴밀한 협조와 소통을 바탕으로 체계적이고 통일된 방식으로 시행되어야 하며, 이를 통해 위기관리의 효과성을 높일 필요가 있다.

(5) 학업중단 숙려제

학업중단 숙려제는 학생들이 학업을 중단하기 전 신중히 고민할 시간을 제공하기 위해 마련된 제도다. 이 제도에서는 일정한 숙려기간을 두며, 해당 기간에 주 1~2회 이상 상담을 진행할 경우 학생의 출결이 인정된다. 특히 학업 위기에 놓인 학생에게 숙려제 참여에 대한 안내는 학교의 의무지만, 실제 참여 여부는 학생과 학부모의 자율적 선택에 따라 결정된다.

학생들이 단순한 충동으로 학업 중단을 하지 않도록 지원하며, 자신의 진로나 학업 지속 여부를 충분히 탐구하도록 돕는 데 있다. 숙려기간 동안 학교상담사는 학생의 상황에 맞춰 학업 복귀를 위한 프로그램, 진로 탐색, 가족상담 등을 진행할 수 있다. 또한 학교로 복귀하지 않을 때는 검정고시 준비나 자퇴 이후의 진로를 찾을 수 있도록 돕는 학교밖청소년지원센터를 통한 추가 지원이나 대안적 교육기회 등 다양한 정보와 지원 자원을 안내할 수 있다.

학업중단 숙려제 신청 및 그에 따른 실시에 대한 계획은 내부 결재를 통해 공식적으로 보고되어야 하며, 과정 후 종결 결과 역시 내부 확인 절차를 거쳐야 한다. 또한 담임교사와 학생의 출결 및 안전 현황에 대해 긴밀히 공유하며 협력하는 것도 중요하다.

의무교육 단계인 초·중학교에서는 학업중단 숙려제 관련 상담 사례가 드물지만, 고등학교에서는 상대적으로 더 많은 학생이 이 제도를 신청하고 활용한다. 학교 환경 및 체계에 따라 교무부, 학생부, 인성부 등 학업중단 숙려제를 주관하는 부서 차이가 있을 수 있으나 주요 상담활동은 대체로 Wee클래스를 통해 이루어지고 있다.

2) 집단상담 및 집단교육: 함께 성장하는 힘

학업 스트레스, 대인관계 문제, 자기 이해, 사회성 향상 등을 주제로 소규모 집단상담을 운영함으로써 학생들이 상호작용을 통해 사회적 기술과 자존감을 강화하고 안정적인 학교생활을 영위하도록 지원한다. 학교마다 세부 운영 방식에는 차이가 있으나, 일반적으로 또래상담이나 학교폭력예방 교육과 같은 프로그램은 학교상담사가 직접 지도하거나, 교육청 또는 청소년상담복지센터에 프로그램을 신청하는 방식을 활용한다. 또한 학교의 대안 교실이나 상담실에서 학교 예산 내에서 프로그램을 기획하고 실행하는 경우도 빈번하다. 집단상담이 원활히 이루어지기 위해서는 프로그램 설계, 학생 모집, 학부모 동의서 확보, 사전 및 사후 관리 절차 등이 필수적이며, 이는 상담사의 높은 수준의 노력과 헌신을 요구한다.

집단상담 구성 시에는 가능한 한 동일 학년 학생들로 이루어지고, 성별 비율이 고르게 배분되며, 다양한 반에서 고르게 참여하는 조화를 이루는 것이 바람직하다. 그러나 현실적으로 이러한 구성이 어려운 경우가 많아, 특정한 문제 증상이 있는 학생들을 학년과 관계없이 한 그룹으로 지정해 운영해야 하는 사례도 존재한다. 이러한 상황에서는 관리자에게 집단의 효과적 운영 필요성을 지속적으로 설득하는 것이 학교상담사의 중요한 역할이라고 할 수 있다.

(1) 솔리언 또래상담사

솔리언 또래상담사에 대한 논의로 넘어가면, 해당 프로그램에 참여하기 위해서는 12시간의 또래상담사 양성교육이 필수적이며, 이를 이수한 학생들은 또래상담사로서 활동할 자격을 갖추게 된다. 또래상담사의 주요 역할은 전학을 온 학생이나 학교적응에 어려움을 겪는 학우들에게 먼저 다가가 그들의 학교생활 적응을 지원하는 것이다. 또한 급우들의 어려움을 함께 고민하며 돕는 역할을 수행한다. 더불어 이들은 학교폭력예방 교육, 허그데이, 감사데이, 친구사랑 주간과 같은 Wee클래스 이벤트에 적극적으로 참여하며, 개인적인 성장을 촉진할 기회를 얻는다.

또래상담사 모집 시 고려해야 할 중요한 사항은 담임교사들이 또래상담사 제도에 대한 이해도가 부족한 경우, 문제 행동을 보이는 학생들을 추천할 가능성이 있다는 점이다. 이를 방지하기 위해 사전에 홍보를 통해 사회성이 뛰어나고 또래를 도울 수 있는 자질을 갖춘 학생들을 선발하는 것이 중요하다. 또한 특정 학급에 모집이 치우치지 않도록 유의하며, 학급 및 학년별로 균등한 배분을 유지해야 한다. 초등학교의 경우 최소 4학년 이상의 고학년을 권장하며, 1년간 지속적으로 활동할 수 있는 학생들로 구성된 약 10명의 그룹이 이상적이다. 학년별로 구분해 운영하는 방식도 높은 효과를 기대할 수 있다.

(2) 학급 단위 집단교육 프로그램

학교상담사는 학급 단위를 대상으로 한 예방 교육 프로그램을 통해 학생들의 전반적인 발달을 지원할 수 있는 역할을 담당한다. 학교폭력예방교육이나 생명존중 예방 교육과 같은 프로그램은 필수적으로 시행해야 하며, 이러한 교육은 상담사가 직접 반별 교육, 방송 교육, 대강당에서 강의 형태로 진행하거나 외부 기관의 협력을 통해 이루어질 수 있다. 외부 기관의 섭외는 Wee센터, 청소년상담복지센터, 정신건강복지센터, 한국생명존중희망재단 등을 통해 가능하며, 일부는 무료교육 신청이나 소정의 비용으로 강사를 초빙할 수 있다.

원칙적으로 학교상담사는 상담에 전념할 수 있도록 수업을 맡지 않는 것이 이상적이나, 때에 따라 학교 측의 요청으로 교육을 진행하기도 한다. 예를 들어, 공개 채팅방이나 유튜브 활동 등 온라인 환경에서 성범죄에 노출된 사례가 발생하면, 피해를 당한 학생들과의 개인상담과 해당 학년이나 반에 긴급한 심리 치유 또는 예방 교육 프로그램을 시행할 수 있다. 특히 초등학교에서는 학교상담사에게 Wee클래스 소개를 비롯해 학년별 교육을 요청하거나 담임교사의 부재 시 수업에 참여해야 하는 예도 있다. 필자는 이와 같은 경우 상담업무에 지장을 주지 않는 범위 내에서 Wee클래스를 홍보하며 학교폭력예방 교육을 진행했다. 이러한 활동은 Wee클래스에 대한 편견을 완화하고, 학급 분위기 및 학생들의 교실 내 행동을 관찰해 생활지도와 상담에 실질적인 도움을 제공했다.

3) 심리평가 및 해석: 객관적인 자료로 이해하는 학생의 마음

학교에서는 학생 개개인의 학업 능력, 성격, 정서 상태 등을 평가하기 위해 다양한 심리검사를 실시해 학생들의 전반적인 심리적 상태를 이해하고, 이 과정에서 필요한 지원을 제공할 수 있다. 국가에서 시행하는 의무검사뿐만 아니라 여러 형태의 검사가 진행되며, 학교상담사는 이러한 결과를 바탕으로 학생들에게 개별적인 해석상담을 제공한다. 또한 학교 현장에서 학생들의 생활을 직접 관찰해 증상을 파악할 수 있으며, 학부모와의 상담 시 심리평가에서 얻은 객관적인 자료를 통해 상담의 신뢰성을 높이는 경향이 있다.

4) 교사 자문, 함께 성장하는 학교 공동체

학생들이 안정적이고 건강하게 성장하고 발달할 수 있도록 지원하기 위해서는 학교와 학부모 간의 협력이 필수적이다. 학교는 학부모에게 자녀의 문제에 대한 정보를 체계적으로 제공하고, 심리상담 및 전문가 자문을 통해 적절한 지원 방향을 제시한다. 필요할 경우 관련 외부 기관과의 연계를 통해 더 폭넓은 지원도 가능하다. 또한 학교 예산을 활용해 학부모를 위한 교육 프로그램이나 자녀와 함께 참여할 수 있는 활동 프로그램을 운영함으로써 학부모의 교육적 역량을 강화할 수 있다.

교사 자문은 학생 지도 과정에서 어려움을 겪고 있는 교사를 대상으로 진행되며, 이를 통해 교사가 학생에 대한 이해를 깊이 있게 하고 효과적인 지도 전략을 공유하도록 돕는다. 이러한 자문 과정은 궁극적으로 학생의 성장과 학습 환경 개선에 기여하는 것을 목표로 한다.

상담 외 업무:
계획 수립부터 기록 관리까지 체계적인 상담 운영

1) 연간 운영계획서

매년 3월, 학교 일정에 따라 Wee클래스 운영계획서를 작성한 뒤 K-에듀파인 시스템에 기안하고 내부 결재를 진행해야 한다. 운영계획서에는 Wee클래스의 근거, 목적, 방침, 세부적인 운영 계획 등이 포함되며, 이는 학교 상황에 맞춰 학교상담사가 재량껏 수립할 수 있다. 필요에 따라 학부모교육 프로그램이나 학급 단위로의 세부 기획이 가능하며, 조정이 필요할 경우 부서장과 협의해 수정할 수 있다. 특히 예산 집행, 학교폭력, 자살 및 자해, 아동학대, 보호자 동의와 같은 민감한 사안이나 의무 예방 교육과 관련된 항목은 정해진 절차를 반드시 준수해야 한다. 연간운영계획서는 〈표 1-9〉에 명시된 바와 같으며, 만약 이전에 Wee클래스 운영 경험이 없다면 다른 학교 사례나 직무 매뉴얼을 참고하는 것이 유용하다.

2) Wee클래스 홍보

많은 학생과 학부모는 Wee클래스가 문제 학생들만 이용하는 공간이라는 선입견과 편견이 있다. 그러나 학교상담의 목적은 단순히 문제를 해결

표 1-9 연간 운영 예시

① 개인상담 및 집단상담 운영 절차 · 신청 방법
② 각종 협의체 · 회의 주관 및 지원(예: 생명존중위원회 등)
③ 학생정서 · 행동특성검사 관심군 상담 및 지원
④ 학교폭력 피해학생상담 및 가해학생 · 보호자 특별교육
⑤ 교권침해 학생 특별교육
⑥ 상담 지원 프로그램(예: 친구사랑 상담주간, 인터넷 · 스마트폰 과의존 학생상담, 학업중단 숙려제 상담, 각종 행사 · 캠페인 등)

*** 세부운영계획 예시**

① Wee클래스 안내 및 홍보계획

가. 시기: 3, 9월 중 상담주간 동안 상담실 집중 홍보기간 운영

나. 목적: 교사, 학생, 학부모에게 Wee클래스 및 관련 기관을 홍보해 도움이 필요할 때 손쉽게 찾아올 수 있게 하기 위함

다. 방법: 학급게시판 등에 홍보물 부착, 가정통신문을 통한 안내 및 홍보, 상담주간 '상담체험의 날' 실시

구분	상담계획	시기	비고
Wee클래스 환경조성	연간 Wee클래스 운영계획 수립	3월	
	Wee클래스 환경 정비 및 상담실 홍보	3월, 9월 중	
상담 활동	개인(일반)상담	연중	
	의뢰상담, 위기상담	연중	
	지역사회 전문기관 연계 · 의뢰	연중	
	교사 상담 연수	4월 중	추후협의
	학부모 · 교사 자문 및 상담	연중	
	표준화 집단검사 실시	3월	
	학생정서행동특성검사 실시	4월 중	교육청 일정
	정서행동특성검사 2차 전문기관 연계	4~11월	교육청 일정
	학업중단 숙려제 상담	연중	
	집단상담(프로그램) 운영	추후협의	필요시
	심리검사 및 해석	연중	
	생명존중 예방 교육	추후협의	
	학교폭력예방 교육	3월, 8월 중	
	상담주간 실시	3월, 8월 중	
	상담일지 작성 및 관리	연중	

출처: 한국교육개발원(2013).

하고 치유하는 데 그치지 않으며, 건강한 학교생활을 위한 예방적 차원에서 더 큰 의미를 지닌다. 이러한 이유로 Wee클래스에 대한 부정적인 낙인 효과를 줄이기 위해서는 적극적인 홍보가 필요하다. 이를 위해 학교는 다양한 행사를 기획하거나 홍보물을 배포할 수 있다. 예를 들어, 가정통신문이나 상담주간 이벤트, 학급별 Wee클래스 활용 교육 등을 통해 접근성을 높이고, 사랑의 우체통, 인형 만들기, 키링 만들기 등 흥미로운 활동을 통해 Wee클래스를 친숙한 공간으로 인식하게 할 수 있다. 한 사례로, 초등학교에서 핸드 페인팅 이벤트를 진행했더니, 하루에 100명이 넘는 학생들이 점심시간에 Wee클래스를 방문했다. 또래상담사들과 협의를 통해 학년별로 참여 인원을 제한해 운영되었으며, 이후 진로, 연애, 친구 문제 등 다양한 주제로 자발적으로 상담을 신청하는 학생들이 증가하는 긍정적인 결과를 가져왔다.

3) 상담기록 및 서류 보관

학교 상담기록에 관한 규정은 기본적으로 10년 동안 보관해야 하며, 이는 각 시도별로 세부적인 차이가 있을 수 있지만, 필수적으로 나이스 시스템에 기록되어야 한다. 나이스 기록에는 내담자를 특정할 수 없도록 최소한의 상담내용만 작성되므로, 자세한 상담내용은 별도로 정리하는 것이 바람직하다.

상담기록과 보관은 내담자의 권리를 보호하고 상담사의 책임을 명확히 하는 역할을 한다. 이는 향후 상담 시 과거의 문제와 해결 과정을 참고해 더 효과적으로 상담을 진행할 수 있도록 도와줄 뿐만 아니라, 민원이나 위기상황에서도 상담사를 보호하는 수단이 된다. 특히 법적 분쟁이나 감사

상황에서는 학교가 적절한 조치를 취했는지 판단하기 위해 상담일지에 시간, 장소, 그리고 최소한의 조치 내용을 명확히 기록해야 한다.

또한 학생과 관련된 협의 과정에서 실행된 조치와 관리자에 의해 거절된 사항들 역시 빠짐없이 기록으로 남기는 것이 중요하다. 학교폭력, 자해, 자상, 가정폭력 등과 같은 위기상황에 관한 협의록뿐만 아니라 외부 민원이 발생하거나 긴급하고 중요한 사안이 생길 경우에는 반드시 관리자와 대면 보고를 진행한 후 내부 결재를 거칠 것을 권장한다.

상담 서비스의 전문성: 윤리적 기준과 실행

학교상담사의 윤리는 학생들에게 최상의 서비스를 제공하고 그들의 권리를 보호하며 전문성을 유지하는 데 있어 매우 중요한 요소다. 상담 윤리 외에도 전문상담교사는 학생의 인격을 존중하고 학습을 지원하며, 학부모 및 동료 교원과 협력해 교사로서의 윤리를 실천해야 한다. 또한 청렴성과 성실을 바탕으로 공정한 직무를 수행하고 품위를 유지해야 한다는 공무원 행동강령도 준수해야 한다. 전문상담사의 경우에는 공무직 관련 윤리강령의 의무를 지니고 있다. 학교상담사는 심리치료와 상담에 대한 전문성을 유지하면서 비밀 유지 및 외부 기관과의 협력 과정에서 엄격한 기준을 따라야 한다.

학교상담사는 학생 지도를 담당하는 생활지도자로서의 역할과 심리치료 및 예방을 목표로 하는 상담가로서의 이중적 역할을 수행한다. 이러한 이중적 역할은 때로는 역할 갈등(Westwood, 1980)과 역할 모호성(Rizzo, House, & Lirtzman, 1970)을 초래할 수 있으며, 업무 혼란이나 소극적인 의사결정, 자신감 하락과 같은 부정적 결과로 이어질 가능성이 있다(제영수, 2019). 이러한 윤리적 문제를 해결하기 위해 미국 학교상담협회(ASCA)는 2016년 학교상담사 윤리 기준을 제정하고, 객관성을 훼손할 수 있는 이중관계와 같은 위험을 피하도록 권장하고 있다. 그러나 한국에서는 아직 현실적인 학교상담업무에 관한 구체적인 윤리강령이나 관련 법이 부재한 실정이다.

미국 학교상담협회가 제시하는 학교상담사의 윤리 지침은 다음과 같은 내용을 포함하고 있다. 첫째, 비밀보장, 사례개념화, 평가와 사정, 이중관계 관리, 적절한 외부 연계, 상담기록 관리 등의 학생에 대한 책임이 있다. 둘째, 상담 절차에 대한 동의와 안내를 통해 투명성을 확보하고, 부모에 대한 책임과 동료 및 전문가 단체 간 협력과 지원의 의무를 다해야 한다. 셋째, 지역사회에서 제공되는 다양한 서비스를 숙지하고 관련 기관과 협력관계를 형성해야 한다. 마지막으로, 자신이 받은 훈련과 교육을 명확히 알리고 이를 바탕으로 학생들에게 적절한 서비스를 제공하는 것이 중요하다.

이러한 윤리 지침은 전문성과 신뢰를 바탕으로 한 상담 서비스를 보장하는 데 필수적이며, 상담사를 보호하는 역할을 한다.

표 1-10 학교상담 윤리 기준(미국 학교상담협회, 2016)

① 학생에 대한 책임

· 학생 발달 지원: 학생의 존엄과 존중, 상담제공 및 적절한 외부 서비스 연계
· 상담 비밀보장: 학생 정보 보호 및 상담의 비밀보장과 한계에 대한 구조화
· 근거기반 학교상담 프로그램 제공 및 이중관계 회피
· 집단상담 제공 및 또래 간 지지 활동 감독과 기술개발 지원
· 심각한 피해 예방을 위한 정보 공개 및 차별 없는 환경 제공
· 학교폭력, 아동학대 예방 관련 사건 관리 및 기록물 관리
· 신뢰할 만한 심리평가 도구 사용 및 해석
· 컴퓨터 기술 활용 및 가상 상담

② 학부모/보호자에 대한 책임

· 학부모와 협력하며, 자녀에 대한 권리와 책임은 부모에게 있음을 인식
· 가족 지원과 관련해 법률과 지역 지침 준수
· 학생과 내담자의 상담관계에 대한 상담관계 고지 및 종합적인 관련 정보에 대한 배려 차원 제공

③ 전문가 협력, 학교, 지역사회, 나에 대한 책임

· 다른 교사 및 전문가와 협력해 학생 복지 도모
· 지역사회 자원을 활용해 필요한 지원 제공
· 전문적인 능력 개발과 유지 및 최신 정보에 대한 노력
· 다양한 문화적 배경에 대한 이해

④ 직업에 대한 책임

· 윤리적 위반에 대한 정책과 절차수용
· 적절한 연구수행과 프로그램 개발 등 전문성 개발에 기여
· 윤리적 법적 책임 준수 및 학교상담 발전과 향상을 장려하는 활동에 적극 참여

⑤ 윤리적 의사결정

· 문제 해결 모형 사용: 문제 정의, 윤리강령 및 법령 적용

출처: 김계현 외(2020).

4
학교상담사 선배의 조언

여기서는 학교와 상담실에서 활용할 수 있는 실질적인 노하우를 다룰 예정이다. 앞서 언급하지 못한 현장에서 실무적인 팁과 노하우에 대해 깊이 있게 알아보며, 상담의 질을 높이기 위한 전문성 향상 방법과 학교상담사로서의 긴박한 일정을 효과적으로 관리하고 심리적 부담을 줄이기 위한 자기 관리 전략도 살펴본다. 이를 통해 학생들에게 더 나은 지도와 지원을 제공하고, 학교상담사로서의 역할을 충실히 수행하는 방법을 모색하고자 한다.

상담 현장의 현실과 유연한 접근법

학교는 학생들의 전체적인 발달을 위해 조직체로 운영되고 있는 곳이기 때문에 가장 중요한 것은 관계 형성이 매우 중요하다. 학교상담사는 학생, 학부모와의 라포(관계) 형성도 중요하지만, 상담사의 말 한마디는 학교의 견해를 밝히는 부분이기에 상담과 면담에 있어서 언행에 신중해야 하며, 이것이 어떤 영향을 미칠지에 대해서 판단하고 거기에 신중히 해야 한다. 언제나 분쟁과 감사가 나올 수 있으므로 매뉴얼과 절차에 따라야 하고, 상황에 맞는 탄력적 접근이 필요하다.

근양(초3)은 또래와 교류에 어려움을 겪었으나 학습에는 문제가 없었다. 하지만 특정 학생을 갑자기 밀어 다치게 하는 사건이 반복되어 피해자 학부모가 학교에 이의를 제기했다. 근양의 학부모는 사과와 함께 상담과 병원 진료를 약속했지만, 치료 약속은 지켜지지 않았고, 피해자가 근양에게 욕을 하고 행동을 유도했을 거라고 탓했다. 피해자 부모는 학폭 신고 여부와 관련해 자문을 요청했다.

Q 우리 애가 계속 학폭 피해를 당하고 있는데 학폭으로 신고해도 되나요?

보호자는 자녀에 대한 권리와 책임을 지고 있기에, 학교상담사는 학부모가 자녀를 위한 제일 나은 선택을 할 수 있도록 도울 수 있다. 학부모상담 시 학교폭력과 관련된 정보를 제공하고 학교폭력 신고에 앞서 염려되는 부분을 탐색하는 것이 필요하다. 이렇게 자문하는 학부모들은 대체로 신고 후에 학교에서 자녀에게 불이익을 줄지에 대해 염려하는 경우가 많다. 학교상담사는 일반적인 범주 안에서 정보를 제공하고, 차후 민원의 소지가 될 수 있는 부분과 관련해서는 언행에 조심해야 한다. 가해자, 피해자 모두 우리의 학생이고 학폭위가 진행되면서 학생들과 학부모가 상처받을 수 있다. 학교상담사는 학부모가 자녀를 위해 최선의 선택을 할 수 있도록 여러 정보를 제공하고, 그 선택에 따른 한계를 제시해 주는 것을 권장한다.

Q 학교에서 수업시간에 상담을 못하게 합니다.

관리자에 따라 수업권을 이유로 수업시간의 상담을 금지하거나, 상담에 대한 잘못된 인식과 수업에 기피로 여겨, 수업시간에 상담을 허락하지 않는 교사들도 있다. 그러나 학생이 정서적 또는 심리적 어려움을 겪고 있을 때 이를 해결하지 않고 내버려두면 학습 능률이 떨어질 수 있다. 상담을 통해 문제를 조기 해결하는 것이 학생에게 도움이 될 수 있으며, 학생 상황에 따라 즉각적인 상담이 필요한 때도 있다. 심각한 불안, 우울, 자해, 학교폭력 발생 등 위기를 겪고 있을 때 즉각적인 개입이 필요하다.

「교육기본법」 제13조에 따르면, 학생은 적절한 교육과 보호를 받을 권리가 있다. 「아동복지법」 제4조에서는 아동의 정서적, 심리적 안정을 위한 보호와 지원을 명시하고 있어 학생의 정서적 안정을 위해 수업시간에도 상담할 수 있다. 다만 이와 관련해 학생과 보호자의 동의가 필요하므로 보호자 상담동의서, 학생상담동의서, 정보제공동의서를 사전에 받고 잘 보관해야 한다. 또한 수업권이란 학생의 학습권으로 학습을 선택할 수 있는 권리이므로, 수업시간에 상담하는 것이 학생의 학습권을 존중해 주는 것이다.

수업시간에 상담을 허락하지 않는 경우는 그렇게 하는 것이 사고 발생의 책임소재와 학생의 권익을 보호하는 것이라고 여기는 것이므로, 이와 관련해 관리자와 교사에게 필요성을 설명하고 이해를 구해야 한다. 이러한 설득 과정은 갈등을 야기하고 불편한 상황을 초래할 수 있다. 그러나 학생의 건강한 학교생활을 위해 상담사가 꼭 해야 할 부분이라고 생각한다.

Q 관리자와 교사가 자세한 상담내용을 원해요.

비밀보장은 상담의 중요한 요소지만, 난처한 상황이 많이 발생한다. 학교운영지침에 따라 교장, 교감 선생님이 상담에 대해 정보를 요청할 경우 최소한의 정보를 제공해야 한다. 학생의 학교적응을 위한 정보, 문제 행동과 증상, 현재 상황, 어려움과 이를 위한 조치, 협조 사항, 진행 상황 등을 공유하면 된다. 담임교사와의 협조는 학생 이해를 돕고 생활지도에 도움이 될 수 있으므로 학생동의를 받은 후 정보를 제공할 수 있다.

비밀보장 동의서를 받았더라도 회기 중간에 이를 다시 다루고, 이후 감정변화나 생활의 탐색을 하는 것을 추천한다. 학생이 학부모, 교사에게 상담내용 공유에 동의하지 않았을 경우, 관리자와 담임교사가 학생에 대해 관심과 애정이 있음을 설명하며, 공유하고 싶지 않은 마음을 함께 다루는 것이 좋다. 교사와 학부모에게 정보 공유를 원치 않음을 이야기하며, 학생이 학교적응에 노력 중이며 최소한의 필요한 정보만 공유하는 것을 권장한다. 필자는 최소한의 정보는 공유할 수 있음을 사전에 동의받고 내용공유 관련 사항에 대해 학생에게 확인한 후 교사 및 학부모와 상담을 진행했다. 이러한 과정은 학생과 교사, 학부모 모두에게 신뢰를 형성하고, 학생에게 지지 자원이 되어 학교적응에 도움이 되었다. 위기상담(자살, 학교폭력 등)은 진행 상황과 관련해 반드시 관리자에게 보고해야 하며, 문제 발생 시 상담사가 모든 결과에 대한 책임을 져야 하므로 사전 동의와 상담구조화가 필요하다.

월 1회나 주 1회 보고를 모든 상담내용을 요구하는 관리자나 교사가 있다. 이러한 관심은 학생과 학교에 대한 애정의 표현일 수 있으나, 정보 공유를 불편하게 여기는 학생들도 있어 상담과정에서 부담을 느끼거나 평가에 민감하게 반응할 수 있다. 학생들의 이러한 특성을 이해하고 존중하며, 학교상담사가 상담 본연의 업무에 집중할 수 있도록 어려움을 호소하고 협조를 요청하는 것이 필요하다. 그런데도 정보를 요청하는 경우, 정보 공유를 통해 학생이 도움이 될 수 있는 최소한의 내용만으로 공유하는 것을 권장한다.

Q 학교 근무가 처음인데 뭐가 뭔지 모르겠어요.

Wee클래스는 학생들이 부담 없이 상담을 요청할 수 있도록, 1인실 형태로 학교상담사가 독립적으로 운영하는 방식을 권장하고 있다. 그러나 신입이나 상담 초보자인 경우, Wee클래스를 어떻게 운영해야 할지 막막하게 느낄 수 있다. 나이스 시스템 사용이나 일부 행정업무는 교내 동료 교사들로부터 도움을 받을 수 있지만, Wee클래스 운영 자체에 대해서는 타 학교 상담사의 지원이 필요한 경우가 많다.

일반적으로 학교의 집단적 특성상 질문을 하면 대체로 친절한 답변을 얻을 수 있다. 다만, 질문하기 어렵게 느껴지는 분위기라면, 교사들이 업무 과중으로 바쁘거나 해당 주제를 잘 알지 못하거나 개인적으로 힘든 시기를 겪고 있을 가능성이 있다. 학교의 급별 및 특성에 따라 차이가 있긴 하지만 초등학교는 학년 간 교류, 중 · 고등학교는 부서 내부에서 교류가 활발한 경우가 많으므로 가까운 소속 교사나 부장 교사에 도움을 구해 보는 것이 좋다. Wee클래스의 업무 특성상 보건교사, 특수교사, 혹은 인근 교실의 선생님들과 친밀한 관계를 맺는 것도 유용할 수 있다.

또한 전문상담교사들이 모이는 온라인 커뮤니티에 가입하거나 학습공동체와 노조 활동에 참여해 네트워크를 형성하는 것도 좋은 해결책이다. 이러한 활동을 통해 실질적인 정보 공유와 다양한 지원을 받을 기회를 마련할 수 있다. 행정서류 작성과 관련해서는 나이스 시스템에 저장된 기존 문서를 참고해 작성하면 효율적이다.

Q Wee클래스 개방은 어떻게 해야 할까요?

쉬는 시간에 Wee클래스를 개방하면 예상치 못한 여러 문제 상황이 발생할 수 있다. 매 쉬는 시간마다 학생들에게 "올라가라."라고 하거나 "정리해라."라는 요구를 반복하며 실랑이가 이어질 수 있고, 이는 자연스럽게 학생들의 다음 수업 참여에 영향을 미쳐 수업 지각 문제가 발생할 가능성이 높다. 이로 인해 교과 교사나 담임교사들로부터 민원이 제기되는 경우도 적지 않다. 또한 상담 중이라는 안내가 있음에도 불구하고, 일부 학생들이 큰 소리로 선생님을 부르거나 문을 두드리며 소란을 피우는 일이 생길 수 있어, 상담의 집중도를 떨어뜨릴 뿐만 아니라 상담실 분위기를 해칠 우려도 있다. 또한 상담을 마치고 나가는 학생들이 대기 중인 학생들과 마주치면서 예기치 않은 불편함을 겪을 수도 있다.

방과 후 Wee클래스를 개방하는 경우에도 주의가 필요하다. 학생들이 Wee클래스를 일종의 '놀이터'처럼 활용하려는 경향이 생겨 돌봄교실이나 놀이 공간으로 오해하게 되는 사례가 늘어날 수도 있다. 이는 Wee클래스의 본래 목적이 흐려지는 결과를 초래할 뿐만 아니라, 상담사가 심리적·신체적으로 소진될 위험을 높인다. 따라서 Wee클래스는 점심시간 동안만 운영하는 것이 효율적이며, 학생들과 상담사를 모두 보호할 수 있는 현실적인 대안이 될 수 있다.

설령 이전 담당 선생님이 다른 방식을 운영해 왔더라도, 학생들과 상담사의 복지 및 보호를 위해 Wee클래스 개방 시간을 구조화하는 과정은 꼭 필요하다. 어떤 경우에는 학교상담사가 화상교육을 받고 있음에도 학생들이 뛰어놀고 있는 경우도 있었다. 상담사 스스로도 학생들에게 Wee클래스 사용 구조화를 할 수 없다면, 과연 상담구조화, 학생들의 자기표현과 자기주장, 위기상황에 대한 대응은 어떻게 할 수 있을까! Wee클래스의 올바른 운영 방침의 구조화는 꼭 필요로 하며 규칙을 준수하는 것부터 학생들의 사회성 향상이고, 더 나아가 학급 내에서 건강하고 안전하게 기능할 수 있는 환경을 조성하는 것이다.

학교상담사의 일과 삶, 균형 잡기의 기술

1) 전문성을 향한 끝없는 도전: 상담사로서의 나의 노력

학생상담을 하다 보면 다양한 사례를 접하면서 부족함이 느껴지고 좀 더 보완해야겠다는 생각을 많이 하게 된다. 그럴 때마다 관심 있는 교육이 있으면 참여했다. 예를 들어, 언어로 표현하기 어려운 학생들을 상담하기 위해서는 상담도구 활용이 필요했기에 미술치료, 놀이치료, MBTI 등 학생들과 소통하는 데 도움을 줄 수 있는 교육에 참여했다. 각 학회 게시판에는 이와 관련된 교육이 많이 있었기에 관심 가는 교육에 참석했다. 또한 공개 사례 발표 등에 참관하면서 관심 가는 수퍼바이저에게 수퍼비전을 받았다. 수퍼비전은 어려운 상담에 도움이 될 뿐 아니라 학회 자격 수련이 되기 때문에 일석이조의 효과이기도 하다. 현재는 인간중심과 포커싱 상담에 중점을 두고 있고, 고정적으로 그룹 수퍼비전 1개와 뜻이 맞는 동료와 독서 스터디 1개를 하고 있으며, 관심 가는 교육을 분기별로 1~2회 정도 받고 있다.

개인적인 전문 능력 향상을 위해 자격증 시험에 주기적으로 응시했다. 자격증 취득보다는 시험을 계기로 상담이론을 심층적으로 이해하고 학습하는 데 목적을 뒀다. 자격증 시험을 통해 책을 한 번 더 보고 심층적으로 공부했다고 느꼈기에 큰 스트레스는 없었다.

상담 현장에서 접하는 내담자에 여러 문제 증상 관련해 원인과 목표, 치료과정에 대한 근거적 기반이 필요성으로 상담대학원에 진학했다. 직장과 학업을 병행하는 것은 힘들었지만 체계적이고 지속적으로 이론과 기법에 대해 학습하고, 실제 상담에 적용하며 수퍼비전을 받으면서 긍정적인 변화를 경험할 수 있었다.

2) 학생과 상담, 그리고 나를 위한 자기 돌봄의 중요성

학교상담사는 감정노동이 많으므로 자기 돌봄과 워라밸(Work-Life Balance)이 중요하다. 미국 학교상담학회에서는 학교상담사 1인당 최대 300~400명의 학생을 권고하지만, 한국 학교 교육현장에 적용하기 어려운 상황이다. 학교에서 상담과 생활지도를 하다 보면 학생들과 Wee클래스에 함께 머물기만 해도 에너지가 방전되는 경우가 많다. 실제 상담을 너무 많이 하다 쓰러져 응급실에 실려 간 선생님도 계시고, 필자 또한 맹장수술 후 무리한 상담으로 번아웃이 온 적도 있다. 학교상담사는 학생 개인상담 외에도 교사, 학부모, 상담일지 행정업무 등을 병행해야 하므로 4사례 이상 상담 예약을 잡지 않기를 권한다. 긴급상담, 위기상담이 돌발적으로 발생할 수 있으므로, 적절한 조절이 필요하다.

자기 돌봄과 웰빙을 위한 자기만의 방법을 개발하는 것이 필요하다. 많은 상담사가 필요성을 느끼면서도 몸이 아프고 나서야 조심하게 되는 경우가 많다. 교육이나 상담 학습공동체 등의 활동을 통해 정보를 공유하고 힘듦을 함께하며 공감할 수 있는 시간은, 상담사의 소진을 예방하고 문제 상황에 대한 대처할 수 있는 자산이 되기도 한다. 그 밖에 좋아하는 취미 활동을 즐기면서 스트레스를 해소하며, 매일 일정 시간 운동이나 명상은 몸과 마음을 건강하게 유지하는 데 도움이 된다. 일과 후에는 가족이나 친구와 시간을 보내거나, 일주일에 한 번은 완전히 휴식을 취하는 등 나만의 힐링 레시피를 만들어 보자.

전문상담교사 **송미선 선생님**

인천○○초등학교 전문상담교사로 재직 중인 송미선 선생님은 일반교사, 전문상담사, 전문상담교사 등 다양한 이력을 가지고 있습니다. 송미선 선생님은 중학교에서 20년간 영어교사로 근무하면서, 학생들의 천편일률적인 평가에 회의를 느끼고, 학생 개개인에 대한 깊은 이해와 상담의 필요성을 절실히 느꼈습니다. 이러한 관심과 열정을 바탕으로 교직을 명예퇴직하고 전문상담교사로 재임용 되었습니다. 현재 전문상담교사로 7년 차를 맞이한 송미선 선생님은 학생상담과 더불어 학교생활 적응과 심리적 안정 및 Wee클래스 이용에 대한 인식을 개선하기 위한 다양한 프로그램 개발 등 학생들의 심리적 정서적 지원에 앞장서고 있습니다.

Q 전문상담교사가 되기 위해 어떤 준비를 하셨나요?

임용시험은 교육학을 포함한 시험 범위가 매우 광범위했기 때문에 반복 학습을 통해 지식을 강화하고 꾸준히 공부했습니다. 저의 경우, 임용시험의 가장 큰 어려움은 면접시험이었습니다. 제가 나이가 많아서 혹시 다른 스터디원에게 피해를 줄까 봐 혼자 준비했는데, 어려움이 많았습니다. 임용준비하시는 분들은 반드시 스터디를 통해 함께 연습하실 것을 추천합니다.

Q 근무하면서 가장 어려웠던 경험은 무엇이며, 이를 어떻게 해결하셨나요?

상담에 대한 학부모의 민원과 교사의 피드백이었습니다. 프로그램 운행 시 관리규정의 지침을 준수하며 민원 발생 시 좋은 프로그램 개발을 위한 피드백과정이라고 여겼습니다. 또한 프로그램을 개발해 학생들이 자발적으로 Wee클래스에 참여할 수 있도록 노력했습니다. 예를 들어, 점심시간에 '자기관찰 힐링타임', '대인관계 힐링타임' 등 Wee클래스에 온 학생들이 서로 함께 보드게임이나 이벤트를 참여할 수 있도록 독려했습니다. 또한 학생들의 건강한 학교생활 조력자라는 마음으로 학부모와 교사들과 소통을 강화해 상담의 중요성을 설명하고 이해를 구했습니다.

Q 일반교사, 전문상담사, 전문상담교사를 다 경험해 보셨는데 어떠한 차이가 있나요?

일반교사는 명확한 지침에 따라 업무를 수행합니다. 학교상담사의 역할은 모호하고 명확한 지침이 없어서 스스로 학생들의 문제를 찾아내고 개별적으로 접근해야 하므로, 창의적이고 유연한 사고가 필요합니다. 또한 위기 학생을 지원하고 학교 전체의 심리적 건강 증진을 위해 동료교사, 학부모 등 의사소통능력과 협업능력이 필요합니다. 전문상담교사와 전문상담사의 업무는 동일하며 입사과정에 따라 처우의 차이가 크기에 전문상담교사의 직업만족도가 더 높습니다.

Q 학교상담사를 준비하는 후배들에게 한 말씀 해 주세요.

학교상담실에서는 자신만의 상담 철학을 멋지게 펼칠 수 있습니다. 학교에서 여러 어려운 상황이 발생하지만, 상담사의 특성에 맞는 Wee클래스를 운영할 수 있습니다. 다양한 프로그램 개발과 수행으로 학생들을 돕고 변화와 성장을 함께하는 경험은 상담사로서의 큰 보람을 느끼게 할 것입니다.

참고문헌

강진령(2015). 학교상담과 생활지도: 이론과 실제. 서울: 학지사.

교육과학기술부(2010). 전문상담교사 운영 및 활동 매뉴얼.

교육부 홈페이지. https://www.moe.go.kr/

김계현, 김동일, 김봉환, 김창대, 김혜숙, 남상인, 천성문(2020). 학교상담과 생활지도. 서울: 학지사.

유정이(1996). 한국 상담 형성과정 연구. 서울대학교 박사학위논문.

이상민, 오인수, 서수현(2007). 특별 게재: 한국적 상담 모형; 한국적 학교상담 모형개발을 위한 한국과 미국의 학교상담 비교 연구. 한국심리학회지: 상담 및 심리치료, 19(3), 539-567.

임경희, 조봉환, 임은화, 전인식, 김인규, 이기용, 김소아(2015). 학생상담지원센터(Wee센터) 내실화를 위한 직무기준 및 평가체제 구축방안 연구. 서울: 한국교육개발원.

제영수(2019). 전문상담교사의 법적, 윤리적 책임에 따른 제도적 보호에 대한 연구. 인제대학교 교육대학원 석사학위논문.

전인식, 박진희(2017). 2016년도 Wee프로젝트 만족도 조사 분석. 서울: 한국교육개발원.

Jeannine, R. S. (2008). 전문적인 학교상담자를 위한 학교상담의 실제(*The Essential School Counselor in a Changing Society*). 이대열 역. 서울: 아카데미프레스. (원서는 2008년에 출판).

한국교육개발원(2013). Wee클래스 운영 매뉴얼.

한국교육개발원(2022). KEDI 주요사업성과.

한국교육개발원(2023). 중등 위(Wee)클래스 운영가이드.

American School Counselor Association. (1992). Ethical standards for school counselors. *The School counselor*, 84-88.

Rizzo, J. R., House, R. J., & Lirtzman, S. I. (1970). Role conflict and ambiguity in complex organizations. *Administrative Science Quarterly*, 150–163.

Westwood, P. (1980). Role conflict and role ambiguity in schools. *Educational Research, 22*(2), 111–119.

02

성장통에서 발견하는 희망, **청소년상담**

공공기관의 청소년상담사가 되기 위해서는 CYS-Net(지역사회통합지원체계)를 이해하고, 청소년에게 필요한 상담과 복지를 One-stop으로 지원하려는 적극적인 자세가 필요하다. 본문에서는 청소년상담복지센터를 중심으로 위기청소년 지원체계 이해와 활용방법, 청소년상담 실제, 사업과 프로그램 운영에 대해 다룬다. 또한 상담사로서의 전문성 향상을 위한 성장 경로를 구체적으로 제시하고 있다.

프롤로그

우연 같은 필연

상담을 시작하게 된 것은 우연 같은 필연 때문이었다. 대학교 2학년 말쯤에 한 친구가 학교에서 MBTI(성격유형검사)를 무료로 해 준다고 했다. 그때까지 한 번도 심리검사를 받아 본 적이 없었기 때문에 뭔가 생소했지만, 호기심이 생겨서 과 친구들과 우르르 몰려가서 MBTI를 받았다.

드디어 심리검사 해석 날이 되었다. 당시에 아르바이트를 구하면서 무슨 용기였는지 모르겠는데, 상담 선생님에게 "근로장학생이 필요하지 않으세요?"라고 물었다. 마침 학생생활연구소(당시의 상담센터 명칭)에서 근로장학생이 필요하다고 해서 심리검사를 하러 갔다가 알바까지 구하게 되었다. 너무나 감사한 마음에 연구소를 열심히 쓸고 닦고, 심리검사도 채점하면서 보조 역할을 충실히 수행해 내려고 노력했다. 나의 장점은 고마운 사람에게 충성을 다하는 것이기 때문에 창틀의 먼지 하나도 꼼꼼히 닦았다. 그때는 심리검사가 전산화되어 있지 않아서 모두 수기로 채점하던 때라 한 개의 검사를 여러 개의 코팅지를 대고 숫자를 세어 채점을 했다.

학생생활연구소는 대학생활에서 내 마음의 안식처 같은 곳이었다. 마음 붙일 수 있는 곳, 내가 할 수 있는 일이 있는 곳, 믿을 만한 어른이 있는 곳이 바로 학교 학생생활연구소였다. 학생생활연구소에서 2년 동안 근로장

학생으로 일하면서 심리상담이란 무엇인지, 상담전문가는 어떤 일을 하는지 알 수 있었고 이 일이 나의 가치와 부합하는 일이라는 생각이 들어 졸업 이후 한양대 교육학과 상담심리 전공으로 대학원에 진학하게 되었다.

진로를 정하려고 한 것은 아니었는데, 아르바이트를 하다가 우연히 내 직업을 발견하게 된 것이다. 크롬 볼츠(Krumboltz)는 모든 사람의 삶에는 계획되지 않은 사건이 발생하고, 이 우연한 사건은 진로선택과 결정에 큰 영향을 미친다는 '우연학습이론'을 주장했는데 내 경우가 그랬다. 친구가 MBTI를 알려 주지 않았다면 지금쯤 나는 무슨 일을 하고 있을까?

어릴 적부터 나는 왜 태어났나, 나의 존재 이유는 무엇인가 수많은 고민을 하던 아이였다. 이왕 세상에 태어났으니 누군가에게 도움이 되는 사람이 되자, 누군가를 돕고, 성장시켜 줄 수 있는 사람이 되자는 생각을 했는데, 이 직업이 내가 바라던 직업적 가치를 실현하는 일이라는 것을 알게 되었기 때문에 이 직업을 선택하게 된 것 같다.

지금이야 커피가 다양하지만, 그 시절에는 커피, 프림, 설탕이 따로 병에 담겨 있어서 취향껏 커피를 타 마시던 때였다. 나의 상담 선생님은 커피 둘, 프림 둘, 설탕 둘을 넣어 손수 커피를 타 주시곤 하셨는데 나는 그게 참 좋았다. 지금도 그 커피가 그립다. 커피는 관심과 애정이었기에 나는 선생님이 "커피 마실래?" 하고 물어보실 때마다 한 번도 거절하지 못한 것 같다. 내 마음의 보약같이 커피 한 잔에 기운이 났다. 나도 이런 사랑을 누군가에게 전하는 사람이 되고 싶었고, 그렇게 나는 상담사가 되었다.

청소년상담전문가 **김태연**

1
청소년상담사, 이것만은 알고 가자

중학생 수지가 우울해한다는 사유로 어머니에 의해 상담이 의뢰되었다. 수지를 만나 보니 아버지는 사업을 하다가 어려움을 겪고 어머니와 이혼하셨고 어머니 혼자 첫째인 수지를 포함해 아이 셋을 양육하고 있었다. 수지의 어머니는 중증 우울증을 앓고 있어서 경제활동이 어려웠고, 사실상 아이들을 양육하기보다는 입원해서 치료를 받아야 하는 상태였다.

수지는 4인 가족이 살기에 턱없이 부족한 기초생활수급비로 생활하고 있었고, 심리상담만으로는 수지의 우울이 나아지기 어려운 상황이라 판단한 수지의 상담사는 우선, 주민센터에 전화를 걸어서 이 가정에 수급비를 더 올려 줄 수 있는지 문의했다. 그리고 각종 후원을 알아보고 교복 지원, 학원비 지원 등 필요한 지원을 연계했다. 청소년상담사는 또한 어머니와 동생들까지 심리검사와 상담을 실시해서 가족들의 심리건강 정도를 체크했는데, 어려운 환경에서도 아이들을 진심으로 사랑하는 어머니 덕에 아이들이 비교적 심리적으로 건강하다는 것을 알게 되어 아이들보다는 양육자인 어머니에 중심을 두고 상담을 진행해 어머니가 아이들을 잘 양육할 수 있도록 도왔다.

중학생 수지는 아버지의 사업 실패와 부모님의 이혼 후 어머니가 혼자 양육하는 가운데서 경제적 어려움, 어머니의 우울증, 사춘기 소녀로서의 방황 등으로 어려운 시기를 보내고 있다. 이처럼 복합적인 어려움을 겪는 청소년들을 효과적으로 돕기 위해서는 청소년상담에 대한 깊은 이해가 필요하다. 여기서는 청소년상담의 목적과 발달 과정을 살펴보고, 청소년상담이 가진 고유한 특성과 상담 모델의 운영형태를 이해하고자 한다.

청소년상담의 개요와 발전 과정

한국에서 학교상담의 시작은 1950년대 미국교육 사절단이 활동하면서부터다(유정이, 1996). 이후 1957년 서울시 교육위원회 교육정책 요강에 "중학교, 고등학교에 카운슬러(counselor) 제도를 둔다."라는 규정이 생기면서 상담과 생활지도가 교육정책에 있어 중요한 과제로 논의가 되었고 1964년에 교도교사 자격제도가 시행되어 교도교사는 상담조언, 개인기록 관리, 정보제공의 역할을 담당했다(이상민, 오인수, 서수현, 2007).

1980년대 청소년 가출 및 범죄 등 청소년 문제가 사회문제로 대두되면서 1983년에 서울 YMCA에서 '한국청소년상담실'을 설립했고, 청소년 및 학부모를 대상으로 상담 및 심리검사를 실시했다. 이후 1993년 정부 차원에서 '청소년대화의 광장'을 설립하면서 전국적으로 청소년상담 체계가 확대되었다(1999년 한국청소년상담원으로 명칭 변경, 2012년 한국청소년상담복지개발원으로 명칭 변경). 또한 1991년 청소년기본법을 제정해 청소년상담의 법적, 제도적 장치가 마련되었고, 이후 청소년상담이 활성화되기 시작했다. 1999년에는 16개 시도에 청소년종합지원센터가 모두 설치되었고, 이후 시군구 청소년상담실도 설치 · 확대 운영되었다.

2005년 국무총리 소속 국가청소년위원회를 구성하고, 위기청소년들을 위한 상담 및 지원 네트워크 구축 사업에 큰 비중을 두게 되었다. 2025년 현재 청소년상담은 한국청소년상담복지개발원을 중추 기관으로 해서 전국 240여 개의 청소년상담복지센터를 비롯해, 학교밖청소년지원센터(청소년지원센터 꿈드림), 청소년복지시설(청소년쉼터, 청소년자립지원관, 청소년회복지원시설) 등의 600여 개 기관이 청소년의 건강한 성장을 위해 다양한 상담복지사업을 수행하고 있다.

청소년상담의 필요성

청소년상담은 청소년에게 정서적, 심리적, 사회적 지원을 제공하는 전문 서비스다. 청소년상담에서 '청소년'은 보통 청소년기본법에 따라서 만 9세 이상~24세 이하인 사람을 말한다(「청소년기본법」 제3조 1항). 전국에 시도, 시군구 청소년상담복지센터가 청소년에 대한 상담 · 긴급구조 · 자활 · 의료지원 등의 역할을 통해 청소년의 건강한 성장 및 복지증진에 대한 기여를 목적으로 설립되어 있다. 청소년이라면 누구나 청소년상담복지센터를 이용해 무료 혹은 최소한의 실비만으로 상담 및 복지 지원을 받을 수 있다.

청소년기는 신체적, 심리적, 사회적, 실존적으로 급격한 변화와 발달을 경험하는 중요한 시기다. 키와 몸무게의 급격한 성장과 2차 성징의 출현으로 몸은 성인에 가까워진다. 반면, 감정에 영향을 주는 뇌 변연계의 빠른 발달에 비해 이성적 판단을 가능하게 해 주는 전전두엽의 늦은 발달은 감정적이고 충동적인 행동을 초래한다. 또한 청소년기에는 추상적 사고의 발달과 함께 사회인지능력이 발달하면서 자아중심성에 따른 상상적 관중(imiginary audience)을 지각해 타인 의식을 많이 하게 되고 대인관계의 어려움이 심화된다. 또한 개인적 우화를 가지고 있어서 비현실적이고 과장된 자기 인식을 하므로 자신은 특별하기 때문에 아무도 자신을 이해하지 못한다고 생각하기도 하고 현실감각이 부족해 음주, 일탈 등 위험행동 등으로 이어지기도 한다.

그런데 이런 변화와 혼란의 청소년기에 가정폭력, 아동학대, 부모의 이혼, 심각한 가정 경제의 위기, 지나친 교육열로 인한 비교 등으로 인해 가정은 청소년에게 안식처로서 기능하기 어려운 경우도 있다. 또한 학교도 지나치게 주입식 입시에 초점이 맞춰져서 학교폭력, 왕따, 자살 및 자해, 심각한 심리적 위기에 처해 있다. 청소년은 성인으로 성장하는 발달 과정에 있으며, 우리 사회의 미래이고, 변화 가능성이 매우 큰 대상으로서 사회에서 많은 관심과 돌봄이 필요하다.

요약하면, 청소년상담은 청소년이 겪는 여러 어려움을 예방하고, 문제 발생 시 조기 개입해 문제가 심화되는 것을 예방하고 어려움을 해소하며, 청소년이 건강한 사회구성원으로 성장할 수 있도록 조력하기 위해서 필요하다.

청소년상담의 특수성

청소년은 어린이에서 어른으로 가는 전환기로서 신체적, 정서적, 인지적, 사회적 발달 과정에 있으며 이에 따라 청소년기 특징은 다음과 같다.

신체적으로는 신장과 체중의 증가, 성적 성숙, 2차 성징의 발현, 호르몬 변화 등 급속한 신체적인 변화를 겪게 된다. 이런 신체적 변화에 당황하고 혼란감을 느끼기도 하고, 수치심과 불안을 경험하기도 한다.

정서적으로는 청소년기를 '질풍노도의 시기'라고 부를 만큼 감수성이 예민해지고, 쉽게 우울해지며, 불안에 휩싸이거나 화가 나게 되는 등 심한 정서적 불안정성과 충동성을 경험한다.

인지적으로는 감각을 통해 직접 경험할 수 없는 추상적 개념에 대한 사고가 발달하고, 다른 사람들이 나를 어떻게 생각하는지에 대해 생각하는 자의식적인 사고가 발달해 생각의 관심이 자신한테 향하는 자아중심적 사고가 발달한다. 상상적 청중을 가지고 있는 청소년은 자기 비판적이면서 동시에 자기도취에 쉽게 빠지기도 하고, 자신은 특별한 존재이기 때문에 위험 행동을 해도 별일이 일어나지 않을 것이라는 신념을 갖기도 한다. 나는 누구인가 하는 사고를 통해 자아정체감을 형성하는 중요한 시기로, 부모에게서 독립하고자 하는 욕구가 커지고 부모의 간섭이나 통제에 대해 갈등을 많이 빚는 시기이기도 하다.

사회적으로는 또래관계가 매우 중요해지는 시기다. 또래들과의 관계를 통해 자기를 발견하고 자기 정체성을 확립해 나간다.

이와 같은 청소년기 특징에 따라 청소년상담의 특수성은 다음과 같다.

1) 보호자 사전 동의 필요

청소년상담사는 상담을 시작할 때 내담자가 만 14세 미만의 청소년인 경우, 보호자 또는 법정 대리인의 상담활동에 대한 사전 동의를 구해야 한다.

2) 법적, 윤리적 책임

청소년상담사 윤리강령에 의하면, 청소년상담사는 아동학대, 청소년 성범죄, 성매매, 학교폭력, 노동관계 법령 위반 등 관련 법령에 의해 신고의무자로 규정된 경우 해당 기관에 관련 사실을 신고해야 한다. 예를 들어, 청소년은 성폭행 피해 사실을 부모에게 알리고 싶어 하지 않을 수 있고,

이럴 때 청소년상담사는 이 사실을 부모에게 알려야 하나 딜레마에 빠지게 될 것이다. 청소년이 부모에게 이 사실을 알리기 어려운 마음을 먼저 들어주고 이해해 주는 한편, 청소년상담사는 신고 의무자임을 밝히고 부모에게 해당 사실을 알리는 것으로 인해 청소년에게 피해가 없도록 적극 도와야 한다.

3) 또래관계의 중요성 증가

학기 초가 되면 왕따를 당했고 학교에 가기 싫다면서 "전학 가고 싶다."를 주 호소로 상담 신청을 많이 해 온다. 성인이야 직장에서 힘들어도 회사를 그만두고 이직을 할 수 있는 권한도 본인에게 있지만, 청소년은 대인관계로 힘들어서 전학을 가고 싶어도 반드시 부모가 도와줘야 하니 어려움이 따른다. 전학도 어려운 일이지만 부모 입장에서 아이의 고통을 이해하는 것이 쉽지 않아 청소년과 부모가 마찰을 빚기도 한다. 청소년상담사는 청소년이 전학을 가고 싶을 만큼 고통스러운 심리적 어려움을 이해하고, 부모가 청소년의 안전기지가 될 수 있도록 조력해야 한다.

외모에 대한 고민이 심각해지기도 해서 실제로는 비만이 아니고 표준체중이어도 친구들이 신체에 대해 사소하게 언급하는 것에 대해서도 매우 우울해지고, '신체적 자아상'에 대한 고민으로 상담을 신청하기도 한다. 예를 들어, 또래들이 "돼지." "못생겼다." "그 애가 앉았더니 의자가 부러졌대." "너무 말랐다. 걸어는 다닐 수 있니?"와 같은 외모를 평가하는 말을 듣고 상담을 신청하게 된다. 이렇게 청소년기에 형성된 부정적인 신체적 자아상은 성인기에도 수정되지 않고 지속되는 경향이 있다. 필자가 대학생을 상담하다 보면, 중학생 시절에 또래들의 외모 평가에 상처받은 친구가 외모에 대해서 심한 콤플렉스를 갖게 된 경우도 있었다. 말한 사람의 입장에서는 별것 아니고 잊어버린 일일 수 있겠지만, 말을 들은 사람의 입장에서는 그런 평가가 여과 장치 없이 피해자의 내면으로 들어와서 부정적인 자기상으로 남아 버리게 되었다. 이런 경우 "엄마, 어떤 애가 나보고 못생겼대."라며 우울해하는 아이가 있다면, "그 말을 듣고 얼마나 속상했니! 네가 못생긴 게 아니고 그렇게 말한 그 애 마음이 못생긴 거야. 친구에게 그런 말을 하는 아이가 잘못된 거야."라고 부모가 이야기해 준다면 괜찮겠지만 그렇지 못할 때, 상담을 통해 속상했던 마음을 꺼내놓고 감정을 정화한다면 청소년이 상대방의 잘못을 자기의 문제로 생각하지 않을 수 있을 것이다.

4) 비자발적 내담자

청소년상담에는 비자발적 내담자도 많다. 부모나 교사의 의뢰, 혹은 법원 수강 명령 등으로 상담이 시작되기 때문에 라포 형성이 매우 중요하다. 상담을 처벌로 생각하거나 낙인찍는 것으로 여기거나, 절대 내 마음을 이야기하지 않을 거라는 결심을 하고 오는 내담자를 상담한다는 것은 쉽지 않은 일이다.

5) 가족과 환경의 영향력

아직 혼자서 자립할 수 없는 청소년에게 있어서 가족과 환경의 영향은 매우 크다. 청소년의 문제는 개인의 문제라기보다 가족관계, 학교생활, 또래관계 등 환경적 요인과 밀접하게 연관되어 있어 체계적 접근이 필요하다. 청소년에게 집과 부모가 안전기지가 될 수 있도록 부모상담을 통해 부모가 변화하도록 돕고 환경을 개선하는 것이 청소년상담에서는 중요한 일이다. 당연한 말일 수 있지만, 아이만 보내고 부모는 안 오는 경우보다 부모가 청소년을 상담하는 곳에 데리고 오고, 자녀에 대한 애정이 있다면 상담은 좀 더 예후가 좋다.

필자는 위기상황에 노출된 청소년에게 24시간 동안 숙식 및 의복을 제공하고, 위험에 노출되지 않고 귀가하거나 시설로 연계하는 일시보호소에 근무했는데, 일시보호소를 이용하는 청소년들은 거의 부모의 돌봄이 어려운 경우가 대부분이었다. 폭력이나 학대가 없더라도 집에 돌아가서 나를 반겨 주는 부모님이나 어떤 보호자도 없다면, 청소년은 집에 있기보다 자신에게 애정을 준다고 생각되는 또래들을 만나러 거리를 배회할 수 있다. 청소년에게는 애정과 사랑을 주는 안전한 곳, 믿을 만한 어른이 필요하다.

6) 학업 및 진로문제

청소년상담에서는 학업 및 진로문제가 큰 비중을 차지한다. 한 여중생의 유서에서 "행복은 성적순이 아니잖아요."라는 말이 나왔을 만큼 역설적으로 한국 청소년들은 학업 성적으로 인해 고통받는다. 공부를 잘한다고 학업 고민이 없는 것은 아니며, 전교 1등이라고 해도 학업 성적 때문에 자살에 이를 만큼 학업 고민은 중대한 고민이 될 수 있다. 또한 학업 성적뿐 아니라 진로문제도 청소년이 겪는 중요한 문제인데, 예를 들면 자신이 좋아하는 것과 부모님이 원하는 것 사이에서 고민할 수 있다. 청소년상담사는 청소년과 부모상담을 통해 부모나 선생님 등 타인의 영향만으로 진로 선택을 하지 않고, 청소년이 현실적으로 자신에게 더 적합한 진로 선택을 할 수 있도록 도와야 한다.

2
청소년상담사, 꿈을 현실로 만드는 준비

청소년상담사가 되기 위해서는 체계적인 준비과정이 필요하다. 여기서는 청소년상담사가 갖춰야 할 역량부터 자격요건, 실제 구인정보 탐색, 필요한 학력과 자격증 등 청소년상담사로서의 진로를 준비하는 데 필요한 실질적인 정보를 다룬다.

청소년상담사에게 필요한 역량

청소년상담사에게 필요한 핵심역량은 무엇인가? 각자 다르게 생각할 수 있는 부분이지만, 필자가 생각한 핵심역량은 다음과 같다.

1) 위기 대처 기술

청소년들은 충동성이 높은 시기이기 때문에 자칫 위험한 상황이 벌어질 수 있다. 상담사는 청소년의 자살 및 자해, 폭력 등 위기상황을 민감하게 파악하고, 대처할 수 있어야 한다. 청소년이 자살 생각을 넘어서 자살계획을 세우고 실행을 준비하고 있다면 즉시, 보호자에게 연락하고 자살을 예방할 수 있는 노력을 최대한 기울여야 한다. 근무처가 자살 위기대응 체계가 잘 갖춰져 있다면 상급자에게 알리고 공동으로 대응할 수 있을 것이지만, 그렇지 못하다면 개인적으로 위기상황일 때 연락할 수 있는 수퍼바이저나 동료들이 있어야 할 것이다. 예를 들면, 1388 전화로 자살 위기 전화가 온다면, 위기상황의 위험성 평가에 따라서 자살 시도 같은 매우 위험한 경우에는 경찰의 출동을 요청해야 하는 경우도 있다. 언제 위기상황이 발생할지 예측할 수 없으므로 자살, 자해 교육은 반드시 이수하고 실제로 자살, 자해 위기 대응 체계를 갖춰 놓아야 한다.

2) 가족치료적 접근

청소년상담에서는 청소년과 보호자(주로 부모)를 동시에 조력해야 한다. 청소년을 만날 때는 청소년을 이해하고, 부모를 만날 때는 부모 마음을 이해하는 것이 필요하다. 부모도 알고 보면 다세대 전수과정을 통해 자기 부모로부터의 학대와 방임, 폭력의 피해자일 수 있으므로 자녀를 잘 돌보게 도와주려면 먼저 부모를 도와야 할 수 있다. 이를 위해 가족치료 이론을 깊이 있게 공부하는 것이 도움이 될 수 있다. 예를 들면, 보웬의 핵가족 감정체계, 가족투사과정, 다세대 전수과정, 자녀 위치, 삼각관계 등의 이론은 가족을 이해하는 기본 개념이다.

3) 적극성과 열정

청소년상담은 심리상담뿐 아니라 자원 연계 등 청소년에게 필요한 도움을 통합적으로 One-stop 지원을 해야 하므로, 상담사가 매우 적극성과 열정이 있어야 한다. 따라서 나는 상담만 하고 말겠다는 태도는 지양해야 한다. 예를 들어, 영화관을 한 번도 가족과 같이 간 적 없는 청소년이 있다면,

영화표 제공을 통해 가족과 영화 보는 경험을 하도록 하는 것이 심리상담 이상의 의미가 있을 수 있다. 청소년이 건강하게 자라기 위해서는 다양한 도움이 필요함을 알고, 그에 맞는 자원을 직접 제공하거나 혹은 다른 기관 연계 등의 방법을 통해 통합적으로 지원한다.

4) 추진력과 창의성 발휘

기존 프로그램을 답습하지 않고 청소년에게 필요한 것이라면, 창의적으로 기획하고 추진하고 제안할 수 있으면 좋다. 이런 태도는 상담사 스스로 성장하는 데 도움이 된다. 예를 들어, 집단상담을 기획한다면 기존에 했던 프로그램과 방식도 좋지만, 현재 청소년에게 필요한 프로그램을 기획하고 만들어 볼 수도 있을 것이다.

5) 협동하고 함께 성장하려는 자세

상담 분야에서 청소년상담복지센터만큼 협동심이 필요한 곳도 드물 것 같다. 함께 협동하고, 함께 성장하는 자세를 갖자. 동료들이 행사를 진행한다면 내 일이 아니어도 함께 도와주고, 어려운 사례가 있다면 피어(peer) 수퍼비전을 하는 것도 좋다. 여담이지만 필자는 점심시간에 도시락을 싸와서 얼른 먹고 남는 시간에 동료들과 루미큐브라는 보드게임을 하곤 했는데, 관계에 윤활유가 되었고 덜 지치게 일할 수 있었던 아주 좋은 경험이었다.

6) 다문화적 감수성 함양

미래에는 더더욱 다문화 사회가 될 것이다. 상담사 스스로 편견을 극복하고 소수자에 관한 관심과 애정을 갖도록 하자. 다양한 국적과 한부모 가정, 성 소수자, 여러 가지 질병 등 다양한 어려움에 있는 청소년들을 편견 없이 대하는 자세가 기본적으로 필요하다.

7) 자신의 한계를 알고 소진 예방

상담사는 자신의 한계를 알아야 한다. 현재 자기 능력의 한계를 벗어나는 사례는 다른 전문가에게 의뢰를 하고, 너무 어려운 사례를 한꺼번에 가진 채 아무하고도 나누지 않고 혼자 고민하다가 소진되지 않도록 주의해야 한다. 내 부족함이 보일까 봐 걱정되어서 나누지 못하겠다면 심리적으로 안전하다고 느껴지는 분에게 교육분석을 받거나 수퍼바이저의 도움을 받으면 좋다. 충분히 쉬고 자신을 돌보고 내일 또 일할 힘을 비축해 두자.

청소년상담사 자격요건

청소년상담사에 응시하기 위한 자격요건은 크게 학력, 자격증, 경력사항 세 가지로 볼 수 있다. 청소년상담복지센터에는 센터장, 팀장, 상담원(팀원), 전일제 청소년동반자, 시간제청소년동반자, 전화상담원, 일시보호소 상담원 등 다양한 직위가 있어서 학력, 자격증, 경력사항이 각각 상이하다.

전화상담원의 경우는 1388 청소년 전화상담과 사례회의 참석 등이 주된 업무이고, 그 외의 행정업무는 거의 없는 편이다. 365일 24시간 운영되는 전화상담의 특성상 주간뿐 아니라 야간이나 주말, 공휴일에도 근무할 수 있다.

전일제 청소년동반자는 위기청소년을 만나는 '찾아가는 상담'을 한다.

전일제 청소년동반자는 사례 위주의 상담 및 연계업무를 하고 행정업무도 한다. 전일제 청소년동반자는 주 12사례 이상, 시간제 청소년동반자는 주 6사례 이상을 담당하고, 실적 보고 등을 하는 주간회의와 사례에 대해 전문가에게 수퍼비전을 받는 사례회의 등에 참석한다. 상담환경이 잘 갖춰져 있는 청소년상담복지센터에서 상담하는 게 안정적인 상담환경이기는 하겠지만, 위기청소년을 위해서는 학교, Wee클래스, 내담자 집, 연계 기관, 커피숍 등 청소년에게 도움을 줄 수 있는 곳에서 상담한다. 근무시간도 오전 9시~오후 6시로 고정된 시간이 아니어서 필자는 오후 출근인 날은 오후 1시~오후 9시까지 근무하기도 했고, 평일이 여의찮으면 주말에 만나기도 했다.

상담원은 상담도 하지만 '또래상담 프로그램' '집단상담 프로그램' 'CYS-Net 사업' 등의 사업을 맡는다. 기관마다 상담과 사업의 비중은 다르지만, 어떤 경우에는 사업 비중이 훨씬 높기도 하다. 팀장이 된다면 팀원들을 통솔하면서 사업을 해야 하므로 상담의 비중은 더 줄어들고 대외업무가 많아진다. 센터의 소장이라면 센터를 총괄해서 사업 수행과 예산 관리 감독 등을 하고, 대외업무의 비중도 매우 높아진다.

전일제 상담원이나 전일제 청소년동반자의 경우에 학력은 보통 상담 관련 전공 석사 이상, 자격증은 청소년상담사 3급 이상, 청소년지도사 2급 이상, 사회복지사 1급 이상, 상담심리사 2급 이상, 전문상담사 2급 이상, 임상심리사 2급 이상, 직업상담사 2급 이상, 전문상담교사 2급 이상 있으면 응시할 수 있다.

센터마다 공고가 다소 상이할 수는 있지만, 〈표 2-1〉을 참고해 준비하면 좋다. 또한 성범죄 경력 조회 및 아동학대 관련 범죄전력조회 동의서도 작성하게 되어 있어서 이러한 범법 행위가 있는 자는 채용이 불가하다. 취업지원대상자, 장애인, 저소득층의 경우에 가점이 되기도 한다.

표 2-1 청소년상담사 자격기준 예시

① 대학원의 상담복지 분야 석사의 학위를 취득한 사람으로서 청소년상담복지 관련 업무를 수행할 수 있다고 시장 · 군수 · 구청장이 인정하는 사람
② 상담복지 분야의 4년제 대학을 졸업하거나 이와 같은 수준 이상의 학력이 있다고 다른 법령에서 인정받은 사람으로서 청소년상담복지 관련 실무 경력이 6개월 이상인 사람
③ 상담복지 분야의 전문대학을 졸업하거나 이와 같은 수준 이상의 학력이 있다고 다른 법령에서 인정받은 사람으로서 청소년상담복지 관련 실무 경력이 3년 이상인 사람
④ 4년제 대학을 졸업하거나 이와 같은 수준 이상의 학력이 있다고 다른 법령에서 인정받은 사람으로서 청소년상담복지 관련 실무 경력이 2년 이상인 사람
⑤ 청소년상담사 2급 이상
⑥ 청소년상담사 3급, 청소년지도사 2급 또는 사회복지사 2급으로서 청소년상담복지 관련 실무 경력이 1년 이상인 사람

출처: 한국상담심리학회 구인 게시판(2020).

취업에 도움이 되는 유사 경력

청소년 기관 취업을 위해서는 청소년 기관 직원으로서의 정식 경력이 가장 도움이 된다. 그러나 정식으로 취업하기 이전에도 할 수 있는 몇 가지 도움 되는 유사 경력들은 다음과 같다.

1) 단기 캠프 멘토 활동

청소년상담복지센터나 인터넷중독예방상담센터와 같은 기관에서 캠프 멘토 활동을 할 수 있다. 청소년을 대상으로 인터넷 · 스마트폰 치유캠프를 12박 13일 정도의 기간(사정에 따라 기간은 탄력적 운영)으로 운영하는데,

이 프로그램에는 상담사도 필요하지만 대학생 멘토도 필요하다. 멘토는 담당 청소년의 생활관리 및 정서적 지지, 대안활동 등 프로그램을 운영하는 데 필요한 인력이고, 대학생 혹은 대학원생 재학 이상인 자를 선발하기 때문에 아르바이트도 할 수 있고, 청소년 관련 경험도 쌓는 기회가 된다.

2) 1388 청소년 멘토지원단

1388 청소년 멘토지원단은 대학교 재학 이상이면 지원 가능하다. 영어나 수학 등 특정 과목의 학습을 가르쳐 주는 학습지원 멘토를 하거나, 일상생활 사회성 향상을 돕거나, 체육활동 등을 함께해 주는 정서 지원 멘토, 또는 행정지원 인력으로 활동할 수도 있다. 보통 담당 기관에서 멘토링 교육을 이수한 후 활동하게 된다.

3) 집단상담 보조리더

청소년 기관에서 집단상담 보조리더를 경험하는 것도 좋다. 기회만 된다면 최대한 많이 경험해 보길 추천한다.

4) 대학생 또래상담사

또래상담은 청소년 기관에서 시작했는데, 대학교에도 실시하는 곳이 있으므로 기회가 된다면 또래상담사를 통해 상담사로서의 경험을 미리 해 보면 좋다. 대학의 또래상담 교육을 듣고 또래상담을 하게 되는데, 대학생으로서 할 수 있는 아주 의미 있는 활동이다. 추후에 집단지도사로 청소년 또래상담 교육이나 집단상담을 할 때도 도움이 된다.

5) 1388 전화상담원

석사 재학 중에 1388 전화상담원을 해 보는 것도 추천한다. 필자는 석사 3학기 때 대학상담센터에서 수련 상담원으로 근무했고, 동시에 그 당시에 서울에 있었던 한국청소년상담원(현 한국청소년상담복지개발원)에서 전화상담원으로 자원봉사를 했다. 전화상담원으로 일주일에 4~8시간 낮에 근무하면서 가장 많이 받았던 전화는 어머니들의 자녀 문제 상담과 장난 전화였다. 낮 시간대이다 보니 청소년들의 상담전화는 적었고, 양육자인 어머니들의 전화가 많았다. 밤 시간대에는 자살 등 위기 전화가 많이 오기 때문에 위기개입 방법에 대해 알아 두면 좋다.

6) 자원봉사

청소년상담 경력을 쌓기 어렵다면, 청소년을 대상으로 하는 자원봉사를 할 수 있다. 봉사활동은 1365자원봉사포털(www.1365.go.kr)에 가입해서 알아볼 수 있다. 예를 들어, '청소년 동아리 대학생 서포터즈 모집' '방학 돌봄 프로그램 활동보조' '아동 학습지도 및 센터 환경관리(지역아동센터)' 등의 봉사활동이 있다.

취업준비 실전

1) 채용유형

채용공고에 보수는 보통 '청소년상담복지센터 사업 지침에 의함(여성가족부)' '여성가족부「청소년복지사업 운영지침: 청소년동반자프로그램 지원사업」적용' 등으로 기재되어 있어 정확한 보수가 기재되어 있지 않는 경우가 많다.

청소년상담복지센터의 경우에 근무시간에 따라 전일제 근무자(주 40시간)와 시간제 근무자가 있고, 고용 형태에 따라 정규직과 계약직(계약직/무기계약직)이 있다. 정규직이 되는 경우 경력이 산정되고 호봉제라서 매년 호봉이 오르며, 근로기준법에 따라 총 휴가일수도 최대 25일까지 늘어난다. 계약직은 계약직과 무기계약직으로 구분되는데, 근로계약 기간의 정함이 있는 기간제 근로자를 말한다. 계약직은 계약 기간이 종료되면 근로관계가 자동으로 종료되며 고용이 보장되지 않는다. 그러나 무기계약직은 처음에 계약직으로 입사해 2년이 넘게 근무해서 계약 관계가 자동으로 종료되었을 때 기간제법에 따라 기간의 정함이 없는 계약으로 전환되어 정규직과 마찬가지로 정년 보장이 되는 경우다. 계약직의 경우는 보수가 정해져 있어서 거의 호봉이 오르지 않는다. 아무리 오래 근무해도 매년 같은 보수를 받는 경우가 있는데, 물가상승률을 고려하면 월급이 해마다 줄어드는 셈이다. 직업으로 청소년상담사가 되고자 한다면 진지하게 금전적인 부분도 내가 만족할 만한 부분인지 고려해 봐야 할 부분이다.

2) 자기소개서 작성

자기소개는 기관에 따라 양식을 올려 두는 곳이 있는 경우 그 양식에 맞춰서 작성하면 된다. 지원동기, 성장과정, 성격의 장단점, 경력에 대한 담당업무 및 업무실적, 상담 관련 경험 및 성과, 앞으로의 활동 계획 등의 일정한 내용으로 구성된 경우도 있고, 별도의 구성 내용 없이 자유롭게 기술하게 하는 경우도 있다.

채용하는 직위에 따라서 자신의 강점을 쓰면 되는데, 청소년 기관에서 이전의 근무 경력을 요구하는 곳이 많으므로 청소년 기관에서 이전에 자신이 했던 일에서 강점을 구체적으로 쓰는 게 좋다. 행정 일을 많이 하는 정규직이라면, 상담업무 능력 외에 일반 행정능력도 갖추고 있음을 증명하면 좋다. 지금 선발하는 직위에 해당하는 일을 잘할 수 있는 강점을 가진 사람을 선발하기 때문에 예를 들어, CYS-Net 구축사업을 하는 직원을 선발한다면, 대외업무 경험이나 적극적인 성격, 운전면허 소지 등을 쓰면 좋다. 상담 이외에도 컴퓨터 활용 능력이나 동영상 편집 등 잘하는 분야가 있으면 적는다.

블라인드 공개채용의 경우에 자기소개서 등에 본인의 출신지역, 가족관계, 출신학교 등을 직간접적으로 표현하거나 이를 유추할 수 있는 내용을 기재하는 경우 불합격 처리되기도 하니 유의해야 한다.

3) 면접준비 전략

면접은 기관에 따라 다수의 면접관이 지원자 1명씩을 각각 진행하기도 하고, 여러 명의 지원자를 동시에 진행하기도 한다. 면접 문제도 많은 데는 7~8개로 꽤 많은 문제가 출제되기도 한다. 청소년상담사 역량, 윤리적 태도, 부모상담 역량 등이 출제된다. 면접을 준비할 때는 지원하려는 기관의 기존 면접 기출문제에 대해서 정보가 있다면 좋다. 주변 지인들을 통해 지원하는 기관의 면접 문제 유형을 파악하고, 미리 문제에 답안을 작성해서 실전에서 자연스럽게 말할 수 있도록 연습해 두는 것이 좋다. 면접 문제 유형을 구하지 못했다면 시중에 있는 청소년상담사 면접 등 책자를 이용해서 대비하는 것도 좋다. 면접 시 면접 문제 경향을 파악해서 준비해 간다면 심신 안정에도 도움이 될 것이다.

표 2-2　면접의 예
① 자기소개를 해 보세요.
② (사례를 주면서) 사례개념화를 해 보세요. / 이와 같은 사례를 어떻게 상담할 것인가요?
③ 비자발적인 청소년의 경우에 어떻게 관계 형성을 할 것인가요?
④ 자살 시도를 하는 청소년이 있다면 어떻게 대처할 것인가요?
⑤ 상담 중에 학생이 집에 갈 차비가 없다고 이야기했을 때 어떻게 할 것인가요?
⑥ 내담자의 부모님이나 선생님이 상담내용을 알려 달라고 한다면 어떻게 할 것인가요?
⑦ 부모님이 상담사가 결혼은 했나, 아이는 키워 봤나 하면서 상담사를 신뢰하지 못할 경우 어떻게 할 것인가요?
⑧ 상담사로서 소진 예방을 위해 어떤 노력을 기울이고 있나요?

3 청소년의 마음을 돌보는 청소년상담 실무

청소년상담복지센터에서 근무하는 상담사들은 실제로 어떤 일을 할까? 청소년상담사가 상담실에 앉아 심리상담만 할 것으로 생각하면 큰 착각이다. 청소년상담기관만큼 사업이 많고 업무가 다양한 상담기관은 드물 것 같다. 상담과 복지를 통합적으로 지원하는 청소년상담복지센터의 특성상, 상담사는 심리상담 외에도 다양한 프로그램 운영과 지역사회 연계 활동을 수행한다.

청소년상담 운영기관

1) 한국청소년상담복지개발원

한국청소년상담복지개발원은 전국 600여 개의 청소년상담복지센터, 학교밖청소년지원센터(청소년지원센터 꿈드림), 청소년복지시설(청소년쉼터, 청소년자립지원관, 청소년회복지원시설)을 총괄하는 중추 기관으로서 청소년의 건강한 성장과 행복한 꿈의 실현을 위해 다양한 상담복지사업을 수행하고 있는 여성가족부 산하 공공기관이다.

한국청소년상담복지개발원은 1993년 재단법인 '청소년 대화의 광장'으로 개원했으며, 1999년에 '한국청소년상담원'으로 2012년에 '한국청소년상담복지개발원'으로 명칭을 변경했다. 개원 시부터 서울에 소재했다가 2014년에 부산광역시로 이전했다.

한국청소년상담복지개발원은 청소년 정책연구 및 프로그램 개발, 국가자격증인 청소년상담사 시험 주관과 자격 연수를 담당하는 등 상담복지 전문인력 양성 등 다양한 사업을 수행하고 있다.「청소년상담연구」라는 학술지를 연 2회 발간하고 있으며, 1993년 발간된 이래로 우리나라 청소년상담복지 정책, 청소년상담의 이론과 실제, 청소년상담연구 방법과 상담사례 연구 등 청소년상담복지 분야의 비중 있는 연구 논문을 게재해 왔다. 이 연구지는 2009년 12월 한국연구재단 등재지로 선정되었다. 정책연구와 프로그램 개발 등에 관심이 있다면 한국청소년상담복지개발원에서 일해 보는 것을 추천한다.

2) 시도 청소년상담복지센터

시도 청소년상담복지센터는 청소년상담업무 이외에 시군구 청소년상담복지센터의 업무를 지원하는 역할이 추가되고, 교육 연수 및 연구활동도 수행한다. 경기도청소년상담복지센터의 경우에 홈페이지(www.hi1318.or.kr) 자료실에 센터에서 발간한 프로그램의 발간물이 정리되어 있다. 운영보고서 외에도 심리적외상 긴급지원 매뉴얼, 경기도 부모 또래상담사 양성교육 프로그램 지침서 및 교재 등의 발간물이 있고 마음챙김 명상, 언택트 스트레스 관리 프로그램 스트레스 Zoom in과 같은 비대면 프로그램도 개발되어 있다. 청소년상담의 매체가 대면상담에서 전화, 사이버 등 비대면 매체의 상담이 증가한 것처럼 향후에는 비대면 프로그램 개발이 더 활발해질 것으로 예상된다.

3) 시군구 청소년상담복지센터

시군구 청소년상담복지센터는 보다 실무적인 일을 많이 한다. 상담지원팀과 통합지원팀으로 구성된 경우, 상담팀은 개인상담, 심리검사, 집단 프로그램, 놀이치료, 청소년동반자, 청소년 전화 1388 등의 업무가 있으며, 통합지원팀은 청소년안전망 구축 및 운영, 실무위원회, 1388 청소년지원단 운영, 긴급구조 및 아웃리치, 교육연구사업 등의 업무를 한다.

예를 들어, 서울시에 소재한 영등포구청소년상담복지센터(www.young1318.com)의 경우 상담지원팀에 학교폭력예방센터를 두고 있고, 통합지원센터 내에 학교밖청소년지원센터와 자율문화공간을 두고 있다.

학교밖청소년지원센터 꿈드림에서는 만 9~24세 (잠재적) 학교 밖 청소년, 입학 후 3개월 이상 결석하거나 취학의무를 유예한 청소년, 제적, 퇴학처분을 받거나 자퇴한 청소년, 상급학교에 진학하지 아니한 청소년(학업숙려대상/보호, 복지, 교정시설/경제적, 가정적, 환경적 취약계층 청소년)의 상담 및 복지 지원을 제공한다.

청소년자율문화 공간은 만 9~24세 청소년들이 쉼과 여가활동, 창업·창작활동, 자치활동 및 동아리활동, 개인 학습활동을 무료로 즐길 수 있는 청소년 전용공간으로, 영등포구 청소년자율문화공간 '라라랜드'의 경우 독서, 보드게임, 피아노, 닌텐도, 노래방 등을 이용할 수 있다.

청소년상담의 유형

1) 비대면상담-청소년상담 1388

청소년상담 1388이란, 위기청소년상담 및 복지 지원이 필요한 청소년을 발굴하는 상담 채널이며, 온라인 상담 서비스(웹 채팅, SNS 메신저, 문자 상담 및 전화상담)를 제공한다. 청소년상담 1388은 1년 365일 24시간 전국 어디에서나 가능하다.

대상은 만 9~24세 청소년과 부모 및 보호자, 지도자이며, 상담 채널은 〈표 2-3〉과 같다.

표 2-3 청소년상담 1388 채널

① 전화/문자: 문자가 가능한 유무선 전화기로 '1388' 번호 입력 후 고민을 작성하면 답변 가능. 통신료 무료
② 인터넷/카카오톡/페이스북/인스타그램: '청소년상담 1388' 검색
③ 라인: 'cyber1388' 검색
④ 홈페이지: www.1388.go.kr
⑤ 웹 심리검사

출처: www.1388.go.kr 참고.

(1) 전화상담

청소년 전화는 익명성이 있고, 즉각적으로 상담할 수 있으며, 음성으로만 진행되고, 주로 단회로 진행되는 상담이라는 특징이 있다. 자살이나 위기상황이 아닐 경우 전화상담만 한다면 이름, 주소 등 개인정보를 굳이 이야기하지 않아도 된다. 내담자의 행동 관찰이 불가능하므로 상담사는 상담내용뿐만 아니라 목소리 톤, 침묵, 숨소리 등에 귀 기울여야 한다.

익명성이라는 특징은 대면상담이라면 처음부터 꺼내 놓지 못할 깊숙한 속마음도 꺼내 놓게 하는 장점이 있는 반면에 장난 전화와 음란성 전화 등에 쉽게 노출될 수 있다는 단점이 있다.

필자가 전화상담을 했을 때 음란성 전화가 하루에도 몇 통씩 오곤 했다. 이런 전화는 보통 발신자표시 제한으로 오기 때문에 누가 걸었는지 추적 또한 어렵다. 심한 경우 자위를 하면서 여자 상담원들의 목소리를 듣기 위해 전화를 건 경우도 있었다. 이런 전화를 여러 차례 받다 보면 소진도 금방 오고, 때로는 전화를 받는 것이 두려워지기도 한다. 이전에는 상담사 보호를 위한 안내 멘트가 따로 나오지 않아서 구두로 안내 메시지를 전달했으나, 최근에는 내담자뿐만 아니라 상담사 또한 보호하려고 장난 전화 혹은 음란성 전화에 대해 법적 조치를 취할 수 있다는 경고성 안내 멘트를 쓰고 있다. 필요한 조치라고 생각된다.

장난 전화도 은근히 많았는데, 나이 어린 초등학생들이 전화를 걸어 예전에 남의 집 벨을 누르고 도망가듯이 "거기 짜장면 되나요?" 식의 이야기를 하고 전화를 끊는 경우도 있었다. 이런 경우에는 번호를 알 수 있는 경우라면 다시 전화를 걸어서 그 아이에게 이 전화는 청소년이 학교폭력 등 위기상황이 있을 때 걸 수 있는 중요한 전화이므로 장난 전화를 하게 되면 이 전화를 통해 도움을 받아야 할 친구들이 도움을 못 받을 수도 있고, 훗날 진짜 고민이 있을 때, 예전에 장난쳤던 미안한 마음에 전화를 못 걸 수 있으니 장난 전화는 하지 않는 것이 좋다고 일러뒀다. 혼내지 않고 차분히 이야기하다 보면 이런 초등학생들은 금세 미안해하면서 죄송하다고 이야기하곤 한다. 그리고 정말 도움이 필요할 때 꼭 전화하라고 해 두면 그 아이도 조금은 가벼워진 마음으로 전화를 끊는 것 같다.

청소년들에게 위기의 순간은 밤시간 혹은 새벽시간인 경우가 많아서 이런 위기의 순간에 중요한 역할을 하는 것이 전화상담이다. 사이버상담을 하고 있더라도 위기라고 판단되면 전화를 통해 청소년과 통화하고 긴급구조 및 개입을 할 수 있다. 이같이 청소년 전화는 자살이나 가출 등 위기상황에 처한 청소년을 도울 수 있는 매우 중요한 수단이며, 청소년상담의 첫 관문으로써 매우 중요한 역할을 하기에 그 중요성을 간과할 수 없다.

(2) 사이버상담

사이버상담은 각 시도, 시군구 청소년상담복지센터에서도 일부 하고 있지만, 2011년 설립된 한국청소년상담복지개발원 청소년사이버상담센터(https://www.cyber1388.kr)에서 주로 전담하고 있다.

사이버상담은 웹채팅, 카카오톡상담, 페이스북상담, 인스타그램상담, 라인상담, 문자상담 등 다양하다. 청소년들에게 접근하기 용이한 매체라 아주 중요한 상담수단이다. 가상현실(VR) 기술을 활용해 온라인 상담공간을 만드는 메타버스상담이 향후에는 더 발달할 것으로 보이며, 이에 따른 추가적인 가상현실에서의 윤리가 필요할 것으로 보인다.

1388 문자상담 시에 상담사 보호를 위해 다음과 같은 문구가 게시된다.

> "사이버상담 중 상담사에 대한 욕설 및 비방을 하거나, 성적 메시지를 전달해 불쾌감 등의 피해를 주면 법적 처벌의 대상이 될 수 있습니다(「정보통신망 이용 촉진 및 정보 보호 등에 관한 법률」 제44조의7/「성폭력특례법」 제12조)."

2) 대면상담

대면상담은 상담사와 일대일로 진행되는 개인상담과 참여자가 여러 명인 집단상담이 있다. 개인상담은 신청자가 상담을 신청하고 상담사가 배정되면 청소년과 보호자가 청소년상담복지센터를 방문하거나 혹은 상담사가 청소년이 상담할 수 있는 장소에 찾아가서 상담하기도 한다.

청소년상담복지센터의 실제적 운영과 도전과제

청소년상담복지센터는 매우 다양한 업무를 수행하고 있다. 이러한 업무들을 효과적으로 수행하기 위해서는 체계적인 지원체계가 필요한데, 그 핵심에 CYS-Net(지역사회청소년통합지원체계)이 있다. 또한 실제 현장에서는 다양한 개입 방법이 요구되며, 때로는 여러 가지 어려움에 직면하기도 한다. 이제 구체적으로 CYS-Net의 구조와 운영방식, 현장에서 활용되는 개입 방법들, 그리고 실무자들이 마주하는 현실적 어려움들을 살펴보자.

1) CYS-Net 구축 및 운영

"한 아이를 키우려면 온 마을이 필요하다."라는 아프리카 속담은 청소년상담의 특징을 정확히 설명해 주는 말이다. 청소년상담은 지역사회청소년통합지원체계(Community Youth Safety-Net: 이하 CYS-Net)로 운영되는데 CYS-Net은 지역사회 시민 및 청소년 관련 기관, 단체들이 위기상황에 처한 청소년을 발견 · 구조 · 치료 하는 데 참여해 건강한 민주시민으로 성장하도록 지원하기 위해 협력하는 연계망으로 정의된다(노성덕, 김태성, 채중민, 2010). 청소년의 발견 · 보호에 꼭 필요한 학교 · 교육청, 경찰관서, 노동관서, 국 · 공립 의료기관, 보건소, 청소년쉼터, 청소년 지원시설이 필수 연계기관으로 지정되어 연계 · 협력하고 그 밖에 유관기관들이 참여하는 형태다.

한국청소년상담복지개발원이 총괄하고 있는 전국의 청소년상담복지센터는 CYS-Net의 허브(Hub) 기관으로서 청소년상담사는 통합지원체계를 구축하거나 운영하는 일을 담당할 수 있다. 예를 들어, 관내 청소년의 무료 학원 연결이 가능하려면 청소년상담사가 직접 무료 지원을 해 줄 만한 학원을 돌아다니면서 협조 요청을 구해야 할 수도 있다. 간혹 지역사회 내에서 청소년을 위해 자발적으로 봉사하고자 하는 치과의사, 변호사 등의 인적자원을 잘 활용해 1388 청소년지원단을 구축해 놓는다면 그 지역 청소년들은 필요한 혜택을 받을 수 있을 것이다. 청소년상담사는 1388 청소년지원단에게 위촉장을 제작해서 전달하고 청소년지원 연계 실적도 점검

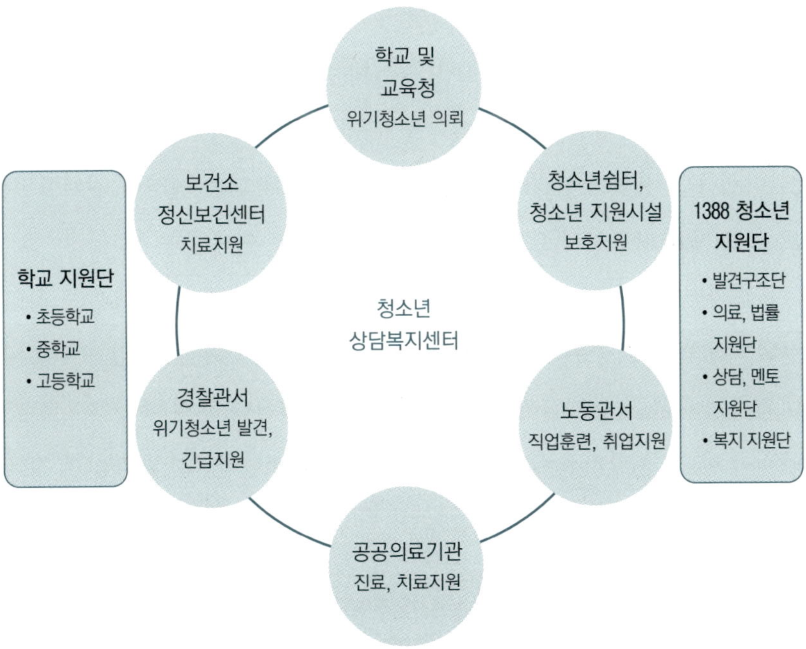

[그림 2-1] 지역사회청소년통합지원체계(CYS-Net) 체계도의 예시

해야 한다.

2) 상담과 복지를 통합지원

1388 청소년 전화를 통해 가출한 학업중단 청소년이 긴급구조를 요청한다면, 청소년상담복지센터에서 자체적으로 긴급구조하거나 경찰서, 또는 1388 청소년 발견 · 구조 지원단[1] 등의 도움을 통해 긴급구조가 이루어진다. 이후 청소년에게 원하는 맞춤형 통합지원이 이루어질 수 있다. 우선, 청소년이 부모님의 집으로 돌아갈 수 있다면 가정복귀를 도우며, 이후에도 꾸준히 심리상담을 통해 부모님과 청소년의 갈등을 완화하고 가정에서 잘 생활할 수 있도록 도울 수 있고, 가정에 돌아갈 수 없는 상황이라면 쉼터에 연계할 수도 있다. 청소년이 학업지원을 원한다면 학교밖청소년지원센터 꿈드림에 연계되어 진로상담 및 검정고시 지원(무료 학원 연계 등)을 받을 수 있고, 부모님이 알코올 중독의 문제가 있다면 중독관리통합지원센터에 부모님 상담을 연계 의뢰할 수도 있을 것이다. 만약 경제적 형편이 어렵다면 경우에 따라서는 긴급생계비 지원이 되는 센터에 연계할 수도 있고, 법률지원이 필요하다면 무료 법률지원도 연계한다.

요약하면, 한 명의 청소년을 건강하게 성장하도록 돕기 위해서는 심리상담 제공만으로 충분하지 않을 수 있고, 상담사가 도와줄 수 없는 부분에 대해서는 다른 유관기관과의 연계와 복지 지원 등을 통해 종합적으로 도와줘야 한다. 통합지원체계를 잘 활용하려면 청소년상담사 개개인의 적극

---

1 청소년안전망의 일부분으로서 위기청소년을 조기에 발견하고 위협에 노출된 청소년을 지원하는 역할을 수행하기 위한 민간의 자발적 참여조직이다. 예를 들면, 한국인터넷PC문화협회, 택시연합회, 한국목욕중앙회 등이 있다. 자발적 지원에 의한 위촉 방식이므로 지역마다 위촉된 지원단은 각기 다를 수 있다.

성이 매우 요구된다.

(1) 청소년상담 사례 1 '통합지원'

옥순(고3, 실업계)은 집단 따돌림과 학교 부적응 문제로 어머니에 의해서 상담에 의뢰되었다. 심리검사를 활용해 A 양의 심리상태를 평가했고, 학교에 적응할 수 있도록 지지적 상담을 했다. 어머니는 처음 상담 한 번 말고는 청소년상담사의 요청에도 다시 센터에 오진 않으셨고 전화상담만 간간이 응하셨다.

옥순이는 진로를 설정하고 준비하고 싶어 하는 욕구가 있어서 고용지원복지플러스센터에 연계 후 취업성공패키지를 받을 수 있게 취업에 필요한 기술을 배우고, 실습하는 기회를 가졌다. 상담 당시 앞니가 까만 상태로 치과 진료를 받지 못하고 방치되어 있었는데, 건강적인 측면에서도 문제였지만 대인관계에서 위축될 수 있는 요소였으므로 1388 청소년지원단으로 위촉되어 있었던 치과의료지원단의 지원으로 무료로 치아 치료를 받을 수 있게 했다. 청소년동반자가 동행해 치과 진료를 도왔는데, 하얀 치아로 밝게 웃던 청소년 내담자의 모습은 청소년상담사에게 잊을 수 없는 행복한 경험이었다.

청소년상담의 실제

한국청소년상담복지개발원에서 발간한 '청소년 문제유형 분류를 위한 기초연구(2022)'에 의하면, 청소년상담의 호소 문제 유형은 정신건강(자살, 비자살적 자해, 우울, 불안/강박, 품행 및 공격행동 등), 대인관계(고립 등 관계단절, 또래, 이성관계, 가족관계 등), 학업 및 진로, 과의존/중독, 폭력 피해, 폭력 가해 및 비행, 성, 신체건강 및 신체인식, 빈곤 및 경제적 결핍으로 크게 구분되어 있다.

그렇다면 청소년상담은 어떻게 해야 하나? 청소년을 돕기 위해서는 청소년 개인에 대한 개입뿐 아니라 '청소년'과 '청소년에게 영향을 미치는 환경(인적 환경+물적 환경)'이 개입 대상이 된다. 성인상담의 경우에는 다른 가족들 없이 상담을 신청한 성인 개인만 상담하는 경우가 많지만, 청소년을 돕기 위해서는 청소년 외에도 청소년에게 절대적인 영향을 미치는 양육자(주로 부모, 조부모 등)와 지도자(선생님 등)가 상담의 대상이 된다.

1) 청소년상담

청소년상담의 대상은 청소년과 부모, 지도자 등이다. 청소년상담사는 청소년뿐만 아니라 부모를 함께 상담한다. 또한 청소년을 직접 양육하는 사람이 이모나 고모, 삼촌 등 다른 친척이라면 이 분들을 상담하기도 한다. 학교 선생님과의 관계가 문제라면 선생님과 상담을 진행할 수도 있다.

대면상담의 경우에, 개인상담은 보통 주 1회 50분 기준으로 보통 10~20회 내외의 단기상담을 주로 한다. 상담 시간은 청소년 40분, 부모 10분 이런 방식으로 할 수도 있지만, 부모님에 대한 개인상담이 따로 필요한 경우 청소년과 부모 각각을 내담자로 해서 따로 상담을 진행하기도 한다. 10~20회 정도의 상담 횟수로 내담자의 모든 문제를 해결할 수 있는 것은 아니다. 생애 초기부터 양육에서 학대와 방임 등의 문제와 애착 형성의 어려움, 외상 사건 등이 있었다면 때로는 몇 년씩 상담이 필요하기도 하다. 그러나 공공기관의 경우에는 국민 모두를 위한 공공서비스이기 때문에 보통은 상담 기간에 제한이 있는 편이다.

청소년상담을 하는 데 있어서 어려운 점은 비자발적인 내담자의 경우, 부모가 경제적, 정신적 어려움이 있는 경우, 청소년의 신체적, 발달적 어려움이 있는 경우 등이다.

첫째, 자신은 상담을 원치 않는데 부모가 신청해서 억지로 상담에 끌려오다시피 한 비자발적인 청소년의 경우에는 상담을 원하지 않았는데 오게 된 청소년의 마음을 먼저 헤아려 주는 것이 필요하다. 그리고 청소년과의 라포 형성이 아주 중요하다. 상담에서는 비밀보장이 되고 우리가 나눈 이야기 중에 어떤 이야기는 부모에게 전하고 싶지 않은 부분이 있는지, 부모에게 전해도 되는 부분이 있는지 청소년과 협의하고 부모에게도 아이가 자신의 마음을 치유하기 위해 누군가에게 털어놓으려면 자살과 자해, 안전에 관한 문제 외에는 부모에게도 알릴 수 없는 부분이 있을 수 있음을 미리 고지해야 한다.

둘째, 청소년보다는 부모의 어려움이 더 큰 경우가 있다. 한번은 부모가 상담을 신청했는데, 부모가 조현병으로 추정되는 정신적 문제로 인해 실제로 있지 않은 일에 대해서 자녀가 문제가 있다고 신청해 온 경우도 있었다. 이런 경우 배우자나 친척, 형제자매 중에서 좀 더 건강한 성인을 찾아서 이 가정에 대한 정보 탐색을 하고, 청소년을 어떻게 도울지 논의하는 과정이 필요하다. 부모가 우울증, 조현병 등 심각한 정신적 질환으로 거의 양육하기 어려운 경우에는 부모상담에 좀 더 비중을 많이 두는 것이 좋다. 부모상담은 청소년상담복지센터에서 할 수도 있고, 지역 내에 소재한 정신건강복지센터 등의 기관연계를 할 수도 있다.

셋째, 청소년에게 신체적, 발달적 어려움이 있는 경우가 있다. 청소년상담에서는 임신, 출산 과정, 생애 초기 발달부터 자세히 탐색하는 것이 필요하다. 신체적인 장애에 따른 어려움도 있고, 자폐, ADHD, 경계선 지능

등 발달적인 문제가 있는 경우 청소년의 어려움은 평생을 걸쳐 지속될 어려움일 수 있기 때문에 병원을 통해 정확히 진단하고, 필요하다면 약물복용과 상담을 병행할 필요도 있다. 청소년을 이해하고 돕기 위해 필요한 심리검사를 배워 두면 상담에 도움이 된다.

2) 부모상담

양육자와 지도자는 상담에서 보조 치료자가 된다. 아무리 공감과 경청, 상담기술이 뛰어난 상담사일지라도 청소년에게 미칠 수 있는 상담사의 영향력은 한계가 있다. 청소년에게 가장 많은 영향을 주는 사람은 양육자와 지도자다. 상담사들은 양육자와 지도자를 잘 상담해서 청소년에게 필요한 환경을 제공해 줘야 한다.

청소년의 어려움이 가정과 부모로부터 온 경우에는 특히 그러하다. 만약 부모에게 학대당하고 있는 청소년이 있다면 청소년만 상담해서는 청소년을 제대로 도울 수가 없다. 청소년상담사는 아동학대, 청소년 성범죄, 성매매, 학교폭력, 노동관계 법령 위반 등 관련 법령에 의해 신고의무자로 규정되어 있어서 해당 기관에 관련 사실을 신고해야 하고, 부모상담을 통해 폭력을 쓰지 말고 양육하도록 부모교육을 해야 한다.

예를 들어, 철수가 같은 방을 쓰는 영호(형)에게 가끔 맞기도 하고, 사사건건 부딪치며 하나부터 열까지 성격이 맞지 않고 방을 함께 쓰는 것이 최대의 스트레스라고 한다면, 심리상담을 통해 부정적인 감정 해소와 효과적인 대화법을 익히는 게 물론 도움이 될 수는 있다. 그러나 상담에 오지 않는 영호에 대해서 영향을 미칠 수 있는 것은 상담사보다는 부모다. 부모가 영호에 대해 동생을 때리지 말 것을 훈육할 수 있고, 필요하다면 방을 따로 쓰게 해 주는 것으로 물리적 환경을 바꿔 준다면, 철수에 대한 직접적인 심리상담만으로 제공하지 못하는 부분을 제공해 줄 수 있을 것이다. 대학생의 경우에 부모와 갈등이 심각하다면 독립해서 따로 살게 되니 전보다 훨씬 스트레스가 줄어들었다고 보고하는 경우가 많은 것처럼 말이다.

(1) 청소년상담 사례 2 '부모상담이 필요한 경우'

철수(중1, 남)는 친구를 사귀기 어려워하고 학교에 적응하지 못한다는 사유로 어머니가 상담을 신청했다. 아이에게 무엇을 상담하고 싶은지 물었다.

"(잘 들리지 않는 아주 작은 목소리로) 군대는 어떻게 가야 할지……."

"철수가 군대 가는 게 걱정되는구나. 그런데 철수야, 너는 군대를 언제쯤 갈 거 같아?"

"(계속 작은 목소리로) 저 한 10년 후에요……."

"철수야. 10년 후에 갈 군대를 벌써 걱정하고 있는 거야? (살짝 미소 지으며) 군대 가는 것에 대해 어떤 게 걱정되니?"

"(조금 목소리가 커졌지만 여전히 잘 안 들리게 작게 이야기하는) 저희 엄마가요. 저는 군대 가면 성격이 이래서 적응도 못할 거래요."

아이의 불안은 최근에 이혼하고 혼자 아이를 양육하고 있는 어머니가 쏟아 놓은 걱정의 한 일부분이었다. 아이가 중학생이 되어서 맞는 첫 학기이다 보니 친구를 새로 사귀고 학교에 적응하는 것이 어렵기도 했고, 부모들의 다툼과 이혼 과정에서 더 위축된 것 같았다. 아이의 위축된 모습을 보면서 어머니는 이제 아이를 혼자서 키워야 하는데 더 걱정되셨던 것 같다.

군대는 어떻게 갈지 걱정이라는 말은 청소년에게 현재 닥친 일이 아니므로 현실적인 불안이 아니다. 부모 등 중요한 타인에게서 들은 말을 그대로 내사(타인의 관점이나 주장 또는 가치관을 깊이 생각해 보지 않고 자신의 것으로 받아들이는 것)한 것이다.

청소년상담사는 어머니 상담을 통해서 우선 어머니의 현재 양육상의 어려움에 대해서 공감하고 어머니가 아이를 도울 수 있도록 조력했다. 어머니는 상담을 통해 아이가 새로운 환경에 대한 적응기로서의 혼란과 어려움을 이해하고, 아이의 불안을 덜어 주며, 아이가 친구에게 다가가도록 도와주는 부모역할을 할 수 있었다. 어머니가 아이에게 걱정되거나 불안한 말보다는 아이의 장점을 들어 긍정적인 말을 해 주게 되었다.

철수는 위축되어 있다 보니 목소리가 작고, 친구를 사귀는 데 있어서 먼저 다가가지 못했으며, 친구가 나를 싫어하면 어쩌나 걱정이 많았고, 친구들이 나에게 관심을 보내는 신호들을 알아채지 못했는데, 상담 진행 후 목소리도 점점 더 커지고 친구들의 호감 신호도 알아차리게 되면서 전보다 친구들에게 적극적으로 반응하게 되었다.

내담자와 상담사 보호하기

상담에서는 내담자와의 라포 형성도 중요하지만, 간과할 수 없는 것이 상담사와 내담자의 '안전' 문제다. 국가 차원에서는 청소년 보호를 위해 청소년기본법에서 청소년지도자가 될 수 있는 자격에 제한을 두고 있고, 국내 상담 관련 학회(한국상담심리학회, 한국상담학회 등)에서는 상담사 윤리강령에서 내담자와 상담사를 보호하도록 하고 있다.

1) 내담자 보호하기

내담자를 보호하기 위해서 첫째, 청소년상담사는 법적으로 결격사유가 없어야 한다. 「청소년기본법」에서는 청소년의 보호를 위해 청소년지도자에 대해 다음과 같은 경우 취업 제한을 두고 있다. 청소년상담복지센터에서 근무하게 된다면, 필수적으로 범죄경력조회를 실시하고 문제가 없는 경우만 선발한다.

표 2-4 「청소년기본법」 제5장 제21조 4항

제21조 (청소년지도사) ④ 다음 각 호의 어느 하나에 해당하는 사람은 청소년지도사가 될 수 없다.

1. 미성년자, 피성년후견인 또는 피한정후견인
2. 삭제 〈2025. 4. 29.〉
3. 금고 이상의 형을 선고받고 그 집행이 끝나거나 집행을 받지 아니하기로 확정된 후 3년이 지나지 아니한 사람
4. 금고 이상의 형을 선고받고 그 집행유예의 기간이 끝나지 아니한 사람

  4의2. 제3호 및 제4호에도 불구하고 다음 각 목의 어느 하나에 해당하는 죄를 저지른 사람으로서 형 또는 치료감호를 선고받고 확정된 후 그 형 또는 치료감호의 전부 또는 일부의 집행이 끝나거나(집행이 끝난 것으로 보는 경우를 포함한다) 집행이 유예 · 면제된 날부터 10년이 지나지 아니한 사람

  가. 「아동복지법」 제71조제1항의 죄

  나. 「성폭력범죄의 처벌 등에 관한 특례법」 제2조의 성폭력범죄

  다. 「아동 · 청소년의 성보호에 관한 법률」 제2조제2호의 아동 · 청소년대상 성범죄

5. 법원의 판결 또는 법률에 따라 자격이 상실되거나 정지된 사람

⑤ 청소년지도사 자격검정의 최종 합격 발표일을 기준으로 제4항 각 호의 어느 하나에 해당하는 사람은 청소년지도사 자격검정에 응시할 수 없다. 〈신설 2020. 5. 19.〉

[전문개정 2014. 3. 24.]

출처: 사법정보공개포털(portal.scourt.go.kr).

둘째, 상담내용의 비밀보장이 철저히 지켜져야 한다. 상담은 내담자에게 해를 끼쳐서는 안 된다. 예를 들어, 상담내용이 누설되어 다른 사람들이 알게 되어서 내담자가 오히려 곤경에 처해서는 안 된다. 그러나 상담

은 모든 것이 비밀보장되는 것은 아니다. 내담자의 생명이나 타인 및 사회의 안전을 위협하는 경우, 내담자의 동의 없이도 내담자에 대한 정보를 관련 전문인이나 사회에 알릴 수 있다(한국상담심리학회 윤리강령 참고). 그러나 이런 경우처럼 비밀보장의 한계를 넘어서는 일이 아니라면 청소년과의 상담내용을 부모님이나 선생님 등 다른 사람이 알고 싶어 한다고 해서 그대로 전달하는 것은 곤란하다. 내담자들이 이 상담사는 나를 존중하며, 이 상담은 안전하다는 느낌을 가질 수 있어야 청소년들이 자신의 이야기를 편안하게 할 수 있을 것이다. 따라서 청소년과 미리 합의된 범위 내에서만 부모에게 전달하는 것이 청소년과의 상담관계를 해치지 않을 수 있다. 이 부분에 대해 상담 초기에 부모님과 내담자에게 미리 고지해 두는 것이 좋다.

셋째, 자살과 자해 등 위기상황이 발생할 시 대처할 수 있어야 한다. 상담사가 근무시간 외에 365일 24시간 내담자의 연락을 받기는 어려운 문제이기 때문에 자살 시도 등 위기 순간에 부모님, 가까운 지인, 생명의 전화와 같은 공공기관 연락처 등 연락할 수 있는 수단을 미리 마련해 둬야 한다.

2) 상담사 보호하기

청소년뿐 아니라 상담사의 안전도 중요한데, 상담사 또한 안전하지 않은 상담환경에서는 상담을 거부할 수 있으며 자신을 스스로 보호할 수 있어야 한다. 최근 상담센터에서는 혹시 모를 위험 상황을 대비해 상담사의 안전을 위해 CCTV와 비상벨을 설치해 두는 곳도 있는데 필요한 조치라고 생각된다.

상담사를 보호하기 위해, 첫째, 내담자의 자살과 자해 등 청소년이 위기에 처할 가능성을 염두에 두고 상담사 스스로를 보호해야 한다. 상담사도 사람이기 때문에 심리적 외상을 입을 수 있다. 상담사 보호를 위해 상담 시작 전에 상담신청서를 작성할 때 미리 '자살 방지 서약서'를 받아 둬야 한다. 그리고 자살 생각을 넘어서 구체적인 자살계획을 가지고 있고, 자살을 실행할 가능성이 있는 청소년을 만나게 된다면 반드시 보호자에게 알려야 하고 직장 내 구성원과도 의논할 수 있어야 한다.

내가 상담하던 청소년이 자살이라는 비극적인 선택을 하게 된다면, 상담사는 적지 않은 외상과 충격을 받게 된다. 누군가 내 곁에 있는 소중한 사람이 떠나갔을 때, 내가 이들을 돕지 못했다는 죄책감은 실로 엄청난 것이다. 물론, 누구도 완벽하게 타인이 자살하겠다는 의지를 막을 수는 없는 일이지만, 상담하면서 자살하고 싶은 내담자들을 수천 명을 살렸다고 할지라도 한 명의 실행자가 있다면 마음이 아프고 죄책감을 느끼는 것이 상담사다. 그러므로 상담하는 동안은 자살하지 않겠다는 서약서를 작성해두는 것이 상담사 보호 측면에서 필요하다. 또한 내담자가 자살의 위험이 있다면 수퍼비전도 받고, 소속 기관에서 알려 팀으로 움직이고 상담사 한 명이 온전히 감당하는 것이 아니라, 여러 기관이나 여러 지도자가 함께 돕는 것이 도움이 된다. 혹시 모를 법적인 문제에 대비해서 상담사가 취한 개입과 조치 기록도 구체적으로 기록해 두는 것이 좋다.

둘째, 상담사의 안전에 신경 써야 한다. 특히 청소년동반자와 같이 가정이나 외부로 찾아가는 상담을 할 때는 예를 들면, 알코올 중독자이면서 폭력 성향이 있는 부모가 있는 집으로 찾아간다는 것은 실상 위험한 일이 될 수 있어 주의가 필요하다. 이럴 경우 찾아오는 상담을 신청하더라도 상담사 보호를 위해 센터를 찾아오게 하는 방법을 고려해 보거나 내담자 집 근처의 좀 더 안전한 장소를 생각해 볼 수 있다.

요약하면, 청소년 내담자를 진정으로 돕기 위해서 상담사는 내담자와 상담사 자신 둘 다를 지키는 힘을 가지고 있어야 한다.

4 청소년상담사 선배의 조언

청소년상담에서 가져야 할 자세

1) 청소년상담이란 씨앗을 심는 것

필자는 청소년 시절부터 1388 청소년 전화를 통해 도움을 받았다는 20대 대학생을 만났다. 청소년 시절 부모님의 학대와 폭력을 피해 가출하고 방황할 때 1388이 있어서 많이 위로받고 도움받았다고 한다. 자살충동이 들 때 365일 24시간 가능한 상담이 있어서 즉시적으로 상담을 하고 자살충동을 가라앉힐 수 있었고, 이때 도움받은 기억으로 대학생이 되어서도 심리적으로 힘들 때 도움을 요청할 수 있게 된 것이다.

청소년상담은 누군가의 삶이라는 터전에 씨앗을 심는 것과 같다. 씨앗을 심었을 때의 땅을 자세히 보면 흙을 일궈 놓은 것을 보니 뭔가를 심은 건가 하는 생각이 들 수도 있지만, 얼핏 보기에는 자라난 것이 없다 보니 아무런 효과가 없어 보일 수 있다.

상담사 입장에서는 상담을 진행하는 중에 내담자가 점점 나아질 것을 기대할 수 있는데, 청소년 내담자가 끊임없이 가출, 학교폭력, 비행, 자살시도 등을 멈추지 않는다면 좌절할 수 있다. 우울과 불안을 호소하고 있었지만, 학교는 다니고 있던 청소년이 상담하는 도중에 학교를 그만둘 수도 있고, 더 심각한 정신과적 질환으로 입원하게 되는 경우도 있으며, 전에 없던 더 큰 사건 사고를 터트릴 수도 있다. 이쯤 되면 '내가 상담을 잘하고 있는 것이 맞나?' 하는 깊은 회의감이 들기도 한다.

상담사는 내담자에게 바라는 것이 있다. 학업을 중단하고 방황하는 청소년이 얼른 검정고시를 준비했으면, 더 이상의 절도는 멈췄으면, 누구와 싸우고 폭력을 쓰는 것은 그만했으면, 친구가 없어서 외로워하는 아이에게 친구가 생겼으면……. 상담사도 사람이니까 내담자의 변화를 통해 상담하는 기쁨, 보람을 느끼고 싶을 것이다.

그러나 아무런 변화가 없는 듯이 보일 때도, 심지어 더 나빠지고 있는 듯이 보일 때조차도 그런 상황에서도 내담자들은 그 나름대로의 애를 쓰고 있는 것이다. 자기 삶에 대해서 잘 살고 싶지 않은 사람은 아무도 없을 테니까. 그저 자신의 마음대로 안 되는 힘든 시기를 지금 지나는 중일 수 있다.

내 앞의 내담자가 긍정적인 변화를 보이는 것이 모두 현재 상담사 노력만으로 이루어진 것은 아닐 것이다. 내담자의 성장은 자기 삶에서 많은 시행착오와 이미 많은 숙고의 시간을 거쳐 온 내담자의 몫과 이전 많은 사람이 청소년들에게 희망의 씨앗을 움트게 도움을 준 덕택일 것이다. 이와 마찬가지로 청소년 내담자가 점점 나빠지는 이 상황이 모두 상담사의 무능력 탓만은 아니다. 그러니 이 책을 읽고 있는 초심 상담사들이 있다면 너무 자책하지 말기를 바란다.

상담사는 내담자에게 성과를 바라기보다는 자기 삶에서 어쩌면 가장 어려운 시기를 보내고 있을 청소년들이 고통스러운 이 시기를 견딜 수 있도록 잠시 기댈 수 있는 버텨 주는(holding) 존재가 되어야 한다. 언젠가 청소년들은 발아할 환경이 되면 새싹이 나고 그들의 고유한 모습대로 자랄 수 있을 것이라는 희망의 마음을 가지고 말이다.

2) 섣불리 판단하지 않고 내담자 이해하기

청소년상담은 청소년이 상담받고 싶어서 신청하는 경우는 상담 동기가 높은 편이지만, 부모나 선생님이 신청해서 오는 비자발적인 내담자의 경우에는 상담 동기가 낮을 수 있다. 특히 비행, 폭력, 가출 등 소위 문제 행동을 보이는 청소년과 부모를 상담할 때 상담사는 좀 더 어려움을 느낄 수 있다.

예를 들어, 축구선수라는 꿈을 가지고 있다가 부상당한 후 꿈의 좌절이라는 슬픔을 가진 청소년이 슬픔을 해소하지 못하고 비행 행동으로 이어졌다고 해 보자. 이럴 때 청소년상담사로서 주목해야 할 부분은 청소년이 비행 행동을 하게 된 분노 이면에 꿈의 상실이라는 슬픔, 공허감, 상실감 등의 감정과 욕구의 좌절에 대한 것이다.

자신의 의지가 아닌 부모에 의해서 상담에 오게 된 비자발적인 청소년은 상담에 와서도 화가 나 있고, 협조적이지 않으며, 상담 시 삐딱한 태도를 보인다면 상담사도 당황스러울 수 있다. 청소년기 우울은 비행과 같이 행동화 경향으로 나타나기도 한다는 것을 이해하고 분노로 가득한 이면의 슬픔과 좌절, 수치심 등의 감정과 청소년의 충족되지 않은 욕구의 좌절을 살펴봐야 한다.

누군가로부터 자신의 아픔을 공감받았을 때, 우리는 치유될 수 있고 앞으로 나아갈 수 있다. 겉으로 보기에 내면의 아픔이 안 보이는 청소년들의 마음을 들여다보기 위해서는 겉모습만으로 판단하지 않는 태도가 필요하다.

(1) 청소년상담 사례 3

"안녕하세요. 1388 청소년 전화입니다."

"여보세요? 1388이죠? 학교폭력 때문에 상담 신청하려고 하는데요."

"아, 네~ 어머님. 학교폭력 때문에 전화하셨네요. 아이가 피해자인가요, 가해자인가요?"

"네? 아……. 가해자로 접수되긴 했는데요……. 아닙니다. 상담 안 받겠습니다. 끊을게요."

뚜뚜뚜뚜~

초5인 스타가 민수에게 실내화 주머니를 빙빙 돌리며 자기 근처에 오지 말라고 했다. 스타 엄마는 청소년상담복지센터에 전화를 건다. 그런데 몇 마디 이야기하다가 그만 말문이 막힌다. 스타 엄마는 상담원이 묻는 첫마디 말에 기분이 상했다.

세 명의 동급생들이 놀이라면서, 우리 성 안에 들어오지 말라고 했고, 스타가 자신들 성 안으로 들어왔다면서, 아무 때나 와서 스타를 발로 툭툭 걷어찼고, 스타가 더럽다며 스타 옆에는 아무도 앉지 말라고 했다. 스타는 외톨이가 되었고 은근한 따돌림과 폭력에 노출된 피해자였는데, 참다못한 스타는 어느 날 발길질을 하는 민수에게 실내화 주머니를 빙빙 돌리며 자신의 근처에 오지 말라고 화를 낸 것이다.

스타를 괴롭혀 왔던 민수와 두 명의 동급생은 학교폭력자치위원회(이하 학폭위)에 회부되어 이미 1호 처분(서면사과)을 받은 상태였다. 학폭위 심의 결과를 듣고 자기 아들이 남을 괴롭히는 가해자일 리가 없다며, 민수의 아버지는 스타가 민수 무리의 괴롭히는 행동에 저항하는 행동을 학교폭력이라며 학폭위를 열어 달라고 한 것이다.

학폭위의 맹점은 가해자가 보복하는 행위를 금지하지 못하기 때문에 가해자로 처분받은 경우 이를 수용하지 못하고 맞학폭을 신청한 것이다. 스타 엄마는 집단 폭력을 당한 것도 억울한데, 반성하지 않고 오히려 적반하장으로 나오는 민수 부모에게 매우 화가 났다. 그래서 청소년 전화 1388에 전화해서 도움을 받으려고 한 것이다.

학교폭력 사안에 대해 상담할 때 특정인을 '피해자' '가해자'로 호칭하는 것, 섣불리 단정 짓는 것에 유의해야 한다. 전화 건 내담자가 말하려는 것을 나는 아무것도 모른다는 태도로 성실히 들어야 한다. 설령 학교폭력 가해자일지라도, 처벌하는 혹은 판단하는 태도로 듣는다면 상담은 지속되지 않을 것이다. 의도하지 않은 일이긴 하지만, 상담이 오히려 2차 가해가 될 수도 있으므로 유의해야 한다.

(2) 청소년상담 사례 4

영철(고2, 남)은 칼을 수집하는 청소년이었다. 이 청소년 내담자는 상담하기 전에 담배를 피우고 오곤 했다. 나오기 싫은 학교를 억지로 나오면서 상담을 받는 시간이 그나마 자유로울 수 있는 시간이었기에 그 아이의 마음도 한편으로는 이해가 되었다. 이 내담자에게 칼을 왜 수집하냐고 물으니 생각지 못한 대답을 했다.

"저를 보호하려고요."

외양으로 봤을 때는 키도 180센티미터가 넘는 다부진 체격에 칼을 수집한다고 하니 상담사는 순간적으로 다소 무섭다는 생각도 들었다. 그런데 이 아이는 중학생 때까지는 마르고 또래보다 키가 작았고, 피부질환이 너무 심해서 얼굴과 목, 팔 등 보이는 부분에 진물이 날 정도였다고 한다. 친구들에게 "외계인 같다. 이상하다. 괴물이다."와 같은 놀림을 많이 받았다고 한다. 가뜩이나 내향적인 이 내담자는 한창 예민할 중학교 시기를 피부질환으로 인해 더 힘들게 보냈던 것이다. 그때부터 아이는 친구들이 자신을 괴롭히는 게 너무 싫어서 자신을 보호하기 위해서 칼을 사서 수집해 놨단다.

지금의 모습으로 봤을 때는 다부진 체격의 이 아이를 누구도 감히 괴롭히기 어려울 것 같아 보이는데, 과거에 이 아이는 학교폭력, 특히 언어폭력의 피해자였던 것이다. 또한 괴롭힘을 당하는 동안 자신을 도와줄 수 있는 사람도 부재했었던 것 같다.

청소년상담사는 "이제는 네게 무슨 일이 있으면 선생님이 도와줄 테니 칼을 버리자."라고 설득했다. 네가 그 칼을 가지고 있는 것이 오히려 지금은 너를 지키는 것이 아니라 너를 해칠 수 있다고 이야기해 주었다. 다른 사람이 볼 때는 자신을 보호하기 위한 수단이 아니라 남을 해치는 수단으로 볼 수 있으니 진짜 너를 지키기 위해서 이제는 버려야 한다고 말이다.

나만의 목표 갖기

청소년상담복지센터 내 상담원들은 상담 외에 다양한 행사와 행정업무를 한다. 센터마다 사정은 다르겠지만, 어떤 센터는 입사 전에는 몰랐는데 입사해 보니 행정업무가 예상외로 너무 많다 보니 때로는 내가 상담원인지, 행정원인지 혼동되는 자괴감과 정체성 혼란을 경험한다.

청소년 통합지원체계 구축 및 운영을 위해서는 체계 구축, 홍보, 운영, 관리 등 많은 행정 일이 필요하다. 통합지원체계에 속한 기관들의 운영위원회, 실행위원회 등 회의를 개최해야 하고 1388 청소년지원단을 구축 및 운영해야 한다. 청소년 및 학부모, 지도자들이 통합지원체계를 이용하도록 각종 홍보활동도 해야 한다.

1388 청소년 전화 홍보를 위해 필자는 연예인을 섭외해서 홍보 포스터를 제작하고, 버스 광고를 진행하는 일을 맡은 적이 있다. 1388 홍보대사는 '오오~ 파라다이스~ 아침보다 더 눈부신~'으로 시작되는, 드라마 〈꽃보다 남자〉 OST를 부른 가수 T-MAX였는데, 연예인을 가까이서 그렇게 오래 본 적은 처음이어서 신기하고 재미있기도 한 경험이었다(이런 업무는 나름 힐링이다). 거리에 나가서 직접 위기청소년을 발굴하는 아웃리치를 하기 위해서는 홍보물품(막대사탕, 대일밴드, 치약칫솔 세트 등)을 제작하고, 현수막도 만들고, 부스도 빌린다. 인터넷중독 캠프를 진행하기 위해서는 숙소도 예약하고, 미리 심리검사도 진행해 놓고, 상담사 및 멘토도 선발하고, 프로그램도 계획하는 등 일이 굉장히 많아서 연중 가장 중요한 행사 중 하나이므로 보통 몇 달씩 준비한다. 상담은 따로 전문가를 섭외해서 진행하는 경우가 많고 실무자들 대부분은 행정 일을 맡는다.

앞의 업무 중에 심리상담이 차지하는 비율이 얼마나 될까? 만약 자신의 직업적 정체성을 심리상담만 하는 것에 둔다면, 청소년상담복지센터에서의 업무가 어떤 직군에서는 불만족스러울 수 있다. 청소년동반자와 1388 청소년 전화상담원 같이 상담을 주된 업무로 해서 채용하는 경우는 주로 상담 일을 하지만, 센터 내 상담원 같은 경우는 앞과 같이 행정업무가 어쩌면 반 이상을 차지하는 경우도 있기 때문이다.

많은 행정 업무 속에서 상담가로서의 정체성을 잃지 않기 위해서는 주어진 업무를 적극적으로 하는 것도 필요하지만, 조직에서 주어지지 않는 '나만의 목표'를 갖는 것이 중요하다. 예를 들면, 집단상담 프로그램을 관리하는 일을 맡는다면, 주제를 선정하고 강사 섭외 및 예산 지출을 하는 행정 일 외에 나만의 목표, 즉 '내가 인터넷중독 집단상담 사업을 맡았으니 이번에 프로그램 리더를 한번 해 보자.'라는 식의 상담사로서 도전해 볼 기회를 갖는 것이 좋다.

필자는 '집단상담을 잘하는 상담사가 되고 싶다.'라는 개인 목표가 있었기 때문에 청소년상담복지센터에 근무하면서 집단상담 기회가 있을 때는 무조건 오케이를 하곤 했다. 집단상담 의뢰가 들어올 때 거절이란 없다. 무조건 한다! 의뢰가 안 들어와도 "평소에 집단상담 할 일 있으면 알려 달라."라고 주위에 홍보를 해 뒀다. 인터넷중독, 자아성장, 또래상담, 대인관계 향상 프로그램 등 다양한 주제로 집단상담을 진행했다.

그중 가장 길게 진행한 집단상담은 중학교에서 1년 동안 CA 특별활동 시간에 하는 '또래상담부' 동아리였다. 동일한 구성원으로 1년 동안 다양한 프로그램을 할 수 있었다. 또래상담을 하고 싶어서 들어온 부원은 손에 꼽고, 대부분 3순위로 다른 부서가 마감되어서 들어온 학생들이 많았지만, 1년 동안 함께하면서 아이들의 변화와 성장을 볼 수 있어서 보람된 시간이었다. 토요일이라는 휴일에도 1년을 할 수 있었던 것은 근무 외 프로그램이라 별도의 집단 프로그램 강사료를 받을 수 있었기 때문이기도 했다.

조직 안에서는 내가 하고 싶은 일만 할 수는 없지만, 그렇다고 해서 내가 하고 싶은 일을 전혀 할 수 없는 것도 아니다. 조직의 목표 외에 '나만의 목표'를 가지고 주력하고자 하는 일이 있고 준비가 되어 있다면, 상담사로서 역량을 발휘할 기회들이 있다. 만약 집단상담 프로그램 개발 업무를 맡는다면 '전문가가 알아서 프로그램 개발하겠지, 나는 행정 일만 하지 뭐.' 이런 생각보다 프로그램 개발에 보조로서 열심히 참여하면서 훗날 내가 프로그램 개발자가 된다고 생각하고 적극적으로 참여해야 한다. 조직의 목표와 나의 목표를 둘 다 조화롭게 달성해 본다.

전문가로 성장하기

1) 상담사는 투명한 거울이 되어야 한다

상담사가 다른 상담사에게 상담받는 것을 '교육분석'이라고 한다. 상담 전공자에게 내담자로서 상담을 받아 보는 것은 상담이 무엇인지 실제로 체험해 보는 아주 좋은 기회가 된다. 상담사로서 역전이를 넘어서 투명한 거울이 되어 내담자를 비춰 주기 위해서 상담사 자신도 자신의 어려움을 치유하고 내담자에게 영향을 미칠 수 있는 자신의 문제를 이해하고 수정해 나가는 것이 아주 중요하다. 그리고 살아가다 보면 상담사도 상담이 필요한 위기의 순간과 어려움이 있다. 예를 들면, 성장할 때, 엄마가 늘 큰 소리로 야단치고 칭찬을 해 주지 않아서 주눅이 들었던 상담사라면, 이와 비슷한 부모를 만났을 때 내 엄마와 같이 생각되어 부모상담에 어려움을 겪을 수 있다. 왠지 모르게 아이 편에 서게 되고, 부모가 미워질 수도 있다. 때로는 아이가 부모를 미워하는 것보다 더 큰 강도로 부모를 미워하는 마음이 들 수도 있다. 이럴 때는 내가 상담에 방해가 되는 역전이가 있다는 것을 알아차리고, 수퍼비전을 받거나 교육분석을 받으면 좋다.

2) 집단상담에 도전해 보자

집단상담은 개인이 지닌 여러 문제를 여러 사람의 경험을 통해 해결하는 상담의 한 형태다. 개인상담에서 느낄 수 없는 집단의 파워풀한 역동을 느껴 본 상담사라면 집단상담의 매력을 잊지 못할 것이다. 그러나 상담사들은 개인상담은 누구나 하지만, 집단상담을 운영하는 사람은 많지 않다.

집단상담은 상담사로서의 역량을 강화하는 데 도움이 되고, 또 다른 나만의 무기가 될 수 있다. 초심자일 때부터 관심을 갖고 집단상담을 해 보지 않으면 관심을 두지 않는 분야가 될 수 있으니 기회가 있으면 최대한 집단에 참여하고 운영해 보기를 권한다.

필자는 집단상담을 매우 좋아하고 집단상담사라는 정체성을 가지고 있는데, 집단상담을 운영하기 전에 다수의 집단상담에 참여했던 것이 아주 좋은 경험이 되었다. 집단상담은 주제를 정하지 않고 하는 비구조화 집단상담도 있고 '감정조절 집단상담' '진로 탐색 집단상담' '부부관계 향상 집단상담' 등 주제와 내용이 구조화되어 있는 집단상담도 있다. 비구조화 집단상담에 참여하는 것도 성장에 도움이 되고 좋지만, 구조화 집단상담에 많이 참여해 보는 것이 이후에 집단상담을 직접 진행하는 데 실질적인 모델링이 된다. 필자는 대학 재학 때부터 대학생으로 집단상담에 참여했고, 석사 공부 중에는 아르바이트로 집단상담에 보조리더로 참여했다. 내가 만약 집단상담 기획을 맡았다면 강사섭외만 하지 말고 나 자신이 꼭 리더나 보조리더를 맡아 보기를 추천한다.

3) 자격증, 학위 등 경쟁력을 갖추자

어디에서 일하든지 중요한 것은 개인의 전문성을 성장시키는 것이 개개인의 몫이라는 점이다. 상담사들은 한 분야에서 계속 종사하는 경우보다는 여러 분야를 이직하며 일하는 경우가 많다. 대학에서 수련상담원으로 일하다가, 청소년상담복지센터에서 청소년동반자가 되었다가, 구청 상담실로 옮겼다가, 군대에서도 상담했다가, 유료 상담센터에서도 일했다가, 기업으로 가기도 한다. 2년 계약직이기 때문에, 보수가 낮기 때문에, 일해 보니 그 분야가 적성에 잘 맞지 않아서, 또는 적성에 맞고 좋아하는 일이지만 육아 때문에 저녁 늦게 끝나거나 토요일에 근무하는 곳보다는 평일 낮 시간에 근무할 수 있는 곳으로 옮기기도 한다. 전일제 형태도 할 수 있고, 시간제 일자리를 선택할 수도 있다. 이 과정에서 자신이 일 선택의 주도권을 가지려면 필요한 자격증이나 학위를 더 취득해야 할 수 있다.

청소년상담복지센터에서 팀장, 센터장까지 승진하기를 원한다면 그 직책이 요구하는 자격을 갖추도록 노력해야 한다. 예를 들면, 팀장(정규직)의 경우 상담복지 분야[상담학, 교육학, 심리학, 사회복지(사업)학], 청소년(지도학) 및 상담복지와 관련해(시장 · 군수 · 구청장이 인정하는 분야) 박사학위를 취득하거나 과정을 이수한 사람, 혹은 석사학위 이상의 학위를 취득 후 청소년상담복지 관련 실무 경력이 2년(혹은 3년) 이상인 사람, 청소년상담사 2급 이상인 사람, 청소년상담복지센터에서 청소년 대상 실무 업무를 3년 이상 수행한 사람 등이 자격기준이다. 센터장의 경우 팀장과 지원 자격이 비슷하지만, 박사학위가 없다면 청소년상담사 1급도 자격요건에 해당되니 국가자격증인 청소년상담사 1급을 취득하면 좋다. 자격기준은 때에 따라 달라질 수 있으니 수시로 구인 공고를 보고 필요한 조건을 갖춰 놓자.

청소년상담복지센터에서는 승진을 위해 민간자격증인 한국상담심리학회 상담심리사 1급 자격증이 승진에 필수 자격증이 아니다 보니(보통 2급 정도만 있어도 입사 가능) 청소년상담복지센터에서 계속 근무하다 보면 상담심리사 1급 취득에 오랜 시간이 걸리기도 하고 취득하지 않는 경우도 있다. 그러나 만약 다른 분야로 이직하고 싶다면, 1급 자격을 요구하는 곳이 있기 때문에 2급 취득 후 좀 더 신경을 써서 1급 자격증을 취득하는 것이 좋다.

대학, 기업, 사설센터, 바우처 사업 등 많은 경우 한국상담심리학회 상담심리사 1급, 한국상담학회 전문상담사 1급 자격증이 있으면 유리하다. 대학상담센터에서는 상담교수를 하고자 한다면, 보통 박사학위와 한국상담심리학회 상담심리사 1급, 대학교 상담경력 등이 필요하다. 대학교 객원상담사, 기업상담에서도 한국상담심리학회 상담심리사 1급만 채용하는 경우도 있다. 여러모로 1급 자격증이 있으면 유리하기 때문에 보통 2급 취득 후 1급을 준비하는 편이다.

1급 자격을 취득하기 위해서는 상담 수련 이외에도 학회 또는 유관 학술지에 발표한 1편 이상의 연구 논문 제출이 필요하기 때문에 석사 논문을 쓰고 2년 이내에 논문을 투고해 두는 것이 좋다. 보통 석사 논문은 많은 학술지에서 2년 이내의 논문을 요건으로 두고 있기 때문에 시간이 경과되기 전에 투고해 보자. 주변에서 상담 수련은 거의 채웠는데 논문 투고를 하지 못해서 1급 취득에 어려움을 겪는 경우를 종종 보게 되는데, 박사 입학을 해서 논문을 다시 쓸 생각이 아니면 석사 졸업 이후에 논문을 개인적으로 따로 쓴다는 것은 실질적으로 어려운 일이므로, 석사 논문을 잘 정리해서 투고하는 것을 추천한다.

4) 어떤 수퍼바이저가 되고 싶은지 목표를 설정하자

초심자일 때는 생각하지 못했는데 시간이 지나면 어느덧 수퍼바이저가 되고 싶지 않아도 직무에 따라서 수퍼바이저의 역할을 해야 되기도 한다. 하지만 1급 자격증을 취득한다고 누구나 수퍼바이저가 되는 것은 아니고, 자격증을 취득한다고 수퍼비전을 갑자기 잘하게 되는 것도 아니다. 그러나 많은 경우에 상담사로 경력이 오래되다 보면 누군가 가르치고 지도해야 할 직위에 오르게 된다.

수퍼바이저로 성장한다면 나는 어떤 수퍼바이저가 되고 싶은가? 어떤 분야, 어떤 이론을 전문으로 하는 수퍼바이저가 될 것인가? 수련할 때 끊임없이 고민해 보기 바란다. 예를 들어, '나는 청소년상담 분야의 전문 수퍼바이저가 되겠다.' 아니면 좁혀서 '청소년 중독 분야의 전문가가 되어야겠다.' 등, 이런 목표를 가지고, 이런 분야의 사례도 더 맡아보며, 수퍼비전도 더 많이 받고, 이 분야 책도 더 많이 공부해 보길 추천한다.

상담할 때 언제나 상담 목표를 설정하듯이 우리의 상담사 인생에서도 목표를 정해 보자. 물론 목표는 추가되거나 수정될 수 있다. 그러나 목표가 없는 것보다 명확한 목표를 갖는 것이 좀 더 전문가로 성장하는 데 도움이 된다는 것은 두말하면 잔소리가 될 것 같다.

5) 다문화 상담역량을 가진 상담사가 되자

상담사는 다문화 상담역량을 길러야 한다. 다문화 상담역량은 내담자의 문화적 다양성을 존중하고 스스로의 가치 및 편견을 인식하며, 내담자의 세계관을 가치롭게 여기고, 다양한 문화적 배경을 가진 내담자와 효율적으로 상호작용해 적절한 개입을 할 수 있는 상담사의 능력을 말한다.

결혼이민자, 북한이탈주민, 외국인 근로자, 외국인 유학생 등 앞으로 미래 세대에는 더욱더 많은 다양한 문화적 배경을 가진 내담자를 만나게 될 것이고, 다문화 상담역량을 가진 상담사가 되기 위해 노력해야 한다.

ADDRESSING 다문화 상담 모델을 참고해서 내가 가진 상담사로서의 편견은 무엇인지 생각해 보고, 다양한 문화적 배경을 지닌 내담자를 편견 없이 존중하는 태도를 기르는 것이 중요하다.

표 2-5 ADDRESSING 다문화 상담 모델

알파벳 첫음절	문화적 영향	소수집단
A	나이(Age)	어린이, 청소년, 노인
D	선천적 장애 (Developmental Disability)	선천적 장애를 가진 사람들
D	후천적 장애(Disability)	후천적으로 장애를 가지게 된 사람들
R	종교(Religion)	종교적 소수자
E	민족/인종(Ethnicity)	민족적 · 인종적 소수자
S	사회경제적 지위(Socioeconomic status)	직업, 교육, 수입, 거주지, 가족 배경에 의해 낮은 지위를 갖는 사람들
S	성적 경향성(Sexual orientation)	동성애, 양성애, 무성애 성향을 가진 사람들
I	토착 유산(Indigenous heritage)	토착 원주민
N	국적(Nationality)	이민자, 난민, 국제 학생
G	성(Gender)	여성, 성전환자

출처: 방기연(2022).

전문가 인터뷰

경기도청소년상담복지센터 **강유임 소장**

Q 자기소개를 부탁드립니다.

상담을 시작하면서부터 청소년상담을 하고 싶었습니다. 청소년상담을 하면서 많은 경험을 하고, 깊은 생각과 뼈저린 반성을 하면서 하루하루를 살고 있는 청소년상담사입니다. 단국대학교에서 상담심리 석박사학위를 취득했고, 제대로 된 상담을 하기 위해 수퍼비전을 생활화하며 상담을 해 왔습니다. 현재는 경기도청소년상담복지센터 센터장으로 일하고 있습니다. 처음에는 전화상담 자원봉사자를 했고 그 후 진로상담, 대인관계상담 등 일반상담을 하다가 20여 년 전부터는 주로 위기상담을 하고 있습니다. 현재는 상담보다 센터 운영에 더 시간을 할애하고 있는데, 상담교육과정에 상담경영, 상담정책, 상담행정 등을 포함해 상담계가 더 많은 것을 담을 수 있으면 좋겠다는 바람을 갖고 있습니다.

Q 청소년상담사로서 주로 어떤 일을 해 오셨나요?

사회에서 주목받지 못하는 청소년, 더 나아가 사회에서 소외된 청소년들이 상담을 통해 상처받은 마음을 회복해 나가는 과정을 함께했습니다. 저는 주로 자살을 시도하는 청소년, 주요한 타자의 자살이나 대형사고 목격 등으로 인해 트라우마를 경험하는 청소년, 다문화가정의 청소년, 인터넷·스마트폰 과의존 청소년들을 대상으로 상담을 진행하면서 부모상담도 함께 실시했습니다.

제가 근무하는 기관은 직접 지원보다 시군에 있는 상담센터 컨설팅, 교육 등 시군상담센터 활성화를 지원하는 업무에 초점이 맞춰져 있습니다. 따라서 개인상담 외 청소년상담 프로그램 개발 및 보급, 청소년 최근 이슈를 반영한 교육 개최, 청소년안전망(지역사회청소년통합지원체계) 구성 및 운영, 청소년정책 제안 등을 실시했습니다. 이를 통해 상담만으로 충분하지 않은 청소년 내담자들에게 다면적인 지원을 하면서 이 길에 경기도 내 31개 시군상담센터가 함께 할 수 있도록 애써 왔습니다.

Q 청소년상담사로서 일하면서 가장 보람 있었던 순간은 언제였나요?

심리적 외상(트라우마) 영역이 낯설었던 2009년 청소년상담분야에서 전국 최초로 '심리적 외상 긴급지원단'을 구축해 사건·사고 발생 시 즉시 긴급개입을 할 수 있는 체계를 갖췄습니다. 구체적으로는 청소년상담사들을 대상으로 심리적 외상 긴급지원 및 상담교육을 매년 6일씩 실시해 왔고, 심리적 외상 긴급지원 매뉴얼, 안정화교육자료, 동영상, 리플릿, 치유를 돕는 물품 등을 제작해 시군상담센터와 공유하면서 개입할 준비를 철저히 했습니다. 이 시작이 전국의 청소년상담분야에 영향을 미쳐 현재 청소년상담기관에서는 심리적 외상 긴급개입을 하는 것으로 알고 있습니다.

그동안 세월호 사건, 청소년 감금·폭행사건, 속초–고성 산불재난 사건, 전 가족 살해 및 자살사건 등은 대표적인 개입 사례입니다. 이뿐만 아니라 개인상담에서도 유사한 상담을 많이 하면서 극한 상황에 있는 청소년들이 위기를 극복해 나가는 과정을 돌봤습니다. 자신도 모르는 사이에 위기에 놓인 청소년들이 상담을 통해 일상생활로 회복할 수 있도록 돕는 일은 참 의미가 깊다고 생각합니다.

Q 청소년상담사가 되기 위해 준비해야 하는 역량과 전문성은 무엇이라고 생각하시나요?

청소년상담을 하기 위해 청소년 발달단계를 알아야 하는 것은 너무나 당연한 일이므로 굳이 더 언급하지 않아도 될 것 같습니다. 요즘 청소년상담은 이 사회가 급변하는 것처럼 많은 것이 변화하고 있습니다. 청소년들은 사회문제에 참 민감하게 반응하므로 사회적 · 문화적 변화와 이에 대한 청소년들의 반응에 관심을 많이 가져야 합니다. 사회적 · 문화적 변화는 순기능도 있지만 역기능도 나타나고 있습니다. 따라서 새롭게 등장하는 이슈(예: 도박, 딥페이크, 약물 등)로 인해 발생하는 청소년 문제, 관련해 지역사회에서 상담센터에 요청하는 사안들을 잘 이해하고 수용해 대안을 마련하는 것도 중요한 역할입니다.

다른 측면에서는 부모상담 및 부모교육에 대한 전문성이 필요합니다. 청소년의 가장 중요한 환경은 가정, 특히 부모이기 때문에 부모 개입을 하는 것이 필요합니다. 자신의 내담자 부모나 다른 상담사의 부모상담을 해야 하므로 전문성을 바탕으로 여유와 자신감을 갖는 것이 도움이 됩니다.

Q 청소년상담복지센터에서 직원을 채용할 때 자기소개서와 면접에서 무엇을 중요하게 생각하시나요?

직원을 채용하는 것은 정말 중요한 일이기 때문에 신경을 많이 쓰는 부분입니다. 몇 가지 서류와 짧은 면접으로 한 인간을 이해하는 것은 불가능한 일이기 때문에 실수하지 않기 위해 다양한 부분에 대해 여러 인사위원이 검토합니다. 또한 한 인사위원에 의해 결정되거나, 단순히 어느 한 측면으로 결정하는 일이 없도록 안전장치를 마련해 두고 다양한 측면을 검토하고 있습니다.

보통 청소년상담사 또는 학회의 자격증 소지, 상담심리 관련 석사 이상, 교육 및 수퍼비전 이수 현황, 청소년에 대한 애정, 본 센터에 대한 정보 및 이해, 대인관계 등이 고려하는 사항입니다. 개인적으로는 스쳐 지나가는 직원보다 오래 근무할 수 있는 직원이 내담자의 입장이나 센터의 입장에서 안정감을 줄 수 있다는 것을 염두에 두고 있습니다.

Q 청소년상담사가 되기를 희망하는 후학들에게 어떤 이야기를 해 주고 싶으세요?

청소년은 발전 가능성이 무궁무진하다는 점을 상담으로 실감하고 있습니다. 청소년상담사를 택한 이유, 청소년상담사가 좋은 이유는 많지만, 특히 이런 측면에서 청소년을 사랑하고, 상담을 통해 변화하는 청소년과 눈을 마주하면서 행복해 합니다. 상담의 기본은 같고 상담사들은 비슷한 마음으로 내담자들을 상담하지만, 애정과 열의, 노력은 각자 차이가 있는 것 같습니다. 나의 정성과 진심, 노력과 실력은 청소년 인생에 큰 영향을 준다는 것을 기억하면 좋겠습니다.

“제 말을 제일 잘 들어 준 어른이세요.” “이 상담센터에 온 것은 신의 한 수였어요.” “제가 오늘 살아 있을 수 있는 것이 선생님 덕분인 것을 알았어요.” “상담 받을 날을 기다리면서 일주일을 버텨요.” 등 내담자들이 제게 한 말이 때로 지치고 힘든 날들에 힘이 되었습니다. 선생님들도 그럴 것입니다. 청소년들은 우리가 있어서 버티고, 우리는 그들이 있어서 힘을 낼 수 있습니다. 청소년이 있기에 청소년상담사는 행복합니다.

참고문헌

김계현, 김동일, 김봉환, 김창대, 김혜숙, 남상인, 천성문(2020). 학교상담과 생활지도. 서울: 학지사.

노성덕, 김태성, 채중민(2010). 지역사회청소년통합지원체계(3판). 서울: 한국청소년상담원.

방기연(2022). 다문화상담(제3판). 공동체.

서미, 유민상, 손영민, 최수정(2022). 청소년 문제유형 분류를 위한 기초연구. 부산: 청소년상담연구, 230.

유정이(1996). 한국 학교상담 형성과정 연구. 서울대학교 박사학위논문.

이미리, 김춘경, 여종일(2019). 청소년 심리 및 상담. 서울: 학지사.

이상민, 오인수, 서수현(2007). 특별게재: 한국적 상담 모형; 한국적 학교상담 모형개발을 위한 한국과 미국의 학교상담 비교연구. 한국심리학회지: 상담 및 심리치료, 19(3), 539-567.

이자영, 하정희(2021). 청소년 문제와 보호 (2판). 서울: 학지사.

정순례, 양미진, 손재환(2015). 청소년상담 이론과 실제. 서울: 학지사.

정여주, 신윤정(2022). 2023 청소년상담복지센터 종합평가 지표 개정. 부산: 청소년상담연구, 229.

03

청춘의 도전과 성장을 함께하는 **대학상담**

대학상담은 후기 청소년기에서 성인기로 전환하는 대학생들의 독특한 발달적 요구를 다루는 전문 영역이다. 그러므로 여기서는 대학상담사가 되기 위해서 알아야 할 학업 · 진로 · 정체성 확립 등 대학생의 복합적인 고민을 효과적으로 지원하기 위한 전문 역량에 대해 제시한다. 또한 기본적으로 알아야 할 대학상담의 의미와 발전과정을 살피고, 개인상담, 집단상담, 심리검사 실무와 함께 위기개입, 성폭력상담, 유학생 지원 등 대학 현장의 특수한 요구에 대응하는 전문성과 준비과정을 제시한다.

프롤로그

나의 전환점에서 그들의 전환점으로

결혼하고 IMF 위기가 닥치면서 남편이 이직하는 바람에 다니던 직장을 그만두고, 남편을 따라 서울로 올라오게 되었다. 서울에서 새로운 터전을 잡기 위해 애쓰는 한편, 어린 자녀를 돌보며 가정주부로서 몇 년간 생활했다. 둘째 아이까지 어린이집에 보내자 내 나이는 어느덧 30대 중후반에 이르렀고, '이제는 나도 뭔가를 하고 싶다.'라는 생각과 동시에 막막함이 밀려들었다.

그때 나 자신에게 던진 질문은, '어떤 일을 하고 싶은가?' '내 나이에 할 수 있는 것이 무엇일까?' '그리고 할 수 있는 일이 있다고 한들 지금 시간과 노력을 투자해서 잘못되면 어떡하지?'였다. 이러한 고민 속에서 나의 대학생활을 떠올려 봤다. 재수생활을 끝내고 대학에 입학했지만 전공이 적성에 맞지 않아 방황하는 시절을 보냈고, 동기보다 나이가 많은 탓에 어울리기가 쉽지 않았던 그 시절……. 그때 문득 깨달았다. 내가 대학 때 상담실을 찾아서 도움을 받았더라면 어땠을까. 그때의 아쉬움을 계기로 상담자가 되고 난 후 인생의 중요한 전환점에 있는 대학상담에 깊은 관심을 가지게 되었다.

최근 들어 대학생들의 심리적 어려움이 다양해지고, 또 깊어지고 있다.

학업 스트레스와 취업 불안은 물론, 코로나19 이후 비대면 수업으로 인한 관계의 단절, SNS로 인한 비교 불안, 청년 실업과 사회적 불확실성까지…… 그들이 겪는 고민의 결이 예전과는 사뭇 다르다. 대학상담 분야는 이러한 20대 청년들의 독특한 고민을 깊이 이해하고, 그들의 성장을 돕는 전문성이 필요한 영역이다.

이 글은 대학상담 분야에 관심이 있는 다양한 사람들의 진로를 위한 길잡이가 될 것이다. 대학상담센터의 확대와 함께 전문인력의 수요가 늘어나고 있지만, 실제로 어떤 준비과정이 필요하고 어떤 역량을 갖춰야 하는지 구체적인 정보를 얻기는 쉽지 않다. 대학상담을 전공하는 수련생들에게는 실제적인 진로 가이드가 될 것이며, 현장에서 일하고 있는 상담사들에게는 전문성 향상을 위한 안내서가 될 것이다.

또한 나처럼 나이, 자녀, 학벌, 경제적 생활여건 등 여러 장벽 때문에 대학상담 분야에 도전하기를 주저하는 분들에게는 용기를 주는 책이 되길 바란다. 8년간 대학 현장에서 상담과 강의를 하며 느낀 것은, 진정성과 전문성만 있다면 늦은 시작이란 없다는 것이다. 대학생들의 고민을 경청하고, 그들의 성장을 지원하며, 때로는 그들과 함께 울고 웃으며 보낸 시간들이 내게는 가장 값진 보물이 되었다.

사실 대학상담전문가의 길이 순탄하지만은 않았다. 상담이론을 공부하고, 수련과정을 거치며, 현장에서 실무경험을 쌓는 과정에서 수많은 도전과 좌절도 있었다. 하지만 그 어려움을 극복하며 얻은 경험과 지혜를 이 책에 담았다. 대학상담이라는 특수한 영역에서 필요한 전문성, 현장의 특성, 실제 사례에서 배운 교훈을 나누고자 한다. 이 책이 여러분의 성장에 작은 디딤돌이 되기를 바란다.

대학상담전문가 **손자영**

1 대학상담사, 이것만은 알고 가자

K대 철학과 2학년 진우는 삼수를 거쳐 대학에 입학했다. 동급생보다 나이가 많은 탓에 다른 학생들이 자기를 불편해하고 좋아할 것 같지 않아서 되도록 동기들이나 선배들과의 만남을 피하고 동아리 활동에도 가입하지 않았다. 또한 대학과 전공도 입시 컨설팅을 받아서 결정한 터라 학업에도 흥미를 두지 못했다. 하지만 그렇다고 다시 수능을 치르자니 너무 늦은 것 같고, 부모님에게 혼날 게 뻔해 억지로 학교는 나가고 있다. 곧 군대도 가야 하는 진우는 미래가 불안하고 막막해서 학업에 집중할 수가 없다. 1학년 때도 학사경고를 거의 면할 수준의 성적을 받았다. 막연하고 답답한 진우는 오늘도 늦잠을 자서 오전 수업을 가지 못했다. 자취방에 누워서 물끄러미 천장을 바라보다가 '이렇게 하루하루 살아가는 것이 의미가 있을까?' 스스로에게 되물었다. 그러다 계속 이렇게 시간을 보내면 안 되겠다는 생각이 들어 대학 내 학생상담센터를 찾게 되었다.

진로를 고민하는 진우 씨의 사례처럼 우리나라 대학생들의 고민은 점점 더 복잡해지고 또 깊어지고 있다. 학업과 진로에 대한 기본적인 고민을 넘어 정체성 혼란, 대인관계 어려움, 자아존중감 저하, 우울감 등 정신건강의 문제까지 복합적으로 나타나고 있다. 특히 코로나19 이후 비대면 수업의 장기화로 인해 사회적 고립감, 취업난이 심화되었고, 이로 인해 불안감, 학업 부적응 등 대학생들의 심리적 부담이 더욱 가중되고 있다.

이번에는 대학상담의 개요와 발전과정을 살펴보고, 다른 상담 분야와 구별되는 대학상담만의 특수성을 이해하도록 돕는다. 또한 대학상담이 수행하는 다양한 기능과 역할을 구체적으로 살펴봄으로써 대학상담이 어떻게 학생들의 성장과 발달을 지원하고 있는지 설명할 것이다. 대학상담에 대한 깊이 있는 이해는 이 분야에서 일하고자 하는 사람들에게 필수적인 기초가 될 것이며, 현재 대학상담 현장에서 일하고 있는 전문가들에게도 자신의 역할을 재조명하고 전문성을 높이는 데 도움이 될 것이다.

대학상담의 탄생과 진화

1) 대학상담, 어디서 시작되었나

우리나라 대학상담의 역사는 1962년으로 거슬러 올라간다. 국립대학 학생생활연구소 설치령에 따라 서울대학교에 '학생지도연구소'가 최초로 설립되었는데, 이는 현재 대학생활문화원의 전신이다. 이후 1969년 문교부가 사립대학에도 학생지도연구소 설치를 권장하면서 전국 대학으로 상담 관련 기관이 확대되기 시작했다.

2) 시대별 대학상담의 변천사

1970~1980년대에는 '학생생활연구소'라는 명칭으로 각 대학에 의무적으로 설치가 권장되었다. 이 시기의 학생생활연구소는 주로 학생들의 적응과 생활지도에 초점을 맞췄으며, 개인상담과 심리검사 등 기초적인 상담서비스를 제공했다. 그러나 1980년대 후반 학생생활연구소 설치령이 폐

기되면서 대학상담기관은 새로운 변화를 맞이하게 된다.

2000년대 들어 대학상담은 큰 전환점을 맞는다. 2004년 교육인적자원부(현 교육과학기술부)가 '종합인력개발센터 설치 및 운영 계획'을 발표하면서, 많은 대학의 학생상담센터는 조직개편을 겪게 된다. 학생생활 및 상담 관련 부서가 취업지원부서와 통폐합되어 보다 통합적인 학생 지원체계로 재편된 것이다.

이러한 변화 속에서 대학상담센터는 크게 세 가지 형태로 자리 잡게 된다. 2016년 일반대학교를 기준으로 살펴보면, 대학본부 '처' 산하가 68.5%로 가장 많고, 총장직속기관이 21.9%, 대학본부 '센터' 산하가 9.6%를 차지하고 있다. 이는 대학상담이 대학 조직에서 차지하는 위상이 한층 높아졌음을 보여 준다.

현재 학생상담센터는 대학생활 적응 지원과 심리적 위기 대응 등 정신건강 관련 서비스를 제공하는 주요 기관이다. 2023년을 기준으로 전국대학교학생상담센터협의회의 회원대학은 259개로 전국대학교에 250개 이상의 기관이 설치·운영되고 있으며, 대학평가 기준에 정신건강 서비스와 인성 프로그램 운영이 반영되면서 그 중요성이 더욱 커지고 있다. 특히 취업지원처, 교수학습센터와 긴밀히 연계해 학생들의 학업, 진로, 심리적 건강을 통합적으로 지원하고 있다. 이러한 협력체계는 날로 복잡해지는 대학생들의 고민과 요구를 효과적으로 다루는 데 큰 도움이 되고 있다.

학생상담센터는 이제 단순한 심리상담 서비스를 넘어 대학생의 전인적 성장을 지원하는 전문기관으로 자리매김하고 있다. 앞으로도 대학상담은 변화하는 시대적 요구와 학생들의 필요에 맞춰 지속적으로 발전해 나갈 것으로 기대된다.

표 3-1 대학상담의 변천사

1962년	1970~1980년대	2000년대	현재
학생지도연구소	학생생활연구소	학생상담센터	학생상담센터
서울대학교에서 최초 설립	학생들의 적응과 생활 지도 + 기초적인 상담 서비스	상담 + 취업 지원	학업 + 진로 + 심리적 건강

출처: 김동일 외(2021).

3) 대학상담이란 무엇인가

대학상담이란 대학생들의 복합적인 성장과 발달을 지원하는 전문적인 심리지원 서비스라고 할 수 있다. 대학생들이 겪는 다양한 심리적, 학업적, 진로적 어려움을 이해하고 해결하기 위해 상담을 통해 전문적인 상담사들이 체계적이고 통합적인 서비스를 제공하는 것을 말한다.

또한 대학상담은 대학생들의 전인적 성장을 돕기 위한 목적이 있다. 단순히 심리적 문제를 해결하는 것을 넘어, 학생 개개인의 잠재력을 발견하고 개발하며, 건강한 대학생활을 영위할 수 있도록 돕는다. 이러한 맥락에서 대학상담을 정의하면 다음과 같다.

① 대학상담은 대학생의 개인적, 심리적, 학업적 성장을 종합적으로 돕는 전문적인 심리지원 서비스다.
② 대학상담은 단순한 심리상담을 넘어 대학생의 전인적 발달을 지원하는 통합적인 서비스 플랫폼이다.
③ 대학상담은 대학생의 심리적 어려움을 해결하고, 잠재력을 개발하며, 건강한 대학생활을 지원하는 전문적인 심리지원 서비스다.

4) 학생상담센터는 어떤 곳인가

(1) 대학생들의 전인적 발달을 지원하는 종합적인 심리지원 서비스를 제공하는 곳

대학상담센터는 대학생들의 심리적 건강과 성장을 지원하는 핵심 기관으로, 단순한 심리상담을 넘어 대학생의 전인적 발달을 지원하는 종합적인 심리지원 서비스를 제공한다. 급변하는 사회 환경과 복잡해지는 대학생들의 심리적 요구에 대응하기 위해, 대학상담센터는 다양하고 전문적인 업무를 수행하고 있다.

대학상담센터의 주요 업무는 상담 및 심리검사, 조사 및 연구, 출판 및 정보 제공, 프로그램 개발 및 운영, 행정 등 크게 다섯 가지 영역으로 구분할 수 있다. 각 영역은 대학생들의 다양한 요구를 종합적으로 지원하고, 그들의 성공적인 대학생활과 성장을 촉진하는 데 중점을 둔다.

(2) 학생상담센터에서 일하는 전문가들

대학상담센터의 성공적인 운영과 효과적인 학생 지원은 전문성 높은 인적 구성에 달려 있다. 대학상담센터는 다양한 전문인력으로 구성되어 있으며, 각 구성원은 고유의 역할과 전문성을 바탕으로 대학생들의 심리적 건강과 성장을 지원한다.

대학상담센터의 인적 구성은 단순한 조직 체계를 넘어, 대학생들의 복합적인 요구에 전문적으로 대응하기 위한 전략적 접근이다. 센터장부터 상담교수, 전문상담사, 행정조교, 인턴, 실습생에 이르기까지 각 구성원은 체계적이고 통합적인 학생 지원 시스템을 만들어 가는 중요한 주체다.

① 센터장

- 자격: 교육학, 심리학, 상담학 등 관련 전공 전임교수
- 역할: 상담센터 운영 총괄

② 상담교수

- 자격: 관련 분야 박사학위 및 상담심리사 및 전문상담사 1급 이상
- 역할: 상담센터 실질적 운영/관리, 상담사 지도, 프로그램 관리

③ 전문상담사

- 자격: 석사학위 이상, 상담심리사 및 전문상담사 1급 이상
- 역할: 상담 및 프로그램 운영, 인턴/실습생 지도
- 근무형태: 주로 시간제 프리랜서

④ 전임상담사

- 자격: 석사학위 이상, 상담심리사 및 전문상담사 2급 이상
- 역할: 상담실무 및 행정업무, 프로그램 기획/운영
- 근무형태: 풀타임 정규직 또는 계약직

⑤ 행정조교

- 자격: 학사학위 이상
- 역할: 상담접수, 일정관리, 행정지원 등

⑥ 인턴

- 자격: 관련 전공 석사 수료 또는 졸업

- 기간: 1년 과정
- 역할: 접수면접, 상담실습, 심리검사 실시 및 해석 등
- 훈련: 그룹 수퍼비전, 사례회의, 교육, 북리딩 등

⑦ 실습생

- 자격: 관련 전공 대학원 재학생
- 기간: 한 학기
- 역할: 접수면접 등 상담 실습

이러한 다양한 상담 관련 기구와 전문인력의 구성은 대학생들의 심리적 건강과 성장을 위한 체계적이고 전문적인 지원체계를 구축하는 데 기여하고 있다.

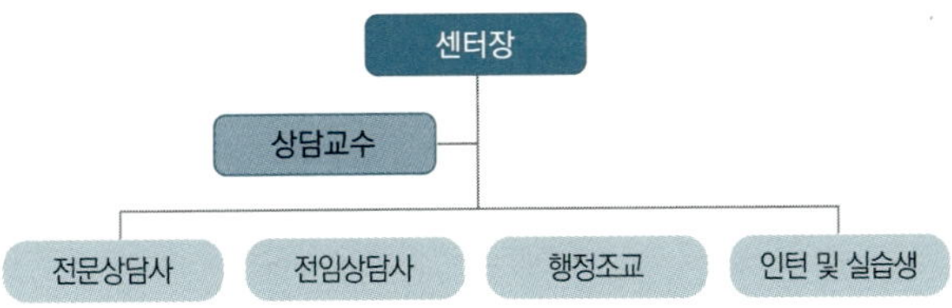

[그림 3-1] 대학상담센터의 인적 구성

대학생들이 당면한 심리적 어려움

1) 대학생활의 복합적 도전들

대학생들은 현대사회의 급격한 변화와 다층적인 사회문화적 압박 속에

서 전례 없는 복합적 도전에 직면해 있다. 취업난, 경쟁적 학업 환경, 불안정한 사회경제적 상황은 대학생들에게 지속적인 심리적 스트레스를 불러일으킨다.

특히 코로나19 이후 비대면 수업, 제한된 사회적 관계, 불확실한 미래에 대한 불안은 대학생들의 정신건강에 심각한 도전을 제기하고 있다. 사회적 고립, 대인관계의 축소, 경제적 불안정성은 그들의 심리적 웰빙을 위협하는 주요 요인들이다.

이러한 도전들은 단순한 개인적 문제를 넘어 세대적, 사회구조적 차원의 복합적 문제로 인식되어야 한다. 급변하는 기술 혁신, 노동시장의 불확실성, 경쟁의 심화 등은 대학생들에게 끊임없는 적응과 생존을 위한 심리적 부담을 안겨 준다.

2) 발달단계별 심리적 과제들

대학생 시기는 청소년기에서 성인기로 전환되는 중요한 발달단계로, 다양하고 복합적인 심리적 과제들을 동시에 수행해야 하는 시기다.

첫째, 정체성 형성의 과제다. 이 시기 대학생들은 자아정체성을 확립하기 위해 자신의 가치관, 신념, 진로 방향성을 탐색하고 정립해야 한다. 다양한 경험과 관계를 통해 자신의 고유한 정체성을 구성해 나가는 중요한 시기를 보낸다.

둘째, 진로와 관련한 정체성 발달의 과제가 있다. 전공 선택, 진로 탐색, 취업준비 등 미래의 진로 정체성을 형성하는 결정적 시기를 경험한다. 자기 적성과 흥미를 발견하고, 사회에서의 역할과 위치를 모색하는 중요한 과정을 거친다.

셋째, 대인관계와 친밀감 형성의 과제가 존재한다. 다양한 배경의 사람들과 만나 깊이 있는 인간관계를 형성하고, 이성관계를 포함한 친밀한 관계의 능력을 발달시켜야 한다.

마지막으로, 심리적, 경제적 독립의 과제가 있다. 부모로부터의 심리적 독립을 추구하면서 동시에 경제적 자립을 향해 나아가는 복합적인 과정을 경험한다. 자율적인 생활 관리, 재정 계획, 개인적 책임감 등을 학습하고 실천해야 한다.

이러한 발달단계별 과제들은 대학생들에게 큰 심리적 부담과 성장의 기회를 동시에 제공한다. 따라서 대학상담은 이러한 복합적이고 역동적인 발달 과정을 전문적이고 지지적인 방식으로 돕는 것이 중요하다.

대학상담의 역할과 필요성

1) 대학상담의 역할

• 예방, 개입, 발달, 지원

대학상담의 역할은 예방, 개입, 발달, 지원의 측면에서 살펴볼 수 있다.

먼저, 예방적 역할이다. 학생들의 정신건강을 주기적으로 스크리닝해 위험군을 조기 발견하고, 자살 예방 캠페인, 중독 예방 교육, 성폭력 예방 교육 등 다양한 예방 교육을 실시한다. 또한 신입생 특강, 학과별 집단 프로그램 등을 통해 대학생활 부적응을 사전에 예방하고, 건강한 대학문화 조성을 위한 인성교육 프로그램을 운영한다.

개입적 역할을 살펴보면 개인상담, 집단상담을 통해 학생들의 우울, 불안, 대인관계 등 심리적 어려움에 전문적으로 개입하며, 자살 위기, 성폭력 피해 등 긴급상황에서 신속하게 대처한다. 또한 정신과 진료가 필요한 학생들을 교내 보건소나 지역 의료기관과 연계해 적절한 치료를 받을 수 있도록 지원한다.

발달적 역할에 있어서, 학생들의 자아정체성 형성과 진로정체성 발달을 돕고, 리더십, 의사소통능력, 문제 해결능력 등 핵심역량을 강화하는 프로그램을 제공한다. 또한 대인관계증진 워크숍, 스트레스 관리 프로그램 등을 통해 사회적 기술과 적응능력을 향상시키며, 전인적 성장을 위한 다양한 교육기회를 제공한다.

지원적 역할은 대학상담이 무료 또는 저렴한 비용으로 양질의 상담서비스를 제공해 학생들의 접근성을 높이고, 교내 곳곳에 상담실을 설치해 물리적 접근성도 확보한다. 또한 교수학습센터, 취업지원센터, 학생인권센터 등 교내 유관기관과 협력체계를 구축해 통합적인 학생 지원 서비스를 제공하며, 지역사회 자원을 활용한 다양한 지원 프로그램도 운영한다.

특히 최근에는 청년 취업난으로 인한 학업 스트레스 증가와 함께 대학생들의 심리적 문제가 더욱 복잡해지고 있어, 대학상담센터의 역할 범위가 계속 확대되고 있다. 대학상담센터는 학생들이 직면하는 다양한 문제와 고민을 함께 해결하고, 건강하고 성숙한 자아로 성장해 행복한 삶을 영위하도록 돕는 핵심적인 지원기관으로서의 역할을 수행하고 있다.

2) 대학상담, 왜 필요한가

대학상담의 필요성은 현대 대학생들이 직면한 복합적이고 심각한 심리 · 사회적 도전에서 비롯된다.

오늘날 대학생들은 전례 없는 사회적 변화와 복합적인 스트레스 환경 속에서 심각한 심리적, 학업적 어려움에 직면해 있다. 대학생활은 청소년기에서 성인기로 전환되는 중요한 발달단계로, 진로, 학업, 대인관계, 정체성 확립 등 다양하고 도전적인 발달과업을 동시에 수행해야 하는 시기다.

특히 극심한 청년 취업난, 경쟁적인 학업 환경, 코로나19로 인한 사회적 고립은 대학생들의 정신건강을 심각한 위기로 몰아넣고 있다. 2021년 전국대학교상담센터협의회 조사에 따르면, 대학생들의 29.9%가 우울증상을, 13.7%가 불안증상을 경험하고 있으며, 62.8%가 심각한 스트레스를 겪고 있다. 더욱 충격적인 것은 18.1%가 자살 고위험군으로 분류되어, 연간 평균 230명의 대학생이 생을 마감하고 있다는 사실이다.

이러한 상황에서 대학상담은 더 이상 선택적 서비스가 아니라 필수적인 지원 시스템이다. 대학상담은 대학생들의 심리적 어려움을 조기에 발견하고, 전문적인 개입을 통해 그들의 잠재력을 개발하며, 건강한 대학생활과 미래를 설계할 수 있도록 돕는 핵심적인 역할을 수행한다.

대학상담의 중요성은 개인의 문제를 넘어 대학 전체 교육의 질과 직결된다. 학생들의 심리적 건강과 성장은 대학의 경쟁력을 결정하는 중요한 요소로, 이는 이미 대학평가 기준에도 반영되고 있다. 따라서 체계적이고 전문적인 대학상담 시스템 구축은 더 이상 선택이 아닌 필수 불가결한 과제다.

대학상담은 대학생들이 처한 복합적인 심리 · 사회적 도전을 전문적이고 통합적인 관점에서 접근해야 한다. 단순한 문제 해결을 넘어 학생 개개인의 잠재력 개발과 성장을 지원함으로써 대학교육의 질적 제고와 사회의 미래 인재 양성에 근본적으로 기여할 수 있다.

궁극적으로 대학상담은 급변하는 사회 환경 속에서 대학생들의 심리적 건강과 성장을 종합적으로 지원해, 그들이 건강하고 성숙한 성인으로 성장할 수 있도록 돕는 중요한 교육적 실천이다.

대학상담의 특수성

1) 대학생의 발달단계와 환경적 특성을 고려한 통합적 접근

대학생은 후기 청소년기에서 성인기로 전환하는 과도기에 있다. 이 시기에는 주체적인 생활관리와 의사결정이 요구되지만, 여전히 경제적, 정서적으로 가족에 의존하는 이중적 상황에 놓여 있다. 특히 청소년기의 생활습관이 지속되는 경우가 많아, 자율적인 생활관리와 학업계획 수립에 어려움을 겪는다.

대학생활은 심리적 취약성이 드러나는 시기이기도 하다. 학업, 대인관계, 미래에 대한 불안 등 다양한 스트레스 요인이 자해나 자살충동으로 이어질 수 있다. 실제로 대학생 연령대의 자살률은 높은 수준을 유지하고 있으며, 특히 학업 실패, 대인관계 갈등, 경제적 어려움 등이 주요 위험요인으로 작용한다. 이러한 위기 상황에 놓인 학생들은 종종 도움을 요청하지 않거나 증상을 숨기는 경향이 있어 조기 발견과 개입이 어려운 실정이다.

대학생들은 전공 적성과 관련된 깊은 고민을 안고 있다. 특히 입시 전략이나 타인의 권유로 전공을 선택한 경우, 자신의 흥미와 가치관을 제대로 파악하지 못한 채 대학생활을 시작하게 된다. 이는 학업 흥미 저하로 이어져 전반적인 대학생활 적응에 어려움을 초래한다.

진로와 정체성 확립의 측면에서 대학생들은 더욱 복잡한 혼란을 겪고 있다. 급변하는 사회 환경과 불안정한 일자리 시장으로 인해 자신의 미래에 대한 불확실성이 높아지고 있다. 많은 학생이 자신의 진정한 적성과 열정을 발견하지 못한 채, 취업 가능성이 큰 분야로 진로를 결정하거나 부모와 사회의 기대에 맞춰 진로를 선택하는 경향이 있다. 이 경우, 자신의 흥미와 가치관을 제대로 파악하지 못한 채 대학생활을 시작하게 된다. 이는 학업 흥미 저하로 이어져 전반적인 대학생활 적응에 어려움을 초래한다.

대학은 전국 각지에서 온 다양한 배경의 사람들이 만나는 장이다. 수강신청 체계와 자율적인 학습 환경으로 인해, 적극적인 관계 형성 노력 없이는 고립될 수 있다. 사회성 기술이 부족하거나 대인관계에서 상처받은 경험이 있는 학생들은 더욱 어려움을 겪게 된다.

이러한 대학생들의 특수성을 고려할 때, 대학상담은 다음과 같은 차별화된 접근이 필요하다.

① 자해나 자살과 같은 고위험군에 대한 예방적 선별과 개입
② 사회성 기술 향상과 생활습관 교정을 위한 체계적 지원
③ 무기력, 우울, 불안 등 정서문제에 대한 전문적 상담 개입
④ 진로 탐색과 정체성 확립을 위한 통합적 지원
⑤ 학업 및 취업 스트레스 관리를 위한 맞춤형 프로그램 제공

이러한 특수성들은 대학상담이 단순한 심리상담을 넘어, 대학생의 발달단계와 환경적 특성을 고려한 전문적이고 통합적인 접근이 필요함을 보여준다.

2) 치료적 관계 형성이 용이하며 전문성을 키울 수 있는 근무 환경

대학상담은 다른 상담 분야와 차별화되는 여러 가지 장점이 있다. 먼저, 대학생들은 높은 인지적 통찰력과 상담에 대한 깊은 몰입도를 보이기 때문에 상담을 통한 변화를 유발하기가 상대적으로 용이하다. 대학생 내담자들은 대부분 자기성찰에 열려 있으며, 상담에 대해 긍정적이고 적극적인 태도를 보여 치료적 관계 형성이 용이하다.

또한 대학상담센터는 상담사들에게 비교적 안정적이고 체계적인 근무 환경을 제공한다. 다른 상담 현장에 비해 행정지원이 체계적이며, 다양한 업무를 경험할 기회가 풍부하다. 상담뿐만 아니라 프로그램 기획, 심리검사, 연구 등 전문성을 개발할 수 있는 다양한 영역이 존재한다.

대학상담은 또한 젊은 상담사들이 경력을 쌓기에 적합한 현장이다. 대부분의 내담자가 20대로 구성되어 있어 초보 상담사들도 부담 없이 접근할 수 있으며, 대학생들의 높은 변화 동기와 상담에 대한 개방성은 상담사의 전문성 성장에 긍정적인 영향을 미친다.

더불어 대학에서 근무하게 되면 다양한 전문성 개발 기회를 가질 수 있는 장점이 있다. 단순히 개인상담을 넘어 위기개입, 집단상담 프로그램 운영, 심리검사, 연구 등 다양한 역량을 키울 수 있으며, 대학이라는 큰 조직에서 전문가로 성장할 수 있는 발판을 마련해 준다.

2 대학상담사, 꿈을 현실로 만드는 준비

대학상담사의 DNA: 필요한 역량은 무엇인가

1) 대학생 특성에 대한 전문적 이해와 지식

대학상담사는 먼저 대학생의 발달적 특성과 심리적 요구에 대한 깊은 이해를 바탕으로, 전문적인 상담 서비스를 제공할 수 있어야 한다. 상담이론과 기법에 대한 체계적 지식은 물론, 정신병리와 DSM-5-TR에 대한 전문적 지식을 갖춰야 하며, 다양한 심리검사 도구를 정확하게 실시하고 해석할 수 있어야 한다.

2) 위기나 특수 문제에 대한 전문적인 개입

대학상담에서 자주 접하게 되는 특수 문제들에 대한 전문성도 갖춰야 한다. 자살이나 폭력 등 위기상황에 대한 즉각적이고 전문적인 개입 능력, 게임중독, 성정체성, 섭식장애 등 특수 문제에 대한 이해와 개입 능력이 필요하다. 또한 집단상담과 심리교육 프로그램을 개발하고 운영할 수 있는 능력도 중요하다.

3) 심리적 안정성과 자기 이해

대학상담사는 다양한 심리적 어려움을 가진 내담자를 만나게 되므로, 무엇보다 자신의 심리적 안정성을 유지하는 것이 중요하다. 자신의 감정과 행동을 적절히 조절할 수 있어야 하며, 스트레스 상황에서도 균형 잡힌 판단과 대응을 할 수 있어야 한다. 또한 자신의 성격특성과 심리적 특성을 잘 이해하고, 지속적인 자기성찰을 통해 전문가적인 인성을 발달시켜 나가야 한다.

4) 대학에서 발생할 수 있는 윤리적 딜레마 대처

상담사로서의 확고한 윤리의식은 전문성의 기본이 된다. 내담자의 비밀보장, 전문적 경계 유지, 이중관계 지양 등 상담윤리를 철저히 준수해야 한다. 특히 대학이라는 특수한 환경에서 발생할 수 있는 다양한 윤리적 딜레마 상황에 대해 민감하게 인식하고, 적절히 대처할 수 있어야 한다. 또한 전문가로서 꾸준한 자기 개발과 학습을 통해 전문성을 유지하고 발전시키려는 태도가 필요하다.

5) 다양한 대학생들의 문화적 배경에 대한 이해

대학은 다양한 문화적, 사회적 배경을 가진 학생들이 공존하는 공간이다. 따라서 대학상담사는 성별, 연령, 인종, 종교, 성적 지향 등 다양한 차이를 이해하고 존중할 수 있는 문화적 민감성을 갖춰야 한다. 특히 LGBTQ+ 학생, 외국인 유학생, 소수자 학생들에 대한 편견 없는 태도와 이해가 필수적이며, 이들의 특수한 욕구를 고려한 상담 서비스를 제공할 수 있어야 한다.

6) 대학 내 구성원 간의 협력 및 소통

상담사로서 내담자와 치료적 관계를 형성하는 능력은 물론, 동료 상담사, 행정직원, 교수진 등 다양한 구성원들과 원활한 관계를 맺고 유지할 수 있는 능력이 필요하다. 적절한 의사소통능력, 공감능력, 갈등해결능력 등이 요구되며, 특히 팀워크와 협력을 중시하는 태도가 중요하다. 또한 자신의 대인관계 패턴을 이해하고, 건강한 관계를 형성하고 유지하는 방법을 실천할 수 있어야 한다.

7) 조직문화 이해와 갈등 대응

대학상담사는 상담업무 외에도 다양한 행정적 역량을 갖춰야 한다. 먼저 대학이라는 특수한 조직문화를 이해하고 적응할 수 있어야 하며, 조직 내외에서 발생하는 갈등상황에 효과적으로 대처할 수 있어야 한다. 계약직이라는 직업적 불안정성을 관리하고, 업무 스트레스에 적절히 대처하는 능력도 필요하다.

8) 의사소통 및 네트워크

의사소통과 협력 측면에서는 학교 행정팀과 원활히 소통할 수 있어야 하며, 교수와 직원들과 협력적 관계를 형성할 수 있어야 한다. 외부 기관과의 네트워크를 구축하고, 필요한 정보를 효과적으로 전달하고 보고하는 능력도 중요하다.

9) 대학평가 관련 사업의 효과적인 운영

프로그램 운영 측면에서는 다양한 상담 프로그램을 개발하고 기획할 수 있어야 하며, 대학평가와 관련된 사업을 효과적으로 운영할 수 있어야 한다. 예산을 수립하고 집행하는 능력, 각종 행사를 기획하고 운영하는 능력도 필수적이다.

10) 학생상담센터 행정실무 및 관리

실무적으로는 문서 작성과 관리, 전산 시스템 활용, 상담 통계 및 실적관리, 개인정보 보호 관리 등의 능력이 요구된다. 또한 상담센터 홍보 전략을 수립하고, 교내외 자원을 연계하며, 지역사회와의 네트워크를 구축하는 능력도 중요하다. 이를 위해서 대학상담사는 학사일정과 규정을 이해하고, 학생지도 체계를 정확히 파악해야 한다. 장학, 휴학 등 학사 관련 정보를 숙지하고, 학과 및 단과대학과의 협력체계를 이해하는 것이 필요하다.

특히 실무역량과 행정역량은 상호보완적이며, 효과적인 대학상담 서비스 제공을 위해서는 두 영역 모두에서 균형 잡힌 전문성을 갖춰야 한다. 특히 행정역량은 단순한 사무처리를 넘어 대학이라는 특수한 조직에서 상담 서비스를 효과적으로 전달하고 운영하기 위한 필수적인 요소임을 이해하고, 지속적으로 발전시켜 나가야 한다.

대학상담사의 자격준비 과정

1) 학위부터 자격증까지

상담 관련 대학원 선택은 대학상담사로서의 진로를 결정짓는 중요한 첫 단추다. 실습과 강의 커리큘럼이 잘 짜인 대학원에 입학하면, 대학원과 연계된 대학상담센터에서 다양한 실습과 수련 기회를 가질 수 있다. 특히 상담수련과 강의 커리큘럼이 잘 구성된 대학원의 경우, 석사학위 취득과 동시에 2급 상담사 자격증을 취득할 수 있어 수련요건을 효율적으로 채울 수 있다는 장점이 있다. 따라서 대학원 입학 전 커리큘럼을 꼼꼼히 살펴보고 선택하는 것이 매우 중요하다.

대학상담사가 되기 위해서는 기본적으로 상담 관련 자격증이 필요하다. 이력서 작성 시에는 대학에서 기본적으로 요구하는 자격증 위주로 한두 가지를 기재하는 것이 좋다. 한국상담심리학회와 한국상담학회에서 발급한 1급, 2급 자격증, 여성가족부에서 발급한 청소년상담사 1급, 2급 자격증, 임상심리학회나 산업인력관리공단에서 발급한 임상심리사 1급, 2급 자격증 등이 도움이 된다.

2) 대학상담사 실무준비의 모든 것

대학상담사가 되기 위해서는 다양한 실무 경력이 필요하다. 가장 이상적인 방법은 대학상담센터에서 인턴이나 레지던트 과정을 밟는 것이다. 이 과정에서는 수퍼바이저의 지도하에 접수면접, 심리검사, 상담실습 등을 경험할 수 있으며, 개인 수퍼비전과 사례회의를 통해 전문성을 키울 수 있다.

대학상담센터는 대학평가사업과 연계되어 있으므로, 다양한 프로그램에 참여해 경험을 쌓는 것이 좋다. 특히 인턴기간 동안 신입생 혹은 재학생을 위한 심리검사 해석이나 정신건강 캠페인에 참여해 보거나 집단상담 프로그램에 참여해 보조리더를 해 보는 것도 큰 도움이 된다.

대학상담센터에서 인턴을 해 보지 않았어도 시도 청소년상담복지센터와 같은 곳에서 상담과 함께 행정경험을 쌓는 것도 좋다. 시간제 청소년동반자나 청소년 전화 1388 상담사로 활동하면서 학업과 실무를 병행할 수도 있다. 성폭력상담기관에서의 경험도 유용한데, 이는 대학상담센터에서 성희롱, 성폭력상담 전담인력을 별도로 채용하는 경우가 있기 때문이다.

또한 전문성을 발전시키기 위해서는 지속적인 교육과 훈련이 필요하다. 자살 위기 관련 교육이나 성폭력 예방 교육은 필수적이며, 여성가족부 인증기관의 성폭력전문상담원 양성교육 100시간 이수도 권장한다. 심리검사 관련 교육도 중요한데, 특히 진로검사, 성격 및 기질검사, 인적성검사는 대학에서 자주 활용되므로 반드시 심리검사 연수를 이수해야 한다. 또한 대학상담과 관련된 연구활동이나 학회 참여도 중요하다. 대학생의 심리적 특성이나 상담 효과성에 관한 연구를 수행하거나, 관련 학술대회나 워크숍에 참여해 최신 동향을 파악하고 네트워크를 형성한다.

대학상담에서는 대학생과의 원활한 소통능력과 다양성에 대한 지식을 쌓는 것도 필요하다. LGBTQ+ 등 성 소수자에 대한 이해와 수용적 태도를 갖추고, 조직 생활에 잘 적응할 수 있는 능력을 키우는 것이 필요하다. 이를 위해 관련 교육과 워크숍에 참여하고, 지속적으로 자기 개발을 하는 것이 중요하다. 외국어 능력을 갖추고 있다면, 증가하는 유학생상담을 위해 강점이 될 수 있다.

표 3-2 대학상담사가 되기 위해 도움이 되는 교육과 훈련 정보

(1) 상담 전문 자격증 취득 및 교육 연수
① 한국상담학회(www.counselors.or.kr)
- 전문상담사 자격증 취득 과정 제공
- 대학상담 관련 워크숍과 보수교육 실시

② 한국상담심리학회(www.krcpa.or.kr)
- 상담심리사 자격증 과정
- 정기적인 수퍼비전과 사례발표회 진행

(2) 자살 예방 교육기관
한국생명존중희망재단(www.kfsp.or.kr)
- 자살 예방 게이트키퍼 양성교육
- 전문가 과정 교육

(3) 성폭력 예방 교육기관
한국양성평등교육진흥원 교육센터(www.kigepe.or.kr)
- 고충상담원 교육
- 성인지 정책 교육
- 전문 강사 교육

(4) 진로상담사 양성교육기관
학지사 에듀카운피아(www.counpia.com)
- Holland 진로 상담 교육
- 진로 심리검사, 진로 상담이론

(5) 여성가족부 양성평등 교육기관
① 한국양성평등교육진흥원(www.kigepe.or.kr)
② 양성평등 교육전문가 과정
- 성인지 교육전문가 양성 과정

(6) 심리검사 연수기관
마음사랑(https://maumsarang.kr)
- MMPI, TCI 심리검사 워크숍 교육기관 정보
- 검사해석 전문가 과정

(7) 심리검사 교육 연수
학지사 인싸이트(www.inpsyt.co.kr)
- 심리검사 실시/해석 교육
- 심리상담이론 및 실무교육

출처: 유영권 외(2011).

대학상담사의 커리어 로드맵

1) 취업전략

(1) 채용정보 알아보기

대학상담사 채용정보를 얻기 위해서는 각 대학의 채용공고를 주기적으로 확인해야 한다. 특히 대학상담센터의 인턴과 레지던트 모집은 주로 매년 1~2월에 이루어지므로, 이 시기를 놓치지 않도록 주의해야 한다. 또한 대학 내 단기 아르바이트나 시간제 상담사 채용도 수시로 이루어지므로, 대학 홈페이지나 채용사이트를 정기적으로 확인하는 것이 필요하다. 채용공고를 통해 각 대학의 특성과 요구사항을 파악하고, 이에 맞춰 준비하는 것이 효과적이다.

(2) 이력서 작성하기

이력서 작성 시에는 자격증, 경력, 교육이수 사항, 외국어 능력과 같은 필수 항목을 중심으로 작성해야 한다. 자격증은 대학에서 기본적으로 요구하는 자격증을 중심으로 한두 가지를 기재하는 것이 효과적이며, 불필요한 자격증은 생략하는 것이 좋다.

경력 기술에서는 대학상담 실무 경력이 가장 중요하다. 전임상담경력자가 아닌 경우, 인턴이나 레지던트 경력, 시간제 상담사 경력 순으로 기재한다. 상담 실무 외에도 행정직으로 사설, 공공기관 등에서 상담실 운영을 담당한 경력과 강의 경력도 포함하는 것이 좋다. 특히 자살 예방 강사나 성폭력 강사로 활동한 경력은 대학상담센터에서 우대하는 경력이므로 반드시 기재해야 한다.

대학상담사 이력서에 행정경험을 기재하는 것은 매우 중요하다. 대학상담센터는 상담 외에도 다양한 행정업무를 수행하므로, 행정능력은 채용 시 중요한 경쟁력이 될 수 있다. 따라서 청소년상담복지센터나 사설기관 등에서의 행정경력을 구체적으로 기재하는 것이 유리하다.

교육이수 사항에는 자살 위기 관련 교육, 성폭력 교육, 심리검사 관련 이수 내용을 기재한다. 특히 진로검사나 성격 및 기질, 인적성검사는 대학에서 필수적으로 활용하는 검사이므로 반드시 이수사항을 기재해야 한다. 또한 외국어로 의사소통이 가능할 정도의 어학 실력을 갖췄다면, 해외 유학생 증가 추세를 고려할 때 이를 강점으로 부각시키는 것이 좋다.

(3) 자기소개서 작성하기

자기소개서는 자신을 소개하고 상담 분야에 대한 열정과 능력을 보여주는 중요한 기회다. 지원동기를 작성할 때는 개인적인 경험, 관심사, 상담 분야에 대한 열정을 구체적으로 설명해야 한다. 특히 상담 분야에서 어떤 영향을 미치고 싶은지, 대학생들을 어떻게 도와주고 싶은지 구체적으로 기술하는 것이 중요하다.

가치관 및 삶의 태도, 성격의 장단점을 기술할 때는 상담사로서 중요하게 생각하는 가치관을 중심으로 작성한다. 예를 들어, 존중, 신뢰, 비판적 사고 등의 가치관이 상담활동에 어떻게 반영되는지 설명하면 좋다. 상담사로서의 역량을 기술할 때는 커뮤니케이션, 공감, 문제 해결능력 등을 강조하고, 이전 경험과 교육, 자격증, 특별한 기술 등을 구체적으로 언급해야 한다.

상담 수련 및 경력활동과 관련해 다양한 상담 수련 프로그램 참여, 사례

연구, 수퍼비전 경험 등을 통해 전문성을 지속적으로 개발하고, 실제 상담 현장에서의 경력을 쌓아 온 과정을 강조한다.

대학 경력이 있다면 대학상담센터나 교내 관련 부서에서의 인턴, 자원봉사, 실습 경험을 구체적으로 기술하고, 이를 통해 얻은 대학 조직 이해와 실무경험을 부각시킨다.

미래 비전을 기술할 때는 상담사로서 이루고 싶은 성장과 발전 계획을 포함해야 한다. 연구, 교육, 커리어 경로 등을 언급하고, 상담 분야에서 미래에 수행하고 싶은 역할을 구체적으로 기술하는 것이 필요하다.

(4) 면접 준비하기

면접에서는 먼저 분명한 어조로 자신의 대표적인 경력과 강점, 관심사를 간결하게 소개해야 한다. 대학상담 분야에 대한 열정과 경험을 강조하며, 대학생과 소통하고 상담할 수 있는 능력을 함께 언급하는 것이 좋다.

지원동기를 설명할 때는 과거 경험, 상담사로서의 성장 계획, 대학생 상담 실무에 관한 관심 등을 구체적으로 언급한다. 예를 들어, 대학생 시기의 개인적 경험이나 인턴 경험을 통해 얻은 통찰, 상담사로서의 목표 등을 설명할 수 있다.

대학교 홈페이지와 학생생활 관련 자료를 철저히 연구하고, 대학생의 심리적 특성과 현대 대학생들이 겪는 사회적, 학업적 도전을 깊이 이해하고 있음을 강조해야 한다.

대학의 조직문화, 의사결정 구조, 학사 운영 시스템에 대한 깊은 이해를 보여 주고, 다양한 구성원들과 협력할 수 있는 조직 적응력과 의사소통능력을 부각시킨다.

역량 소개 시에는 상담역량, 커뮤니케이션 스킬, 문제 해결능력 등을 강조해야 한다. 대학생에 대한 이해도를 보여 주고, 대학생 상담 경험 중 성공적인 사례가 있다면 이를 구체적으로 설명하는 것이 효과적이다.

포부를 밝힐 때는 문제 해결 경험, 효과적인 취업 지도 방법, 프로그램 개선 아이디어 등을 구체적으로 공유한다. 또한 나이, 경력, 계약직 여부 등에 관한 질문에도 미리 준비해 자신감 있게 답변할 수 있어야 한다. 면접 전에는 실제로 말하는 연습을 충분히 하고, 필요한 경우 녹음이나 친구와의 모의면접을 통해 준비하는 것이 도움이 된다.

3
대학생의 마음을 돌보는 대학상담 실무

대학상담사는 대학생들의 심리적 건강과 성장을 지원하기 위해, 단순한 심리상담을 넘어 대학생의 전인적 발달을 지원하는 종합적인 서비스를 제공한다. 여기서는 대학상담사들이 대학상담센터에서 상담 외에도 수행하고 있는 업무들에 관해 소개하려고 한다.

다양한 대학상담의 현장

대학상담은 학생들이 호소하는 주제에 따라 일반상담, 성폭력상담, 해외유학생들의 고충상담, 위기상담으로 이루어진다. 이러한 상담은 대학 내 구성원과 시설 규모에 따라 대학상담센터, 진로 및 취업 경력센터, 국제교류처, 기숙사, 인권지원센터 등 각 관련 부서에서 상담팀을 따로 운영하기도하고, 대학상담센터 내에서 각 팀으로 나눠 운영하기도 한다. 각 상담의 특성과 내용에 대해 구체적으로 살펴보기로 한다.

1) 일반상담

대학생들이 상담센터에 찾게 되는 고민은 주로 학업 및 진로문제, 대인관계, 이성관계, 정서문제, 성격문제, 생활습관, 성정체성과 관련한 문제 등이 주를 이룬다. 이러한 고민 유형은 대학생 개인이 가진 기질 및 성격, 개인력, 주변 환경 여건, 현재 겪고 있는 스트레스 정도에 따라 그 심각한 정도가 다르다. 그러므로 개인별 8회기 내지 12회기의 단기상담 위주로 상담이 이루어지지만, 그 심각도에 따라 연장해서 이루어지기도 한다.

대학생들이 상담센터에 찾아오는 경로는 다양하다. 먼저, 신입생으로 입학하면 상담센터 주관으로 신입생을 대상으로 각종 심리검사를 실시한다. 고위험군으로 선별된 학생은 예방차원에서 센터 방문을 권유한다. 스스로 찾아오는 학생들은 자신의 문제를 고민하다가 상담센터 홍보 글을 보고 찾거나, 지도 교수나 동료, 지인의 권유로 상담실을 찾기도 한다.

대학상담이 이루어지는 방식은 주로 대면상담과 사이버상담이다. 대면상담은 학생이 대학상담센터 계정으로 접속해 개인상담을 신청하면, 예약 날짜에 센터로 방문해 접수면접과 심리검사를 실시한다. 그다음, 담당 상담사가 연락해 상담 약속을 잡고 주 1회 정해진 요일에 상담받는다. 사이버상담은 코로나 시기 이후로 활성화되었으며, 대면상담 신청과 같은 경로로 신청한 뒤 화상상담을 받는다. 그 밖에도 상담센터 계정의 이메일이나 전화를 통해서도 상담이 이루어지지만, 이는 단순한 상담 문의부터 문제해결 위주의 짧은 질의응답식으로 이루어지므로 깊이 있는 상담은 힘들다.

2) 성폭력상담

대학 성폭력상담은 대학구성원이 겪는 성적 자기결정권 침해와 관련한 모든 사건으로 인해 의뢰한 상담을 말한다. 대학교 내에서 성폭력 사건이 발생하면 이를 민감한 사안으로 다루는데, 이는 피해자뿐만 아니라 가해자의 성장과 발달을 방해하고 나아가 대학의 면학 분위기를 손상시키고 불안한 환경을 야기해 궁극적으로 대학구성원 모두에게 부정적인 영향을 미칠 수 있기 때문이다. 그러므로 성폭력 발생을 예방하고 성폭력 문제에 대처하기 위해 이를 담당하는 상담사가 성폭력상담과 조사업무를 담당한다. 이 업무를 맡은 성희롱고충상담원[1]은 대학 내 발생하는 성적 자기결정권을 침해하는 사건을 조사, 상담하는 업무 외에도 성폭력 사건의 조사, 가해자 피해자 상담, 징계 또는 고충심의위원회 개최, 성폭력 예방 교육, 캠페인 개최 등 다양한 행정실무를 수행한다.

대부분의 대학상담센터에서 성희롱고충업무를 할 수 있는 상담사를 선발해 이러한 업무를 수행하도록 하는 경우가 많이 있으며, 최근에는 인권센터, 성평등센터, 양성평등상담소라는 독립기구로 분리해 운영하고 있다.

3) 외국인 유학생상담

외국인 유학생상담은 새로운 문화와 환경에서의 어려움을 겪는 유학생들에게 한국의 대학 문화에 잘 적응하도록 외로움, 우울, 스트레스 등 정서 문제에 대한 전문적인 상담과 지원을 제공한다. 유학생상담 담당자들은 언어적 장벽 없이 유학생들이 자신의 고민을 해소하도록, 심리상담과 검사를 실시하고, 스트레스 관리와 문제 해결에 필요한 전략을 세워 해결하도록 돕는다.

---

1 양성평등기본법 제31조에 의거해 대학교 내 성희롱고충상담원은 대학에서 발생하는 성희롱, 성폭력 고충의 접수와 조사, 상담을 진행하고 피해자에게 법적 · 의료적 · 심리적 구제를 위한 지원기관 또는 전문가를 연계하며, 성폭력 예방 교육을 실시하는 등의 직무를 담당하는 실무진을 말한다.

현재, 2022년 기준[2] 최고치에 달할 정도로 대학마다 외국인 유학생 수는 꾸준히 증가되고 있으며, 이 가운데 중국 유학생은 1위를 차지하고 있고 베트남, 우즈베키스탄 순으로 많다. 그러므로 중국어나 영어로 소통할 수 있는 상담사가 상주해 이들의 고민을 상담해 준다.

국내 대학 내에 외국인 유학생 관리 및 지원업무를 직접 담당하는 곳은 '국제교류처' '국제처' '국제협력 본부'와 같은 부서다. 이곳에 찾아오는 유학생들을 대상으로 상담하기도 하고 적응문제의 어려움으로 정서적인 어려움이나 위기 문제를 겪는 경우 유학생 담당 부서와 학생상담센터가 협력해서 이를 해결해 준다.

4) 위기상담

대학교에서의 위기상담은 대학생의 자살 예방과 개입의 두 가지로 이루어진다. 대학상담센터는 자살 위험성이 높은 대학생들을 조기 발견하고 자살 위험이 큰 대학생들에게 위기개입의 역할을 한다.

먼저, 자살 예방은 주로 교육과 검사를 활용해 실시하며, 대학마다 학생의 안전을 중요하게 생각하며 다룬다. 이에 S대학의 경우, 24시간 전화상담 전담팀을 따로 구성해 학생들의 자살을 예방하기도 한다. 또한 자살 예방 업무로 대학상담사들은 대학 내 구성원 전체를 대상으로 자살에 대한 교육을 시행, 정신건강 증진 프로그램, 교직원을 대상으로 자살 예방 교육 시행, 자살 예방의 날과 같은 자살관련 행사, 학생상담 가이드북을 발간해 심리적 위기대처 방법에 대해 안내하거나 기숙사와 연계한 자살 예방프로

2 교육부 2022년 통계 기준, 국내 대학교 외국인 유학생 통계에 따르면, 재학 중인 외국인 유학생 수는 166,892명이다. 2015년부터 꾸준히 증가하고 있고 2022년에 최고치에 달했다.

그램 실시, 신입생 대상으로 고위험군 선별 심리검사를 실시하기도 한다.

자살 개입을 위해 대학상담사는 자살 위험이 큰 대학생에 대해 병원으로 연계하거나 자살방지서약서를 작성하도록 하고, 보호자와 연락망을 통해 학생을 안전하게 보호하도록 하고 있다.

대학 적응과 진로를 위한 심리검사와 평가

대학상담센터에서는 다양한 심리검사를 통해 자신의 성격특성, 적성 및 진로 탐색, 잠재력, 학습 유형 등을 과학적으로 측정하고 평가할 수 있으며, 심리검사를 통해 현실적이고 객관적인 자기성찰의 장을 마련하고 스스로에 대한 이해를 도와 개인의 성숙을 돕는다. 대학상담사들은 학생들이 상담을 신청하면 기본적으로 진단평가해 상담에 필요한 방향을 결정하기 위해 심리검사를 실시한다. 또한 특정 학년, 특히 신입생을 대상으로 심리진단 검사를 실시하고, 대학생활 적응도를 파악해 도움이 필요한 학생들을 미리 발견하고 도움을 주는 방안을 모색한다. 진로와 관련한 심리검사를 실시해 진로 관련 특강과 행사를 주최하기도 한다. 대학에서 학생을 대상으로 자주 사용하는 심리검사는 〈표 3-3〉과 같다.

집단상담 프로그램 기획과 운영

대학상담센터에서는 진로, 학업, 인성, 정신건강 등의 영역을 증진하기 위해 다양한 집단상담 프로그램을 기획, 운영하고 있다. 집단상담은 전문

표 3-3 대학에서 자주 사용하는 심리검사

① 웩슬러 지능 검사
② 진로선택 및 진로발달: 진로발달검사, 진로성숙도 검사, 직업흥미검사, 직업가치관검사
③ 성격검사: KPI 성격검사, 다요인 인성검사(16PF 검사), NEO-PI 검사, 자아존중감 검사, 자아개념검사
④ 투사적 성격검사: 로샤 잉크반점 검사, 주제통각검사, 문장완성 검사, 집-나무-사람 검사, 초기기억검사
⑤ 대인관계 부적응과 검사: 성격유형검사, 부모-자녀 간 의사소통 질문지, 모-자 상호작용평가척도, 결혼적응척도, 사회적 지지척도, 집단 따돌림 체크리스트, 대인관계지지평가척도(ISEL), 대인관계 문제 검사, 사랑의 삼각형 검사
⑥ 정신건강 검사: 자살 위험 평가, Beck의 자살척도, 미네소타 다면적 인성검사(MMPI), 성격평가 질문지(PAI)
⑦ 우울-불안 검사: Beck의 우울검사(BDI), Beck의 불안검사(BAI), 상태-특성 불안검사, 알콜중독 진단검사(MAST)

출처: 임은미(2013).

상담사의 참여 아래 비슷한 고민이 있는 동료들과 서로의 의견을 교환해 가면서 도움을 주고받을 수 있는 상담으로 10명 내외의 인원으로 진행되는 상담이다.

진로 탐색, 대인관계 향상, 발표불안, 자신감 향상, 자아성장, 이성관계 증진, 마음챙김과 같은 스트레스 대처 집단상담 등을 실시하고 있다.

1) 또래상담사 프로그램

또래상담사 프로그램은 대인관계로 인해 어려움을 겪는 대학생들을 대상으로 비슷한 연령과 유사한 생활 경험이나 가치관을 가진 또래가 일정 훈련을 받은 후 그 경험을 바탕으로 함께 성장하고 발달하도록 학업, 인성, 행동 등과 관련한 문제 영역에서 도움을 제공하도록 하는 것을 말한다.

또래상담은 1980년대 국내 학생생활연구소를 중심으로 대인관계 집단

상담에 참여했던 학생들이 리더나 보조지도자가 되어 집단상담을 이끄는 형태로 처음 소개되었다. 이는 1990년대 중고등학생까지 확대되면서 또래상담이라는 용어로 사용되었다.

또래상담을 양성하기 위한 방식은 프로그램 홍보를 통해 모집해서 관계 증진 기술, 효과적인 의사소통 방법, 자살 예방 교육, 문제 해결에 도움을 주는 개입 방법 등을 일정기간 훈련한다. 이를 통해 양성한 또래상담사들은 학생상담 유관부서와 연계해, 신입생과 심리검사 결과 선별된 부적응 학생들을 대상으로 위기상담 게이트키퍼 역할을 한다.

2) 학사경고생 지원 프로그램

학사경고생 지원 프로그램은 학사경고생들이 자신에 대해 탐색하고 이해할 수 있도록 돕고, 학습동기를 높이고 학습 수행 어려움을 탐색해 극복해 나갈 수 있도록 개입하는 프로그램이다.

대학상담사들은 학사경고생들이 겪는 원인을 연구하고 분석해서, 학업과 심리 내적 요인, 환경적 요인 등에 초점을 맞춰 개입한다. 이를 통해 학업 동기를 높이고 현재 스트레스 대처와 관리법을 개발하도록 돕고, 자기효능감 및 자존감을 향상시켜 대학생활의 적응력을 높이고자 한다.

이러한 프로그램의 효과성을 위해 대학상담사는 학교 내 진로개발센터, 학사팀, 교수학습지원센터 등 여러 부서와의 협력을 통해 진로, 학습 영역과 함께 심리지원을 조력한다.

3) 진로 관련 프로그램

진로워크숍은 교과와 연계해 MBTI 성격유형검사, U&I 진로탐색 검사,

STRONG 직업흥미검사 등 진로 관련 검사를 활용해 검사를 실시하고 검사해석을 실시한다.

진로 집단상담은 진로동기 강화, 진로결정을 돕기 위해 실시한다.

4) 역량기반 교육 프로그램

신입생 대학생활 적응 프로그램, 재학생 진로설계 워크숍, 자살 예방 교육, 학사경고자 집단 프로그램, 유학생 대상 프로그램, 멘토링 프로그램 등 다양한 교육 프로그램을 실시한다.

신입생, 재학생 실태조사 및 교수 자문

1) 신입생 및 재학생 실태조사

대학상담센터에서는 매년 신입생과 재학생을 대상으로 대학상담센터 요구도 조사를 실시한다. 이러한 조사를 실시하는 목적은 학생들의 특성과 요구를 고려해 진로 및 심리지원 서비스를 제공하고 개발하는 데 기초자료로 활용하기 위해서다.

대학상담센터에서는 요구도 조사, 만족도 조사, 대학생활 만족도 조사 등을 온라인용 설문지로 만들어 유관부서와 협조해 재학생들이 참여하도록 한다.

조사한 데이터가 수집되면 이를 분석해 대학상담센터에서 센터 이용을 확대할 방안을 찾는 데 사용하며, 학과별로 학생들의 심리특성과 스트레스를 분석하고 상담의 필요를 분석해 학과별 맞춤형 상담 프로그램을 개발하는 데 유용한 자료로 사용한다.

2) 교수 상담 지원

교수 상담 지원은 상담센터에서 학교 현장에서 일하는 교수를 대상으로 상담의 전문 기술을 익혀 학생들에게 발생할 수 있는 위기상황, 대인관계 문제, 학업 문제 등의 문제를 구체적인 도움을 줄 수 있도록 지원하는 일을 말한다.

이와 관련한 대학상담센터의 역할은 교수대상으로 학생상담 특강 실시, 정신건강 관련 심리지원 교육 영상 제작, 교수용 학생상담 매뉴얼 및 가이드북 제작, 학생상담 데이터 관리 및 자문 등이다.

이러한 역할을 통해 학생들의 신체적, 심리적 안녕을 위해 학교 내 교수들이 학생들의 어려운 문제에 적절한 도움을 줄 수 있도록 한다.

행정 및 지원 업무

대학상담센터의 행정 및 지원 업무는 대학의 전반적인 교육 질 관리와 학생 지원을 위해 매우 중요한 역할을 수행한다.

대학평가 대비 실적관리는 센터의 핵심 행정업무 중 하나다. 대학평가에서 학생 지원 서비스와 심리 건강 관리는 중요한 평가 지표가 되므로 상담센터는 체계적인 실적관리와 문서화가 필요하다. 상담 횟수, 프로그램 운영, 학생 만족도, 심리검사 실시 현황 등을 꼼꼼히 기록하고 관리해야 한다.

대학 내 유관부서와의 협력은 효과적인 학생 지원을 위해 필수적이다. 교무팀, 학생처, 진로취업센터, 보건소 등 다양한 부서와 긴밀한 협력체계를 구축해 학생들의 다차원적인 요구에 통합적으로 대응해야 한다. 각 부서의 전문성을 상호 공유하고 협력함으로써 학생 지원의 시너지 효과를 창출할 수 있다.

위기 학생 발견 및 대응 시스템 구축은 대학상담센터의 가장 중요한 사회적 책임 중 하나다. 자살, 성폭력, 심각한 정신건강 문제 등 고위험군 학생들을 조기에 발견하고, 체계적이고 신속하게 대응할 수 있는 시스템을 마련해야 한다. 이를 위해 정기적인 심리검사, 모니터링, 외부 전문기관과의 네트워크 구축 등 종합적인 접근이 필요하다.

이러한 행정 및 지원 업무는 단순한 사무적 업무를 넘어 대학생들의 심리적 건강과 성장을 지원하는 중요한 메커니즘이다. 대학상담센터는 이러한 업무를 통해 대학의 교육 목표 달성과 학생들의 전인적 성장에 기여할 수 있다.

4
대학상담사 선배의 조언

상담심리사 2급 자격증을 취득한 김영아 씨는 작년부터 대학상담실 전임상담사로 근무하고 있다. 2학기가 되니 점점 상담업무도 바빠지고 기타 다른 업무도 바빠져 스트레스를 받고 있다. 학생들과 상담하고 심리검사를 하는 업무는 다른 기관과 같아서 어느 정도 수월하다고 생각하고 있다. 하지만 연초에 계획한 상담센터 업무 계획에 따라 프로그램이나 교육 등의 실적을 채워야 하니 여간 스트레스가 아니다. 며칠 전에도 집단상담 프로그램을 하려고 예산서를 올렸는데, 학생처 처장님으로부터 한 통의 전화를 받았다. 외부 강사료가 학생 참여 인원수에 비해 너무 비싸다는 것이다. 또 지난주에 올린 결제대금과 관련한 공문은 세금계산서 발급 서류를 빠트린 바람에 다시 첨부해 올려야 한다. 영아 씨는 프로그램을 실시하는 자체보다 행정 일이 더 번거롭게 느껴진다. 이럴 때마다 상담에 비중을 더 두는 영아 씨는 행정 일이 소모적이라는 생각이 든다.

대학상담 실무 노하우

1) 위기상담역량을 강화하라

대학상담사는 최근 급증하고 있는 자살, 성폭력, 트라우마 등 심각한 위기상황에 대응할 수 있는 전문적인 역량을 반드시 갖춰야 한다. 기숙사에서의 자살 시도, 집단 트라우마, 성폭력 피해 등 긴급하고 위험한 상황들이 빈번히 발생하고 있어, 상담사들은 언제든 학생들의 생명과 심리적 안전을 보호할 수 있어야 한다.

이를 위해 자해, 자살 위기상담과 관련된 전문 교육에 지속적으로 참여하고, 위기상담기술을 꾸준히 연마해야 한다. 위기 학생들을 체계적으로 선별하고 지속적으로 모니터링하며, 필요한 경우 학교 보건소와 연계해 적절한 의료적 조치를 취할 수 있어야 한다. 또한 정기적인 사례회의 참여, 동료 수퍼비전, 외부 전문가의 수퍼비전을 통해 실무 능력의 공백을 지속적으로 보완해야 한다.

2) 대학상담에서 단기상담 접근은 필수

대학상담의 특성상 대부분의 상담은 8~12회기의 단기상담 형태로 이루어진다. 이러한 제한된 시간 동안 효과적인 상담을 진행하기 위해서는 대학생의 발달적 특성과 심리적 특성에 대한 깊이 있는 이해가 필수적이다. 대학생 시기는 심리적, 경제적으로 완전한 독립이 이루어지지 않은 과도기적 단계로, 매우 복합적이고 역동적인 심리적 변화를 겪는 시기다.

단기상담에서는 성격문제나 만성화된 외상 사건을 근본적으로 해결하기 어렵기 때문에 현재 학생이 겪고 있는 스트레스와 대처방식을 정확히 파악해 현실적이고 실현할 수 있는 단기 목표를 설정해야 한다. 성정체성, 이성관계, 진로 환경 등 대학생들이 겪는 다양한 주제와 영역에 대한 폭넓은 지식과 이해를 바탕으로, 학생 개개인의 특성에 맞는 맞춤형 상담 접근이 필요하다.

3) 문화적 편견은 NO! 가치관을 새롭게 디자인하라

현대 대학은 다양한 문화적 · 사회적 · 개인적 배경을 가진 학생들이 공존하는 복합적인 공간이다. 대학상담사는 성별, 연령, 인종, 종교, 성적 지향, 장애 여부 등 다양한 차이를 깊이 이해하고 존중할 수 있는 문화적 감수성을 반드시 갖춰야 한다.

특히 LGBTQ+ 학생, 외국인 유학생, 장애학생 등 소수자 학생들에 대한 편견 없는 태도와 깊은 이해가 필수적이다. 이들이 겪는 고유한 심리사회적 어려움을 인식하고, 그들의 특수한 요구와 맥락을 고려한 맞춤형 상담 접근이 필요하다. 예를 들어, 성정체성 고민을 하는 학생, 문화적 차이로 어려움을 겪는 유학생, 장애로 인한 사회적 편견을 경험하는 학생 등 각각의 고유한 경험을 존중하고 지지해야 한다.

대학상담사는 다양성에 대한 이해를 위해 지속적인 자기교육과 훈련에 힘써야 한다. 다문화 감수성 관련 워크숍 참여, 관련 연구 및 문헌 탐독, 소수자 집단과의 대화와 교류 등을 통해 자신의 고정관념과 편견을 인식하고 해체하려는 노력이 필요하다.

또한 대학상담센터 차원에서 다양성을 존중하는 포용적인 프로그램을 개발하고 운영해야 한다. 문화적 차이에 대한 이해 증진 워크숍, 다양성 존중 캠페인, 소수자 학생들을 위한 특화된 지원 프로그램 등을 통해 대학 내 포용적인 문화를 조성하는 데 기여해야 한다.

궁극적으로 대학상담사의 다양성에 대한 민감성은 단순한 기술이 아니라 깊은 공감과 존중, 그리고 인간에 대한 근본적인 존엄성을 인정하는 태도에서 비롯된다. 모든 학생이 자신의 고유한 정체성과 경험을 당당히 드러내고, 차별 없이 성장할 수 있는 환경을 만드는 것이 대학상담사의 중요한 역할이다.

프로그램 기획 노하우

프로그램 기획 노하우는 다양한 정보 수집과 체계적인 접근을 통해 효과적으로 개발할 수 있다.

먼저, 다른 대학교 학생상담센터의 홈페이지를 철저히 분석하는 것이 중요하다. 각 대학의 학생상담센터에서 운영하는 프로그램들을 면밀히 검토해 성공적인 프로그램 모델을 벤치마킹할 수 있다. 대학상담협의회에서 발간하는 우수모범운영사례 자료도 매우 유용한 참고 자료가 된다.

학생들의 실제 요구를 파악하기 위해서는 재학생을 대상으로 한 요구도 조사가 필수적이다. 심층설문조사나 포커스그룹 인터뷰 등을 통해 학생들이 실제로 원하는 프로그램과 그들의 심리적, 학업적 니즈를 정확히 파악해야 한다.

프로그램 기획 시에는 다음과 같은 단계를 고려해야 한다.

① 다양한 정보원을 통한 프로그램 벤치마킹
② 대학 내 학생들의 요구도 정밀 조사
③ 대학의 특성과 학생들의 특성을 고려한 맞춤형 설계
④ 구체적인 실행 계획 수립
⑤ 평가 및 피드백 시스템 마련

또한 프로그램의 효과성을 높이기 위해서는 단순히 요구를 반영하는 것을 넘어, 학생들의 잠재적인 필요와 트렌드를 예측하는 안목도 중요하다. 대학생들의 심리적 변화와 사회적 트렌드를 지속적으로 모니터링해 혁신적이고 시의적절한 프로그램을 기획해야 한다.

대학행정업무 관련 노하우

1) 기존 문서를 활용하라

행정 문서 작성에 관한 요령은 대학상담센터 상담사에게 필수적인 역량이다. 대부분의 상담사들이 행정업무에 익숙하지 않아 초기에 어려움을 겪지만, 체계적인 접근으로 빠르게 적응할 수 있다.

공문서 작성 방법을 숙지하는 것이 중요하다. 처음 입사했을 때 이전 자료들을 주의 깊게 분석하면 반복되는 문장 패턴과 작성 방식을 쉽게 파악할 수 있다. 이러한 기존 문서들을 템플릿으로 활용하면 빠르게 문서 작성 능력을 향상시킬 수 있다.

프로그램 성과를 산출하기 위해서는 엑셀 활용 능력이 필수적이다. 데이터 정리, 통계 분석, 그래프 작성 등의 기본적인 기능을 익혀야 한다. 엑셀의 기본 기능은 온라인 강의나 튜토리얼을 통해 쉽게 학습할 수 있다.

문서 작성 시 주의해야 할 가장 중요한 점은 사소한 실수를 방지하는 것이다. 날짜, 금액, 숫자 누락이나 오타는 문서 전체를 다시 작성하게 만드는 주요 원인이 된다. 따라서 작성 후 반드시 꼼꼼히 검토하는 습관을 기르는 것이 중요하다.

실수를 최소화하기 위한 몇 가지 팁을 제안하면 다음과 같다.

① 문서 작성 후 최소 두 번 이상 검토하기
② 중요한 숫자나 날짜는 여러 번 확인하기
③ 가능하면 동료에게 검토 요청하기
④ 템플릿과 기존 문서를 참고해 일관성 유지하기

초기에는 어렵게 느껴질 수 있지만, 꾸준한 연습과 관심을 통해 누구나 능숙한 행정 문서 작성자가 될 수 있다. 상담사로서의 전문성과 함께 행정 능력을 갖추는 것이 대학상담센터에서 성공적으로 일하기 위한 핵심이다.

2) 비공식적인 인간관계 형성도 중요

대학상담센터의 효과적인 운영을 위해서는 교내 유관부서와의 긴밀한 협력이 필수적이다.

성폭력 의무교육의 경우, 교무팀과의 협조를 통해 교직원 대상 교육을 체계적으로 진행해야 한다. 보건소와는 약물치료 연계 등 학생들의 건강관리를 위해 지속적으로 소통해야 한다. 예산 집행과 관련해서는 총무과와 자주 영수증 처리 등의 실무적인 업무 협의가 필요하며, 각종 실적보고를 위해 여러 팀과의 협력이 요구된다.

이러한 공식적인 업무 협력과 더불어 비공식적인 인간관계 형성도 중요하다. 직원 워크숍이나 우연히 마주치는 상황에서 반갑게 인사를 나누고 안부를 묻는 것만으로도 긍정적인 조직문화와 협력관계를 만들어 갈 수 있다.

점심시간이나 복도에서의 간단한 대화, 커피 브레이크 시간의 짧은 대화는 부서 간 벽을 허물고 상호이해를 높이는 중요한 소통 방식이다. 이러한 비공식적 네트워킹은 향후 업무 협력을 훨씬 원활하게 만들어 줄 수 있다.

대학상담사는 단순히 상담만 하는 전문가가 아니라 대학 조직의 중요한 일원임을 인식하고, 적극적으로 다른 부서와 소통하고 협력하는 자세가 필요하다. 이는 궁극적으로 학생들에게 더 나은 서비스를 제공하고 대학의 전반적인 학생 지원체계를 강화하는 데 기여할 수 있다.

대학 내 조직생활 노하우

1) 상담 비전문가들과의 접촉을 두려워 마라

학생상담센터의 센터장은 상담에 대한 지식이 있는 교수가 겸직하는 경우가 많지만 센터장이 없는 경우, 전임상담사가 직접 직속 부서인 학생처나 총무처에 결재해야 하는 경우가 생긴다. 그렇게 되면 주로 상담에 관한 이해가 부족한 부서와 의사소통하게 된다. 이때 상담사의 행정 담당자들과 상담에 대한 이해와 전문성 부족을 고려한 접근은 매우 중요하다.

대부분의 행정 담당자들은 집단상담과 워크숍의 차이, 심리검사의 전문적 의미를 깊이 이해하지 못할 수 있다. 따라서 예산 확보와 프로그램 집행을 위해서는 전문적인 용어를 쉽게 풀어서 설명하고, 구체적인 효과와 증거를 제시해야 한다.

예를 들어, 집단상담과 워크숍의 차이점을 명확히 설명하고, 각 프로그램의 구체적인 학생 성장 효과를 데이터와 사례를 통해 제시해야 한다. 심리검사의 경우에도 단순한 시험이 아니라 학생들의 잠재력 발견과 맞춤형 지원을 위한 전문적인 도구임을 이해시켜야 한다.

또한 대학평가와 연계된 지표, 학생 만족도, 진로 성과 등을 근거로 들어 상사와 관련 부서를 설득할 수 있다. 전문성 있고 논리적인 설명은 예산 확보와 프로그램 운영에 결정적인 도움을 줄 수 있다.

2) 계약직 신분에서 안정감을 유지하기

대학에서의 계약직 상담사 경력은 일시적인 일자리가 아니라 전문성을 개발하는 중요한 기회다. 2년 동안의 계약직 기간을 단순히 일시적인 근무로 여기지 말고, 오히려 자신의 전문성을 성장시키는 소중한 시간으로 인식해야 한다.

대학상담센터에서는 다양한 집단상담 운영, 워크숍 기획, 관심 프로그램 개발 등 풍부한 실무경험을 쌓을 수 있는 최적의 환경을 제공한다. 이러한 경험들은 향후 사설센터 운영이나 다른 상담 현장에서 전문성을 발전시키는 데 결정적인 밑거름이 될 수 있다.

특히 2급 자격증을 가진 상담사에게 대학상담센터는 1급 자격증 취득을 위한 수련의 좋은 기회를 제공한다. 단순히 근무하는 것을 넘어 각 프로그램과 경험을 축적하고, 전문가 네트워크를 형성하며, 지속적인 학습을 통해 자신의 전문성을 높여 갈 수 있다.

따라서 계약직 상담사는 이 시기를 전문가로 성장하기 위한 중요한 전환점으로 인식해야 한다. 열정과 배움의 자세로 매 순간을 전문성 개발의 기회로 만들어 간다면, 2년의 계약직 경력은 단순한 일자리가 아니라 평생의 경력에 값진 디딤돌이 될 것이다.

나만의 특별한 전문성 개발 및 자기 돌봄 노하우

1) 점심 먹고 산책하는 여유를 갖자

상담사의 심리적 건강은 내담자를 돕는 데 가장 중요한 요소다. 따라서 개인적인 스트레스 해소와 심리적 안정을 위한 전략이 필수적이다. 점심시간을 활용해 햇볕을 쬐며 산책하거나, 잠깐이라도 낮잠을 자는 등 자신만의 효과적인 스트레스 해소 방법을 개발해야 한다.

상담은 높은 수준의 정서적 에너지를 요구하는 직업이므로, 단순한 휴식이 아니라 적극적인 자기 관리가 필요하다. 규칙적인 운동, 충분한 수면, 건강한 식습관, 취미 활동 등을 통해 신체적, 정신적 에너지를 회복하고 소진을 예방해야 한다.

2) 대학커뮤니티를 적극 활용하라

전국대학교학생상담센터협의회에서 제공하는 연수는 전문성 향상의 중요한 기회다. 이러한 연수는 단순히 교육받는 것을 넘어 다른 대학의 상담사들과 교류하고 정보를 교환할 수 있는 소중한 네트워킹의 장이다.

연수에 빠짐없이 참석해 다양한 대학에서 온 상담사들과 인맥을 형성하고, 각 대학의 우수 사례와 운영 노하우를 배울 수 있다. 이를 통해 자신의 대학상담센터에 적용할 수 있는 혁신적인 아이디어와 실천 전략을 얻을 수 있다.

또한 학회 워크숍, 세미나, 온라인 강좌 등 다양한 전문성 개발 기회를 적극적으로 활용해야 한다. 최신 상담이론, 개입 기법, 심리검사 도구 등에 대한 지속적인 학습은 대학상담사의 전문성을 한 차원 높일 수 있다.

대학상담사는 자신의 전문성 향상을 위해 끊임없이 노력해야 한다. 자기 관리를 통한 심리적 건강 유지와 지속적인 학습을 통해 더 나은 상담서비스를 제공할 수 있으며, 이는 궁극적으로 대학생들의 성장과 발달에 기여할 수 있다.

전문가 인터뷰

건국대학교 학생상담센터 **황윤미 교수**

상담사의 역량을 다양하게 개발하고 발전시킬 수 있는 대학상담

황윤미 교수는 건국대학교 KU심리상담센터에 재직하고 있으며, 2010년부터 객원상담사를 시작으로 전임상담사, 상담전문교수를 거쳐 현재는 조교수로 근무하고 있다. 십수 년 동안 이곳에서 상담사이자 수퍼바이저로서, 학생상담센터 운영과 관리, 대학생 상담과 인턴교육을 맡아 일하고 있다. 이러한 노력으로 건국대학교 학생상담센터는 2022년도 전국대학교 학생상담센터협의회에서 우수상담기관으로 선정되었다.

KU심리상담센터에서는 센터장 이하 조교수와 상담교수 그리고 전문직 상담원 5명과 행정조교, 인턴 및 실습생 등 총 20여 명의 교수진과 상담사들이 근무하며 건국대학교 재학생들의 마음건강을 돕고 있다.

KU상담센터에서 운영하는 프로그램을 살펴보면, 개인상담, 심리검사, 다양한 집단상담 및 워크숍 프로그램이 있으며, 특히 KU심리상담센터 서포터즈라는 프로그램을 통해 또래상담사 양성과 또래상담활동이 활성화되어 있다. 또한 재학생들의 심리적 불편감을 조기에 발견하기 위해 마음건강 캠페인, 마음건강 검진, 마음건강 집단 워크숍 등 마음건강 프로그램을 운영 중이다.

KU심리상담센터에서 인턴 상담사와 실습생을 관리하고 교육하며, 전임상담사를 관리하고 책임지는 황윤미 교수에게 다음과 같은 질문을 했다.

Q 교수님이 대학상담사를 채용할 때 면접과 자소서에서 중요하게 보는 것은 무엇인가요?

첫째는 자격증과 경력이고, 둘째는 업무적응능력입니다. 먼저, 대학전임상담사가 되려면 기본적으로 상담 관련 학과 석사 이상을 졸업해야 하고, 한국상담학회나 한국상담심리학회에서 발급한 2급 이상 자격을 갖춰야 합니다. 경력은 대학상담센터에서 상담은 기본이고 풀타임 행정 일까지 해본 경력직을 우선적으로 선발합니다. 하지만 이례적으로 대학 전임경력이 없는 사람을 채용하기도 하는데, 대학교에서 인턴상담사로 실습했거나 청소년상담기관에서 일정기간 근무한 경력이 필요합니다. 자소서에서는 선발분야 관련업무 경험에 관해 기술한 부분을 중점적으로 보고 질문합니다.

다음으로, 조직문화 적응능력인데요. 대학상담센터는 조직생활이기 때문에 학내 타 부서와 교류를 포함한 센터 관리자, 동료, 인턴, 객원선생님 등 다양한 구성원들과 조화를 이루는 것이 중요하다고 생각합니다. 기본적으로 상담사다운 유연한 사고와 태도를 갖췄다면 무난하게 잘 적응할 수 있으며, 업무 분담에서도 개인의 이익을 지키는 것과 조직을 위해 수용하고 동료와 협력하는 것 사이에 균형감이 있는 사람을 선호합니다.

Q 대학상담센터에서 근무하길 원하는 상담사가 준비해야 할 역량은 무엇이라고 생각하나요?

대학생에 대한 이해가 우선되어야 한다고 생각해요. 요즘 학생들이 주로 고민하는 문제가 무엇인지, 그리고 학생들이 겪고 있는 취업 환경에도 민감해야 한다고 생각해요. 그들의 언어나 취향, 가치관에도 열려 있고 유연하게 받아들이는 자세가 필요합니다.

Q 건국대학교 학생상담센터에서 수료한 인턴들이 수련을 열심히 받고 이후에 취업도 잘된다고 들었는데, 어떤 마음으로 교육하고 있으신가요?

저는 소그룹이나 공개 수퍼비전이나 북리딩 교육 등 수련생의 실습지도에도 신경을 쓰지만, 가급적 시간을 할애해 수련생과 함께 식사하거나 고민거리가 있는지 주의를 기울여 대화하는 시간을 가지려고 노력해요. 바쁜 시간을 쪼개서 실습지도를 하지만, 1년 뒤 수련생이 성장하고 취업해서 지속적으로 자신의 커리어를 쌓아 나가는 모습을 보면서 보람을 느낍니다. 또한 여러 상담현장에서 근무하면서 본교 수련기간의 경험이 도움이 된다는 피드백을 들을 때, 경력을 쌓고 전임상담사로 함께 일하는 동료가 되어 돌아왔을 때도 무척 보람되고 기쁩니다. 내담자의 성장을 지원하는 것만큼이나 초심상담사의 성장을 지원하는 일도 대학상담센터의 중요한 역할이라고 생각합니다.

Q 근무하면서 어려웠던 점과 그 난관을 헤쳐 나간 노하우를 알려 주세요.

대학이 상담센터에 요구하는 다양한 사업이 있는데, 이것을 상호 조율하는 것과 조직 내 인간관계가 힘들었어요. 대학에서 요구가 있을 때마다 너무 많은 역할을 떠안게 되면 상담센터에서 기존에 하고 있던 사업들도 있는데 업무가 가중되기 때문이지요. 그럴 때 중간관리자로서 상담사 선생님들이 일의 균형을 잃지 않도록 하는 것이 저의 몫이기 때문에 가운데서 소통하는 것이 힘들었어요. 그리고 조직 내 비전을 공유하는 사람들이 모인 자리인데 센터의 성장 방향성이 맞지 않을 때 그 의견 차이를 좁히고 타협하는 과정이 힘들었지요.

그때마다 지도교수님이나 동료상담사들이 지지가 되고 힘이 되어 주셨어요. 업무가 많을 때는 힘은 들었지만, 돌아보면 업무역량이 강화되고 있는 제 모습을 돌아보며 버틸 수 있었습니다. 또한 관계에서도 공적인 요소와 사적인 요소를 구분하면서 그 시간을 견디다 보면 문제가 해결되는 경우가 많았기 때문에 도움이 되었습니다.

Q 대학상담센터에서 근무하길 희망하는 후배 상담사를 위해 한 말씀 해 주세요.

대학상담센터는 자신이 갖고 있는 다양한 역량을 시험해 볼 수 있는 곳이라고 생각합니다. 프로그램을 기획하고 운영하다 보면 예전에 해 보고 싶었던 프로그램을 제안하고 시도해 보기도 하고, 결과를 학기 단위로 환류해 다음에 새로이 실시하게도 됩니다. 그런 면에서 대학생들과 보람도 느끼면서 즐거운 경험을 많이 쌓을 수 있는 곳이 대학상담센터라는 생각이 듭니다. 또한 내담자들의 상담에 대한 욕구가 높고 사례 수도 적지 않아 상담에 집중하다 보면 상담사로서 전문성을 키워 나가기 좋은 환경이라는 생각이 듭니다.

참고문헌

김동일, 이정인, 김기현, 유훈(2021). 코로나 일상(With COVID-19) 시대 대학 학생상담기관의 기능과 역할: 비대면 기반 학생상담센터 운영 사례를 중심으로. 상담학연구: 사례 및 실제, 6(1), 47-63.

유영권, 정승진, 문영주, 이경아, 이상선(2011). 대학상담센터 상담사의 역량과 자질 연구. 대학생활연구, 17(1), 1-17.

임은미(2013). 상담사 발달단계별 도전과 대응: 기관의 상담사 지원을 중심으로. 전국대학교학생생활상담센터협의회 학술대회지.

최혜윤, 김은하, 정지수(2023). 대학상담센터 상담사의 입직 경험. 인간이해, 44(2), 19-45.

04

장병과 함께하는 **병영생활상담**

병영생활전문상담관이 되기 위해서는 군대의 특수한 환경과 문화를 이해하고 장병들의 심리적 건강을 지원하는 전문적 역량이 핵심이다. 본문에서는 병영생활상담의 특성과 발전과정을 살피고, 상담실무, 교육 프로그램, 집단상담, 위기개입 등 다양한 업무를 구체적으로 다룬다. 특히 장병들의 복무 적응을 돕고 자살 예방 등 특수 영역에 대한 전문성을 설명하면서, 실제 상담 현장에서 필요한 행정실무와 조직 내 소통 전략에 대한 실용적 가이드를 제시한다.

프롤로그

만남, 성장 그리고 새로운 시작

나는 15년이 넘는 세월 동안 교실의 학생들부터 군대와 교도소의 사람들까지, 다양한 이들의 이야기를 들어 왔다. 그들은 모두 저마다의 방식으로 '더 나은 삶'을 꿈꾸고 있었고, 이를 통해 나는 '사람은 누구나 자기실현을 향해 자연스럽게 움직인다.'는 믿음을 갖게 되었다. 마치 어둠 속에서도 햇빛을 향해 자라나는 새싹처럼 우리 안에는 스스로를 치유하고 발전시키려는 자연스러운 힘이 존재한다.

병영생활전문상담관으로 일하면서는 군 복무라는 특별한 시기를 보내는 청년들을 많이 만났다. 그들과의 울고 웃는 소통을 통해 의사소통능력이 향상되었고, 대규모 부대 교육을 통해 청중과 소통하는 역량을 키웠다. 특히 자살 위험 장병, 부적응 장병 등 위기상황에서의 대응능력이 이전보다 많이 성장했다.

돌아보면 나의 상담 여정은 단순한 직업 선택이 아닌, 살고자 하는 욕구에 더 가까웠다. 심리적 죽음의 길목에서 상담을 만났고, 상담에 익숙해지면서 공익에 기여하고자 하는 마음이 생겼다. 젊은 시절의 나는 지나치게 민감하고 예민했지만, 그것이 오히려 내담자의 마음을 더 깊이 이해하는 소중한 재능이 될 수 있다는 것을 알게 되었다.

인생의 갈림길에서 고민하는 이들에게 이 책이 단순한 진로 안내서가 아닌, 더 나은 미래를 위한 대화의 시작이 되길 바란다. 지금 삶의 방향에 대해 고민하고 있다면, 그것은 결코 부정적인 신호가 아니다. 오히려 그 고민의 시간이야말로 새로운 삶으로 나아갈 소중한 기회가 될 수 있다는 것을 말하고 싶다.

문득 대학원 시절, 수업을 마치고 동기들과 함께 발걸음을 옮기던 인사동의 작은 국숫집이 떠오른다. 그곳에서 나누었던 우리 삶의 이야기들이 아직도 선명하다. 혼자였다면 포기했을 그 순간들……. 함께했던 모든 사람이 소중하다. 모두에게 감사를 전한다.

병영생활상담전문가 **박민정**

1 병영생활전문상담관, 이것만은 알고 가자

A 일병은 마르고 지쳐 보였으며 마스크를 눈 밑까지 바짝 올려 쓰고 있어 껌뻑이는 눈만 보였다. 무기력감, 절망감, 가라앉은 기분 같은 우울감과 과도한 걱정 등의 불안감, 내 마음에 들지 않는 동기의 행동에 과도하게 개입해서 말다툼하는 등의 모습을 보여 간부에 의해 의뢰되었다. 자대 배치 일주일 후부터 구토, 어지러움, 죽을 것 같은 공포, 수면의 어려움을 호소했고, 무엇보다 아침 점호 및 단체 활동 시간에 줄을 서거나 군중 속에 있는 것이 너무 두렵다고 했다. 자대에 온 지 얼마 되지 않아 사람들이 나에 대해 잘 알지 못하는 상황에서 이상한 사람으로 보일까 봐 너무 걱정된다고 했으며 이 증상이 멈추지 않을까 봐 불안하다고도 했다. A 일병의 적응을 위해 병원 진료와 병영상담을 병행하기로 했다.

(※ 사례는 적응장애를 설명하기 위한 가상사례임.)

A 일병의 사례는 군대라는 특수한 환경에서 발생할 수 있는 전형적인 적응의 어려움을 보여 준다. 이처럼 병영상담은 단순한 심리상담을 넘어 군대의 특수성을 고려한 전문적 접근이 필요하다.

A 일병은 구토, 어지러움, 수면장애 등의 신체증상, 우울감, 무기력감, 절망감, 과도한 불안 등의 정서적 증상, 대인관계 갈등(동기와의 말다툼),

군중 기피 등의 사회적 증상, 특히 집단 활동 시 극심한 불안과 공포 호소 등을 주로 호소하고 있다. 병영생활전문상담관은 현재 상황적 맥락, 증상의 특징 및 심각도, 보호요인/위험요인, 군 생활 유지 가능성 평가 등을 파악해 적절한 상담 개입전략을 수립해야 한다.

병영생활상담의 필요와 도입

1) 병영생활전문상담관의 필요성

우리나라 군대는 오랜 역사와 막강한 군사력을 보유하고 거대한 조직으로 성장했다. 조직의 성장은 전투력 향상에 기여한 반면, 권위적이고 불합리한 계급문화를 동반했다. 시대는 변화하고 각 시대마다 다양한 특징을 가진 젊은이들이 군대에 입대하고 있기 때문에 군대는 이들과 소통하기 위한 우수한 인력의 확보 및 유지를 위해 다양한 복지 정책을 마련하고 있다.

세월이 변함에 따라 군의 문화도 변화하고 있지만, 계급사회라는 군의 특수성을 강조한 채 기강만을 중시하는 집단에서는 여전히 구타, 가혹행위, 언어폭력, 성폭력, 자살, 자해 등 끊임없는 사건 사고가 발생했고 이로 인해 인권문제에 적신호가 켜졌다. 이에 우리 군은 국가인권위 설립(2001) 이후 군인의 생활안정과 삶의 질 향상, 사기진작을 위한 병영문화 개선을 위해 많은 노력을 하고 있고, 군 내 복지 및 인권문제에 높은 관심을 보이고 있다.

이러한 노력의 일환으로 군 내에는 복지 및 인권문제와 관련한 다양한 업무 부서가 생겨났는데, 그중 하나가 바로 병영생활전문상담관(이하 상담관)이다. 상담관은 병영생활과 관련된 상담을 전문적으로 수행하는 역할을 맡고 있다.

2) 병영생활전문상담관 도입

상담관의 시작은 2003년으로 거슬러 올라간다. 당시 몇몇 간부와 장병들이 상담사로 임명되어 고충 처리를 시작했다. 이후 2005년에는 전방 GP에서 발생한 총기 난사 사건이 군인들의 생활문제와 스트레스의 심각성을 드러내며, 안전 보장과 병영생활의 고충 해결이 꼭 필요하다는 인식을 갖게 되었다. 이 사건을 계기로 군인들의 생활문제와 스트레스 관리를 전문적으로 담당할 상담관이 선발되기 시작했다. 현재 상담관의 수는 전국적으로 600여 명에 달하고, 군(軍)의 상담에 대한 인식은 과거에 비해 긍정적으로 변화하고 있다. 지휘관들은 전문적인 상담, 심리적 지원의 중요성을 인정하고 있는 추세이며 군 조직 내에서의 심리적 건강과 복지를 더욱 중시하는 경향이 관찰된다.

3) 병영상담의 주요 목표

병영상담의 주요 목표는 장병들의 복무 부적응 해소와 사고 예방이다. 군 내 상담에서 가장 중요하게 고려되는 요소는 군 내 적응, 자살 예방 활동, 심신 안정 구축 그리고 의사소통의 활성화다. 주요 업무로는 자살 우려자 조기 식별, 적응 취약자의 심리안정 그리고 지휘관의 부담 경감을 위한 지휘 조언 등이 있다. 이처럼 상담관은 군인들의 정신적 안정과 복지 향상을 위해 중요한 역할을 수행하고 있으며, 군대 내에서의 상담 문화 개선에 기여하고 있다. 군 사망사고 현황 등 군 내 사고 현황에 대한 정보는 지표누리 e-나라지표를 참고하기 바란다.

군 문화에 대한 이해

병영생활상담을 성공적으로 수행하기 위해서는 군 문화 이해가 필수적이다. 군 문화를 이해해야 하는 이유는 장병들의 심리적 어려움이 군 특유의 위계질서, 단체생활, 업무 스트레스와 밀접하게 연관되어 있기 때문이다. 예를 들어, 신체적 압박, 자유 제한, 상하관계에서 오는 갈등 등은 일반 사회와는 다른 양상을 보인다. 또한 군대 내 은어와 문화를 이해하지 못하면 내담자와의 효과적인 의사소통이 어렵다. 장병들은 자신의 고민을 군대 용어나 맥락을 통해 표현하는 경우가 많은데, 이를 이해하지 못하면 문제의 본질을 파악하기 어렵다. 따라서 군 문화에 대한 이해는 장병들의 심리적 어려움을 정확히 진단하고, 그들의 관점에서 적절한 상담 서비스를 제공하기 위한 필수 요소다. 여기서는 군이라는 특수한 문화에 관해 설명한다.

군은 일반 사회조직과 구별되는 독특한 특성이 있다. 가장 눈에 띄는 특징은 엄격한 위계질서와 지휘체계로, 계급에 기반한 수직적 권력구조를 통해 명령과 복종의 원칙이 절대적으로 작용한다는 것이다. 상관의 명령은 단순한 지시가 아닌 법적 강제력을 가지며, 개인의 자율성보다는 조직의 규율이 우선시된다.

군의 또 다른 중요한 특성은 물리적 폐쇄성과 강제성이다. 대부분의 군인들은 영내 생활을 기본으로 하며, 외부와의 접촉이 제한된 채 24시간 공동생활을 한다. 특히 의무복무 군인들의 경우 자발적 선택이 아닌 병역의무에 따라 복무하게 되며, 정해진 기간에 이탈이 불가능한 강제성을 띤다.

군의 임무 또한 특수성을 가진다. 국가안보와 직결된 임무를 수행하며, 생명을 다루는 위험한 작전과 훈련이 일상적으로 이루어진다. 이로 인해 항상 높은 수준의 긴장감이 유지되어야 하며, 극한 상황에서도 완벽한 임무수행이 요구된다.

집단문화적 측면에서도 군은 특별하다. 강한 소속감과 전우애가 강조되며, 개인보다는 조직과 팀워크가 중시된다. 획일성과 통일성이 강조되는 문화 속에서 단체행동과 생활이 중심이 되며, 이는 구성원들의 개별성보다 집단의 조화를 우선시하는 결과로 이어진다.

군인들에게 부과되는 책임과 의무 역시 특수하다. 국가와 국민에 대한 책임, 군사기밀 준수의무, 높은 수준의 윤리의식이 요구되며, 24시간 비상대기 태세를 유지해야 한다. 이러한 책임은 일반 직장인들과는 비교할 수 없는 수준의 헌신을 요구한다.

환경적으로도 군은 특수성을 가진다. 대부분의 부대가 격오지(隔奧地)에 있어 의료나 복지에 대한 접근성이 제한되며, 가족이나 친구들과 장기간 분리된 생활을 해야 한다. 이러한 환경적 제약은 구성원들의 심리적 부담을 가중시키는 요인이 된다.

마지막으로, 군의 독특한 문화적 특성이 있다. 군대 특유의 은어와 문화, 엄격한 예절과 의식이 존재하며, 전통과 관습이 중요시된다. 이러한 문화적 특성은 집단주의적 가치관을 강화하며, 새로운 구성원들의 적응 과정에 큰 영향을 미친다.

이러한 군의 특수성들은 단순히 조직 구조의 차이를 넘어 구성원들의 심리와 행동에 지대한 영향을 미치기 때문에 군 조직의 관리와 운영에 있어 반드시 고려해야 할 핵심적인 요소가 된다.

표 4-1 병영생활전문상담관 배치환경

병영생활상담의 환경은 매우 다양하고 흥미로운 특징을 가지고 있다.

현재 군 내에는 약 600명의 병영생활전문상담관이 활동하고 있으며, 이들은 전국 각지에 고르게 분포해 있다. 병영생활전문상담관의 근무지는 도심 속에서부터 대자연이 숨 쉬는 해안가, 그리고 산 중턱에 이르기까지 다양한 친자연적 환경과 접해 있다. 주로 군부대가 위치한 곳에 근무지가 배정되기 때문에, 병영생활전문상담관은 정말 다양한 근무환경을 경험할 수 있다.

근무환경에 대한 선택의 폭도 넓다. 현재의 근무환경에서 벗어나고 싶거나, 주거지와 가까운 곳에서 일하고자 하는 사람들에게 다양한 옵션이 제공된다. 특히 갑갑한 도시를 떠나고 싶거나 여러 가지 이유로 적절한 심리적/물리적 거리감이 있어야 하는 분들에게는 이러한 근무환경이 강력히 추천된다.

다만, 현재 모든 부대에 병영생활전문상담관이 배치된 것은 아니다. 사단 예하의 여단에는 2명의 상담관이 배치되어 있으며, 일부 지역에서는 상담관이 상주하지 않는 경우도 있다. 이럴 경우, 근무지 이외의 지역에서는 출장 형태로 상담을 지원하게 된다. 대부분의 상담관은 자동차를 이용해 이동하지만, 기차를 이용하거나 주둔부대가 섬에 있는 경우에는 배를 타고 가기도 한다.

병영생활상담의 특수성

군이라는 특수한 환경에서 이루어지는 병영생활상담은 다음과 같은 독특한 특성이 있다. 여기서는 병영생활상담의 특수성에 대해 더 체계적으로 정리해 보려고 한다.

1) 협력적 네트워크 필수

군상담에서 군 간부들과의 협력적 소통은 매우 중요하다. 상담의 구조적 측면에서 민간 상담과는 달리 일대일 관계에만 국한되지 않고, 지휘관, 부대 간부 등 다양한 관계자들과의 협력적 네트워크가 필수적이다. 특히 자해, 자살, 부적응 문제와 같이 부대 전체에 영향을 미칠 수 있는 사안의 경우, 간부들과의 긴밀한 소통과 협조가 꼭 필요하다.

2) 단회기 상담 위주

병영상담의 진행 방식에서도 특수성이 두드러진다. 군 복무기간이라는

표 4-2 단회기 병영상담의 장점과 단점

장점	단점
① 즉각적인 위기개입 지원 단회기 상담은 즉각적으로 지원이 필요한 상황에서 매우 유용하고 위기상황이나 긴급한 문제를 해결하는 데 도움을 줄 수 있다.	① 심층적 문제 해결의 한계 단회기 상담은 시간적인 제약으로 인해 문제의 심층적인 원인을 파악하고 해결하는 데 한계가 있다. 이는 복잡하거나 장기적인 문제에 대한 충분한 해결책을 제공하기 어렵게 만든다.
② 시간 효율성 한 번의 상담으로 문제를 다루기 때문에 시간 효율성이 높다. 바쁜 군 생활 속에서도 짧은 시간 내에 상담받을 수 있다.	② 지속적인 지원 부족 지속적인 상담이 필요한 경우, 단회기 상담은 적절한 지원을 제공하기 어렵다. 이는 상담 후에도 문제가 재발하거나 지속될 가능성이 있다.
③ 빠른 해결책 제시 단회기 상담은 빠르게 문제를 분석하고, 즉각적인 해결책을 제시하는 데 중점을 둔다. 이는 군인들이 빠르게 문제를 해결하고, 정상적인 군 생활로 복귀하는 데 도움을 줄 수 있다.	③ 신뢰 구축의 어려움 단회기 상담은 짧은 시간 내에 이루어지기 때문에, 상담사와의 신뢰 관계를 충분히 구축하기 어렵다. 이는 상담 효과를 낮추는 요인이 될 수 있다.
④ 접근성 향상 단회기 상담은 짧은 시간 내에 이루어지기 때문에, 더 많은 군인이 상담 서비스를 이용할 수 있도록 접근성을 높인다.	④ 상담 후의 부족한 팔로우업 단회기 상담은 상담 후의 팔로우업이 부족할 수 있다. 이는 문제의 재발 방지와 지속적인 지원이 필요한 경우에 적절한 조치를 취하기 어렵게 만든다.

시간적 제약과 부대 일정을 고려해야 하므로, 대부분 단회기 상담으로 이루어지며 즉각적이고 실질적인 문제 해결에 초점을 맞추는 경우가 많다. 이는 장기적 심리 탐색이나 자기성찰을 중심으로 하는 일반상담과는 차이가 있다.

단회기 병영상담은 긴급한 문제 해결과 시간 효율성 측면에서 유용할 수 있지만, 심층적인 문제 해결과 지속적인 지원이 필요한 경우에는 한계가 있을 수 있다. 따라서 내담자의 상황을 고려해 단회기 상담과 지속적인 상담을 적절히 조합해 사용하는 것이 중요하다.

3) 비자발적 내담자

병영상담에서 만나는 대부분의 내담자들은 자발적 의지보다는 지휘관이나 간부의 권유 또는 지시로 상담실을 찾게 된다. 이러한 비자발성은 병영상담의 가장 큰 특징이자 도전과제다.

비자발적 내담자들은 대개 상담에 대한 저항과 방어적 태도를 보인다. 이들은 "저는 문제 없습니다." "간부님이 상담받으라고 해서 왔습니다." "빨리 끝내고 싶습니다."와 같은 전형적인 반응을 보인다. 특히 군의 특수한 환경에서는 상담 의뢰 자체가 자신의 군 생활에 부정적 영향을 미칠 것이라는 걱정도 함께 작용한다.

이들을 효과적으로 돕기 위해서는 특별한 접근이 필요하다. 우선, 상담사는 내담자의 비자발성을 자연스럽게 받아들이고 인정해야 한다. "지휘관이 가 보라 해서 오셨다고요? 그렇다면 많이 부담스러우셨겠네요."와 같이 내담자의 감정에 공감하는 것으로 시작할 수 있다.

또한 상담의 주도권이 내담자에게 있음을 분명히 해 주는 것이 중요하다. "여기서는 당신이 하고 싶은 이야기만 하시면 됩니다." 또는 "무엇을 어디까지 이야기할지는 당신이 결정하시면 됩니다."라는 메시지를 전달함으로써 내담자의 자율성을 존중해야 한다.

상담 초기에는 깊이 있는 상담적 개입보다는 내담자와의 신뢰 관계 형성에 집중하는 것이 효과적이다. 때로는 일상적인 대화나 군 생활에 대한 가벼운 이야기로 시작해, 점진적으로 내담자가 편안함을 느끼고 자발적으로 이야기를 시작할 수 있는 분위기를 만들어 가는 것이 중요하다.

비자발적 내담자와의 상담에서는 즉각적인 변화나 깊이 있는 탐색을 기대하기 어렵다. 그러나 이들에게 상담실이 안전하고 지지적인 공간이라는 경험을 제공하는 것만으로도 의미 있는 성과가 될 수 있다. 이러한 긍정적 경험은 추후 내담자가 자발적으로 도움을 요청할 수 있는 토대가 된다.

병영상담에서 비자발성은 극복해야 할 장애물이 아니라, 상담과정의 자연스러운 일부로 받아들이고 다루어야 할 요소다. 상담사의 진정성 있는 태도와 전문적 개입을 통해 비자발적 내담자도 점차 상담에 대한 긍정적 인식을 하게 되고, 이는 결과적으로 의미 있는 변화로 이어질 수 있다.

4) 위기개입의 중요성

병영상담에서 위기개입은 매우 중요한 역할을 한다. 특히 군 환경에서는 위기상황이 발생할 가능성이 높고, 그로 인해 장병들의 정신건강에 큰 영향을 미칠 수 있으므로 즉각적이고 효과적인 개입이 필요하다. 상담관은 위기상황을 조기에 감지하고, 적절한 대응을 통해 장병들이 심리적 안정을 찾을 수 있도록 도와야 한다. 이는 장병들이 겪고 있는 혼란과 불안을 신속하게 완화하고, 안정감을 제공하는 데 중요한 역할을 한다. 병영상담에서의 위기개입은 장병들의 생명과 정신건강을 보호하고, 군 조직의 신뢰와 사기를 유지하는 데 중요한 역할을 한다.

5) 상담 시간 및 공간의 제약

병영상담에서 상담 시간의 제약은 큰 어려움으로 작용한다. 군이라는 특수한 환경에서는 일반상담실과 같은 안전하고 편안한 상담 공간을 확보하기가 쉽지 않다. 또한 정기적인 상담 시간을 잡기도 어려운데, 이는 부대 일정이나 훈련 등으로 인해 상담 일정이 수시로 변경되거나 취소될 수 있기 때문이다. 짧은 시간을 활용한 깊이 있는 관계를 원한다면 Dave Mearns와 mick cooper가 쓴 『Working at relationship in counselling & psychotherapy』를 추천한다.

6) 비밀보장의 한계

병영상담에서 비밀보장은 매우 중요한 원칙이지만, 특정 상황에서는 한계가 존재할 수 있다. 이러한 한계는 주로 법적 및 윤리적 이유에 의해 발생하며, 상담관은 이를 명확히 이해하고 있어야 한다. 다음은 병영상담에서 비밀보장의 한계에 대한 설명이다.

① 자해 및 타해 위험

병영상담에서 비밀보장의 가장 큰 한계는 상담관이 자해 또는 타해의 위험을 인지했을 때다. 예를 들어, 자살을 시도할 위험이 있거나, 다른 사람에게 심각한 해를 끼칠 의도가 있다고 판단될 경우, 상담관은 즉각적인 개입을 해야 한다. 이는 군인의 생명과 안전을 보호하기 위한 중요한 조치다.

② 법적 요구사항

병영상담에서는 법적 요구사항에 의해 비밀보장이 제한될 수 있다. 예를 들어, 법원의 명령이나 수사기관의 요청이 있을 경우, 상담관은 관련 정보를 제공해야 할 의무가 있다. 이러한 상황에서는 법적 절차를 따르며 비밀보장이 이루어지지 않을 수 있다.

③ 군사 보안

군 환경에서는 군사 보안이 중요한 요소로 작용한다. 특정 정보가 군사 기밀과 관련이 있을 경우, 상담관은 비밀을 유지하지 않고 상급 부대나 관련 부서에 보고해야 할 의무가 있다. 이는 군의 안전과 작전 보안을 유지하기 위한 조치다.

④ 상담 외부 자원의 필요성

상담과정에서 외부 자원의 지원이 필요한 경우, 비밀보장이 제한될 수 있다. 예를 들어, 특정 문제 해결을 위해 다른 전문가나 기관의 협력이 필요할 때, 상담관은 필요한 정보를 공유할 수 있다. 이 경우에도 내담자의 동의를 받는 것이 중요하다.

요약하면, 병영상담에서 비밀보장은 기본 원칙이지만, 자해 또는 타해 위험, 법적 요구사항, 군사 보안, 위기상황, 그리고 외부 자원의 필요성 등 특정 상황에서는 제한될 수 있다. 상담관은 이러한 한계를 명확히 이해하고, 윤리적이고 책임감 있게 대응해야 한다. 이때 비밀보장의 한계라는 딜레마에 빠지는 경우도 생긴다.

이러한 특수성을 이해하고 적절히 대응하는 것이 효과적인 병영상담을 위해 필수적이다. 상담사는 개인상담의 전문성을 유지하면서도, 군이라는 특수한 환경에 맞는 유연한 접근방식을 발전시켜야 한다.

표 4-3 접근성 확보를 위한 병영생활상담실 세팅하기

병영생활상담실은 군 장병들이 심리적 지원을 받을 수 있는 공간으로, 상담관이 장병들의 적응을 돕기 위해 다양한 노력을 기울이고 있다. 군대 내에서 상담실은 종종 '문제가 있는 사람'이라는 낙인 효과로 인해 인기가 없는 장소로 여기지만, 필자는 이를 극복하고 친근한 환경을 조성하기 위해 여러 방안을 모색했다.

상담실은 모든 장병이 자유롭게 출입할 수 있도록 개방적인 공간으로 운영하고 싶어 상담이 진행될 때는 문을 닫고, 상담이 없을 때는 문을 열어 둬 장병들이 자연스럽게 드나들 수 있도록 했다. 이러한 접근은 상담실을 카페와 같은 편안한 공간으로 만들어, 장병들이 부담 없이 방문할 수 있는 환경을 조성하는 데 기여했다.

부대 내 장병들의 전폭적인 지지로 상담실의 이름을 공모하고 자연스럽게 홍보됨으로써 부담 없이 들락날락할 수 있는 공간이 되었다. 우리 상담실의 이름도 '들락날락'이다.

상담실의 환경조성은 상담관 혼자만의 노력이 아니라, 장병들과 간부들이 함께 참여했다. 상담실에 적합한 소파를 구비하고, 칙칙한 문을 밝은색으로 교체하는 등의 작업이 이루어졌다. 또한 미적 감각이 있는 장병이 인테리어를 담당해 전체적인 분위기를 개선했다. 상담실의 한쪽 벽에는 전역한 장병들이 보내 준 사진, 음악 CD, 시인의 시구 등이 전시되어 있어, 개인의 체취가 묻어난 공간으로 거듭났다. 이 외에도 지휘관이 제공한 향초가 테이블에 놓여 있어, 아늑한 분위기를 더했다.

장병들은 상담실에서 차를 마시며 서로의 고민을 나누고, 가벼운 대화를 통해 친밀감을 형성할 수 있었다. 이러한 경험은 장병들이 "우리 모두가 공감할 수 있는 보편적인 경험이다."를 느끼게 해, 상담에 대한 선입견을 해소하는 데 도움을 주었다.

필자의 상담실은 군 내에서 미니 예술관과 같은 역할을 하며, 장병들이 마음의 안정을 찾고 힐링할 수 있는 공간으로 자리 잡았다. 이러한 환경은 장병들이 상담실을 더욱 친근하게 느끼게 하고, 심리적 지원을 받는 데 긍정적인 영향을 미쳤다.

2
병영생활전문상담관, 꿈을 현실로 만드는 준비

상담관에게 요구되는 역량

상담은 상담사와 내담자 간의 인간적인 관계를 기초로 하므로 상담사의 역량에 따라 상담의 효과는 달라진다. 상담사가 어떠한 역량을 갖추고 있는지에 따라 상담의 질은 상당한 차이가 발생한다. 마찬가지로 군 내 상담사인 상담관이 어떤 인간적 역량과 전문적 역량을 갖추고 있는지 여부에 따라 상담관계 형성 및 내담자의 변화 촉진에 영향을 줄 수 있다. 다음은 상담사가 갖추고 있으면 좋은 인간적, 전문적 역량이다.

1) 인간적 역량

(1) 심리적 자질

상담관은 높은 공감능력과 경청 능력을 갖추고, 따뜻하고 수용적인 태도를 유지하면 좋다. 이는 내담자가 편안하게 자신의 문제를 이야기할 수 있도록 하는 데 중요한 역할을 한다. 또한 판단하지 않고 내담자를 존중하는 마인드를 가지며, 감정 조절 및 스트레스 관리능력도 필수적이다. 안정적이고 차분한 성격은 상담과정에서 내담자에게 신뢰를 주고, 더 효과적인 상담을 가능하게 한다.

⑵ 의사소통능력

의사소통능력도 매우 중요하다. 군 조직 내에서 효과적인 의사소통기술을 갖추고, 명확하고 효과적인 언어 구사 능력을 보유하면 좋다. 이는 상담과정에서 내담자가 전달하는 내용을 정확히 이해하고, 적절한 대응을 할 수 있도록 한다. 또한 비언어적 소통에 대한 이해와 다양한 연령대와 소통하는 능력도 보유하면 좋다. 이는 내담자의 비언어적 신호를 파악하고, 이를 통해 더욱 깊이 있는 상담을 제공하는 데 도움이 된다.

⑶ 윤리적 자질

상담관은 적절한 윤리의식과 전문성을 가지고 있어야 한다. 비밀보장을 위한 엄격한 원칙을 준수하며, 상담과정에서 중립적이고 객관적인 태도를 유지해야 한다. 또한 개인정보 보호에 대한 철저한 인식을 통해 내담자들의 정보를 안전하게 관리해야 한다. 이러한 윤리적 자질은 상담관이 내담자들에게 신뢰를 주고, 상담활동의 신뢰성을 높이는 데 중요한 역할을 한다.

⑷ 신체적 및 정신적 건강

상담관은 강한 체력과 정신적 회복탄력성을 유지하면 좋다. 과도한 스트레스를 효과적으로 관리하고, 건강한 개인적 삶을 유지하며, 소진 예방을 위한 자기 관리를 철저히 할수록 도움이 된다.

필자가 말하고자 하는 핵심은 병사들의 심리적 건강을 전문적이고, 인간적인 방식으로 지원할 수 있는 총체적 역량을 갖추면 좋다는 것이다. 단순한 기술적 능력을 넘어 진정성 있는 인간적 접근이 더욱더 요구된다.

표 4-4 사례와 함께하는 인간적 역량

① '공감능력'은 내담자의 감정과 경험을 진심으로 이해하고 공감할 수 있는 능력을 말한다.

• 사례: 훈련 중 실수로 동료에게 부상을 입힌 후 극심한 자책감을 느끼는 간부와의 상담

가. 잘못된 접근: "그런 일은 누구나 겪을 수 있어요. 시간이 지나면 괜찮아질 거예요."

나. 바람직한 접근: "그 상황에서 느꼈을 당신의 죄책감과 걱정이 이해됩니다. 그 순간의 감정을 더 자세히 이야기해 주시겠어요?"

② '경청 능력'은 이야기를 주의 깊게 듣고, 그들의 말 속에 담긴 의미와 감정을 파악하는 능력을 말한다. 이는 내담자가 자신의 문제를 충분히 표현하고, 상담관이 이를 잘 이해할 수 있도록 돕는다.

• 사례: 집에 계신 아픈 부모님에 대한 걱정을 토로하는 병사와의 상담

가. 잘못된 접근:

내담자: "어머니가 혼자 계시는데 쓰러졌어요. 형은 해외에 있고, 아버지는 돌아가셨어요. 너무 걱정됩니다."

상담자: "걱정되는 마음은 이해됩니다만, 지금은 군 복무에 집중하는 것이 중요해요. 적응을 잘하셔야 제대 후에 어머니를 더 잘 돌볼 수 있을 겁니다. 그런데 요즘 부대생활은 어떤가요?"

나. 바람직한 접근: "부모님에 대한 걱정이 많으시군요. 지금 이 상황에서 가장 힘든 점이 무엇인지 더 말씀해 주시겠어요?"

③ '따뜻함과 수용성'은 내담자를 비난이나 평가 없이 있는 그대로의 모습을 인정하는 것을 말한다.

• 사례: 후임과의 갈등으로 부대 적응에 어려움을 겪는 병사와의 상담

가. 잘못된 접근: "군대니까 참고 견뎌야죠. 모두가 다 겪는 과정입니다."

나. 바람직한 접근: "적응하는 과정이 쉽지 않으시죠. 당신의 어려움을 함께 나누고 해결방법을 찾아봤으면 합니다."

④ '신뢰성'은 약속을 지키고, 일관성 있는 행동을 통해 신뢰를 구축하는 능력을 말한다.

• 사례: 부대 내 부조리에 대해 상담을 요청한 병사와의 약속

가. 잘못된 접근: "예약한 시간에 더 긴급한 상담이 생겨서 오늘 상담을 취소하게 되었습니다. 어쩔 수 없는 상황이니 이해해 주길 바랍니다."

나. 바람직한 접근: "예약한 시간에 더 긴급한 상담이 생겨서 오늘 상담을 취소하게 되었습니다. 미안합니다. 그러나 당신의 어려움을 잘 알고 있습니다. 조금만 기다려 주실 수 있을까요?"

⑤ '윤리의식'은 비밀보장을 준수하고, 장병들의 프라이버시를 보호하는 태도를 말한다. 이는 내담자가 상담관을 신뢰하고, 자신의 문제를 솔직하게 이야기할 수 있도록 한다.

- 사례: 자살사고를 호소하는 간부와의 상담
  가. 잘못된 접근: (내담자에게 사전 고지 의무에 대한 설명도 없이) "지휘관님, A 간부가 자살을 생각하고 있다고 합니다. 큰일이 생길 수 있으니 관심을 가져 주세요."
  나. 바람직한 접근: (사전 고지 의무에 대한 설명 후) "당신의 안전이 가장 중요합니다. (생명과 관련된 사항이라) 지휘관에게 보고해야 하지만, 그 전에 당신과 먼저 상의하고 동의를 구하겠습니다."

⑥ '인내심'은 문제를 해결하는 과정에서 끈기를 가지고 기다릴 수 있는 능력을 말한다.

- 사례: 대인관계 문제로 반복적인 상담을 요청하는 병사
  가. 잘못된 접근: "이미 여러 번 상담했는데 왜 아직도 같은 문제로 오시나요?"
  나. 바람직한 접근: "변화는 시간이 필요한 과정입니다. 천천히 함께 해결방법을 찾아보겠습니다."

⑦ '긍정적 태도'는 어려운 상황에서도 긍정적이고 희망적인 태도를 유지하도록 격려하는 능력을 말한다. 이는 내담자가 어려움을 극복하고, 자신의 삶을 긍정적으로 변화시킬 수 있도록 돕는다.

- 사례: 진로 고민으로 전역 후 미래에 대한 불안감을 느끼는 병사와의 상담
  가. 잘못된 접근: "요즘 취업이 다 힘드니까 너무 걱정하지 마세요."
  나. 바람직한 접근: "전역 후 진로에 대한 고민이 크시군요. 함께 당신의 강점을 찾고, 구체적인 계획을 세워 보는 건 어떨까요?"

이러한 인간적 자질들은 병영생활전문상담관이 장병들과의 상담과정에서 깊은 신뢰와 공감을 형성하고, 효과적인 지원을 제공하는 데 중요한 역할을 한다.

2) 전문가적 역량

상담관으로서 필요한 전문가적 자질은 장병들의 정신건강과 복지를 효과적으로 지원하기 위해 필수적이다.

(1) 상담 및 심리평가역량

상담관의 전문적 역량으로는 심리학 또는 상담학 관련 전문 학위와 자격증을 보유해야 하며, 군 조직과 문화에 대한 깊이 있는 이해가 필요하

다. 또한 심리적 문제를 정확히 진단하고 평가할 수 있는 능력을 갖추고, 다양한 상담이론과 기법을 실무에 적용할 수 있어야 한다. 이를 통해 장병들이 겪는 다양한 심리적 문제를 효과적으로 해결하고, 그들이 군 생활에 잘 적응할 수 있도록 도울 수 있다.

(2) 실무 대응능력

상담관은 위기상황에 신속하게 대처할 수 있는 능력이 있어야 한다. 자살 및 외상 후 스트레스 관리 기술을 갖추고, 군 조직 내에서 발생할 수 있는 갈등을 중재할 수 있어야 한다. 또한 신속하고 정확한 상황 판단력을 통해 효과적으로 문제를 해결할 수 있어야 한다.

(3) 지속적인 자기 개발

상담관은 최신 심리학 트렌드에 관심을 가지고, 지속적인 교육과 훈련에 참여해야 한다. 자기성찰 능력을 바탕으로 자신의 전문성을 향상시키기 위한 노력을 지속적으로 기울여야 한다.

(4) 공감과 존중의 태도

상담관은 군인들의 고충을 진심으로 이해하고 공감하는 능력이 있어야 한다. 이는 단순한 이해를 넘어, 군인들이 겪는 어려움을 진정성 있게 받아들이고 그들의 입장에서 생각하는 것을 의미한다. 또한 계급과 상황에 관계없이 모든 병사를 존중하는 태도를 유지해야 한다. 이는 상담관이 비판단적이고 수용적인 자세를 가지고, 군인들이 자신을 안전하게 표현할 수 있도록 돕는 중요한 요소다.

(5) 특수 상담역량

상담관은 군대에 특화된 심리상담기법을 숙지하고 있어야 한다. 이는 트라우마, 군 스트레스, 대인관계 갈등 등 특수한 군 심리 문제에 대응하는 능력을 말한다. 예를 들어, 전투 스트레스와 PTSD(외상후스트레스장애)는 군인들이 자주 직면하는 문제이므로 이에 대한 전문적인 상담기술이 필요하다. 또한 위기개입 및 자살 예방을 위한 전문상담기술도 필수적이다. 이는 군인들의 생명을 보호하고, 심리적 위기에 처한 군인들을 돕는 데 중요한 역할을 한다.

(6) 윤리의식과 전문성

상담관은 높은 윤리의식과 전문성을 가지고 있어야 한다. 이는 상담과정에서 비밀보장을 위한 엄격한 원칙을 준수하고, 상담의 중립성과 객관성을 유지하는 것을 포함한다. 또한 군 조직 내에서 전문가적 윤리 기준을 엄수해야 한다. 이는 상담관이 군인들에게 신뢰를 주고, 상담활동의 신뢰성을 높이는 데 중요한 요소다.

(7) 의사소통능력

군 조직 내에서 효과적인 심리지원을 제공하기 위해서는 명확하고 효과적인 의사소통 기술이 필요하다. 이는 군 간부 및 병사들과의 원활한 소통능력을 포함한다. 또한 강한 경청 능력과 공감적 의사소통 기술이 중요하다. 이는 상담관이 군인의 말을 잘 경청하고, 그들의 감정을 이해하며, 적절한 피드백을 제공하는 데 도움이 된다.

(8) 심리적 회복력

상담관은 스트레스 상황에서의 전문적 대처 능력이 있어야 한다. 이는 개인 및 조직의 심리적 외상을 치유할 수 있는 역량을 포함한다. 또한 강인한 정신력과 감정 조절 능력이 있어야 한다. 이는 상담관이 심리적 위기 상황에서도 차분하고 효과적으로 대응할 수 있도록 한다.

(9) 문화적 감수성

다양한 배경의 병사들에 대한 이해와 존중이 필요하다. 이는 세대 간, 문화 간 차이에 대한 포용력을 가지고, 개인의 다양성을 인정하는 개방적 태도를 유지하는 것을 의미한다. 이를 통해 상담관은 모든 병사와 효과적으로 소통하고, 그들의 필요에 맞는 지원을 제공할 수 있다.

(10) 전문적 자기 관리

상담관은 개인 심리건강 관리능력과 전문적 수퍼비전 참여, 자기성찰을 통한 지속적인 발전이 필요하다. 이는 상담관이 자신의 심리적 안정을 유지하고, 높은 수준의 상담 서비스를 제공하는 데 중요하다.

(11) 위기 대응능력

상담관은 긴급 심리지원 및 위기개입에 대한 전문성을 가지고 있어야 한다. 이는 자살 및 정신건강 위기상황에 대해 신속하고 전문적으로 대응할 수 있는 능력을 포함한다. 또한 심리적 응급상황을 관리하는 능력도 중요하다. 이를 통해 상담관은 군인들이 위기상황에서 필요한 지원을 받을 수 있도록 한다.

(12) 조직 적응력

상담관은 군 조직의 특성을 이해하고 효과적으로 적응하는 능력이 필요하다. 이는 군 간부 및 병사들과의 신뢰관계를 구축하고, 조직문화에 대한 깊은 이해와 존중을 포함한다. 이를 통해 상담관은 군 조직 내에서 원활하게 활동하고, 효과적인 심리지원을 제공할 수 있다.

(13) 법적, 제도적 이해

상담관은 군인의 인권과 관련된 법적 지식, 군 복무 관련 제도와 규정에 관한 이해가 있어야 한다. 또한 군 인사 및 복지 제도에 대한 전문성을 갖춰야 한다. 이는 상담관이 법적 문제를 예방하고, 군인들에게 적절한 지원을 제공하는 데 중요한 역할을 한다.

(14) 통합적 접근능력

상담관은 개인, 조직, 환경을 종합적으로 고려하는 통찰력을 가지고 있어야 한다. 이는 심리적 문제에 대해 다각적으로 접근하고, 심리지원과 조직 관리를 균형 있게 접근하는 능력을 포함한다. 이를 통해 상담관은 군인들이 다양한 문제를 효과적으로 해결하고, 심리적 안정을 유지할 수 있도록 돕는다.

표 4-5 사례와 함께하는 전문가적 역량

① '심리학적 지식'은 심리학 이론과 원리에 대한 깊은 이해를 말한다. 이는 다양한 심리적 문제를 이해하고, 적절한 상담기법을 적용하는 데 필수적이다.

- 사례: 대인기피 증상을 보이며 훈련이나 단체 활동 시 극심한 불안을 호소할 경우
- 개입: 사회불안장애로 판단되면, 인지행동치료 원리를 활용해 점진적 노출 훈련 계획을 수립하고 비합리적 신념 탐색 및 수정 및 호흡 이완법을 훈련시킨다.

② '상담기술'은 다양한 상담기법과 기술을 숙지하고, 이를 실제 상담 상황에서 효과적으로 적용할 수 있어야 하고, 장병들의 다양한 문제에 맞춤형 지원을 제공하는 데 중요하다.

- 사례: 부모와의 갈등으로 우울감을 호소하는 병사
- 적용

  가. 반영적 경청: "부모님과의 관계가 많이 힘드신 것 같네요."

  나. 개방형 질문: "부모님과의 관계에서 가장 어려운 점은 무엇인가요?"

  다. 요약하기: "지금까지 말씀하신 내용을 정리해 보면……."

③ '문제 해결능력'은 복잡한 문제를 분석하고, 이를 해결하기 위한 전략을 수립하는 능력이 필요하다. 이는 장병들이 직면한 다양한 문제를 효과적으로 해결하는 데 도움이 된다.

- 사례: 선후임 관계 갈등 해결
- 단계별 접근

  가. 문제 정의: 구체적 갈등 상황 파악

  나. 대안 탐색: 의사소통 방식 개선, 업무 분담 조정, 중재 면담 진행

  다. 실행 계획 수립

  라. 결과 평가 및 조정

④ '위기개입 능력'은 급박한 위기상황에서 신속하고 효과적으로 대응할 수 있는 능력이 필요하다. 자해 및 타해 위험, 자살 예방, 급성 스트레스 상황에서 장병들을 보호하는 데 중요하다.

- 사례: 자살 위험 징후를 보이는 병사 발견

  가. 즉각적 안전 확보
    - 위험 도구 제거
    - 24시간 관찰체계 가동

  나. 위험도 평가
    - 자살사고 평가척도 실시
    - 보호요인/위험요인 분석

  다. 지휘관 보고 및 협력체계 가동

  라. 가족 연락 및 지원체계 구축

⑤ '문화적 감수성'은 다양한 문화적 배경을 가진 장병들과 효과적으로 소통하고, 그들의 특수한 필요를 이해하는 능력이 필요하다. 이는 다문화 장병들의 정신건강을 지원하는 데 필수적이다.

- 사례: 다문화 가정 출신 병사의 적응 문제
- 맞춤형 지원 방안: 문화적 배경 이해 및 존중, 언어적 특성 고려한 의사소통, 문화 차이로 인한 오해 해소, 부대원 대상 문화 다양성 교육

⑥ '연구 및 평가 능력'은 심리학적 연구 방법론을 이해하고, 이를 통해 상담 프로그램의 효과를 평가할 수 있는 능력이 필요하다. 이는 지속적인 자기 발전과 상담 프로그램의 개선을 위해 중요하다.

- 예시: 집단상담 프로그램 효과성 평가
- 과정

가. 사전-사후 평가 설계
나. 측정도구 선정
다. 데이터 수집 및 분석
라. 프로그램 개선점 도출

⑦ '교육 및 훈련 능력'은 장병들을 위한 교육 프로그램을 개발하고, 이를 효과적으로 전달할 수 있는 능력이 필요하다. 이는 장병들이 자신의 문제를 이해하고, 스스로 해결할 수 있는 능력을 기르는 데 도움이 된다.

- 예시: 스트레스 관리 교육 프로그램 운영
- 프로그램 구성

가. 이론 교육(30분)
  - 스트레스의 이해
  - 영향과 증상

나. 실습(60분)
  - 호흡법 훈련
  - 점진적 근육이완법

다. 적용 및 피드백(30분)

⑧ '조직 적응력'은 군 조직의 특성을 이해하고, 그 안에서 효과적으로 활동할 수 있는 능력이 필요하다. 이는 군 조직 내에서 원활하게 상담 서비스를 제공하는 데 중요하다.

- 예시: 부대 특성을 고려한 상담 서비스 제공
- 부대 특화 프로그램

가. 교대근무 스트레스 관리
나. 극한환경 적응 지원
다. 고립감 해소 프로그램
라. 24시간 긴급상담 체계 구축

병사들이 생각하는 이상적인 병영생활전문상담관

Q. 병사들이 뽑은 이상적인 상담관은 어떤 연예인 스타일일까요?

(출처: 국방일보, 2024년 10월 28일자)

공동 1위. 유재석 스타일 – "경청하는 상담관"

경청, 유쾌함, 친화력

"다른 사람 이야기를 잘 들어 주는 열린 마음의 소유자예요."
"지혜롭게 상담해 주고 유쾌한 피드백을 줄 것 같아요."
"친화력으로 편안한 상담 분위기를 만들 것 같아요."

공동 1위. 아이유 스타일 – "공감하는 상담관"

섬세함, 편안함, 친근함

"친누나처럼 편안한 공간을 만들어 줄 것 같아요."
"섬세한 감정 표현으로 우리 고민을 잘 이해할 것 같아요."

3위. 오은영 박사 스타일 – "전문가 상담관"

전문성

"박사님이니까 믿음이 가요."
"금쪽이 상담처럼 우리도 잘 상담해 주실 것 같아요."
"정확한 해결책을 제시해 주실 것 같아요."

병사들이 선호하는 상담관은 유재석, 아이유, 오은영 박사와 같은 사람으로 나타났습니다. 조사를 통해 나타난 병사들이 원하는 상담관의 모습을 정리하면 다음과 같았습니다.

– 경청하고 유쾌한 분위기를 만들 수 있는 능력
– 섬세하게 공감하고 정서적으로 지지해 주는 능력
– 전문성을 바탕으로 한 신뢰성과 문제 해결능력

병영생활전문상담관 취업 실전

1) 자격요건

병영생활전문상담관(이하 상담관)의 채용정보는 국방부 홈페이지의 채용공고를 통해 확인할 수 있다. 주로 기존 상담관의 휴직이나 퇴직 등의 사유로 인한 공석 발생 시 채용이 이루어진다. 채용은 공고일 당시 공석을 기준으로 공고되나 시기는 일정하지 않다. 상담관에 관심 있다면 국방부 홈페이지(www.mnd.go.kr) 채용을 자주 방문하면 된다. 육군, 해군, 공군, 해병대, 국방헬프콜(전화상담) 중 희망하는 군을 선택할 수 있고, 지역별 모집인원도 알 수 있다. 자격증과 학력/경력을 동시에 충족해야 지원할 수 있다. 상담관 지원자격은 〈표 4-6〉과 같다.

표 4-6 응시 자격 및 우대사항
자격조건 하나(이상) 소지자 (국가) 임상심리사(한국산업인력공단)/직업상담사(한국산업인력공단), 사회복지사(보건복지부)/정신건강임상심리사(보건복지부), 정신건강사회복지사(보건복지부)/전문상담교사(교육부), 청소년상담사(여성가족부) (민간) 임상심리 전문가(한국임상심리학회)/상담심리사 1 · 2급(한국상담심리학회), 전문상담사 1 · 2급(한국상담학회)/ 군상담수련전문가, 군상담심리사 1 · 2 · 3급(대한군상담학회), 한상담수련전문가, 한상담전문가 1 · 2급(한상담학회), 가족상담전문가, 수련감독전문가(한국가족문화상담협회), 사티어가족상담전문가 지도감독, 1급(한국사티어변형체계치료학회) (학력/경력) 5년 이상의 상담경험이 있는 사람, 심리상담 또는 사회복지 분야와 관련된 학사학위 소지/3년 이상의 상담경험이 있는 사람, 심리상담 또는 사회복지 분야와 관련된 석사 이상의 학위 소지/2년 이상의 상담경험이 있는 사람

(기타)
10년 이상 군 경력자(군종병과 장교 1년 이상)는 아래 요건 중 하나를 충족 시
심리상담 또는 사회복지 분야 관련 자격증을 소지한 사람
(단, 자격증은 위의 자격증과 동일)

(우대) 상담심리/임상심리 자격증 소지자

출처: 국방부 홈페이지.

상담관으로서 병영상담을 지원하기 위해서는 학력과 경력을 갖추고 관련 경험을 쌓는 것이 중요하다. 공식적인 언급은 없으나 합격자의 이력을 볼 때 상담관 선발 시 중요하게 여기는 부분은 학교, 기업, 공공상담센터 등 조직/기관에서의 상담경험이다. 따라서 학교, 기업을 비롯해 청소년복지센터, 정신건강복지센터, 각 지자체가 운영하는 상담센터에서의 상담경험을 추천한다. 조직/기관에서의 상담경력이 없다면 병사를 대상으로 하는 상담 관련 봉사활동(군 종교시설 등)에 참여하는 것도 좋은 경험이다. 실제 상담기술을 연습하고, 군인들과 직접적인 소통을 경험하는 좋은 기회가 된다. 또한 군 관련 기관에서 인턴십에 참여해 실무경험을 쌓는 것도 중요하다. 이를 통해 군의 조직문화와 운영 방식을 이해할 수 있다. 청소년상담센터 등에서 실습 경험을 쌓는 것도 유익하다. 청소년상담을 통해 다양한 상담기법을 익히고, 이를 군인상담에 적용할 수 있는 방법을 배울 수 있다. 군 관련 연구 프로젝트에 참여함으로써 군인들의 심리적 문제와 관련된 최신 연구결과를 직접 경험할 수 있다. 마지막으로, 심리상담 동아리나 연구회 활동에 적극적으로 참여해 동료들과의 네트워킹을 강화하고, 상담기술을 지속적으로 발전시킬 수 있다.

2) 근무조건

근무형태는 공무직으로, 4대 보험이 적용된다. 근무조건은 주 5일제로,

일반적인 근무시간은 오전 9시부터 오후 5시까지다. 급여는 채용정보에 공개되며, 타 업계에 비해 비교적 높은 수준의 연봉을 예상할 수 있다.

근무 혜택으로는 근로기준법에 제시된 혜택 등을 동일하게 적용받을 수 있고, 감정노동휴가, 포상휴가 등을 부가적으로 적용받는다. 그 외에 일부 부대 내 편의시설을 이용할 수 있는 장점이 있다.

3) 취업준비 실전

상담관 선발 과정은 서류전형부터 다소 복잡하고 번거롭다. 지원에 필요한 서류준비과정이 타 기관에 비해 노력이 많이 필요하다. 지원서, 증명서, 소개서 등 입사를 위한 공통서류들 외에도 질적 평가 및 경력인정기준 충족 여부 확인을 위한 상담경력 증빙서류와 수련 감독수첩(수퍼비전) 사본이 필요하기 때문이다. 따라서 각 기관 상담진행 시 상담경력증명서를 미리 챙겨 두면 도움이 된다. 시험에 임박해서 증명서를 발급받으려면 상당히 분주하다. 수퍼비전도 미리미리 받아 두면 좋다. 상담심리나 임상심리 전공자들은 대부분 수퍼비전이 수련기간 중 필수이기 때문에 이미 사본이 준비되어 있을 확률이 높다. 하지만 그 외 자격으로 상담관 지원 계획이 있다면 수퍼비전 계획이 우선 되어야 한다. 현재 상담관으로 재직 중인 선배를 찾아가 실무를 파악해 보는 것도 적극 추천한다.

4) 면접준비: 성공을 위한 팁과 전략

(1) 면접준비의 기본 사항

정해진 시간에 늦지 않도록 시간을 준수하고, 면접 상황에 맞는 단정한 복장을 준비한다.

(2) 면접장의 분위기 이해

면접은 긴장되는 상황이지만, 차분한 분위기에서 진행된다. 면접관은 군 관련 및 상담 관련 분야의 전문가들로 구성되어 있으며, 지원자의 이전 경험에 관한 관심이 가장 높다. 이는 지원자가 이전에 쌓은 경력이 면접에서 중요한 요소로 작용할 수 있음을 시사한다.

면접은 다음과 같은 순서로 진행된다.

사전안내 → 모의상담 시연 → 사례개념화를 위한 사례 배분 → 면접장 입장

필자는 면접장에 들어가기 전, 모의상담 시연(코로나 이전에는 전화상담, 이후에는 대면상담으로 전환됨)을 통해 많은 에너지를 소모한 상태였다. 단독으로 면접장에 입장하게 되었고, 6명의 면접관이 나를 주목하고 있다는 사실에 긴장감을 느꼈다. 가슴이 벌렁거렸지만, 아무렇지도 않은 척 미소를 지으며 입장했다. 면접관은 군 관련 분야의 전문가 3명, 상담 관련 분야의 전문가 3명, 그리고 진행 요원 2명으로 구성되어 있었고, 면접은 적당히 차분한 분위기 속에서 진행되었으며, 질문과 답변이 원활하게 오갔다. 주로 질문 내용은 현재 군에서 흔히 발생되는 심리적/정서적 상황, 위기상황의 이해와 처리능력 등이었다. 면접관들은 지원자의 이전 경험인 학교와 기관에서의 근무 경험에 대해 깊은 관심을 보였다. 또한 합격 시 군인뿐만 아니라 군인 가족에 대한 상담도 진행해 주기를 바란다는 의견을 남겼다.

이러한 면접장의 분위기를 이해하고 준비하면, 면접 시 자신감을 가지고 차분하게 응할 수 있을 것이다.

표 4-7 알아 두면 좋은 정보: 면접 질문 예시

① 상담기법 및 이론
- 선호하는 상담기법은 무엇입니까?
- 선호하는 상담이론은 무엇입니까?
- 응시자 전공 이론에 관한 질문

② 사례개념화 및 정신건강 문제 이해
- 각 사례별 사례개념화(주요우울장애, 적응장애, 경계선 지능, ADHD 등)
- 불안장애와 공황장애의 차이점은 무엇입니까? 양극성장애에 대해 설명해 보세요.
- PTSD의 증상에 관해 설명해 보세요. 투사적 동일시의 예를 들어, 설명해 보세요.
- 자살 위기자에 대한 대처방안은 무엇입니까?

③ 다문화 이해 및 대처
- 다문화 장병에 대한 대처 방법을 설명해 보세요.

④ 직무 및 지원동기
- 이 직무에 지원하게 된 동기는 무엇입니까?

표 4-8 알아 두면 좋은 정보: 배치 전 교육과 자대 배치

합격 통보를 받으면, 자대 배치 전 집단교육이 이루어진다는 안내를 받게 된다. 이 교육은 주로 2박 3일간 진행되지만, 필자의 경우 코로나19가 막 시작되던 시기였기 때문에 1박 2일로 단축되어 진행되었고, 숙소도 1인실로 제공되었다. 이 교육은 다양한 실무교육과 군 조직의 분위기를 익히는 시간으로, 근로계약서 작성도 이 시기에 이루어진다. 현재 각 부대마다 상담관을 지원하는 별도의 조직이 마련되어 있지 않기 때문에, 육군본부에서 일괄적으로 관리하고 있다. 군부대 배치 과정은 일반적인 직장 배치와는 다르다. 군사 보안 유지를 위해 군부대의 정확한 위치는 사전에 공개되지 않는다. 배치가 확정되면 부대의 정확한 주소 대신 인근 식당이나 숙박업소 이름이 제공되는데, 필자에게는 새로운 경험이었다. 안내된 주소에 도착해 주변을 살펴보면, 대개 숫자로 표시된 부대를 쉽게 찾을 수 있다. 이후 부대 정문에 있는 위병소에서 신분증을 제시하고, 보안 서약서를 작성한 뒤 출입 허가를 받게 된다.

3
장병의 마음을 돌보는 병영생활상담 실무

표 4-9 병영생활전문상담관의 담당 업무
① 심리검사 시행, 상담으로 복무 부적응 장병 등 식별 · 관리 및 지휘보좌
② 사고우려자, 도움 · 배려 장병 등에 대한 현장위주 전문 심리상담 및 관리
③ 장병 기본권 제한사항 식별 및 시정을 위한 지휘 조언
④ 장병 대상 상담능력 향상 교육 및 자살 예방교관 대상 교육 · 지도
⑤ 장병, 군무원, 군인 가족 등에 대한 고충 상담 등
⑥ 전화 및 사이버 등을 활용한 비대면상담(국방헬프콜 근무자)
⑦ 군범죄, 성범죄와 관련된 신고접수 · 상담(국방헬프콜 근무자)
⑧ 기타 운영부대장 등이 상담관 임무와 관련해 부여한 업무

출처: 국방부(2019).

상담관은 군 내에서 장병들의 심리적 안정과 복지를 증진시키는 중요한 역할을 수행하고 있다. 여기서는 구체적 업무내용을 설명하려고 한다.

상담: 군인의 복지와 전투력 향상을 위한 전문적 접근

병영상담은 군인의 생활안정과 삶의 질 향상, 사기진작, 그리고 임무수행 능력 강화를 목적으로 하는 중요한 군사복지 활동이다. 이는 단순한 개인상담을 넘어 군 조직의 특수성을 고려하면서 개인의 감정과 이익을 동시에 보호하는 전문적인 접근 방식이다. 군 내 자살사고 예방 및 병영생활 부적응 군인들에 대한 심층적인 심리지원을 제공한다. 이를 통해 개인의 정신건강을 보호하고 군 조직의 건강성을 유지한다. 상담은 매우 광범위한 영역을 다룬다. 이는 개인적 문제부터 군 복무와 관련된 다양한 이슈까지 포함한다. 개인적 차원에서는 이성관계, 가정문제, 성적 욕구, 건강, 진로, 성격 등의 문제를 다룬다. 이를 통해 개인이 겪는 다양한 심리적 문제를 해결할 수 있도록 지원한다. 조직적 차원에서는 군대 내 적응, 집단생활 갈등, 인권 문제, 신체질환, 전출 등의 문제를 포함한다. 이러한 문제들은 군 조직 내에서 발생할 수 있는 다양한 어려움과 갈등을 해결하는 데 중점을 둔다. 미래 준비 차원에서는 군 복무 후 진로 설계를 도와준다. 이를 통해 군인들이 군 복무를 마친 후에도 원활하게 사회에 적응하고, 자기 경력을 발전시킬 수 있도록 지원한다.

1) 군 복무 단계별 주요 고민: 입대 초기 단계

군 복무를 시작하는 초기 단계에서는 낯선 군대 환경에 대한 두려움이 크게 다가온다. 군대라는 새로운 환경에 적응하는 것은 누구에게나 쉽지 않은 일이다. 또한 집단생활의 어려움도 큰 고민 중 하나다. 개인적인 공간이 부족하고, 다양한 성격을 가진 동료들과 함께 생활하는 것은 스트레스를 유발할 수 있다. 가족과 연인과의 분리로 인한 심리적 압박도 겪게 된다. 평소에 가깝게 지내던 사람들과 떨어져 지내야 하는 상황에서 외로움과 그리움이 발생할 수 있다. 이러한 고민들은 입대 초기 단계에서 흔히 경험하는 어려움이며, 이를 극복하기 위한 적절한 지원과 상담이 필요하다. 또한 이전 생활의 단절(술, 게임 등)로 인한 고통을 토로하는 시기다.

2) 군 복무 단계별 주요 고민: 군 복무 중반 단계

군 복무 중반 단계에서는 통제된 군 사회에 대한 불만이 커질 수 있다. 군대의 엄격한 규율과 지시에 따르는 것이 쉽지 않기 때문이다. 또한 집단 내 갈등과 위화감이 발생할 수 있다. 서로 다른 배경과 성격을 가진 동료들과 생활하면서 갈등이 생기기 마련이다. 이와 함께, 개인의 자율성이 제한되면서 스트레스를 느낄 수 있다. 자신만의 시간을 가지기 어려워지고, 모든 활동이 정해진 일정에 따라 이루어지기 때문에 개인의 자유가 제한되는 느낌을 받을 수 있다. 이러한 고민들은 군 복무 중반 단계에서 흔히 겪는 문제들로, 이를 잘 관리하고 극복하는 것이 중요하다.

3) 군 복무 단계별 주요 고민: 전역 준비 단계

전역 준비 단계에서는 전역 후 진로에 대한 불안과 고민이 크다. 군 복무를 마친 후에 어떤 길을 걸어야 할지에 대한 걱정 등이 많다. 또한 새로운 사회와 대인관계를 형성하는 데 대한 두려움도 느낄 수 있다. 군이라는 환경에서 벗어나 새로운 사회에 적응하고, 새로운 사람들과의 관계를 형성하는 것이 쉽지 않을 수 있다. 마지막으로, 미래에 대한 불확실성을 극복해야 하는 필요성도 크다. 전역 후의 삶이 어떻게 전개될지에 대한 막연한 두려움과 불안감을 느끼기 마련이다.

교육 프로그램: 군 조직 내 심리적 지원과 역량 강화

상담관은 군 조직의 심리적 건강과 효율성을 높이기 위해 다양한 교육 프로그램을 운영한다. 이러한 프로그램들은 각 부대의 특성과 요구를 반영해 맞춤형으로 진행되며, 군인들의 정신건강과 리더십 역량 향상에 중점을 둔다.

1) 자살 예방 교육

자살 예방 교육은 군 조직 내에서 생명 존중 문화를 조성하기 위한 핵심 프로그램이다. 이 교육은 자살 위험에 처한 동료를 지키는 '생명지킴이' 역할을 수행하도록 한다. '보고, 듣고, 말하기' 전략을 통해 자살 예방 능력을 강화하고, 유해 정보를 상시 모니터링한다. 모든 군인이 잠재적 '생명지킴이'로 성장할 수 있도록 지원하는 것을 목표로 한다.

이러한 자살 예방 교육은 군인들이 서로를 돌보고, 위기상황에서 적절하게 대처할 수 있는 능력을 기르는 데 중점을 둔다. 육군본부에서 제안한 교본 이외에도 자살생존자와 자살유가족에 대한 교육 등 다양하고 혁신적인 콘텐츠 개발이 지속적으로 요구된다.

각 부대별 상황에 따라 자살 예방 교육은 소규모, 혹은 대규모로 실시될 수 있다. 상담관은 교육전 참석인원 및 교육장 환경을 미리 점검할 필요가 있다.

자살 예방 지침

자살 예방 프로그램에서 사용하는 기본적인 접근법은 '**보고, 듣고, 말하기**' 원칙이다.

① "**보기**": 자살을 암시하는 언어, 행동, 상황적 신호를 보고 **직접적으로** 질문을 던져 그들의 상태를 확인하는 작업이다.

② "**듣기**": "요즘 기분은 어떠십니까?" "자살을 생각하고 있습니까?"와 같은 직

접적인 질문을 하는 것이다. 이때 자살 징후자들의 이야기를 **판단 없이 경청하고, 그들의 감정과 상황을 이해**하려는 태도가 필요하다.

③ "**말하기**": 자살 가능성이 있는 군인에게 적극적인 관심과 지원을 통해 전문적인 도움을 받을 수 있는 기관을 안내하고 연계하는 것이다. **혼자가 아님을 알려 주는 중요한 시간이다.**

2) 또래상담병 교육

또래상담병 교육은 군 조직의 특수한 집단 환경에 최적화된 심리적 지원 체계다. 이 프로그램은 10~12시간의 집중 교육을 통해 기본적인 상담능력을 배양하며, 비슷한 나이대 병사들 간의 상호 지원 시스템을 구축한다. 이를 통해 상담자와 내담자 모두의 심리적 성장을 도모한다. 또한 24시간 밀접하게 생활하는 군 조직의 특성을 반영한 맞춤형 접근법을 사용한다. 이러한 프로그램은 군인들이 서로를 더욱 이해하고, 지원할 수 있도록 돕는 중요한 역할을 한다. 다만, 다양한 군사 훈련과 업무로 인해 또래상담병 활동이 제한될 수 있으므로 지휘관의 명확한 지지와 협조가 필수적이다.

3) 분대장 교육

분대장은 군 조직의 기본 단위인 분대를 이끄는 핵심 리더다. 교육 주요 내용은 인성과 정신교육을 통해 분대장의 기본 자질을 함양한다. 구급법, 화생방 대비, 경계, 각개전투와 같은 기본 군사 기술을 익히고, 지도 독해 및 작전 계획 능력을 향상시킨다. 상담관은 리더십과 상담기법 교육을 통해 팀을 효과적으로 이끌고, 구성원들의 문제를 잘 해결할 수 있는 능력을 기르도록 돕는다. 필자의 경험으로 분대장들은 간부와 용사의 경계에 서 있어 상당한 심리적 부담감을 호소하고 있었다. 교육 시 감정발산의 장을 마련하고 욕구를 파악하면서 자기 이해의 시간을 가졌는데, 상당한 도움이 되었다는 피드백이 있었다.

4) 초급간부 상담역량 강화 교육

초급간부를 대상으로 하는 이 프로그램은 부하 관리 및 면담 능력을 향상시키고, 효과적인 의사소통기술을 개발하며, 상담기법 교육을 통해 조직 내 심리적 지원을 강화하는 것을 목표로 한다. 또한 초급간부들의 자기 성찰 및 개인적 성장을 지원한다. 이러한 교육 프로그램은 군 조직의 심리적 건강, 리더십 역량, 그리고 전반적인 조직문화 개선에 핵심적인 역할을 수행한다. 각 프로그램은 군의 특수한 환경을 고려해 설계되었으며, 개인과 조직의 동시 성장을 목표로 한다. 이러한 교육들은 군 조직 내에서 심리적 지원과 리더십 개발에 중요한 기여를 하고 있다.

집단상담: 군 조직 내 심리적 회복과 관계 증진

군 조직에서의 집단상담은 위기 대응, 심리적 안정, 대인관계 개선을 목표로 하는 중요한 심리지원 활동이다. 각 상황과 목적에 따라 맞춤형으로 설계되며, 군인들의 정신건강과 조직 내 적응력을 높이는 데 핵심적인 역할을 수행한다.

1) 자살사고 이후 심리적 안정화 집단상담

자살사고 이후 심리적 안정화 집단상담의 목적은 자살사고 후 심리적 충격을 완화하고 트라우마를 관리하는 것이다. 주요 대상은 사고 부대 전체 인원으로, 사고를 직접 경험하거나 목격한 군인들이 주로 참여한다.

핵심 접근 방식으로는 PTSD(외상후스트레스장애) 관련 심층 상담을 진행해, 사고로 인한 심리적 상처를 치유하는 데 집중한다. 생존자들의 심리적 동요를 방지하기 위해 정기적인 상담 세션과 지원 그룹을 운영해, 서로의 경험을 공유하고 지지하는 환경을 조성한다.

또한 여단 또는 사단 차원의 동료상담관과 협력해 종합적인 지원을 제공한다. 동료상담관들은 군인들의 일상생활 속에서 지속적인 심리적 지원을 제공하며, 필요시 전문적인 도움을 받을 수 있도록 연결한다.

이러한 상담 프로그램은 군인들이 심리적 안정을 되찾고, 트라우마를 효과적으로 관리할 수 있도록 돕는 데 중점을 둔다. 이를 통해 군인들은 사고 이후에도 건강한 정신 상태를 유지하며, 군 복무를 이어 갈 수 있다.

2) 위기 사고 후 심리적 회복 집단상담

위기 사고 후 심리적 회복 집단상담의 목적은 다양한 사고가 발생한 후 심리적 안정을 되찾고 회복력을 강화하는 데 있다. 이 프로그램은 사고 유형에 따라 한 번의 상담으로 진행될 수도 있고, 여러 번에 걸쳐 진행될 수도 있다. 자살사고 대응 집단상담과 유사한 커리큘럼을 가지고 있으며, 각 부대의 특성을 고려한 유연한 접근 방식을 채택한다.

이 프로그램은 군인들이 사고 후 겪는 심리적 충격을 완화하고, 일상으로의 원활한 복귀를 돕기 위해 설계되었다. 상담 세션은 사고의 성격과 심각성에 따라 조정되며, 예를 들어, 단순한 사고의 경우 단기 집중 상담이 제공될 수 있고, 복잡한 사고의 경우 장기적인 상담과 지속적인 지원이 필요할 수 있다.

또한 자살사고 대응 집단상담에서 효과적이었던 기법들을 참고해, PTSD(외상후스트레스장애) 예방과 관리, 생존자의 심리적 안정을 돕는 방법들을 포함한다. 프로그램은 군인들이 사고 후에도 지속적으로 심리적 지지를 받을 수 있도록 설계되어 있으며, 이를 통해 군인들이 강한 회복력을 기를 수 있도록 돕는다.

이와 같은 프로그램은 군인들의 심리적 건강을 유지하고, 사고 후에도 강한 정신적 회복력을 발휘할 수 있도록 지원하는 중요한 역할을 한다.

3) 대인관계 및 초급간부 역량 강화 집단상담

대인관계 및 초급간부 역량 강화 집단상담의 목적은 군 조직 내 대인관계에서 발생하는 스트레스를 관리하고, 소통능력을 향상시키는 것이다. 이 프로그램은 대인관계 스트레스 대처 전략을 제공하며, 효과적인 의사소통 기술을 개발하는 데 중점을 둔다. 필자의 경우, 특히 5년 차 미만의 초급간부들을 대상으로 특화된 프로그램을 운영해 이들이 리더십을 발휘할 수 있도록 지원했다.

이 프로그램은 군 조직 내에서 상호 간의 이해와 협력을 증진시키기 위해 설계되었다. 대인관계 스트레스 대처 전략을 통해 군인들이 서로의 갈등을 효과적으로 해결하고, 긍정적인 관계를 유지할 수 있도록 돕는다. 또한, 효과적인 의사소통기술 개발은 군인들이 명확하고 자신감 있게 소통할 수 있는 능력을 기르는 데 기여한다.

표 4-10 집단상담 성공을 위한 핵심 요소

집단상담이 성공하려면 몇 가지 중요한 요소들이 필요하다.

첫째, 상담관의 전문성이 중요한 역할을 한다. 상담관은 개인별 선호 이론과 기술을 활용해 맞춤형 특화 프로그램을 개발하고, 군 조직의 특수성에 대한 깊은 이해를 바탕으로 상담을 진행한다.

둘째, 상황 맞춤형 접근이 필요하다. 각 부대의 특성을 고려해 유연하고 탄력적인 프로그램을 운영하며, 참가자들의 심리적 필요에 대한 민감성을 유지하는 것이 중요하다.

셋째, 지속적인 모니터링과 평가가 필요하다. 프로그램의 효과성을 지속적으로 평가하고, 참가자들의 피드백을 반영해 프로그램을 지속적으로 개선하고 발전시킨다.

병영 집단상담은 단순한 심리지원을 넘어 군 조직의 전반적인 건강성과 구성원들의 심리적 회복력을 높이는 중요한 메커니즘이다. 전문성, 공감, 맞춤형 접근을 통해 군인들의 정신건강과 조직 내 적응을 지원하는 핵심적인 역할을 수행한다.

특히 초급간부들을 위한 특화된 프로그램은 이들이 군 내에서 리더로서의 역할을 잘 수행할 수 있도록 필요한 역량을 강화하고, 이를 통해 초급간부들은 더 나은 리더가 되어 조직 내에서 긍정적인 변화를 이끌어 낼 수 있다.

프로그램별로 각 군본부에서 제공하는 교안이 있을 수 있으며, 내용 구성의 자율성이 허용되나 참여자들을 교육의 장으로 이끌 수 있는 상담관 각자의 노하우가 필요하다. 이러한 각 프로그램은 군 조직 내에서 대인관계 개선과 리더십 역량 강화를 통해 더 건강하고 효율적인 조직문화를 조성하는 데 중요한 역할을 한다.

부적응 장병 관리

군은 다른 조직과 차별화된 독특한 환경을 가지고 있다. 불특정 다수의 젊은이들이 24시간 폐쇄된 공간에서 함께 생활하며, 엄격한 규율과 집단적 문화를 공유해야 하는 특성 때문에 부적응은 불가피한 현상이다.

1) 부적응의 본질

부적응의 본질은 개인과 조직 모두에게 부정적인 영향을 미칠 수 있다. 우선, 개인의 심리적 고통이 증가하게 된다. 이는 우울, 불안, 스트레스와 같은 심리적 문제를 겪게 하며, 일상생활에 큰 어려움을 초래할 수 있다. 또한 부적응은 조직 전체에 부정적인 영향을 미친다. 조직 내에서 부적응이 발생하면 집단의 사기와 임무 수행 능력이 저하될 위험이 있고 팀워크와 협력에 문제가 생기며, 전체적인 성과에도 부정적인 영향을 미칠 수 있다.

2) 부적응 장병의 특성

부적응 장병들은 심리적 스트레스가 증가하는 경향이 있다. 다양한 스트레스 요인들로 인해 정신적으로 힘든 상태에 놓이게 됨을 의미한다. 또한, 대인관계에서 어려움을 겪는 경우가 많다. 다른 군인들과의 관계 형성에 어려움을 겪고, 갈등이 발생할 가능성이 커짐을 의미한다. 마지막으로, 부적응 장병들은 군 생활에 적응하는 데 근본적인 한계를 가지고 있다. 이는 군 생활의 특수한 환경과 요구에 적응하지 못해 계속해서 어려움을 겪게 됨을 나타낸다.

이러한 부적응의 이해와 그 영향은 군 조직 내에서 심리적 지원과 상담의 중요성을 강조하게 한다. 부적응 장병들을 조기에 식별하고 적절한 지원을 제공하는 것이 중요하다. 이를 통해 군인들이 건강하게 군 생활을 이어 나갈 수 있도록 돕고, 조직의 사기와 성과를 유지하는 데 기여할 수 있다.

3) 심층 상담과 의견서 작성

부적응 식별 시 상담관은 심층 상담을 진행한다. 개인의 심리상태를 정밀하게 진단하고, 부적응의 원인을 심층적으로 탐색해 객관적이고 전문적인 평가를 제공한다. 이를 통해 장병들이 겪고 있는 다양한 심리적 문제를 정확하게 파악하고, 적절한 해결책을 제시한다. 부적응이 심한 경우 상담관은 상담 결과를 종합해 장병의 군 복무 가능성을 평가하고, 이에 대한 객관적이고 전문적인 의견을 제시한다. 이는 현역부적합심사에서 중요한 자료로 활용되며, 장병들의 심리적 건강 상태와 복무 적합성을 정확하게 판단하는 데 도움이 된다. 특히 종합의견서 작성 시 전문성과 윤리성이 요구된다. 전문성은 심리학적 지식에 기반한 분석이어야 하며 개인의 상황이나 특수성이 고려되어야 한다. 이때 상담관의 편견이나 선입견이 배제된 객관적이고 일관된 평가여야 한다. 무엇보다 장병의 인권이 고려되고, 장병의 미래를 고려한 신뢰할 수 있는 의견서 작성이 필요하다.

부적응 장병 관리는 단순한 행정절차가 아니라 인간에 대한 깊은 이해와 존중을 바탕으로 하는 복합적인 과정이다. 상담관의 역할은 제도와 개인 사이의 섬세한 균형을 찾는 것이며, 궁극적으로는 장병 개인의 건강과 조직의 효율성을 동시에 고려하는 전문적인 접근이 필요하다. 이를 통해 장병들은 심리적 안정을 찾고, 군 조직은 더 강하고 건강한 환경을 조성할 수 있다.

4) 조기 식별 시스템

부적응 장병 지원을 위해 심리적 위험 신호를 조기에 감지하는 것이 중요하다. 조기 식별 시스템은 장병들이 심리적 문제를 겪기 전에 이를 인지하고, 예방적 개입 전략을 수립해 장기적으로 심리 건강을 관리할 수 있도록 돕는다. 예를 들어, 스트레스, 불안, 우울증 등의 초기 증상을 발견해 신속히 대응함으로써, 심리적 문제의 악화를 방지할 수 있다. 이 시스템은 정기적인 심리검사와 관찰을 통해 잠재적인 위험 요소를 파악하고, 적절한 개입을 통해 장병들의 심리적 안정을 도모한다. 또한 지속적인 모니터링과 지원은 부적응 장병 지원에 있어서 필수적이다. 개인별 맞춤형 심리지원을 제공하고, 정기적으로 심리상태를 평가해 필요한 조치를 취하는 것을 말한다. 예를 들어, 주기적인 상담 세션을 통해 장병들의 상태를 점검하고, 필요한 경우 추가 지원을 제공할 수 있다. 또한 재활 및 적응 프로그램을 통해 장병들이 군 생활에 잘 적응하고, 필요한 경우 재활할 수 있도록 돕는다. 이러한 프로그램은 심리치료, 사회적 지원, 그리고 직업 재활 등을 포함하며, 장병들이 정상적인 군 생활을 할 수 있도록 지속적으로 지원한다.

5) 지휘 조언

상담관의 지휘 조언은 부대의 효율적인 운영과 병사들의 복지를 위해 매우 중요한 의미를 가진다.

지휘 조언은 지휘관이 전략적 결정을 내리는 데 중요한 지원 역할을 한다. 상담관은 병사들의 정신건강과 복지에 대한 정보를 제공해 지휘관이 상황을 더 정확하게 이해하고, 현명한 결정을 내릴 수 있도록 돕는다. 상담관은 부대 내에서 발생하는 다양한 문제에 관여한다. 상담관은 상황을 평가하고 갈등을 중재하며, 문제 해결을 위한 구체적인 방안을 제시함으로써 부대 내의 안정과 조화를 유지하는 데 기여한다. 이는 장병들이 원활하게 임무를 수행할 수 있는 환경을 조성하는 데 도움을 준다. 병력의 사기를 유지하는 것도 지휘 조언의 중요한 역할 중 하나다. 상담관은 병사들의 의견을 듣고 그들의 어려움을 이해하며, 필요한 지원을 제공함으로써 병사들이 자신의 역할에 자부심을 느끼고 더 나은 성과를 낼 수 있도록 돕는다. 이는 병사들이 자신의 업무에 더욱 몰입하고, 긍정적인 태도를 유지하게 한다. 이때 상담관의 지휘 조언은 전문성을 띠어야 한다. 지휘 조언의 전문성을 확보하기 위해서는 심리학적 전문성을 개발하는 것이 필수적이다. 우선, 이상심리에 대한 포괄적인 이해가 필요하다. 이는 군인들이 겪을 수 있는 다양한 정신건강 문제를 인식하고, 적절한 대응 방안을 마련하는 데 중요하다. 그러기 위해서는 심리적 평가능력을 갖추는 것도 매우 중요하다. 이는 정확한 장병 상태 진단을 통해 시작되는데, 각 개인의 심리적 특성을 파악하고, 이를 바탕으로 맞춤형 지원 전략을 수립할 수 있어야 한다. 이러한 능력은 장병들이 겪는 다양한 심리적 문제를 효과적으로 해결하고, 군 생활의 질을 향상시키는 데 기여할 것이다. 주요 학습 영역으로는 우울증, 불안장애와 같은 적응 관련 심리장애를 포함하고, 최근 자주 확인되는 경계선지능장애와 ADHD, 게임중독, 도박중독, 민감성 기질에 대한 이해도 필요하다. 또한 군 특화 인성검사에 대한 전문지식을 습득함으로써 각 장병의 심리적 상태를 정확하게 평가할 수 있다.

이처럼 부적응 장병 식별과 지휘 조언은 전문성, 공감, 존중의 균형을 요구하는 섬세한 업무다. 심리학적 지식, 효과적인 의사소통능력, 그리고 조직에 대한 깊은 이해가 필수적이다. 궁극적으로 이는 개인의 심리적 건강과 군 조직의 전반적 역량을 동시에 향상시키는 중요한 접근법이다. 만약 부적응 장병 상담 시 부족한 정보가 있다면 상담에 실제로 도움이 되는 방법은 의외로 간단하다. 부대 내 확보된 부적응 관련 정보, 입대 전후 기본정보 수집 요청하고 추가 관찰과 만남 요청이 꼭 필요하다. 한 번의 만남

표 4-11 소통의 핵심 원칙

효과적인 지휘 조언을 위해서는 몇 가지 핵심 원칙을 따르는 것이 중요하다.

첫째, 상대방의 이해도를 지속적으로 모니터링해야 한다. 상대방이 잘 이해하고 있는지 확인하고, 필요한 경우 추가 설명을 제공할 때 도움이 된다.

둘째, 감정적 반응에 대해 냉정하게 대처하는 것이 필요하다. 감정이 격해진 상황에서도 차분하고 이성적으로 대응하는 능력을 말한다.

셋째, 선입견 및 고정관념을 배제해야 한다. 상담과정에서 편견 없이 만나는 것은 내담자인 군인의 내면세계를 더 잘 이해할 수 있어 도움이 된다.

표 4-12 공감적 접근 방법

공감적 접근 방법을 통해 좀 더 효과적인 커뮤니케이션을 할 수 있다.

첫째, 천천히 상황을 설명한다. 상대방이 내용을 충분히 이해할 수 있도록 시간을 주는 것이다.

둘째, 사례를 단계별로 개념화해 설명한다. 복잡한 상황을 이해하기 쉽게 분해해 전달하는 것을 말한다.

셋째, 청자 중심의 소통 방식을 사용한다. 이는 상대방의 입장을 고려한 소통을 의미하며, 상대방이 이해하기 쉽게 설명하고, 필요할 경우 질문을 통해 피드백을 받는 것을 말한다.

이러한 커뮤니케이션 전략은 지휘 조언의 효과를 높이고, 상담과정에서 발생할 수 있는 문제를 최소화하는 데 도움이 된다.

으로 모든 것을 판단하려 들면 안 된다. 천천히, 꼼꼼히, 그리고 따뜻하게 접근하는 것이 핵심이다. 결국 상담에서 중요한 것은 완벽함이 아니라 진심 어린 관심과 존중이다.

각종 회의 참석과 행정업무

병영생활전문상담관의 부대 내 주요 회의 참석과 행정업무에 대해 더욱 상세하게 설명하고자 한다.

1) 신상관리위원회

신상관리위원회는 군부대에서 매월 정기적으로 개최되는 핵심 회의체다. 이 회의에서는 각 대대별 병사들의 적응도와 심리상태를 종합적으로 검토하고 평가한다.

상담관은 자신이 담당하는 대대별 회의에 참석하게 된다. 예를 들어, 한 상담관이 4개 대대를 담당하는 경우, 각 대대별 회의 4회와 여단 종합회의 1회를 포함해 총 5회 회의에 참석하게 된다. 회의의 주요 안건으로는 집중관리가 필요한 병사들의 현황을 공유하고, 이들을 위한 구체적인 지원 방안을 논의한다.

2) 현역부적합심의

현역부적합심의는 군 복무 중인 병사들의 현역 복무 부적합 여부를 판단하는 중요한 심의 과정이다. 이 심의 과정에서 상담관은 전문가의 역할을 수행하며 적극적으로 참여한다. 심의 과정에서는 신체적, 정신적 측면에서 현역 복무 수행이 어려운 병사들의 개별 사례를 전문적인 관점에서 세밀하게 검토한다. 특히 상담관은 정신건강 분야의 전문가로서 해당 병사의 심리상태와 복무 적합성을 종합적으로 평가하며, 이에 대한 전문적인 의견을 제시한다. 또한 이러한 심의 과정에서 획득된 다양한 정보들은 체계적으로 정리되어 향후 발생할 수 있는 유사 사례들을 관리하는 데 중요한 참고자료로 활용될 수 있다. 이를 통해 더 효과적이고 일관성 있는 병사 관리가 가능해진다.

3) 그 외 회의

군상담관들은 상황에 따라 상위부대 회의체에 참석할 수도 있다. 이 회의에서는 자살 예방, 병영문화 개선, 병사 인권보호 등 군대 내 주요 현안에 대한 정책 방향을 심도 있게 논의한다.

회의 과정에서는 각 사단에서 발생한 우수 사례와 문제점들을 공유하며, 이를 바탕으로 군 전체의 발전방안을 함께 모색한다. 이러한 상위부대 회의 참석은 상담관들이 군 전체의 병영문화 흐름을 이해하고 최신 정책 동향을 파악할 중요한 기회가 된다.

4) 행정업무

상담관의 행정업무는 타 행정직에 비중이 크지 않다. 그러나 상담실 운영 방식이 1인 체제이기 때문에 다양한 일을 하게 된다.

첫째, 상담 관련 행정업무다. 상담관은 매일 상담일지를 작성하고, 이를 데이터베이스화하는 작업을 수행한다. 또한 상담통계를 분석해 월간 및 분기별 보고서를 작성하며, 상담실 환경을 관리하고 필요한 상담도구를 구비하고 관리하는 업무를 담당한다.

둘째, 시설 및 물품 관리 업무가 있다. 상담실에 필요한 비품과 다과류를 구매하고 관리하며, 쾌적한 상담환경 조성을 위해 청소와 정리 정돈을 실시한다. 또한 상담에 필요한 도서와 자료들을 체계적으로 관리한다.

셋째, 전산업무를 수행한다. 인트라넷 기반의 상담기록 관리시스템을 운영하고, 보안규정에 따라 문서와 자료를 철저히 관리한다. 아울러 부대 내 인사과, 정보통신실 등 유관부서와의 원활한 협조체계를 구축하고 유지한다.

넷째, 대외협력 업무가 있다. 외부 전문기관과의 연계 및 협력체계를 구축하고, 상담 관련 교육과 연수에 참가한다. 또한 다른 부대 상담관들과 네트워크를 형성해 지속적인 정보교류를 진행한다. 이러한 다양한 업무들을 통해 상담관은 단순한 상담사의 역할을 넘어 부대 내 병영문화 개선의 핵심 조력자로서 중추적인 역할을 수행하고 있다. 특히 1인 체제로 운영되는 특성상 효율적인 업무관리능력이 요구된다.

4
병영생활전문상담관 선배의 조언

상담관은 부대 내 소수 전문인력으로서 상담윤리강령에서 규정하는 이중관계(dual relationship)에 노출될 위험성이 상존한다. 특히 군이라는 제한된 공간에서 상담관은 내담자와 상담관계 외에도 일상적인 부대 생활에서 불가피하게 대면하게 되며, 공식적인 부대 행사나 활동에서도 함께 참여해야 하는 상황이 빈번히 발생한다. 이러한 환경적 특수성으로 인해 순수한 상담사-내담자 관계를 유지하기 어려울 수 있으며, 이는 상담의 객관성과 전문성을 저해할 수 있다. 더불어 부대 내 인원들과의 사적 교류나 업무적 관계가 상담관계와 중첩될 경우, 상담의 비밀보장 원칙이 훼손되거나 전문가적 경계가 모호해질 위험이 있다. 여기서는 상담관으로서의 전문성 유지와 자기 관리를 위한 실천적 지침을 제시하고, 선임 상담관들의 현장 경험을 공유하고자 한다. 이는 상담관의 전문적 역량 강화와 윤리적 실천을 위한 자기 관리 가이드라인의 성격을 띰과 동시에 적절한 자기 돌봄의 장으로 활용될 수 있기를 바란다.

소진 예방에 힘써라

상담전문가로서 지속적인 업무 몰입 과정에서 우리는 종종 소진의 경계

신호와 마주하게 된다. 내담자와의 상담과정에서 이전과 달리 집중력이 저하되고 공감능력이 감소하는 현상은 전문가로서의 핵심역량에 적신호가 켜졌음을 의미한다. 더욱이 만성적 피로가 누적되면서 업무 효율성이 현저히 저하되고, 이는 결과적으로 자기비난의 순환적 패턴으로 이어질 수 있다.

이러한 소진을 예방하기 위해서는 무엇보다 체계적인 시간 관리가 선행되어야 한다. 정기적인 휴식시간을 제도화하고, 업무와 휴식 간의 최적 균형점을 찾는 것이 중요하다. 특히 상담관의 업무가 대체로 독립적인 체계로 운영된다는 점을 고려할 때, 개인의 업무량 조절과 우선순위 설정은 더욱 세심하게 이루어져야 한다.

우선순위를 이야기하다 보니 동료상담관 A로부터 전해 들은 이야기가 생각난다. 동료상담관의 초년시절, 다소 거리감이 있는 다수의 부대를 담당하던 시절의 이야기다. 나름의 자기 규칙을 세워 분주한 일정을 소화하는 중에 예상치 못한 다급한 전화, 이름하여 '위기 전화'를 받게 되었다고 한다. 부대의 다급함에 그 또한 다급해졌고, 예정된 일정을 뒤로하고 달려갔다고 한다. 하지만 현실은 늘 우리 상담관들이 만나게 되는 일상 그 자체였던 것이다. 그리고 그날의 일정은 뒤죽박죽. 그 경험을 통해 동료상담관은 이런 조언을 했다. 일단 '위기'라는 말에 놀라지 말고, 부대의 다급함에 휘말리지 말고, 내용을 잘 청취한 뒤 실제 상황의 심각성과 우선순위를 객관적으로 평가하는 것이 중요하다고 강조했다. 결국 상담업무에서 감정적 반응보다는 냉정한 우선순위 설정이 효과적인 대응이 될 때도 있으며, 이것이 소진 예방에 도움이 될 수 있다는 이야기로 필자에게도 큰 도움이 되었다.

전문가 네트워크를 활용하라

전문가 네트워크의 활용 또한 소진 예방의 핵심 요소다. 같은 전문성을 가진 동료들과의 정기적인 모임을 통해 업무 경험을 공유하고, 서로 간의 지지와 조언을 주고받는 과정은 정서적 환기의 중요한 통로가 된다. 이러한 네트워크는 단순한 친목 모임을 넘어 전문가로서의 성장을 도모하는 학습의 장이 될 수 있다.

필자의 경우 이미 취업 전부터 병영상담의 멘토를 만난 사례다. 모 공부 모임의 선생님으로부터 병영상담에 대한 정보를 얻을 수 있었다. 국방의 의무를 다하고 있는 젊은이들에게 무엇이라도 기여하고 싶어 하는 선생님의 모습에 매력을 느꼈고, 나도 한번 일해 보고 싶다는 동기부여가 되었다. 입사 후부터 타 직장에 임하고 있는 현재까지도 그때의 동료애와 연대감은 필자를 정신적 소진에서 비교적 자유롭게 해 주었다.

또 다른 동료상담관 B는 상담관 상호 간의 품격 있는 존중을 이야기해 주었다. 같은 일을 하는 사람으로서의 존중을 말하고 있었는데 상담관 스스로 자기 동료를 귀히 여기는 태도가 있었으면 한다고 했다. 그 속에 평가나 경쟁이 아닌 "당신의 경험은 그렇군요." 같은 전폭적인 공감을 이야기하고 있었는데 고개가 끄덕여지는 대목이었다.

더불어 전문성 강화를 위한 정기적인 수퍼비전 참여는 성취동기 저하로 인한 소진을 예방하는 효과적인 방안이다. 수퍼비전을 통해 자신의 전문적 실천을 객관적으로 성찰하고, 새로운 통찰을 얻는 과정은 전문가로서의 자긍심과 성장동기를 회복하는 데 결정적인 역할을 하게 한다. 동료 수퍼비전도 좋고, 군 내 사정을 잘 알고 있는 또 다른 동료, 선배상담관을 수퍼바이저로 만난다면 더 좋다.

나만의 스트레스를 알고 관리하라

상담관은 높은 스트레스 상황에서도 안정적으로 대처할 수 있는 능력을 배양하는 것이 필수적이다. 예를 들어, 자살자 부대를 관리했거나 자살 위험이 있는 내담자를 상담할 때 상담관 자신의 불안과 긴장을 적절히 관리하면서 차분하게 상황을 다룰 수 있어야 한다. 이를 위해 명상이나 호흡법과 같은 구체적인 스트레스 관리기법을 습득하고 실천하는 것도 도움이 된다. 감정 조절과 회복력 강화도 중요한 요소다. 예컨대, 내담자가 극심한 분노를 표출하거나 상담관을 비난하는 상황에서도 전문가로서의 객관성을 유지하고, 자신의 감정을 적절히 조절할 수 있어야 한다. 한 사례로, 폭력 피해자를 상담하면서 경험할 수 있는 대리 외상을 효과적으로 다루고 회복하는 능력을 들 수 있다. 자기 이해와 성찰능력의 개발도 필수적이다.

동료상담관 C는 특정 유형의 내담자를 만날 때 유독 소진이 되고, 불안정한 자신을 만난다고 했다. C는 이것을 자신의 해결되지 않는 감정이라는 용어로 설명했다. 어떤 이름을 붙이든 내담자에 대해 자신이 느끼는 불편감이나 편견을 인식하고 이를 적극적으로 탐색하는 일은 스트레스 관리에 몹시 중요하고 상담관으로서 더 객관적이고 전문적인 상담을 제공할 수 있다.

명확한 경계 설정을 유지하라

전문적인 상담 서비스를 제공함에 있어 명확한 경계 설정은 상담의 질적 수준 유지와 상담사의 전문성 보호를 위한 핵심 요소다. 이는 단순한 업무 규칙이 아닌, 전문가로서의 지속 가능한 실천을 위한 필수적인 전략적 접근이라고 생각한다. 업무시간의 명확한 설정은 이러한 경계 설정의 첫걸음이다. 긴급한 위기상황을 제외하고는 야간 시간대의 상담을 제한하며, 휴일 연락에 대한 명확한 기준을 수립해 운영하는 것이 바람직하다. 이는 상담관의 업무 효율성을 높이고 전문가로서의 서비스 질을 유지하는 데 필수적이다(물론 위기 시에는 긴급 출동이다). 감정적 거리 두기 또한 전문적 경계 설정의 중요한 축을 형성한다. 내담자의 상황에 과도하게 개입하거나 감정적으로 밀착되는 것을 지양하고, 객관적인 시각을 일관되게 유지하는 것이 중요하다. 이러한 전문적 거리감의 유지는 내담자의 자율성을 존중하고 상담사의 소진을 예방하는 동시에, 더욱 효과적인 상담 서비스 제공을 가능하게 할 것이다.

건강을 위해 루틴을 만들어라

군의 환경적 특성으로 타지에 독립해 지내는 상담관이 꽤 많은 것이 현실이다. 이런 상황 탓에 바쁜 상담 일정 속에서 혼자 식사하고 때로는 혼술로 하루를 마무리하는 생활이 익숙해질 수 있다. 하지만 상담전문가로서 우리의 신체적 건강은 전문성 유지의 핵심이며, 특히 혼자 생활할 때는 더욱 세심한 관리가 필요하다. 퇴근 후 피로를 달래기 위한 혼술이 잦아지면 충분한 수면을 취하기 어려워질 수 있다. 7~8시간의 양질의 수면은 다음 날의 상담 품질과 직결되므로, 술 대신 따뜻한 차나 가벼운 산책으로 하루를 마무리하는 것이 도움이 된다. 특히 혼자 있는 저녁 시간을 활용해 요가나 스트레칭과 같은 가벼운 운동을 30분 이상 하는 것은 스트레스 해소와 수면의 질 향상에 효과적이다. 혼밥이 일상이 되다 보면 간편식에 의존하기 쉽다. 하지만 영양 불균형은 상담과정에서 필요한 집중력과 에너지를 저하시킬 수 있기 때문에 주말에 간단한 밑반찬을 미리 준비하는 등 균형 잡힌 식사를 권한다. 식사의 균형이 깨지면 다양한 질병들을 만나게 될 것이므로 명심하길 바란다. 따라서 혼자 사는 생활이 건강관리의 걸림돌이 되지 않도록, 오히려 자신만의 건강한 루틴을 만들어 가는 기회로 삼는 것이 중요하다.

자신의 경험을 존중하라

필자의 주관적 경험이다. 군 생활에서 마주하는 고독과 그 극복 과정은 여러 단계로 나눌 수 있다. 초기 적응기에는 다양한 감정 변화를 경험했다. 새로운 시작에 대한 기대와 설렘, 전문직으로서의 자부심과 포부, 신중한 진로 선택에 대한 확신이 생겼다. 그러나 이러한 기대감은 곧 현실과 마주하게 되면서 변화했다. 낯선 숙소 환경에 적응해야 하고, 혼자만의 시간이 주는 적막감, 익숙했던 일상으로부터의 단절감이 강하게 다가왔다. 두 번째 단계는 고독에 대한 인식 전환이다. 초기에는 고독을 결핍으로 바라보는 부정적인 시각이 지배적이고, 자기연민의 감정이 커지기도 했다. 그러나 시간이 지나면서 성찰을 통해 새로운 발견이 이루어졌다. 고독을 재해석하고 그 가치를 발견하게 되며, 이는 자아성찰의 기회로 전환하게 되었다. 역시 인간은 적응의 동물이었다. 혼자 있는 시간 동안 내면의 목소리에 귀 기울이게 되었고, 자기 이해의 깊이가 더해지는 과정을 경험하게 되었다. 마지막으로, 고독이 가져다준 긍정적 변화도 있었다. 고독을 통해 관계의 재발견이 이루어지며, 가족애의 깊이를 이해하게 되고 친구 관계의 소중함을 재인식하게 되었다. 일상적인 만남의 가치도 새롭게 평가하게 되었다. 또한 개인적 성장의 기회를 맞이하게 되며, 직업에 대한 자아정체성이 강화되고 감정 조절 능력이 다소 향상되었다.

이러한 경험들은 군 생활에서의 고독이 단순한 외로움이 아니라, 성장과 성찰의 기회가 될 수 있음을 보여 준다. 상담관으로서 경험하는 고독은 피해야 할 대상이 아닌, 전문가로서의 성장을 위한 소중한 자산이 될 수 있다. 이는 단순한 적응의 과정을 넘어, 더 깊은 자기 이해와 전문성 함양으로 이어지는 의미 있는 여정이다. 고독을 두려워하거나 피하기보다는, 이를 자연스러운 성장의 과정으로 받아들이고 적극적으로 활용하는 자세가 중요하다. 이러한 경험은 궁극적으로 더 성숙한 상담사로 성장하는 밑거름이 되었으며, 무엇보다 아이러니하게도 그 외로움이 가족의 사랑을 더 소중하게 여기도록 했고, 친구와의 술 한잔이 더 귀중하게 느껴지는 경험을 하게 되었다. 내 안의 외로움과 고독감을 잘 다스리고 혼자 있는 시간을 잘 누리시길 추천한다.

소통의 힘을 적극 활용하라

지금까지 군 조직은 민간 조직과는 다른 독특한 특성이 있음을 지속적으로 이야기하고 있다. 안정적 업무환경을 만들기 위해서는 계급 체계에 기반한 수직적 의사소통 구조, 명령체계의 일원화, 그리고 부대별로 형성된 고유한 문화적 특성을 이해하는 것이 중요하다.

특히 군대에서 사용되는 전문 용어와 약어들은 의사소통의 기본이 되므로, 이에 대한 기초적인 지식을 쌓는 것이 필수적이다. 효과적인 도움 요청을 위해서는 군인들이 가진 전문성과 경험을 인정하고 존중하는 태도를 보이는데 이때 구체적이고 명확한 방식이 도움된다. "귀하의 경험에서 나온 통찰력이 저의 업무 개선에 큰 도움이 될 것 같습니다."와 같이 상대방의 전문성을 인정하는 태도는 많은 도움이 된다.

조언자 네트워크 구축에 있어서는 다양한 층위의 관계 형성이 필요하다. 부대 내 경험이 풍부한 간부들, 선임 상담관들, 그리고 유관부서의 실무자들과의 관계를 구축하는 것이 중요하다. 이때 주의할 점은 단순히 형식적인 관계가 아닌, 상호 신뢰를 바탕으로 한 실질적인 협력관계를 만들어 가는 것이다.

도움 요청의 균형을 잡는 것도 매우 중요한 요소다. 너무 잦은 도움 요청은 부대 내에 부담이 될 수 있으므로 사안의 중요도와 시급성을 고려해 적절한 시기에 요청하는 것이 바람직하다. 또한 스스로 해결할 수 있는 문제와 도움이 필요한 문제를 명확히 구분해 불필요한 의존을 피해야 한다. 이러한 접근을 통해 상담관은 단순한 도움 요청을 넘어 조직 내 신뢰받는 전문가로 성장할 수 있다. 특히 초기 적응 단계에서 적절한 도움 요청은 업무 효율성을 높이고, 장기적으로는 더 깊이 있는 전문성 개발로 이어질 수 있다.

동료상담관 D는 효과적인 도움/의사소통 경험에 관해 이야기해주었다. 상담관을 참고 견디는 역할로 규정하게 되면 건강한 의사소통은 이루어지기 어려우므로, 무조건 참지 말고 간부들과 어려움을 공유하고 해결책을 찾아보는 것을 권유했다. 중요한 것은 부대 내에서 도움을 요청하는 과정 자체가 부족함과 모자람의 표현이 아니라, 전문가로서의 겸손함과 성장 의지를 보여 주는 기회가 될 수 있다는 점을 인식하는 것이다.

전문성과 친근함 사이의 균형을 유지하라

상담을 군 조직에 성공적으로 도입하기 위해서는 먼저 구성원들의 상담에 대한 인식 수준을 정확히 파악하는 것이 중요하다. 이는 개인별 상담경험, 문화적 배경, 그리고 잠재적인 거부감이나 편견을 포함한 포괄적인 이해다. 현재 군 내 상담에 대한 인식은 과거에 비해 많이 변화되었으나 여전히 부정적 인식이 존재한다.

상담에 대한 부정적 인식에 대응하기 위해서는 직접적인 설득보다는 간접적이고 자연스러운 접근이 효과적이다. 만남의 형태가 꼭 상담이 아니어도 좋다. 차담회 등 비교적 가벼운 만남을 통해 라포를 형성하고, 강요하지 않는 편안한 분위기 속에서 신뢰 관계를 구축하는 것도 중요하다.

핵심은 군대 문화의 특성을 고려한 맞춤형 소통 방식을 활용해야 하며, 상대방의 준비도에 맞춘 단계적 접근이 필요하다. 이때 전문가로서의 신뢰를 구축하기 위해서는 전문성과 친근감 사이의 적절한 균형이 필요하다. 경청과 공감을 바탕으로 상대방의 입장을 존중하면서도, 전문지식을 적절히 공유해 상담의 실질적 가치를 전달하면 좋다.

특히 상담의 실용적 효용성을 강조하고, 성공 사례를 공유하며, 철저한 비밀보장 원칙을 강조함으로써 상담에 대한 진입장벽을 낮출 수 있다. 장기적 관점에서는 지속적인 관계 형성과 자연스러운 교류가 중요하다. 부대 행사에 적극적으로 참여하고, 상담에 대한 인식을 점진적으로 개선하고 신뢰관계를 구축할 수 있다.

요약하면, 군 조직 내 상담 서비스의 성공적인 정착을 위해서는 강요나 일방적인 설득이 아닌, 상호이해와 존중을 바탕으로 한 점진적 접근이 필요하다.

상담에 대한 거부감이나 부정적 인식은 갈등의 대상이 아닌 성장의 기회로 받아들이며, 시간이 걸리더라도 신뢰 관계를 바탕으로 한 접근이 궁극적으로는 더 효과적인 상담으로 이어질 수 있다.

상담에 대한 다양한 인식 차이는 자연스러운 현상이며, 이를 극복하는 과정은 오히려 더 깊은 관계 형성의 기회가 될 수 있으므로 직접적인 대립이나 강요보다는 상호이해와 점진적 접근을 통해, 상담의 가치를 자연스럽게 전달하는 것이 효과적이다.

여기서 가장 중요한 것은 상담관으로서 전문성과 함께 인내심을 가지고 상대방의 변화 속도를 존중하는 것이다. 결국 진정성 있는 관심과 지속적인 소통이 상담에 대한 긍정적 인식 변화를 이끌어 내는 핵심 요소가 될 수 있다.

병영생활전문상담관: 현장의 목소리로 듣는 직업적 가치와 의미

이번에는 개인적 경험의 한계를 보완하고 보다 객관적인 통찰을 제공하고자, 현직 병영생활전문상담관 9인의 소중한 경험과 견해를 수집했다. 이들의 증언은 예비 상담관들에게 실질적인 직업 선택의 지표가 될 것으로 기대한다. 다만, 9인이라는 제한된 표본으로 인해 전체 병영생활전문상담관의 경험을 일반화하기에는 한계가 있을 수 있음을 미리 밝혀 둔다. 상담관이라는 직업에 관심을 가진 독자들에게 더 실제적이고 균형 잡힌 시각을 제공하고자 한다.

전문가 인터뷰

병영생활전문상담관 9인에게 묻다

Q 병영생활전문상담관으로서 계속 일할 수 있는 원동력은 무엇입니까?

"군인들이 어른으로 성장해 가는 과정을 함께할 수 있는 게 보람되죠."

우리가 만나는 군인들 대부분이 후기 청소년이잖아요. 그들이 어른으로 성장하는 과정에 함께할 수 있어 보람됩니다. 눈물로 진지하게 자신의 미래를 고민하는 사람과 함께하는 경험, 얼마나 소중한지 아시잖아요! (A 상담관)

"변화과정에 동참할 수 있어서 영광스러워요."

심리적 변화의 과정에 동참할 수 있어 영광입니다. 늘 긴장하고 타인의 시선에 민감한 용사가 있었어요. 내가 보기에는 충분히 똑똑한 사람이었는데, 더 똑똑한 사람으로 보이고 싶었나 봐요. 자꾸 과장하고 포장하고 급기야는 거짓말을 하게 되었어요. 이 좁은 사회에서 바로 들통이 났죠. 어디에도 마음 편히 갈 수 없는 상황에서 상담실을 찾아왔어요. 꽤 오랜 기간 만났는데 전역 전에 찾아와서 편지를 주더라고요. 편지 내용에는 무엇보다 선생님이 판단하지 않고 원하는 대로 해도 괜찮다는 태도로 대해 주어서 좋았고, 어느새 긴장하지 않고 군생활하고 있는 자신을 보게 되어 감사했다는 내용이 적혀 있어서 뭉클했어요. (B 상담관)

“괜찮은 근무 환경인 것 같아요.”

휴가 등 훈령에 따른 복무 여건, 이전 기관보다 꽤 높은 연봉, 적절한 교육 등이 좋습니다. 휴가 쓸 때 눈치 좀 보이잖아요. 여기서는 내 일만 잘해 놓으면 휴가가 자유로워요. 물론 긴급 상황이 발생하기도 하지만, 그때는 당연히 업무를 우선적으로 생각하죠! (C 상담관)

“상담에 집중할 수 있어서 좋아요.”

이전 기관에서는 내가 상담사인지 행정가인지 알 수 없었고, 상담에 대한 갈증이 있어 정말 힘들었습니다. 그런데 이곳에서는 주로 개인상담과 집단상담을 진행합니다. 끝도 없는 서류더미에서 해방된 느낌이고, 상담이 즐겁습니다. (D 상담관)

“상담자로서 조금씩 성장할 수 있어요.”

이곳에서는 상담관에게 요구하는 업무가 많아서 당황했습니다. 상담은 물론이고, 교육, 회의, 소견서 작성까지. 인간관계는 덤이고요. 처음에는 ‘잘못 왔구나.’ 생각했습니다. 잘 해내고 싶지만, 마음과는 다르게 계속 부족한 느낌이었어요, 무엇보다 그런 나를 쳐다보는 수많은 눈빛 때문에 힘들어 숨고 싶었습니다. 하지만 시간이 지나니까 오히려 배짱이 생겼어요. 많은 사람 앞에서 마이크를 잡고 너스레를 떨기도 하고요. 잘 보이지는 않지만 이곳에서 조금씩 성장하는 내 모습이 좋습니다. (E 상담관)

"나만의 안전한 심리적 기지라고 생각해요."

가족 간에 갈등이 막 커지고 있었어요. 다 아시겠지만 내 문제가 해결되지 않을 때 상담에 집중하기는 어렵잖아요. 자연스럽게 업무를 이유로 분리할 수 있었고, 눈앞에 없으니 갈등도 좀 줄어들더라고요. 오히려 일주일에 한 번 혹은 한 달에 한 번 만나게 되니 더 반가웠어요. 이곳은 풍경이 참 아름다운 곳이에요. 멀게만 느껴지던 출퇴근 거리가 이제는 차분히 마음을 정리하는 시간이 되었어요. 아름다운 풍경도 보이고, 나에게 주어진 것들을 누릴 수 있게 되었어요. 일도 하고. 하하. 돈도 벌고 마음도 편안해졌어요. (F 상담관)

"공정한 업무 시스템이 갖춰져 있어서 마음에 들어요."

계급 사회 하면 군대잖아요. 하지만 군상담관은 위계가 없어요. 직급의 차이도, 연봉의 차이도 없어요. 아! 최근에 장기 근무자를 위한 수당을 지급해 주기 시작했지만 차이는 크지 않아요. 사실 타 상담기관에 있을 때 일은 내가 다 하는데, 연봉은 제일 적었어요. 참 억울했으나 뭐 그러려니 하고 다녔죠. 이곳에서는 참으로 평등합니다. 하하. 연차가 쌓이면 또 억울한 상황이 되려나요? 괜찮습니다. 매년 물가상승분이 적용되니까요. (G 상담관)

"상담자 노조가 있어 든든해요."

다른 상담 분야에 비해서 노조가 잘 형성되어 있습니다. 그래서 상담관에 대한 대우라든가 보호장치가 있어 든든하고 위안이 됩니다. 실제로 지난 몇 년간은 노조 간부들을 중심으로 다양한 성과들이 있었습니다. 적극적으로 앞장서지 못해 미안한 마음은 많지만, 뒤에서 조용히 동참하고 있습니다. 함께 부당함을 이야기할 수 있어 좋습니다. (H 상담관)

"다양한 위기 대응능력이 향상되고 있는 나를 발견할 때 뿌듯함을 느껴요."

다양한 상담을 해 볼 수 있어서 좋았어요. 어떤 용사들의 경우는 입대 초부터 전역 때까지 장기 상담을 하기도 하는데, 그 경험을 이야기해 보고 싶네요. 청소년과 성인 사이의 어디쯤에 있는 용사들을 만나 그들이 자기개념을 구성하고, 사회 초년생으로서 준비하는 자리에 내가 함께하는 것이 좋았어요. 또한 다양한 위기상황에서 대응능력이 발달되는 나를 발견할 때가 있습니다. 업무환경에서 오는 어려움을 알고 있고 대인관계 관리, 상담에 대한 인식 부족을 극복하기 위한 교육 및 자기 개발, 그리고 업무에 대한 이해를 높이기 위한 노력 등을 하는 나를 발견할 때 뿌듯합니다. (I 상담관)

참고문헌

김시정, 최윤정(2022). 군상담관이 인식한 군 상담 수퍼비전 요구에 대한 개념도. 상담학연구, 23(6), 229–258.

박경일, 이귀제(2009). 육군 포병장병들의 상담욕구와 군 병영생활전문상담관의 역할에 대한 연구. 한국군사회복지학. 2009(1), 1–29.

이수현(2018). 육군 병영생활전문상담관의 병사 상담 사례 탐구. 내러티브와 교육연구. 6(3), 5–28.

이형국, 김영혜, 지승희(2019). 병영생활상담관의 직무지속요인에 관한 탐색적 연구. 한국 군사학논집. 75(3), 119–142.

박지숙(2024. 10. 28.). 똑똑! 아이유상담관님 계십니까? 국방일보 https://kookbang.dema.mil.kr/newsWeb/

05

조직과 직원의 심리적 건강과 성장을 위한 **기업상담**

기업상담사가 되기 위해서는 전문적인 역량과 함께 기업상담의 특성에 대한 이해가 핵심이다. 이를 위해 5부에서는 기업상담의 발달 배경과 기업이 얻고자 하는 성과, 내부 · 외부 · 결합모델의 운영형태를 다룬다. 또한 개인상담, 집단교육 및 강의, 프로그램 개발, 조직자문 등의 실무역량과 함께 비밀보장, 다중관계, 위기개입 등 기업상담 현장에서 마주하는 윤리적 이슈들에 대한 구체적인 대응방안을 제시한다.

프롤로그

나는 어떻게 기업상담사가 되었나!

결혼 직후 첫 직장이었던 금융회사를 그만뒀다. 지금 생각해 보면 나의 성격과는 맞지 않는 직무환경에 지나치게 나를 끼워 맞추려다 몸과 마음에 탈이 났던 것 같다. 임신과 출산으로 약 4년간 전업주부로 지내다 뒤늦게 구직활동을 시작했다. 4년간의 경력단절을 뛰어넘는다는 것이 높은 장벽인 것을 당시에는 잘 몰랐다. 무모하게 100군데 넘게 이력서를 넣다가 현실을 깨닫고 자포자기할 무렵, "너 헤드헌터 해 보지 않겠어?"라는 친구의 제안에 직업상담사 자격을 취득하고, 여성인력개발센터의 직업상담사로 다시 일하게 되었다.

나의 첫 직업상담 그룹은 남편과 사별한 여성 가장들에게 직업정보와 취업 알선, 면접 컨설팅을 제공하고, 필요시 면접에 동행하는 것 등이었다. 대부분 참여자가 나를 잘 따라와 주었다. 그런데 어떤 분들은 전혀 따라 주지를 않았다. 개인 면담을 해도 고개만 숙이고, 내 말을 받아들이지 않는 느낌이었다. 취업할 생각도 없어 보였다. '대체 이 교육은 왜 듣는 거지?' 속으로 화만 내다가 알게 되었다.

그녀들은 어쩌면, 내가 감히 근처에도 가기 어려운 힘든 감정을 온몸으로 겪어 내고 있을지도 모른다는 희미한 직감이 들었다. 그제야 그들과 마음으로라도 함께 있지 못했음에 너무도 미안해졌다. 하루아침에 남편을 잃은 여자들의 허망함, 무기력감, 분노, 불안, 상실감 등을 그때는 알지 못했고, 그래서 아무 말도 건넬 수가 없었다. 내가 그들을 전문적으로 도울 방법이 있을까?

그렇게 나는 막연한 호기심으로 상담교육 석사과정에 진학하게 되었다. 어차피 늦은 거 천천히 가자는 심정으로 대학상담소에서 인턴과 레지던트 과정을 밟고 박사과정을 수료했다. 나에게 잘 맞는 상담 대상과 세팅을 찾아가는 과정으로 청소년상담기관, 대학교상담실, 사설 상담센터, EAP 전문기관, 기업 심리상담실에서 다양한 발달단계의 내담자들을 만나다 보니 상담심리전문가가 되었다. 기업상담사가 어떤 환경에서 구체적으로 무슨 일을 하는지 궁금해하는 독자들이 나보다는 시행착오를 덜 겪는 데 이 글이 작게나마 도움이 되었으면 좋겠다.

나의 근원이 되는 가족, 사랑하는 아이와 늘 응원과 지지를 해 주는 스승님들과 동료들, 소중한 경험을 함께하며 용기 냈던 많은 내담자에게 감사를 돌린다.

기업상담전문가 **최인선**

1
기업상담사, 이것만은 알고 가자

고객 응대 직원 A 씨는 성실한 태도로 회사 내 여러 평가에서 좋은 성과도 내고, 동료들과도 원만히 잘 지내 왔다. 그런데 어찌 된 일인지 3년여 전부터 지나치게 피곤함을 느끼고, 퇴근 후나 주말이면 집에서 누워 지내기 일쑤다. 최근에는 출근길에 멀리서 회사 건물만 봐도 심장이 두근거리기 시작했다. 어렵게 방문한 신경정신과에서 공황장애라는 말에 약물치료도 시작해 봤지만, 그때뿐이고 증상은 심해져 A 씨의 불안은 커져만 갔다. 이번 달에 들어서는 갑자기 고객 응대 중에 목과 귀에 심각한 통증을 느끼면서 정상적인 근무 수행이 어렵다는 판단까지 이르렀다. 급기야 인사팀에 질병 휴가를 신청했는데, 인사담당자로부터 회사 내 심리상담실의 도움을 받아 보는 게 어떻겠냐는 제안을 듣고 고민이 많아졌다. 상담실 방문이 고민되는 가장 큰 이유는, '상담내용이 내가 속한 부서나 인사팀에 알려져 불이익을 받으면 어떡하나?' 하는 걱정이다. 그러나 질병 휴가를 다 소진하고도 증상이 호전되지 않으면 퇴사밖에 없다는 심정에 별 기대 없이 상담실을 찾았다.

A 씨는 심리상담사로부터 상담 비밀보장에 대한 설명과 그 한계에 관한 내용을 듣고 난 뒤 상담에 대한 막연했던 걱정이 놓여 안심되었다. 혼자서만 애끓던 속 깊은 이야기를 전문가와 나누는 것만으로도 무겁던 마음이 조금씩 가벼워지는 것에 놀라고 있다. 상담을 통해 지나치게 꼼꼼한 성격특성으로 과도한 업무 스트레스를 받는 부분에 대해 구체적인 해결 방법을 배우면서 점차 번아

웃 증상에서 회복해 업무 복귀를 준비하고 있다. A 씨는 우연히 접하게 된 기업 내 상담실이 없었더라면 15년간 잘 다녀온 회사를 퇴사할 뻔했다는 사실에 크게 안도하고 있다. A 씨의 업무 복귀 소식을 들은 인사팀에서도 베테랑 직원 이탈로 인한 비용손실을 줄일 수 있어 다행으로 생각하고 있다.

A 씨 사례와 같이 업무에서 받는 스트레스와 문제를 해결하기 위해 직장인들이 회사 내에서 운영하는 상담실을 방문하는 횟수가 증가하고 있다. 여기서는 기업상담의 주요 목적과 산업혁명 이후부터 현재까지의 기업상담 발전과정, 그리고 내부모델, 외부모델, 결합모델 등 기업상담의 기본적인 이해를 돕기 위해 운영형태와 각각의 특징을 상세히 다루고자 한다.

기업상담으로 조직이 얻기 원하는 것

늘어나는 MZ세대들의 조용한 퇴사 및 이직으로 인한 기업들의 손실 비용이 적지 않다. MZ세대뿐만이 아니라 워라밸(일과 삶의 균형)을 넘어 워라하(일과 삶의 하모니)를 중시하는 현대인들의 삶에는 하루의 가장 오랜 시간을 보내는 회사를 선택할 때, 회사의 복지로서의 EAP(근로자 지원 프로그램)를 중요시하는 문화가 자리 잡고 있다.

최근의 관련 연구들에 따르면, 근로자들에게 기업상담을 제공함으로써 전반적인 직장 내 분위기가 긍정적으로 개선되며, 직원들의 직무 만족도와 소속감을 높여 직원들의 이직률을 감소시키고, 기업에 대한 충성도를 높이는 결과를 가져오는 것으로 보고되고 있다. 이 외에도 기업상담은 구성원들이 기업을 상대로 하는 노동분쟁과 스트레스 소송 사건을 피하는 것, 구성원 개인과 팀의 성과를 향상하는 데 조력하는 제도로 기능하는 것, 기업 전체의 경영과 현황 진단 등에도 이바지하는 것으로 알려져 있다. 즉, 기업상담은 다양한 심리서비스를 제공함으로써 기업 구성원의 심리적 건강과 행복을 지원하고 업무역량을 잘 발휘할 수 있게 도와주며, 기업 내부 조직과 기업의 건강함에 기여해 궁극적으로 기업의 지속이 가능한 성장과 발전을 증진하는 데 그 목적이 있다.

직장 내 심리상담의 중요성과 발전 과정

20세기 초 산업혁명 이후 대규모 공장과 조직이 생기면서 직원들의 스트레스와 생산성 문제가 대두되면서 심리적 요인이 업무 만족과 효율성에 영향을 미치는 것에 대한 관심이 커지게 되었다. 또한 제2차 세계대전 이후, 전쟁으로 인한 정신적 외상을 겪은 군인들이 사회로 복귀하면서 직업적 재활 상담이 발전했으며, 각 기업에서 이러한 모델을 참고해 직원 상담 프로그램 Employee Assistance Programs(EAPs)을 도입한 것이 기업상담의 시초라고 할 수 있다.

1950~1960년대 미국에서 본격적으로 시작된 기업상담은, 초기에는 알코올 중독 등 중독 문제를 해결하기 위해 시작되었지만, 점차 스트레스, 우울증, 갈등 관리 등으로 확장되었다. 이후 1980년대에 들어서 글로벌화가 가속화되고 경쟁이 치열해지면서 직원들의 스트레스와 번아웃 문제 증가로 각 기업은 생산성을 유지하기 위해 직원들의 정신건강을 중요한 경영 요소로 인식하기 시작했다.

한국에서는 1990년대 IMF 외환위기를 계기로 경제적 불안과 구조조정으로 인해 많은 직원이 심리적 어려움을 겪게 되면서 포스코를 시작으로 삼성, LG, SK 등에서 각 기업의 성격에 맞게 기업 내 심리상담이 도입되었다. 이후 2000년대에 들어서면서 대기업을 중심으로 EAP 도입이 확산되었는데 2004년 홍콩 업체인 휴먼다이나믹 아시아퍼시픽이 한국에서 활동하는 것을 시작으로 (사)한국EAP협회, (주)다인 등 EAP를 전문적으로 제공하는 업체들도 생겨났다. 최근에는 중소기업과 스타트업에서도 기업상담 서비스를 도입하는 사례가 늘고 있으며, 특히 노동부는 2007년 하반기부터 중소기업 근로자에게 심리상담을 지원하는 근로자 심리상담 지원 프로그램을 시작하고 공모를 통해 사업 수행기관을 선정했다. 이러한 정부의 제도화 노력과 정부 주도사업이 더해지면서 기업상담에 대한 인식이 크게 확장되었다.

기업상담의 독특한 삼자관계와 기업상담사의 다양한 역할들

기업상담은 일반상담과 구별되는 고유한 특성을 가진다. 가장 큰 특수성은 상담 서비스 비용을 지불하는 조직(기업), 서비스를 이용하는 내담자(조직 구성원), 상담사라는 삼자관계에 있다. 이는 상담의 효과성이 개인의 심리적 성장뿐만 아니라 조직의 생산성과 건강성 측면에서도 평가됨을 의미한다.

또한 상담 장면에서도 특수성이 나타난다. 기업이라는 제한된 공간에서 상담이 이루어지므로 내담자와 상담사가 일상적으로 마주칠 수 있고, 내담자들 간에도 업무상 관계가 있을 수 있다. 이로 인해 비밀보장의 범위와 한계, 다중관계 설정 등에서 더욱 세심한 윤리적 고려가 필요하다.

이러한 특수성으로 인해 기업상담은 일반상담과 차별화된 전문성이 요구되며, 이는 상담사의 다양한 역할 수행으로 이어진다.

1) 조직 구성원의 마음건강 이슈를 다루는 '상담사와 치료자 역할'

앞에서 제시한 고객 응대 직원 A 씨의 사례에서, 기업상담사의 핵심 역할이 조직 구성원의 마음건강을 돌보는 상담사이자 치료자임을 잘 보여 준다. A 씨는 성실하고 유능한 직원이지만 지속된 업무 스트레스로 인해 극심한 피로감과 공황장애를 겪게 되었다. 약물치료에도 증상은 악화되어 정상적인 근무가 어려워졌고, 결국 질병 휴가를 신청하기에 이른다. 처음에는 상담내용 유출에 대한 불안으로 상담실 방문을 망설였지만, 상담사의 전문적인 도움으로 비밀보장에 대한 신뢰를 갖게 되었고 점차 회복의 길을 찾아갈 수 있었다. 특히 번아웃 증상의 완화와 함께 자신의 성격특성을 이해하고, 스트레스 관리법을 습득함으로써 업무 복귀까지 준비할 수 있게 되었다. 이는 기업상담사가 구성원의 심리적 어려움을 전문적으로 다루고 치유하는 역할을 통해, 개인의 회복은 물론 조직의 인적 손실도 예방할 수 있음을 보여 준다.

2) 조직 내 갈등 이슈를 다루는 '중재 및 교육 훈련가 역할'

한 부서 관리자로부터 상담실로 급한 전화 한 통이 걸려 온다.

"우리 부서 특성상 세대 차이가 많은 직원들이 꽤 있는데요. 최근 지속적인 갈등이 있었는데, 오늘 좀 큰 갈등이 생겼어요. 은퇴를 몇 달 앞두신 분인데 이번 일로 바로 퇴사하시겠다고 해서, 이따 오후에 그분에게 상담실로 방문하시도록 의뢰하고 싶은데 괜찮을까요?"

이러한 요청에 기업상담사는 해당 부서의 특성과 세대 간 갈등 이슈를 조기에 진단하고, 관련 구성원 개개인과 부서를 대상으로 코칭과 소통 교육을 진행했다. 구성원들이 서로의 욕구에 대해 더 이해하고 차이를 받아들여 자신들에게 더 좋고 의미 있는 선택을 할 수 있도록 초점을 맞췄다. 다행히 상담실에 의뢰되었던 직원은 몇 달 후 오랜 시간 자기 삶의 일부였던 회사생활을 많은 사람의 축하를 받으며 명예롭게 정년퇴직하게 되었다. 이 사례에서처럼 현대사회에서는 다양한 세대의 가치관, 업무처리 방식, 소통 스타일의 차이에서 갈등적인 요소를 많이 가지고 있다. 기업상담사는 내담자 한 개인 외에도 크고 작은 조직, 부서를 대상으로 갈등을 중재하거나 교육을 통해 갈등 해결을 넘어 깊은 수준의 상호이해와 건강한 조직문화를 만들어 가는 역할을 한다.

3) 기업의 조직문화 및 제도 개선을 돕는 '자문가 역할'

경영 기획 및 노사 지원 부서 담당자가 난감하다는 듯 물어 온다.

"상담실 이용현황 자료를 직군과 주 호소 문제로 나누어 알려 달라는 임원의 요청이 있는데, 어느 선까지 공유해 주실 수 있으세요?"

기업의 의사결정권자들은 조직의 경영과 평판, 재무 상태에 대해 영향을 줄 수 있는 다양한 변수들에 당연히 관심을 두기 마련이다. 이미 드러난 문제 외에도 다양한 경로로 구성원들의 내밀한 애로사항들을 참고해 노사 리스크와 같은 잠재 이슈들에 대해 대비하고 예방하며 개선하고 싶어 한다. 즉, 간단한 상담 현황 통계자료들이 회사의 조직문화 및 제도 개선을 위한 주요 정책 수립의 기초자료로 활용될 수 있으며, 이것은 다시 조직 구성원들에게 영향을 미칠 수도 있는 것이다. 이러한 맥락에서 기업상담사는 경험적 자료를 근거로 기업의 의사결정권자들이 더욱 합리적인 의사결정을 내릴 수 있도록 자문할 수 있다.

그러나 기업 전체의 이익을 위한 자료 요청이 중요한 딜레마를 가져오기도 한다. 사소해 보이는 인구학적 통계자료라고 할지라도, 기업의 규모가 그다지 크지 않을 경우, 개인이 식별될 수 있는 위험이 있기 때문이다. 이는 상담에서 중요한 윤리인 '내담자 정보의 비밀보장'과 충돌하는 지점이 될 수 있지만, 기업상담은 개인과 개별 부서 외에도 기업 전체의 이익에도 부합되어야 하므로 딜레마 상황에 놓이게 된다. 이런 상황에서 기업상담사는 조직의 이익과 내담자 보호라는 두 가치 사이에서 적지 않은 스트레스를 이겨 내고 전문적 판단을 내릴 수 있어야 한다. 경험적 자료를 바탕으로 기업의 합리적 의사결정을 돕되, 윤리적 경계를 지키며 유연하게 대처할 수 있는 역량이 필요하다. 특히 잠재적 분쟁 가능성에 대비해 의사결정 과정에서 전문가로서의 충분한 숙고와 윤리적 의사결정 절차를 따랐다는 것을 문서로 남겨 두는 등 전문가로서의 체계적인 접근이 요구된다. 이처럼 기업상담사는 단순한 상담 제공자를 넘어 조직 발전을 위한 전문적 자문가로서의 역할을 수행한다.

기업상담 모델: 내부모델, 외부모델, 결합모델의 비교

기업상담 운영모델은 내부모델(각 회사의 HR 관련 부서에서 마음건강 전담부서를 운영하는 방식), 외부모델(외부 전문기관과 협력하는 방식), 혹은 그 둘의 요소를 결합한 결합모델로 나눠 볼 수 있다. 기업마다 각 기업의 규모와 사업내용에 따라 적합한 운영방식이 다르므로 여기에 소개된 세 가지 모델에 대한 깊이 있는 이해는 기업상담사가 각 기업의 상황에 맞는 전문적인 서비스를 설계하고 제공하는 데 핵심적인 기반이 된다.

1) 내부모델

내부모델은 조직이 상담사를 자체적으로 직접 고용해 조직 내부에 상담 기능을 설계한 형태로, 국내의 경우 내부모델을 운영할 수 있는 비교적 규모가 큰 S사, P제철 등과 같은 기업들이 주로 채택하고 있다. 통상 근로자 3,500명당 1명의 전일제 상담사를 두거나, 더 작은 규모의 조직에서는 반일제나 그와 비슷한 기준으로 내부 상담사를 고용할 수 있다. 내부모델에서 대개 상담사는 조직의 인사나 복지부서 혹은 독립부서에 소속되어 있으며, 상담실은 조직 내에 있거나 기관과 가까운 곳에 위치한다. 이는 상담실을 방문하는 데 다른 동료들의 시선을 의식하는 내담자를 배려하기 위한 것이다. 이 모델은 상담사가 조직에 직접 고용되어 있어서, 조직의 문화와 역동에 대해 빠른 이해가 가능하고, 내담자와 조직에 더욱 정확한 피드백을 줄 수 있다는 장점이 있다. 반면, 상담사도 조직의 근로자이기 때문에, 내담자들이 자신의 상담내용이 조직에 알려질지 모른다는 불안을 가질 수 있다. 또한 소수의 상담 인력구성으로 운영이 되기 때문에 다양한 영역의 서비스를 제공하는 데 제한이 있을 수 있으며, 외부모델보다 정기적인 고정비 인건비 지출 등을 포함해 큰 관리 비용이 발생하는 단점이 있다.

표 5-1 내부모델 서비스의 강점과 약점

강점	약점
• 상담사는 회사의 문화를 접할 수 있다. • 조직의 다양한 체계에 입각해 평가할 수 있다. • 상담사가 조직의 공식적 및 비공식적 구조를 평가한다. • 상담 서비스에 대해 큰 신뢰를 줄 수 있다. • 상담을 통해 조직에 피드백을 줄 수 있다. • 상담업무를 조직의 요구에 맞게 수정할 수 있다. • 내담자의 욕구에 맞게 수정할 수 있는 융통성이 있다. • 중재를 할 수 있다. • 사람들을 실제 만난다. • 여러 가지 역할을 제공할 수 있다.	• 상담사는 자신의 평가에 더 주관적일 수 있다. • 만약 조직을 재정비한다면 쉽게 무너질 수 있다. • 상담사는 조직이나 개인에 매우 쉽게 동일시된다. • 근로자는 상담사를 관리자로 동일시하기도 하고, 관리자는 상담사를 근로자로 동일시하기도 한다. • 고립될 수 있다. • 조직의 여러 가지 자질구레한 일을 하는 데 이용될 수 있다. • 상담사는 조직의 정치에 관여된다. • 조직에 대항하는 개인에게 이용될 수 있다. • 비밀보장이 어렵다. 직원은 개인정보의 유출을 걱정한다.

출처: 최수찬 외(2017), p. 24.

2) 외부모델

외부모델은 조직이 외부 EAP 전문기관으로부터 일련의 상담 서비스를 구매하고, 매년 사용료를 지불하는 형태를 말한다. 대개 외부모델을 제공하는 EAP 전문기관은 다양한 지역과 다양한 기관의 상담사와 하도급 계약을 맺음으로써 폭넓은 인프라를 갖추고 있다. 외부모델은 조직이 자체적으로 내부모델을 운영하기 어려운 소규모의 영업장이나 여러 지역에 흩어져 있는 사업장을 가진 기관에서도 비교적 쉽게 이용할 수 있어 최근 그 수가 급증하고 있다. 국내의 경우 L사 계열사, P호텔, S시청 등 외국계 단일 기업이나 국내 단일 대기업, 중견 중소기업들이 많다.

이 모델은 대개 기업 내부 상담실에 외부 EAP 전문기관에서 파견된 상담사가 전일제나 파트타임 등으로 근무하며 상담실 업무를 수행하거나, 기업의 각 지역 사업장 부근에 외부 EAP 전문기관과 하도급 계약을 맺은 사설 상담센터에서 상담하는 구조다. 외부모델의 상담사는 조직 외부의 구성원이고, 대개 상담실도 조직 외부에 있어서, 내담자에게 비밀보장의 측면에서 안정감을 주는 장점이 있다. 또한 내부모델에 비해 다양한 인력풀로 다양한 상담 서비스 영역을 확보할 수 있다는 장점이 있다. 반면, 내담자가 속한 조직 문화와 현안에 대한 이해가 부족해 빠르게 대응하기 어려울 수 있으며, 조직

표 5-2 외부모델 서비스의 강점과 약점

강점	약점
• 조직 정책의 한 부분이 아니다. • 회사 내에서 당연한 것으로 받아들여지는 것에 대해 도전할 수 있다. • 상담뿐만 아니라 훈련도 제공한다. • 확실한 비밀보장이 된다. • 다양한 서비스를 제공한다. • 서로 다른 배경과 기술을 가지고 있는 많은 수의 상담사를 제공한다. • 조직은 상담의 실책에 대해 책임을 지지 않는다.	• 상담을 실시할 때 융통성이 없다. • 비용이 많이 든다. • 개개 회사에 쉽게 적용하지 못한다. • 조직 정책에 의도하지 않게 관여될 수 있다. • 조직의 문화를 이해하지 못할 수 있다. • 잠재적인 내담자에 의해 '외부인'으로 보일 수 있다. • 조직에 상담이 무엇인지를 교육할 수 없다. • 상담사가 기업상담의 경험을 가지지 않는다. • 상담사는 내담자가 속한 조직에 관해 아무것도 모를 수 있다.

출처: 최수찬 외(2017), p. 27.

과 외부모델 제공기관과의 계약종료로 인한 갑작스러운 상담 종결로 내담자의 불편을 가져올 수 있다는 단점이 있다.

3) 결합모델

결합모델은 내부모델과 외부모델의 요소를 결합한 모델로, 각 모델의 장단점을 절충한 모델이라고 할 수 있다. 조직 내부에 사내상담실을 운영하면서, 동시에 매년 외부 EAP 전문기관과 상담 서비스 계약을 맺어 사내상담실 기능을 보완하는 방식을 취하는 것이다. 이 모델에서 특히 중요한 것은 내부모델과 외부모델의 연계를 통합하고 책임 있게 관리하는 담당자가 있어야 한다는 점이다. 대개 조직에 고용된 사내 상담사나 사내 담당 직원이 그 역할을 맡게 된다. 기업상담 초창기 내부모델이나 외부모델만 적용하던 기업들이 기업의 구조나 추구하는 가치에 따라 차츰 내부모델과 외부모델의 장점을 취한 결합모델을 선택하고 있다. 국내의 경우 K자동차, S금융계열사, W은행 등이 이 모델을 적용해 본사 내부나 근처에 사내상담실을 운영하면서, 각 지역의 사업장에서도 외부 EAP 전문기관의 상담 서비스를 이용하고 있다.

기업 내 상담실 구축과 지속적인 확장

기업상담이 기업 내 성공적으로 정착되고 지속 가능하기 위해서는 우선적으로 상담실이 안정적으로 구축되어야 한다. 신규 상담실을 구축해 가는 과정은 크게 '도입 관련 의사결정하기, 물리적 외형 갖추기, 상담정책과 절차 만들기, 상담실 기반 확장하기'의 네 단계로 진행된다. 각 과정의 단계별 주요 고려사항을 살펴보자.

1) 도입 관련 의사결정하기

기업상담실을 구축하기 위해서 가장 먼저 할 일은 조직 내부의 주요 의사결정권자들로부터 기업상담 도입에 관한 결정을 끌어내는 것이다. 먼저, 임원회의나 노사회의 보고 시 임직원들의 스트레스 관리를 통한 몸과 마음건강의 중요성, 일과 삶의 조화에 대한 사회적 트렌드를 반영해 조직 내부에 기업상담을 도입하는 것에 대한 공감대를 불러일으켜야 한다. 더불어 관련된 사내 이슈들과 기업상담의 필요성에 대한 구체적인 분석을 정리하고 운영 방향 및 전략, 운영모델, 투자액 등을 확정한다. 보통 대기업의 경우 조직 내부에 상담부서를 설립하는 내부모델이나 결합모델을, 작은 기업일수록 전문기관과의 계약을 통해 전반적인 서비스를 받는 외부모델을 선택한다.

2) 물리적 외형 갖추기

내부모델 기준으로 다음으로 할 일은 각 기업의 상황에 잘 맞는 상담실을 구축할 전문상담가를 확보해 상담실의 물리적인 외형을 갖추는 것이다. 전문상담가를 주축으로 해서 타 상담실과 힐링센터 등을 벤치마킹해 상담실의 물리적 위치 선정, 공간 디자인과 소품 등을 구성한다. 이때 특히 상담실의 신뢰성을 확보할 수 있도록 독립된 부서와 업무 결재 라인 등을 갖추도록 하고, 상담실에 대한 물리적 심리적 접근성이 쉽도록 동선을 고려해 위치를 잘 선정하는 것이 중요하다.

3) 상담정책과 절차 만들기

다음으로는 상담실의 정책과 절차, 각종 서식들을 작성하고 회사 내부의 다른 정책이나 법률적으로 상충하는 것이 있는지 법무팀의 검토를 받아 확정한다. 검토의 근거가 되는 주요 관련 법은 근로복지기본법, 정신건강증진 및 정신질환자 복지서비스 지원에 관한 법률, 자살 예방 및 생명존중문화 조성을 위한 법률, 한국상담심리학회 윤리강령 등이 있다. 예를 들면, 위기상황 발생 시 회사 개입의 법적 근거 등을 미리 확인하는 것인데, 구체적으로 개입의 범위, 개입 주체, 개입 시점, 비밀보장 해제의 범위 등이 있다. 이후 마련된 상담실의 큰 정책과 절차를 토대로 회사와 임직원의 특성을 반영한 운영 프로그램과 구체적인 업무 프로세스와 매뉴얼을 만든다.

4) 상담실 기반 확장하기

상담실 도입 초창기에는 특히 심리적 접근성을 강화하는 각종 홍보 마케팅을 통해 조직 구성원들이 상담실에 대해 편안함과 긍정적인 인식을 갖도록 하는 데 주력한다. 다양한 프로그램 운영 결과의 환류를 통해 조직과 구성원들의 특성과 요구사항을 반영하는 신규 프로그램들을 늘려 감으로써 상담실의 업무영역을 확장해 나간다.

표 5-3 기업상담의 특징
• 기업상담은 상담 서비스 비용을 지불하는 조직(기업), 서비스를 이용하는 내담자(조직 구성원), 상담사라는 삼자관계가 존재한다(왕은자, 김계현, 2009). • 기업상담사는 상담/치료자, 각종 교육 강사, 자문 역할, 조직문화 개선 역할, 갈등 조정/중재자 등 다중 역할을 요구받는다(심윤정, 2012). • 기업상담 구축 과정 도입 관련 의사결정하기 → 물리적 외형 갖추기 → 상담정책과 절차 만들기 → 상담실 기반 확장하기

2
기업상담사, 꿈을 현실로 만드는 준비

기업상담사에게 필요한 역량

기업상담사는, ① 심리상담과 심리평가자, ② 조직 자문가, ③ 집단교육 및 강의자, ④ 프로그램 개발 및 운영자, ⑤ 이용 촉진 및 홍보가로서 다각적인 역량이 요구된다. 특히 내담자 개인과 조직의 요구 사이에서 균형을 잡고, 상담실의 신뢰와 가치를 지속적으로 증명하는 것이 중요하다. 다음의 내용들에 더해 구체적인 내용은 '직원의 마음을 돌보는 기업상담 실무'를 함께 살펴보면 좋을 것이다.

1) 효과적인 심리상담과 심리평가 역량

- 문제 해결중심, 단기역동, 코칭, 자문과 같은 단기상담 심리치료 능력
- 만성적인 정신건강과 성격문제 접근을 위한 장기상담 심리치료 능력
- MMPI-2, TCI, SCT 등 다양한 심리검사 실시 및 해석 능력
- 고위험군 위기사례 평가 및 관리 능력
- 상담기록 문서화 및 체계적 관리 능력
- 상담 비밀보장과 법적, 윤리적 책임에 대한 민감성

2) 개인과 조직의 생산성에 기여할 수 있는 자문 역량

- 조직 심리 및 산업 심리에 대한 전문지식과 이해 능력
- 다양한 세대 간의 가치관, 업무스타일, 의사소통 차이에 대한 이해 능력
- 내담자 보호와 조직의 이익 간 갈등에서 균형 잡힌 해결책을 제시하고 소통하는 능력
- 조직 이슈에 대한 통찰력과 민감성을 가지고 혁신적인 아이디어를 실행하는 능력

3) 기업 맞춤형 집단교육 및 강의 역량

- 조직의 현안과 요구를 반영한 참신한 교육 프로그램 기획 능력
- 전달력이 높은 효과적인 강의자료 제작 능력
- 청중과 효과적으로 소통하는 강의 진행 능력

4) 프로그램 개발 및 운영 역량

- 조직이나 부서 단위, 개인 단위 맞춤형 프로그램 개발 능력
- 잠재적인 위기 내담자를 조기 발견하는 예방프로그램 개발 능력
- 타 기관과의 정보교류 및 벤치마킹하는 능력

5) 이용 촉진 및 홍보 역량

- 다양한 홍보 콘텐츠 개발 능력
- 사내 포털, 이벤트, 정기 매거진 등 다양한 채널을 활용한 효과적인 마케팅 전략 수립 능력

- 상담 비밀보장 원칙을 지키며 상담실 신뢰도를 구축하는 능력
- 조직 내 이해관계자들과의 우호적인 관계를 형성해 상담실 운영의 안정성을 확보하는 능력

기업상담사의 근무환경

기업상담사의 근무환경은 기업이 상담사를 직접 고용해서 상담실을 운영하는 내부모델인지, 외부 EAP 전문기관의 상담 서비스를 계약해서 운영하는 외부모델인지에 따라 달라진다. 또 근무 일수에 따라 전일제 상주형과 기간제 근무형, 고용계약에 따라 정규직과 무기계약직, 기한의 정함이 있는 계약직으로 나눌 수 있는데, 이런 구분에 따라 근무환경의 차이가 있다.

보수는 자격과 경력에 따라 다른데, 1급 상담전문가이면서 전일제 상주형의 경우, 대개 연봉 5,000만 원에서 6,000만 원(2025년 기준) 사이로 시작해 근속연수가 올라감에 따라 연봉도 오른다. 또 내부모델에 속한 상담사의 경우 기업의 상황에 따라 연봉 외에 별도의 PS(profit sharing), PI(performance incentive), 복지포인트 같은 복리후생 혜택을 받을 수 있다.

상담실에 상주하는 상담사 수는 기업의 규모에 따라 차이가 있다. 국내 S전자의 경우 임직원 수가 수만 명인 데다 사업장이 지역 곳곳에 있기도 하고, 기업에서 상담실을 운영할 수 있는 자본이 많으므로 상담사 수도 수십 명으로 이루어져 있다. 그러나 대개는 1급 상담사 1명으로 운영되거나 1급 상담사와 1급을 보조하는 2급 상담사로 구성된 2인 상담실로 운영되는 경우가 많다.

상담실의 조직 내 위치는 노사 관리 및 조직문화 관리와 관련된 인사팀,

신문화팀, 인재개발팀 등에 속하거나 아예 독립부서로 있는 경우가 많다. 상담실의 물리적인 공간은 내부모델은 기업 내부나 기업 근처의 별도 건물에 상담실을 갖추고 있으며, 외부모델은 EAP 전문기관과 하도급 계약을 맺은 개별상담소나 기업 내부 마련된 상담실로 파견되어 상담을 진행하기도 한다.

기업상담사의 자격준비 과정

1) 자격요건

기업상담사 구인 지원요건 중 먼저 학력을 살펴보면, 심리학이나 상담 관련 석사학위 이상, 학위 취득 후 4~5년 이상의 유관 경력(기업상담 또는 성인상담) 보유자를 우대한다. 지원 자격에는 석사학위 이상으로 되어 있지만, 실제 채용된 사람들은 박사수료 이상인 경우가 많다.

필요한 자격은 임상심리전문가(한국임상심리학회), 정신건강 임상심리사(보건복지부, 구 정신보건 임상심리사1급), 상담심리사 1급(한국상담심리학회), 전문상담사 1급(한국상담학회)인 경우가 많다. 가능하면 1급 상담사를 원하지만, 1급 상담사를 구인하기 어려운 지역이거나 기업 내 상담실 규모가 큰 곳에서 1급 상담사를 보조하는 포지션의 2급 상담사를 구인하는 때도 있다. 2급 상담사라도 관련 경력이 충분하다면 채용 시 유리할 수 있다. 비교적 자주 채용공고가 올라오는 EAP 전문기관의 2급 상담사 공고에 꾸준히 관심을 가지고 기업상담사로 진입해 경력을 갖춰 두면, 추후 더 좋은 조건의 기업상담실로 이직하는 데 도움이 될 것이다.

2) 기업상담사가 되는 데 도움이 되는 실무 경력

기업상담의 수행 업무들은 심리평가, 개인상담 및 집단상담 운영, 마음건강 증진 및 기업문화 개선을 위한 프로그램 개발과 운영, 마음건강 관련 강의, 상담실 운영 제반 업무들이다. 이러한 업무와 관련된 경력이 있다면 채용 시 유리하며, 특히 EAP 전문기관이나 기업, 사설 상담센터에서의 성인 대상 상담경험이 있다면 좋다.

또한 기업 내 상담실의 경우 2명 이상의 상담사로 운영되는 때도 있지만, 대개 1인 상담실로 운영되는 경우가 많다. 1인 상담실의 상담사를 구인할 때 기업에서는 상담실을 전적으로 책임져 줄 상담사의 적극성이나 기획력, 추진력을 높게 평가하고, 여러 명의 상담사가 있는 상담실의 구인이면 상담사 간의 갈등을 최소화할 수 있는 유연성과 융합력을 높게 보는 경향이 있다. 지원하는 포지션 정보를 미리 알 수 있다면 자신의 특성에 비춰 잘 적응할 수 있을지 먼저 스스로 점검해 보면 좋겠다. 그리고 지원과정에서 기업과 자신의 연결부분에서의 장점을 어필할 수 있으면 좋을 것이다.

(1) 일반 기업체 사무직 경력

일반 기업체에서 사무직으로 근무한 경력도 상담 관련 경력만 있는 것보다는 기업상담사로 채용되는 데 경쟁력으로 작용한다. 대부분 기업은 조직 구성원들이 고객 중심의 서비스 정신을 갖추길 바라고, 기업마다 추구하는 독특한 가치나 조직문화를 상담사가 잘 이해할 수 있을지 의구심을 갖기 마련이다. 이런 맥락에서 상담사가 기업이나 조직에서 일했던 경험은 기업들의 막연한 불안을 줄여 채용 시에도 유리하게 작용한다. 또한 기업상담은 내담자 외에도 부서나 조직 단위의 교육이나 자문 등으로 기업 내 구성원들과 자주 소통해야 하는 일들이 생긴다. 이때 상담사가 상담의 언어 외에도 기업의 언어로 이야기할 수 있다면, 더 잘 소통할 수 있는 사람으로 인식될 수 있다.

표 5-4 기업상담사 채용공고 예시

① 지원 자격
- 상담, 심리학, 교육학 등 관련학과 석사 이상 졸업
- 임상심리전문가(한국임상심리학회)
- 상담심리사 1, 2급(한국상담심리학회)
- 전문상담사 1, 2급(한국상담학회)
- 2급 자격증 취득 후 임상 경력 6년 이상
- 성인 개인상담경력

② 수행 업무
- 임직원 개인/집단 심리상담 및 심리평가
- 마음건강 증진 및 기업문화 개선을 위한 상담 프로그램 기획 및 운영
- 마음건강 교육 콘텐츠 개발 및 강의
- 상담센터 운영을 위한 제반 업무
- 주요 콘텐츠: 스트레스 관리, 리더십 개발, 자아 성장, 대인관계 향상, 의사소통 증진

③ 우대사항
- EAP/기업상담경력 보유자
- 상담심리사 1급/임상심리사 1급 자격 보유자
- 석/박사학위 취득(예정)자의 경우 수학 기간을 경력 기간으로 인정

(2) 대학상담소의 인턴과 레지던트 경력

상담사로서의 수련을 어디서 어떻게 받았는지에 대한 제한점은 없지만, 가능하면 공신력 있는 기관에서 수련받고 상담심리사 자격을 취득한다면, 상담사로서 기본기를 갖추고 안정감 있게 성장했다는 것을 증명하는 데 도움이 될 수 있다.

(3) 청소년상담복지센터 상담원 경력

기업 내 상황에 따라 임직원들의 연령대, 주 호소 문제, 위기 스펙트럼이 다양한 경우가 많다. 또 상담 대상도 임직원 개인 외에도 배우자, 자녀를 포함하는 경우가 많다. 필자는 석사 취득 후 비교적 취업 진입이 수월했던 청소년상담복지센터 전일제 동반자 상담사로 일한 경험이 있다. 주로 위기청소년들의 자살이나 자해, 가출, 심각한 정신건강 위기 등을 가진 사례가 많아 긴급한 상황의 위기 대응능력을 키울 수 있었다. 또 이들의 부모상담을 통해 자연스럽게 성인상담, 가족상담 등 다양한 연령대를 아우르는 상담능력을 키울 수 있었다. 또 정부 차원에서 구축해 놓은 CYS-Net(지역사회 청소년 안전망) 정보망을 사용하면서 체계적으로 상담관리를 하는 방법, 다양한 유관기관과의 연계 서비스를 잘 활용할 수 있게 되었다. 일하면서 배운 경험을 통합하기 위해 청소년상담사 2급, 임상심리사 2급을 취득한 것도 이력 관리에 도움이 되었다.

(4) 대학 기관 전임상담원 경력

필자는 2,500명 정도 규모의 작은 대학에서 1인 상담실 상담사로 일하면서 멀티플레이어로 다양하게 시도했던 프로그램들이 모두 콘텐츠가 되었다. 심리검사 워크숍, 집단상담, 발표불안 비디오 코칭, 명상 이완 힐링 프로그램, 찾아가는 상담실 부스 운영, 조기 정신증 선별과 예방사업, 지도교수 대상 상담 가이드 특강, 이용자 요구도 조사 및 전수 실태조사, 대학 내 부서나 구성원들과 이견 조율하기 등 타 대학상담실을 벤치마킹해 가며 해 보고 싶은 건 거의 다 해 봤다. 이러한 경험들은 현재 기업상담사로 일할 때 기업 내 마음건강 증진과 문화 개선을 위한 다양한 프로그램을 기획할 때 영감이 되고, 시행착오들을 줄이는 데 도움이 되었다.

(5) EAP 기관 전문상담원 경력

EAP 전문기관에서는 주로 재직자나 그 가족들을 대상으로 5~8회기 내에 상담의 성과를 내야 하는 구조이기 때문에, 단기 상담 프로세스를 터득하는 데 도움이 될 수 있다. 한 가지 유의할 점은 EAP 전문기관의 고객사인 기업들이 영업비밀 등의 이유로 대부분 상담 녹취를 하지 못하는 경우가 많다는 것이다. 이런 이유로 EAP 기관에서 상담하는 경우 수련 활동으로 축어록(逐語錄)을 작성해야 할 때 제한점이 많을 수 있다. 실제로 상담심리사 2급으로 기업 세팅에 취업했다가 수련요건을 채우는 게 늦어져서 1급을 취득하는 데 상당한 기간이 걸린 경우들이 더러 있으므로 이런 점에 대해서 유의할 필요가 있다.

(6) 사설 기관 전문상담원 경력

사설 기관에서는 내담자들이 매 회기 적지 않은 상담료를 지불하는 유료 세팅이기 때문에 상담 성과가 미진하면 바로 상담이 종결될 수 있다. 그렇기 때문에 매 회기 일정한 성과를 내야 한다는 압박감과 긴장감이 적지 않다. 또한 더욱 심각하고 다양한 호소 문제들을 접할 수 있는데, 일시적인 적응장애 외에도 진로, 직장, 정서, 성격, 부부나 애인 관계, 부모 자녀 관계 등의 어려움을 가진 다양한 사례를 접할 수 있다. 필자의 경우 상담 대상이나 호소 문제의 스펙트럼이 넓어지면서, 상담사로서의 효능감과 상담사와 내담자 간의 관계의 질과 역동이 무엇보다 중요하다는 인식을 가지는데 도움이 되었다.

3) 교육 및 훈련

기업상담사로 일하게 되면 당장 활용할 수 있는 콘텐츠를 가지고 있는 구직자라는 것을 어필하면 좋다. 실제로 채용공고에 이력서와 자기소개서 외에 '○○ 집단 프로그램 기획서'와 같은 포트폴리오 제출을 요구하기도 한다. 기업상담에서는 개인상담 외에도 커플상담, 부부상담, 가족상담, 코칭, 집단 프로그램 교육과 강의가 많은 편이기 때문에 이러한 분야에서의 경력이나 자격이 있다면 유리하다. 특히 최근 마음건강에 주요 키워드가 되는 마음챙김, 명상, 이완, 힐링 프로그램을 운영해 본 적이 있거나 자격 과정을 이수한 것이 있다면 유리할 것이다. 필자의 경우, 개인상담만으로는 상담실을 운영하는 데 콘텐츠가 부족하다는 생각에 명상 트레이너 자격과 아로마 관리사 자격을 취득하고, 관련 프로그램을 운영해 큰 호응을 얻었다.

4) 취업준비 실전

(1) 취업준비 서류에 기업과 나의 연결성 찾아 어필하기

이력서를 작성할 때 너무나 당연하지만, 채용공고를 낸 기업의 홈페이지 정도는 둘러보고 기업의 핵심 가치와 인재상을 파악해 두면 좋을 것이다. 필자의 경우, 홈페이지 외에도 해당 기업의 관련 뉴스 기사를 통해 요즘의 내부 이슈에 대해 파악하고, 가능한 인맥 등을 통해 채용공고 T/O 포지션 등의 배경에 대해 사전 조사를 했다. 구인 기업이 원하는 것에 나의 어떤 경험을 연결할지, 기업이 걱정하는 것에 대해 어떻게 안심시키고 어필할지 고민해 지원서를 충실하게 작성하는 것이 도움이 되었다.

(2) 기업상담 경력이 없는 상태에서 면접 준비하기

기업상담과 관련된 책이나 질적 연구 논문 등을 통해 기업상담에 대한 기본적인 개념과 기업상담사로 사는 삶에 대해 간접적으로 경험해 보는 것이 채용 시 면접과 채용 후 업무를 수행하는 데 도움이 될 것이다.

기업상담사는 고상하게 상담실에 앉아서 오는 내담자만 상담하는 일은 많지 않다. 기업상담사 스스로 자신의 존재 이유를 밝혀야 하므로, 상담실을 홍보 및 운영하고 점차 안정적으로 상담실의 활동 영역을 확대하기 위해 적극성을 갖추고 있어야 한다. 또한 개인상담 외에도 다양한 부서나 조직 단위로 교육이나 강의를 하기도 하고, 갑작스러운 자문과 일반인들이 상담에 대해 잘 몰라서 던지는 윤리적인 딜레마를 가진 요청 등에도 창의적으로 유연하게 대응할 수 있어야 한다. 내가 이러한 적극성과 창의성, 유연성과 같은 성격 특징을 갖추고 있다면 채용면접 시 이 부분을 어필하면 좋을 것이다.

그 밖에 면접관들은 상담사의 전문성과 가치관, 성실성과 개방성과 같은 성격과 태도, 소통능력과 조직과의 융화력 등이 자신들의 조직과 얼마나 잘 매칭될지 조직적합성을 심도 있게 고려한다. 이 부분에 대한 면접관들의 불안을 낮출 수 있는 진솔하고 참신한 답변을 준비하면 좋다.

표 5-5 기업상담사 채용 면접 시 예상 질문
① 성인상담 중에 위기사례를 성공적으로 마무리한 경험은?
② 기업상담실이 활성화되는 데 필요한 점은 무엇이라고 생각하는가?
③ 채용되면 당장 적용할 수 있는 프로그램이나 강의 콘텐츠는 무엇인가?
④ 내가 기업상담사로서 특별히 장점이 되는 점은 무엇이고, 철학과 비전은 무엇인가?
⑤ 힘든 내담자 이야기를 자주 듣다 보면 상담사가 소진되기 쉬울 것 같다. 평소 상담사 자신의 스트레스 관리를 어떻게 하고 있나?
⑥ 조직에서는 조직에 잠재적인 리스크에 대비하기 위해 상담 이용자들에 대한 정보를 요청하는 경우가 있다. 이런 경우 어떻게 대응할 것인가?
⑦ 갑자기 위기사례가 발생했을 때 지방 출장이나 야간업무를 할 수 있나?

3
직원의 마음을 돌보는 기업상담 실무

개인의 심리적 문제 해결을 위한 '심리상담과 심리평가'

기업상담의 개인상담에서 주로 언급되는 호소 문제는 업무 불만족이나 고충으로 인한 스트레스, 우울이나 불안, 번아웃, 공황장애 같은 정서적인 어려움, 개인적인 성격이나 사회환경적인 문제로 인한 지속적인 대인관계 불편감, 가족관계 갈등, 연애와 성 고충, 경력관리나 진로상담 등이 있다. 필자는 상담 초반에는 문제의 원인을 명료화해 제거하고 표면적으로 드러나는 정서적인 어려움을 경감시키는 치료에 관심을 가지고 인지행동치료나 명상, 아로마요법 등을 적용했다. 그러나 이런 방식으로는 호전이 되지 않거나 증상의 재발이 잦은 사례에 호기심을 갖게 되었다. 현재는 장기적인 상담이 필요한 성격장애가 있는 내담자들과 좋은 상담관계를 만드는 것, 이들의 공고한 스키마적 취약성을 다루는 것, 궁극적으로는 내담자 스스로가 자신의 치료자가 될 수 있도록 돕는 통합 치료(Integrative Therapy)를 공부하며 임상에서 적용하고 있다.

기업상담의 내담자들은 바쁜 회사생활을 하면서 상담을 받기 때문에 최대한 단기간에 상담 성과를 얻고 싶어 하는 경향이 있다. 필자의 경우 상담 첫 회기에서 문서화된 상담동의서를 함께 보면서 상담구조화를 하는데, 이때 잠정적인 상담 총 회기 수에 관해서도 이야기를 나눈다. 보통은

8회기에서 10회기로 시작해 진행하다가, 약속한 마지막 회기로부터 1~2회기 전에 재구조화를 통해 회기를 추가로 연장하기도 한다. 한편, 심리·사회·경제적으로 심각하게 고립되어 주변의 도움을 얻기 어려운 상태에 있거나 성격적인 문제로 일과 관계에서의 어려움으로 지속적인 상담이 필요한 때도 있다. 이런 경우는 내담자와의 합의를 통해 2~3년가량 장기 상담을 진행하기도 하고, 상담 종결 후에도 정기적인 추수 상담을 진행한다.

이런 경우를 제외하면 보통은 내담자가 일시적인 적응상의 어려움이나 즉각적인 문제 해결이 필요한 경우로, 일회성이나 8회기가량의 단기 상담으로 진행되는 경우가 많다. 이런 경우에는 구조화된 문제 해결중심 상담, 단기역동상담, 현실적인 정보나 상식에 기반한 코칭과 조언, 자문 능력이 요구된다. 상담실에서 주로 받는 자문 내용에는 본인이나 가족의 마음건강 관련 일회성 정보요청, 담당하는 팀 구성원의 근태나 업무 생산성, 부서원들과 관계가 좋지 않은 구성원에 대한 상담 의뢰, 관리자 대상 면담기법 교육 요청, 부서 맞춤형 프로그램 요청, 스트레스 관리에 도움이 되는 팁, 책이나 영상, 음악 등과 같은 정보요청 등이 있다.

또한 기업상담사는 내방한 또는 의뢰된 구성원들의 심리 사회적, 의료적 문제에 대해 심리평가를 하고, 필요한 경우 적절한 부서나 의료기관 등에 연계할 수 있어야 한다. 이를 위해 접수면접과 MMPI-2, SCT, TCI, MBTI, MHSQ 등의 심리검사를 잘 활용할 수 있어야 한다. 특히 내담자 면담과 심리평가, 내담자 주변인들의 보고 등을 통합적으로 고려해 위기 수준을 민감하게 감지하고 평가할 수 있어야 한다. 심각한 스트레스에 노출되어 자·타해 위험 같은 생명의 안위가 위협받는 경우나 횡령과 같은 조직에 심각한 위협이 될 수 있는 고위험군의 사례일 때는, 상담관계 라포 형성에 더욱 세심하게 공을 들여야 한다. 상담 비밀보장의 한계와 관련인들에게 공유할 수 있는 범위에 대해 내담자와 가능하면 사전에 충분히 이야기를 나누려고 한다. 그런 뒤 조직이나 가족 등 관련인들과 내담자를 가장 잘 도울 수 있는 방식을 함께 마련해 개입하고, 종결 후에도 일정 기간 사후 모니터링을 해서 위기사례관리를 한다. 특히 이런 고위험군 사례들을 간과하거나 적절히 개입하지 못한 경우, 만성적인 정신건강의 어려움이나 지속적인 대인관계 갈등으로 진행되어 갑작스러운 퇴사나 산업 재해, 직장 내 괴롭힘 신고로 이어지기도 한다.

이처럼 한참 뒤에 불거질 수도 있는 이슈를 예방하고 적절히 대처하기 위해서도 각 사안에 대해 민감성을 가지고 관련 내용을 꼭 문서화하도록 한다. 이는 내담자의 권익 보호와 함께 상담사와 조직을 보호하기 위해서도 꼭 필요하다. 조직 내 위기사례 평정기준이나 위기상황 발생 시 프로세스 등을 담은 매뉴얼이 없다면 이 부분에 대해서도 문서화하고 조직 내 관련자들에게 공유하는 것이 좋을 것이다.

요즘에는 상담내용과 심리평가를 인사 선발 및 배제 등의 평가, 질병 휴가나 산업 재해 신청 등의 목적으로 이용하려는 내담자나 부서 관리자도 적지 않기 때문에 이 부분에 대해 주의하는 것이 좋다. 상담 신청 동기와 검사 결과에 대해 신중하게 평가하고, 내담자나 의뢰부서로부터 상담소견서 작성을 요청받을 때는 관련 내용이 어떻게 사용되고 어떤 사람들에게 어떤 영향을 미칠 것인지에 대해 질문해 맥락을 잘 알고 있어야 한다. 무엇보다 갈등이나 오해의 소지가 있을 수 있는 부분에 대해 내담자와 함께 충분히 소통함으로써 각종 컴플레인이나 소송 이슈 등을 예방할 수 있다.

기업문화 개선과 생산성 향상을 위한 '조직에 대한 자문'

기업상담은 그 대상이 내담자 한 개인 외에도 크고 작은 부서들과 기업 자체이기도 하는 특성을 가진다. 그러므로 기업상담사는 한 개인의 심리 내적 치료를 하는 상담사로서 해야 할 역할뿐만 아니라 기업문화 개선과 생산성, 노사 리스크에 관심을 두는 기업 경영자들에게 자문가로서의 역할도 있다. 무엇보다 그 두 가지 역할 간에 갈등이 있을 때 효과적으로 균형을 이루는 것이 중요하다.

필자가 상담실을 구축하는 초기에, 다양한 상담실 홍보활동에도 불구하고 마음건강과 상담에 대한 편견들로 상담실의 문턱이 여전히 높게 느껴진다는 분위기에 적잖이 고민이 되었다. 그래서 상담실을 직접 찾아오지 않고도 누구나 손쉽게 자신의 마음건강을 자가 진단하고, 적기에 적절한 대처를 할 수 있도록 온라인 심리검사 세트를 회사 내 포털에 탑재하는 것을 제안한 적이 있다. 경영자들은 이 아이디어에 관해 관심을 보이며 온라인 심리검사 외에도 다양한 심리 관련 콘텐츠를 한곳에 탑재해 더 큰 그림의 마음케어 포털로 구성할 것을 요구했다. 상담실 구축 초기로 개인상담만 하기도 벅찬 시기였기 때문에, 조직의 그런 요구는 나에게 적잖이 부담스러워 고민이 되었다. 그렇지만 상담실의 존재 이유를 증명할 좋은 기회라고 생각되기도 해서 적극적인 마음으로 프로젝트를 진행했다.

상담실의 문턱을 낮추기 위한 작은 아이디어에서 시작한 이 프로젝트는 여러 부서와의 협업과 많은 시행착오를 거치면서 약 1년여 만에 전 구성원들의 공모로 얻은 이름을 달고 '마음케어 포털'로 론칭했다. 그리고 기업이 직원들에게 제공하는 종합적인 심리서비스를 상징하는 것으로 자리 잡으며 매년 정기적으로 다양한 콘텐츠들을 탑재하며 확장해 가고 있다. 이 프로젝트는 상담 프로그램 홍보와 운영 외에도 상담실에 대한 긍정적인 인식 개선과 건전한 기업문화 개선에도 크게 도움이 되었다. 기업상담사로서 좋은 상담환경을 활성화하고자 했던 마음과 경영자들의 조직문화 개선 요구가 시너지를 내어 서로 WIN-WIN한 좋은 경험이었다.

내가 속한 기관에서는 월 단위로 정기적인 상담실적 통계를 보고하고 있다. 신규나 연장 건수, 사업부별, 상담매체별, 성별, 호소 문제별, 위기 수준별 이용 건수 등의 내용들로 구체적인 내담자를 식별할 수 없는 수치들로 구성된다. 한번은 경영진에서 이 상담실적 통계에서 매우 구체적인 수치를 요구한 적이 있다. 예를 들면, 어느 지역에 어느 사업부에서는 어떤 호소 문제가 주로 쟁점이 되는지인데, 회사 규모를 봤을 때 그렇게 세부적으로 들어가면 내담자를 식별할 수 있는 수준이 될 수 있어 내담자 개인정보와 비밀 유지를 위해 이 요청자료에 대해 제출을 거부했다. 그러나 경영진에서 그 자료가 왜 필요한지 이유가 있을 것으로 생각해 그 부분에 대해 충분히 소통하려고 했다. 경영진으로서는 노사 리스크나 생산성 저하와 같은 기업에 잠재적인 위험이 될 수 있는 이슈들을 미리 파악하고 예방할 수 있기를 바랐다. 충분히 타당한 요구라는 생각이 들어, 먼저 그 부분에 대해 인정하고 공감을 전했다. 그러나 제한된 답변을 드릴 수밖에 없는 이유에 대해 충분히 설명하고, 윤리적 · 법적 문제를 피할 수 있는 가능한 범위에서 자문했다. 예를 들면, 내담자가 식별될 가능성이 있는 자세한 통계수치는 아니지만, 대략적인 경향성과 이에 대한 경영진과 상담실에서 대처할 수 있는 대안을 담은 문서를 제공해 경영진의 우려를 완화했다. 이런 경험을 통해 상담실 비밀보장에 대한 신뢰, 상담사의 전문성, 상호 간의 협력을 다질 수 있었다고 생각한다.

이처럼 상담사가 내담자들의 직무환경 관련 스트레스 외에도 잘못된 조직문화나 비효율적인 정책들로 인한 스트레스, 이것들이 기업에 어떻게 영향을 줄 수 있는지에 대해 통찰력과 민감성을 가지고 조직에 자문할 수 있어야 한다.

기업의 심리적 건강증진을 위한 '집단교육 및 강의'

조직이나 업종의 특성에 따라 다르겠지만, 기업상담의 내담자들은 입학(입대)과 졸업(제대)을 통해 내담자가 꾸준히 유입되고 바뀌는 학교상담이나 대학상담, 군상담과는 다른 특성이 있다. 다르게 이야기하면 기업상담은 개인상담 내담자군이 꾸준히 유입되는 구조가 아니기 때문에 기업상담사는 개인상담 치료자 외에도 집단교육 및 강의자로서의 역할도 요구된다. 기업상담사들의 업무 비중은 회사 상황별로 다르겠지만, 나의 경우 대략 개인상담이 약 40%, 강의와 프로그램 운영 40%, 그 밖의 수명업무나 행정이 20%로 이루어져 있을 정도로 강사로서의 역량이 중요하다.

강의 주제는 기업상담사가 기존 상담사업들의 환류나 수요 조사 등을 통해 도출된 내용, 인사 교육담당자와 논의해 조직에 필요하다고 생각되는 내용들로 기획된다. 또한 조직 내 특정 이슈에 따라 부서 단위나 직군, 직급별로 각 담당자로부터 강의를 요청받아 진행되는 경우들도 많다. 주된 강의 내용으로는 구성원들 간의 이해를 도모하는 성격과 기질 탐색, 갈등 관리 및 의사소통 증진 훈련, 효과적인 리더십 개발과 코칭, 정신건강 이해 및 대처법, 스트레스 관리 및 셀프 힐링, 부부 간 이해증진, 부모 자녀 양육 코칭 프로그램 등이 있다. 무엇보다 매년 같은 내용보다는 참신하고 성실한 내용으로 콘텐츠를 정기적으로 업데이트해 교안을 작성하고, 이왕

이면 청중들에게 잘 전달될 수 있도록 가독성 있고 깔끔한 PPT를 작성할 수 있으면 좋다.

강의할 때 발표 불안이 심하거나 강의 경험이 많지 않다면, 관련 책과 명강사들의 강연 영상 등을 참고해 성실한 강의자료 준비와 리허설로 자신감을 갖는 게 도움이 될 것이다. 특히 내향형의 상담사일수록 대형 강의에 강사로 선다는 것이 적잖은 스트레스겠지만, 잘 준비해서 그럭저럭 성취해 내는 경험이 많이 쌓이면 누구나 어느 정도는 잘하게 되는 것 같다. 지나치게 걱정하지 말고 다소 뻔뻔하게 실험정신을 가지고 가능한 한 많은 기회를 얻어 내는 적극성을 가지면 좋겠다.

기업 맞춤형 정신건강 '프로그램 개발과 운영'

기업상담에서는 개인 단위, 부서 단위, 조직 전체를 대상으로 다양한 마음건강 프로그램을 개발해 운영한다. 보통은 개인상담을 하면서 그리고 여러 부서와 협업하면서 알게 되는 조직문화와 임직원들의 성향, 기존 프로그램의 운영 결과나 이용자들의 만족도, 수요 조사, 상담사 자신의 장점이 잘 드러날 수 있는 스타일 등을 고려해 새로운 프로그램들을 기획하게 된다. 또 비슷한 직종의 타 기관에서 시행한 프로그램 중 호응 면에서나 효과성이 좋았던 콘텐츠들을 참고하는 것도 도움이 된다. 이를 위해서 다양한 기업들에게 상담 서비스를 제공하고 있는 EAP 전문기관의 프로그램을 찾아보거나 타 기관의 동료 기업상담사들과 정기적인 정보교류를 하는 것도 도움이 될 수 있다.

기업에서 시행하고 있는 주요 프로그램들은 스트레스 관리 프로그램, 대인관계 훈련 프로그램, 자아 성장 프로그램, 가족 이해증진 프로그램, 찾아가는 상담 프로그램, 신입사원 대상 입과 교육, 관리자 대상 역량 강화 교육, 부서원 성과관리 교육 등이 있다. 이러한 프로그램의 궁극적인 목적은 구성원들의 직무몰입에 방해가 될 수 있는 요인들을 최소화해 회사의 생산성을 높이는 것, 나아가 일과 개인 생활의 조화로움을 갖추게 되는 것이라고 할 수 있다. 개별 프로그램을 진행하면서 각각의 목적에 맞는 효과성을 기대할 수 있는 것뿐만 아니라 상담실의 존재와 역할에 대한 홍보, 잠재적인 내담자 발굴, 위기 내담자를 조기에 발견해 개입하는 예방효과도 얻을 수 있다.

기업상담 활성화를 위한 '이용 촉진 및 홍보활동'

상담실에 아무리 좋은 콘텐츠로 만반의 준비가 되어 있더라도 이를 이용해 주는 사람이 없다면 무용지물일 것이다. 한마디로 기업상담사는 효과적인 마케터가 되어야 한다. 나의 경우 기업 내 상담실을 구축하는 초창기에 채용이 되었기 때문에 상담실과 상담사의 존재 이유를 스스로 증명해야 한다는 압박감이 적지 않았다. 지금 단계에서 내가 할 수 있고, 해야 하는 일이 무엇이고, 조직 내 어떤 사람들과 부서에 도움을 청하고 관여시킬 것인지에 대해 고민하고, 도움을 줄 수 있는 사람들에게 조언을 구하곤 했다.

첫 단계로 가능한 한 많은 사람이 쉽고 편하게 그리고 무엇보다 믿고 찾을 수 있는 상담실이 되는 것, 즉 상담실 문턱 낮추기에 주안점을 뒀다. 이를 위해 가장 먼저 한 일은 구성원들의 동선이 많은 건물 로비, 사내 식당,

휴게실 앞에 상담실 소개 배너를 설치하고, 상담 관련 콘텐츠를 사내 포털과 사내 TV에 꾸준히 게시해 구성원들에게 상담실의 존재를 인식시키려고 했다. 또 상담실 이용 방법, 이용 시 궁금해하거나 걱정할 만한 내용, 정기적인 상담과 심리검사 프로그램 안내 외에도, 지금 당장 경험해 보고 싶은 흥미 유발성 힐링 프로그램, 명사 초청 특강이나 스트레스 진단 같은 이벤트성 프로그램, 마음건강 정기 매거진 등 트렌디하고 흥미로운 콘텐츠를 지속해서 개발하려고 노력했다. 그리고 프로그램 환류와 입소문 마케팅의 일환으로, 매년 정기적으로 공모전을 통해 상담경험과 상담실 프로그램 이용 후기를 모집해 사내 포털에 게시했다. 상담실의 성과에 대해 공유함으로써 상담실의 존재 이유를 알리고, 잠재적인 상담실 수요자들이 프로그램을 미리 경험하고 현실적인 기대를 할 수 있도록 했다.

상담실의 문턱을 낮추는 것 다음으로 장기적인 관점에서 안정적인 상담실 운영에 중요한 것은, 내담자가 심리적으로 힘들 때 낙인이나 인사상의 불이익과 같은 보복에 대한 두려움 없이 믿고 의지할 수 있는 곳이어야 한다는 점이었다. 이를 위해서 상담의 비밀보장과 그 한계에 대해서 개인상담에서 내담자들에게 충분히 안내해야 한다. 또한 조직으로부터 상담정보 공유 요청이 있을 때, 공유 가능 여부와 공개 범위에 대해 관련자들에게 인내심을 가지고 법적 근거와 상담사 윤리강령 등을 들어 공들여 설명하는 것이 중요하다. 이렇게 해도 통하지 않을 때는 "당신이라면 나의 상담 정보가 비밀보장 되지 않는 상담실을 이용할 수 있겠습니까?" "상담 정보가 공유될 수 있다는 분위기만으로도 상담실의 존폐가 갈릴 수 있는데 이 부분에 대해 어떻게 생각하십니까?" 하는 다소 도발적인 질문을 던지기도 했다. 전문가로서 필요한 말은 해야 하지만, 나도 조직의 구성원이기 때문에 이런 질문이 나에게 어떤 인사상의 불이익으로 돌아올지 몰라 아슬아

슬했다. 이처럼 위태로운 상황이 지나가면 이를 만회하기 위해 관련 구성원들과 더욱 우호적인 관계를 잘 맺기 위해 노력했다. 어떤 내적 갈등에도 내담자 보호와 상담실의 내실 있는 운영, 상담사 윤리 위반을 피하기라는 현실적인 이유를 위해서라도 비밀보장은 지켜져야 할 중요한 원칙이다.

표 5-6　주요 프로그램 및 강의 주제 예시
① 스트레스 관리 프로그램: 명상, 이완 스트레칭, 아로마요법, 스트레스 자가측정
② 대인관계 훈련 프로그램: 심리검사를 활용한 의사소통, 자기와 타인이해, 집단상담
③ 자아이해 성장 프로그램: 심리검사 기반 기질과 성격이해, 강점과 약점, 셀프리더십
④ 가족이해 증진 프로그램: 결혼만족도, 부부대화법, 부모 자녀 관계 코칭, 가족 힐링 체험
⑤ 찾아가는 상담 프로그램: 간이검사, 뇌파측정 스트레스진단, 캘리그래피/향수 만들기
※ ②, ③에서 많이 사용되는 심리검사는 MBTI / TCI / 에니어그램 / DISC 등이 있다.

4
기업상담사 선배의 조언

기업상담에서의 윤리적·정책적 민감성 키우기

대부분의 상담심리사가 소속되어 있는 한국상담심리학회, 한국상담학회와 같은 공신력 있는 기관들에서 가장 중요한 가치로 여기는 것 중의 하나가 상담사 윤리강령일 것이다. 윤리강령의 목적은 내담자의 개인적인 성장과 사회 공익에 이바지하는 데 최상의 복지를 제공하는 것에 있기도 하며, 법적인 문제에서 상담사 자신을 보호하는 데 그 근거가 되기도 한다. 특히 최근에는 심리상담이 이전보다 보편화되면서 상담사를 대상으로 하는 소송도 늘어나는 추세이기 때문에, 상담사로서의 전문지식과 기술 습득 외에도 상담 장면에서 발생하는 다양한 문제와 딜레마를 합리적이고 민감하게 처리할 수 있는 역량이 필요하다.

상담경력이 쌓일수록 애매모호한 딜레마 상황에서 쉽게 판단하기 어려운 경험들이 많을 것이다. 기업상담에서 자주 등장하는 딜레마는 조직에서 상담 이용자에 대한 정보 공유 요청 시 어떤 기준으로 어떻게 대처할 것인지, 위기개입이나 상담 의뢰, 상담 서식과 같은 매뉴얼을 만들 때 각종 법과 윤리강령에 충돌하는 부분이 있는지, 내담자이면서 같은 조직에 속한 구성원으로서 맺게 되는 다중관계 등이 있다. 솔직히 정답이 없는 문제들이 많지만, 동료 전문가나 수퍼바이저에게 자문 구하기, 상담사가 속한 학회에 공식적으로 질의하기, 속한 조직 내 감사팀이나 법무팀에 자문하기 등을 통해 얻은 가능한 한 많은 답변을 문서화하고 전문가로서의 판단과 최종 의사결정하는 과정에 합리적이고, 최선의 노력을 했다는 것을 근거로 남겨 두는 것이 안전하다. 상담윤리와 관련해 관심이 있는 상담사라면 동료들과 함께 관련 서적을 북리딩하고 토론하면서 사안별 관련 법과 매뉴얼에 대해 숙지하거나 대학원에 개설된 상담윤리 과목을 수강한다면 도움이 될 것이다.

기업상담실의 존폐 '비밀보장 지키기'

앞서 몇 차례 언급했지만, 기업상담에서는 잠재적인 노사 리스크로 작용할 수 있는 사안이 발생하는 경우, 노사 담당 부서로부터 관련 구성원의 상담 정보에 대해 공유해 줄 것을 요청받는 경우가 있다. 관련 법과 상담사 윤리강령을 근거로 상담 관련 비밀보장과 그 한계에 대해 충분히 설명해도 설득되지 않을 만큼 긴박한 상황들이 있다. 특히 나의 경우 사내상담실을 신설해 세팅하는 시기에 채용되어서 참조할 수 있는 선례가 없었기 때문에, 긴급하고 중요한 사안이 발생할 때마다 상담사와 노사관리 부서 간에 매번 예민한 신경전이 벌어지곤 했다.

결론부터 이야기하면, 관련 법과 윤리강령에 따라 비밀보장은 사수되어야 한다. 당신이라면 나의 가장 민감한 상담내용이 공공연하게 인사부에서 공유가 된다는 것을 알게 되면, 상담실을 믿고 이용할 수 있겠는가? 상담실의 비밀보장 지키기 원칙은 상담실의 존폐가 달린 문제이며, 또한 원칙이 무너졌을 때 최악의 경우 상담사 윤리위원회 회부까지도 이어질 수 있으므로, 경각심을 가지고 침착하게 대응해야 한다.

예외적으로 특정 부서나 관리자로부터 의뢰된 내담자와 상담하게 될 때는, 내담자와 상담구조화를 하면서 상담진행 여부나 총 회기 수 정도는 의뢰인에게 공유하게 되는 것에 대해 사전에 동의를 구하기도 한다. 그리고 의뢰인이 그 이상의 정보 공유를 요청할 때는 어떤 부분에서 걱정되는 것이 있는지 확인해 인정해 드리면서도, 공유의 한계에 대해 충분히 설명해 상담의 조력자로 끌어안는 유연성이 필요하다.

기업상담에서의 다중관계 이해하기

기업상담사는 상담사이면서 동시에 기업의 구성원이기 때문에, HR 관련 부서인 인사, 신문화, 인재개발과 같은 부서나 독립부서에 속하게 된다. 기업에서는 보통 1년에 1~2차례 정기적인 조직개편과 인사발령이 이루어지기 때문에, 이전에 내담자로 만났던 직원을 같은 부서의 구성원으로 만나게 되기도 한다. 자연스럽게 함께 회식이나 조직 활성화 행사, 워크숍 등에 참여하게 되기도 한다. 이런 경우를 대비해 상담실 밖에서 만나게 되었을 때 서로 아는 척을 할지 말지에 대해 내담자와 사전에 이야기해 두지 않는다면 여간 곤혹스러운 게 아니다.

나의 경우 회식 자리에서는 가능하면 술은 마시지 않겠다고 사전에 양해를 구했다. 아무리 조심한다고 해도 혹여 상담사가 술에 취하게 되면 상담전문가로서 신뢰도 흐려지고, 향후 잠재적인 내담자들에게 괜한 불안으로 다가갈 수도 있겠다 싶어 염려되었기 때문이다. 상담전문가로서 품위를 지키려는 마음에 정한 나름의 원칙인 '회식 자리에서 술 먹지 않기'는 아직도 지키고 있다.

또 부서 단위 소통 프로그램, 직급별 직무별 역량 강화 교육, 힐링캠프 등에 강의하러 간 자리에서 이전의 내담자들을 만나게 되기도 한다. 대개는 내담자들이 먼저 다가와 인사를 해 주거나 멀리서라도 눈인사를 보내오곤 한다. 아무리 반갑더라도 상담실 밖에서 만남 시 행동에 대해 사전에 협의되지 않은 내담자를 대할 때는 주의 깊고 민감하게 행동하는 것이 필요하다.

같은 직장에 다니는 구성원이라는 공유점이 있으므로 불가피하게 다중관계를 맺을 수밖에 없고, 주의해야 하는 점들도 있지만, 한편으로는 비교적 오랜 시간 함께하면서 서로의 성장을 격려하고 목격할 수 있다는 장점도 있으니 너무 긴장하지는 말기 바란다.

고독을 즐기기, 그러나 고립은 피하기

기업의 규모에 따라 상담실에 상주하는 상담사 수에 차이가 있겠지만, 대개는 1인 상담실로 운영되는 경우가 많다. 이런 경우 조직 내 상담 관련 전문가가 오롯이 나 혼자기 때문에 위기상황에서 중요한 의사결정을 해야 할 때면 책임감이 지나쳐 압박감을 느끼기도 한다. 상담실을 지원 관리하는 부서나 유관부서 담당자들과 자주 소통하고 협력적인 관계를 유지하면서 회사 내 고립을 피하고, 나아가 회사의 중요한 이슈에 대해 민감성을 가지려는 노력이 도움이 될 수 있다.

나의 경우 혼자 지내는 것에 크게 불편감이 없는 편이었지만, 종일 독립된 공간에 혼자 일하는 데서 오는 고독감이 적지 않았다. 점심시간을 이용해 회사 근처 공원을 정기적으로 산책하거나 평소 하고 싶었던 요가와 필라테스, 보컬 개인지도, 명상 교육 등에 참여하면서 환기하는 시간을 가짐으로써, 더 쾌적한 컨디션으로 내담자들을 맞이하고 일상을 건강하게 유지할 수 있었다.

또 기업상담학회나 유관 업종의 기업상담사 네트워크에 참여해 업계 동향과 이슈 트렌드 감각을 유지하는 것이 도움이 되었다. 마음에 맞는 동료들과 함께 전문 서적 북리딩이나 동료 수퍼비전과 같은 자조 모임에 참여하면서 미처 털어 내지 못했던 마음의 짐들을 덜어 내고, 상담사로서의 정체성을 다져간 것들이 기업상담사로서의 안정적인 경력관리에 도움이 되었다.

표 5-7 기업상담사로 안정적으로 성장하기 위한 TIP

① 기업상담사로 안정적으로 성장해 나가기 위해서는, 전문가로서의 지식과 소양을 꾸준히 넓혀 나가는 것도 중요하지만, 상담사 역시도 조직 내 구성원이기 때문에 다른 구성원들과 소통할 수 있고, 믿을 만한 사람이라는 인식이 중요할 것이다.

② 특히 상담실 업무를 관리 또는 지원하는 부서의 담당자(Key man)나 상담실 사업에 대한 최종 의사결정을 가진 임원과 우호적인 관계를 맺음으로써, 필요한 사업의 재원이나 정책 수립에 든든한 지원군을 얻을 수 있다면 회사생활이 든든해질 것이다.

표 5-8 정신건강 4단계 관리시스템

① 예방관리
- 신속 전문적 정보 제공을 통해 잠재적 문제 해결 지원
- 건강한 신체적 · 정신적 상태를 유지할 수 있도록 서비스 정책 및 프로그램 개발 운영
- 정신건강 위험 인력에게 스트레스 체크 및 전문가 상담 의무화 등 예방 관리 실시

② 초기대응: 초기 발견 · 치료에 중점
- '초기 징후 발견 및 대응 방법 교육'을 통해 중간관리자 관리 역량 강화
- 조기 발견을 위해 일상적으로 관리
- 징후 발견 시 정신건강 전문가에게 신속하게 연결, 초기 치료 제공

③ 본격 치료: 종합 진단 및 치료
- 다양한 정신건강 전문인력을 통해 전문적 · 종합적인 치료 제공

④ 사후관리: 지속 관찰 · 치료
- 근로자가 성공적으로 직장에 복귀할 수 있도록 사후 모니터링 지속
  (정신건강 관련 질병은 재발률이 높으므로 꾸준한 관리가 필요)
- 체계적인 '복귀프로그램'을 마련, 관찰과 면담 강화
  (예: D기업의 경우 복직 결정 시 정신건강 전문가의 복직 가능 진단서 제출, 복귀 후 정기적으로 사내 보건 담당자나 관리자와 상담이 원칙)

출처: 이승철 외(2012).

표 5-9 위기사건 발생 시 각 주체별 대응(기업/소속부서 관리자/동료 차원)

① 기업 차원의 대응

가. 직원의 현 상태 파악이 최우선
- 구두 면담을 통해 주변인(동료 · 상급자) 진술의 사실 부합 여부 확인
- 사내 보건관리자에게 일차적인 진찰 실시
- 본인 또는 가족의 협조를 구해 정신건강의학과 전문의에게 진단하도록 독려
- 진단 권유 등을 불이익으로 느낄 수 있으므로 세심한 배려가 필요

나. 정신질환의 발병 시기 및 원인 파악
- 정신질환을 앓게 된 시기 파악 필요
  ❶ 원래부터 질환을 앓고 있었는지
  ❷ 회사 근무 중 최초 발병한 것인지
  ❸ 경증의 정신질환이 있었으나 근무 중 심화된 것인지
  ❹ ❷, ❸의 경우, 증상 발생/악화 이전의 주요 변화를 살펴 원인 파악

다. 보호조치 실시
- 건강한 상태를 회복할 수 있도록 일정 기간 부여([1] 안전배려의무, [2] 산업안전보건법 참고)
  ❶ 정상근로가 어려운 상태임을 본인이 인식한 경우, 휴직 제도로 협의
  ❷ 업무배제에 동의하지 않거나 협의가 어려운 경우, 타 제도 고려

라. 복귀 후 상태 파악 및 업무조정
- 회복 기간 종료 후 다시 직원의 상태 파악
  ❶ 진단서 제출

❷ 인사담당자 또는 보건관리자가 면담 진행 및 내용 기록
- 회복 시 기존 수행업무 또는 유사 업무 재부여
- 미회복 시 잔존 능력에 상응하는 업무 부여 → 필요시 추가 배려 조치 검토

마. 해고는 최후의 수단으로 고려
- 회사의 여러 조치에도 업무수행이 어려운 경우, 근로관계 종료 고려
- 회복 기간 종료 후 다시 직원의 상태 파악
  ❶ 업무를 조정하더라도 사내 어떤 업무도 수행할 수 없는 상태일 경우
  ❷ 신규 업무를 전혀 정상 수행치 못하는 경우
- 부여된 업무를 이행치 못해 징계를 고려할 경우, 질병(정신질환)이 있는 직원의 업무 불성실을 징계 사유로 삼는 것은 적절치 못함

② 소속부서 관리자 차원의 대응

가. 마음건강상 이슈 인력 감지 시 섣부른 진단은 지양
- 높은 스트레스로 인한 일시적인 부적응적 행동의 가능성도 염두
- 정확한 진단 및 상태 파악을 위한 경우, 마음건강상담실에 자문 또는 연계
- 의료적 개입이 필요한 경우, 병원 권유 및 연계

나. 평소와 다른 이상행동 시작 시점 및 경과, 현 상태에 대한 정확한 파악 필요

다. 신변안전을 위한 최선의 안전망 구축
- 단신 거주자의 경우, 일상 패턴 및 인프라 확인 요망: 핫라인 추가확보
  동거인이 있는 경우, 동거인(가족/지인)의 연락처 확보
- 핫라인 확보: 친밀한 관계인 동료 혹은 지인, 법적 보호자(가족) 등
- 심리적 안정감 회복을 위해, 지지와 격려 제공
- 소속부서 관리자는 당사자 관련 정보 보호에 유의
  불필요한 소문이 양산되지 않도록 주변 동료 및 관련자 단속
  당사자 낙인 방지, 불안 정서 전염 단속

③ 동료차원의 대응

도움이 되는 의사소통	• 그래, 그렇구나! • 힘이 드는 게 당연하지. • 그럴 수 있어! 약해서 그런 것 아니야. • 불안하고 걱정되는구나! • 그래 정말 안타까운 일이야. • 화나는 게 당연해. • 우리 같이 방법을 찾아보자! 분명히 있을 거야. • 그렇게 해. 그게 회복에 도움이 된대. • 힘들구나! 같이 있어 줄게!

	• 나가서 조금 쉴까? • 운동하러 가는데 함께할래? • ○○상담 프로그램이 있대. 참가해 보면 도움이 될 것 같아.
피해야 할 의사소통	• 아직도 그래? 언제쯤 괜찮아질 것 같아? • 그렇게 약한 소리 할 때가 아냐, 이제 그만 잊어버려. • 정신력이 약해서 그래. 마음을 굳게 먹으라니까. • 그 생각하니? 생각한다고 달라지니? • 시간이 약이야. 곧 잊혀질 거야. • 이제는 잊으려 노력해야지. • 넌 그때 뭐 했어? • 유별나게 그러지 마라. • 이야기할 필요가 있어? 이야기한다고 뭐가 달라질까? • 예전에는 훨씬 더 힘든 일도 많았어. • 다 회사 책임이야! • 회사 입장도 생각해야지.

가. 안전배려의무: 사용자는 근로계약에 수반되는 신의칙상의 부수적 의무로서 피용자가 노무를 제공하는 과정에서 생명, 신체, 건강을 해치는 일이 없도록 인적 · 물적 환경을 정비하는 등 필요한 조치를 강구하여야 할 보호 의무를 부담한다(대법원 2006. 9. 28, 선고 2004다44506 판결).

나. 산업안전보건법: 사업주는 감염병, 정신병 또는 근로로 인하여 병세가 크게 악화될 우려가 있는 질병으로서 고용노동부령으로 정하는 질병에 걸린 자에게는 의사의 진단에 따라 근로를 금지하거나 제한하여야 한다.

출처: 송인창(2019).

전문가 인터뷰

S사 A 상담사

Q 언제 가장 보람을 느끼나요?

- 기업상담사로서 내담자 개인의 성장뿐만 아니라 조직의 생산성에도 기여할 수 있다는 점에서 큰 보람을 느낍니다.
- 기업상담과 조직의 역동에 대한 인식이 확장되면서, 상담사로서 주도적으로 개입할 수 있는 부분들이 많이 있다는 것을 알게 됩니다. 그럴 때 회사 구성원들로부터 상담전문가로서 인정받고 성장한다고 느낍니다.
- 기업 세팅에서는 더 현실적이고 실질적인 주제들의 상담경험을 할 수 있어 좋았습니다. 예를 들어, 부서 내에서 바뀌지 않는 상사와의 갈등, 고과나 평가에 대한 불만, 부부 또는 자녀 관계에서의 어려움과 같은 자기 성장과 같이 다소 추상적이고 내적인 문제들뿐만 아니라 현실적이고 구체적이면서 급하게 느껴지는 어려움들을 가지고 상담할 때 도전적이면서도 흥미롭게 느껴졌습니다.

Q 힘든 점은 무엇인가요?

- 사내 상담센터 또한 기업에 속한 부서이자 일원이므로 사내 보고 체계와 운영 시스템에 따라 일을 하게 되고, 평가를 통해 고과를 받는 것이 처음에 낯설게 느껴졌습니다.
- 기업에서 일할 때는 유관부서와의 소통 및 협업 과정이 필수적이고, 도움과 정보를 요청하고, 요청을 거절하거나 조율하는 과정들이 이어지기 때문에 개인적으로 내향적이고 비사교적인 성격에 스트레스가 컸던 것 같습니다.
- 상담자로서 받아 온 수련 위주의 경험들 때문에 비즈니스 매너에 대한 정보와 경험이 없어서 이를 익히는 것도 쉽지 않았습니다.
- 입사 초기 기업 특유의 문화와 체계에 적응하는 과정에서 어려움을 느낄 수 있습니다.

- 내담자 개인과 기업의 요구사항 간의 갈등에서 균형을 잡아야 하는 경우가 많습니다. 이럴 때 상담자로서의 정체성 혼란을 겪을 수 있습니다.
- 다양한 역할(상담, 교육, 조직 중재 등)을 수행하면서 업무 과부하와 소진을 경험할 수 있습니다.

Q 기업상담사가 되고 싶어 하는 사람들에게 해 주고 싶은 말은 무엇인가요?

- 상담뿐만 아니라 조직이 추구하는 목표나 가치, 문화까지도 이해하고 관리하는 역량을 지속적으로 키우는 노력이 필요합니다. 개인상담 외에도 코칭이나 교육, 강의, 홍보, 프로그램 개발 등 다양한 일들을 창의적이고 적극적으로 도전해 보고 싶은 분들에게 기업상담사를 추천합니다.
- 고정적이고 안정적인 수입이 삶에서 중요한 가치를 차지하거나, 부양가족이 있어서 실제로 중요하고 필요하신 분들, 조직에서 다양한 역할들의 직무에 능숙하거나 거부감이 적으신 분들이 기업상담에 잘 맞을 것 같습니다.
- 업무 과부하와 소진으로부터 스스로를 잘 돌보고, 균형 잡힌 업무 태도를 유지하는 것이 중요합니다.

참고문헌

변시영(2022). 선배가 들려주는 기업상담 이야기. 서울: 박영스토리.

송인창(2019). 정신질환이 문제되는 직원에 대한 기업의 대응방안. 서울: 노동법률.

심윤정(2012). 기업 상담자의 기업 내 적응 경험에 대한 내러티브 탐구: 대기업 내 여성 상담자를 중심으로. 상담학연구, 13(4), 1819-1843.

왕은자, 김계현(2009). 기업상담 효과에 대한 세 관련 주체(내담자, 관리자, 상담자)의 인식. 상담학연구, 10(4), 2115-2135.

이승철, 김정근, 김태정, 김동구(2012). 건강한 기업의 조건: 근로자 정신건강. 삼성경제연구소, 860, 7-13.

최수찬, 우종민, 왕은자, 장승혁(2017). 근로자 지원 프로그램 EAP. 경기: 군자출판사.

황준철(2016). 기업상담 내부모형 상담실 구축 사례연구: C기획 Hyu 상담실을 중심으로. 서울대학교 박사학위논문.

06

내일을 열어 가는 **고용노동부상담**

고용노동부상담은 구직자들의 심리안정과 취업역량 강화를 지원하는 중요한 역할을 한다. 여기서는 심리안정지원 프로그램의 상담사가 갖춰야 할 자격과 역량, 실제 업무 수행에 필요한 구체적 지침들을 살펴본다. 주요 내용으로는 상담사의 자격요건, 심리상담과 검사 실시, 상담실 운영, 행정업무 처리, 위기대응 등 실무에 필수적인 사항들을 포함한다. 이를 통해 고용노동부상담사가 전문성을 갖추고 효과적으로 업무를 수행하는 데 도움을 줄 것이다.

프롤로그

진정한 나로 살아가자

나는 전직 간호사였다. 또한 결혼과 자녀 양육으로 10년 이상 경력단절을 겪으면서 나이는 벌써 40대 초반이 되어 자신감도 없었고 내가 무엇을 해야 할지, 무엇을 할 수 있을지 두려웠다. 처음에는 상담사가 무엇인지도 몰랐고, 하고 싶다는 욕구도 크지 않았다. 아니, 자신이 없었다. 나도 나를 모르겠는데 누구를 상담한다는 말인가! 단 결혼 후 누구의 아내, 엄마, 며느리로 살아가면서 나를 알고자 하는 욕구가 높았고, 나의 삶을 살아가기 위해 사회생활을 하고 싶다는 강한 끌림에 상담대학원에 들어간 후 오로지 인간을 이해하고 나를 이해하는 데 집중했다. 대학원 시절 동기들은 상담수련, 자원봉사와 학회에 가입해서 본격적인 상담을 하기 위한 준비를 해 가고 있었지만, 나는 상담을 할 용기가 나지 않았다. 도무지 나를 이해하고 수용하는 것이 되지 않았다. 겨우 졸업 논문주제를 정하면서 내가 현재 가장 관심 있는 것을 진정성 있게 하고자 하는 욕구가 생겨났고 '진정성'이 중요했기에 '장기경력단절 중년여성의 재취업경험'을 주제로 논문을 쓰고 난 후에야 상담을 해 보자 하는 용기가 생겼다.

이후 인턴을 거쳐 상담심리사 2급을 취득하고 레지던트를 한 후 프리랜서로 일을 하며 빈 시간을 채우고자 주 2일 정도 더 일을 하고 싶어 학회 구인광고에서 고용노동부 심리안정상담사 공지를 보고 가슴이 뛰었다. 내 논문 주제가 재취업이기에 뭔가 관련 있어 보였고, 딱 주 2일 근무이기에 무엇도 고려하지 않고 지원했다. 첫 시작은 매주 2일 춘천으로 1년 동안 서울에서 출퇴근했다. 그 모든 것에 개의치 않았다. 상담심리사 2급을 취득하고도 직업으로서의 상담사는 체감되지 않았고, 프리랜서로서의 삶은 외롭고 늘 불안했다. 춘천으로 출퇴근하면서 몸은 힘들었지만, 소속감과 안정감이 들고, 직업으로서의 상담사임을 경험할 수 있어 좋았다. 나는 그렇게 고용노동부 심리안정지원 프로그램 상담사가 되면서 본격적인 상담사의 길을 걸었다.

고용노동부상담전문가 **신수진**

1
고용노동부상담사, 이것만은 알고 가자

고용 씨는 20대 후반으로 대학을 졸업하고 취업이 안 되어 무작정 도움을 받고자 고용복지플러스센터를 방문했다. 그러나 센터 초기 방문자 창구에서는 고용 씨가 무엇을 도움받고자 하는지 불명확해 더 이상 구직상담을 지속할 수가 없어 창구 직원이 심리안정 프로그램을 신청하도록 권유해 상담이 진행되었다.

고용 씨는 초·중·고 시절 또래관계가 형성되지 않았고, 학교에 대한 만족감도 없었다. 대학에서도 학업과 대인관계 적응에 어려움을 겪고, 진로나 졸업 후 계획 없이 졸업하게 되었다. 상담에서는 만성적인 우울감과 위축감이 있었고, 긴장과 불안감도 상당히 높은 수준이었다. 또한 지속적인 부적절감으로 자신감이 저하되어 있고, 자기개념도 매우 부정적인 상태였다. 상담 중 고용 씨는 대인관계 어려움과 진로가 명확하지 않아 센터에서도 적절한 도움을 받지 못한 상태였다. 그래서 1차로 구직에 대한 욕구와 관심영역을 탐색하고, 고용복지플러스센터에서 취업지원 프로그램을 신청해 받을 수 있도록 동기를 지지하는 상담을 했다. 이후 해당 프로그램이 정해지면서 담당자가 배정되어 취업과 직업교육 등은 센터 직원의 관리를 받고, 대인관계 개선, 정서적 안정감을 위한 심리 안정 지원 상담을 병행해 갔다. 이때 자살사고가 있는 위기사례라면 상담 회기를 연장해 주기도 한다.

고용노동부상담에 대해 많은 이들이 '커리어에 제한이 될 수 있다'라거나 '단순한 취업상담'으로 오해하곤 한다. 20대 후반의 고용 씨는 취업난으로 고용복지플러스센터를 방문했으나 진로와 대인관계의 어려움으로 적절한 도움을 받지 못했다. 하지만 심리안정지원 프로그램을 신청해 상담에 참여하면서 우울감, 위축감, 낮은 자신감 등의 심리적 문제에 대한 상담 개입과 함께 구직 동기와 관심영역을 탐색하며 도움을 받았다. 이처럼 고용노동부상담은 취업지원과 심리안정을 통합적으로 개입한다. 이러한 고용노동부상담의 전반적인 이해와 다른 상담과 차별화된 특성을 자세히 설명한다.

고용노동부 '심리안정지원 프로그램'의 여정과 진화

구직자는 '실업상태에 있으면서 근로의 의지를 가지고 취업을 위해 구직활동을 하고 있는 자'로 정의할 수 있다. 고용복지플러스센터에는 구직활동을 하는 사회 초년생이나, 소속 조직으로부터 비자의적으로 근로 기회를 박탈당한 실업자에게 재취업을 위한 구직활동을 지원하는 취업지원 프로그램이 있다. 이러한 취업지원 프로그램이 실질적인 직업기술, 구직기술이 중점으로 다루어지고 있어 취업촉진을 위해서는 실업과 구직과정에서 겪게 되는 심리적, 정서적 어려움에 대한 서비스의 필요성을 인식하고, 개별 상담서비스인 심리안정지원 프로그램이 도입되었다.

1) 심리안정지원 프로그램의 시작

고용노동부는 2009년 10월부터 민간위탁기관과 함께 우울증과 스트레스를 겪고 있는 구직자가 실직으로 인한 스트레스를 극복하고 심리적 안정을 도모해 궁극적으로 취업가능성을 향상시켜 빠른 재취업을 지원하기 위해 '구직자 스트레스 관리 프로그램'을 일대일 상담방식으로 처음 운영했다.

이후 2011년부터 전국 27개 고용복지플러스센터에서 '심리안정지원 프로그램'으로 명칭을 변경해 고용노동부가 민간고용서비스기관에 위탁하는 방식으로 고용복지플러스센터 상담이 운영되고 있다. 고용복지플러스센터에 소속되어 이 프로그램의 실무를 진행하는 상담사들은 주로 상담심리, 임상심리 등의 자격증을 가지고 있으며(이하 '심리상담사') 센터에 상주해 근무하거나 같은 (지)청 소속 다른 센터에 출장해 근무하는 형식으로 서비스를 제공하고 있다.

'2025년 심리안정지원 프로그램'이 시행되고 있는 고용복지플러스센터는 〈부록〉에 있는 표를 참조하기 바란다.

2) 심리안정지원 프로그램의 목적

심리안정지원 프로그램의 목적은 구직자가 실직으로 인한 스트레스를 극복하고 심리적인 안정을 찾아 궁극적으로 취업 가능성이 향상되어 빠른 재취업을 이루도록 지원하는 것이다. 정식명칭은 '심리안정지원 프로그램'이지만, 현장에서는 'FEAP(Future Employee Assistance Program)'라고 부른다. 즉, 미래의 근로자 지원 프로그램이다. 현재 재직 중인 근로자에게 기업에서 실시하는 EAP(Employee Assistance Program) 제도가 있듯이 (재)취업을 하고자 하는 구직자에게 미래의 근로자임을 동기부여하기 위해 'FEAP'라는 용어를 사용한다.

3) 심리안정지원 프로그램 지원대상

심리안정지원 프로그램 지원대상은 연령과는 무관하게 '구직자'로 규명하고 있고, 고용복지플러스센터의 구직자는 국민취업지원제도 참여자, 실업급여수급자, 장기구직자, 고용복지플러스센터 내 취업촉진사업 참여자 등이다. 즉, 고용보험에 가입되지 않은 실업이나 미취업상태로 구직자여야 한다. 또한 실제로 위기가 아니어도 취업을 위해 고용복지플러스센터를 방문했으나 진로, 적성, 취업에 어려움을 겪는 일반구직자도 담당자 추천이나 자발적인 참여가 가능하다.

이 중 고용노동부의 우선지원대상은 다음과 같다.

① 최근 2년 이내에 갑작스러운 생활 여건상의 변화를 겪으면서 심리적 충격을 경험한 구직자
② 실직 상태가 계속 이어지면서 불안 증세 등을 보여 심리적 안정이 필요한 구직자
③ 구직자 스스로 상담을 적극적으로 요청하거나 기타의 사유로 센터 담당자가 심리안정지원이 필요하다고 판단하는 경우 등

사례 예시

기억에 남는 내담자가 있는데, 한 명은 70살로 취업의 한계를 겪으면서 좌절감을 크게 느끼고 있었다. 하지만 그는 상담받고 나서, 요양보호사 교육과정에 등록하고 교육을 받았다. "이 나이에 공부하고 자격증을 취득하면 일을 할 수 있어 행복하다."라며 환하게 웃으며 말했다. 상담하면서 한층 심리적으로 안정을 회복하고 희망을 가진 내담자다.

또 다른 한 명은 취업해야 하는 특성화고 3학년 학생이었는데, 자신감이 없고 사람이 두려워 학교에서 알선하는 취업 시기를 놓쳐 불안하고 조급한 마음을 갖고 있었다. 상담을 받고 나서 학생은 심리적으로 더 안정되고, 진로에 대해 명확한 시각을 가지며 상담을 마쳤다.

4) 심리안정지원 프로그램의 상담 주제

고용복지플러스센터의 심리안정지원 프로그램의 상담 주제는 대상자별로 다양하다. 일반 구직자를 제외한 내담자는 센터 내 각종 프로그램 참여자로, 이들은 구직활동을 기본으로 해야 수당이나 급여를 받을 수 있고, 심리안정지원 프로그램인 상담이 구직활동으로 인정된다. 가장 많은 대상자는 실업급여수급자와 국민취업지원제도 참여자다(2021년도 이전의 '취업성공패키지'가 현재 '국민취업지원제도'이다).

실업급여수급자는 주로 재취업으로 인한 스트레스, 진로, 적성, 낮은 구직효능감을 호소한다. 실업급여수급자는 정부로부터 실업급여를 수령하기 위해서는 차시별 구직활동이 요구되고, 상담 및 교육도 구직활동으로 최대 2번 인정이 된다. 이들은 1회기에 스트레스를 측정하고, 현재 상태를 파악해 지속상담의 여부를 파악하며 구조화한다. 지속상담이 요구되지 않는 경우는 2번의 상담을 진행하며, 구직활동 인정과 구직활동으로 인한 스트레스를 측정하고 관리하도록 교육하며 지지한다.

지속상담이 필요한 경우, 스트레스 관리와 더불어 자기 이해를 통한 자신감 증진과 구직효능감을 높이도록 지지적인 상담을 진행한다.

상담동기가 낮거나 없는 내담자가 구직활동의 일환으로 상담을 신청할 때는 구직활동방법에 대한 다양한 정보를 제공하는 상담회기를 가진다.

이렇게 하는 것이 상담이 꼭 필요한 내담자의 상담을 위해 필요한 조치이자 상담사의 소진을 예방하는 길이다.

국민취업지원제도 참여자(취업성공패키지참여자)는 주로 고용보험 기준으로 저소득층, 차상위 소득층으로 이들은 주로 우울과 불안 등이 장기화되어 자립의 어려움을 가지고 있어 기본 회기인 6회기를 진행하고 자살, 자해 등 위기로 식별될 경우 연장 가능한 선에서 연장해서 진행된다. 이때는 이 프로그램 센터 담당자(주무관)에게 내담자의 상태를 설명해 사전 승인이 요구된다.

고위험군으로 진단하는 기준은 과거에 자살 시도가 있었고, 현재도 정서적으로 불안정한 상태이거나, 과거에 자살 시도가 없었더라도 현재 자살에 관한 생각과 계획을 상담 중에 보고한 경우다.

고위험군 사례 예시

고위험군으로 분류한 K 씨는 장기 실업상태와 대인관계 어려움 등으로 정서적 불안정이 높았던 내담자로, 상담 중 구체적인 자살을 계획하고 자살도구를 구입한 것으로 확인되어 부모에게 연락해 조치했다. 이렇게 위기상담은 지속적으로 상담을 이어 가면서 내담자가 진료 중인 병원과 가족 연락처를 확보해 놓고(내담자 동의 필요), 지역 정신건강센터에 연계하는 것이 필요하다.

국민취업지원제도 참여자의 상담 주제는 대인관계 문제, 정서 문제, 양육 문제, 자신감 저하, 성격 문제, 생계 문제 등으로 다양해 정신과 치료와 병행하기도 한다. 무기력한 내담자들이기에 라포 형성을 통해 안정되고 일관된 지지상담이 요구된다.

고위험군 사례 예시

이혼 후 자녀를 혼자 양육하면서 대인관계 어려움과 생계 문제로 불안과 우울이 있는 A 내담자가 있었다. 그는 상담 내내 상담동기가 있나 싶을 정도로 라포 형성이 어려웠지만, 상담 시간이 되면 상담실 앞에(3열에 있기에 상담실 바로 앞은 사무공간이다) 서서 조금이라도 앞 상담이 늦게 끝나면 '자기 시간'이라는 무언의 항의가 반복되었다. 그럴 때 일관되게 지지하고 A 내담자가 늦게 끝날 때는 뒤 시간 내담자에게 양해를 구하고 안정되게 상담을 마무리해 갔다. A 내담자가 8회기를 종결할 때 다른 사람과 마찬가지로 자기에게 일관된 태도로 상담해 줘서 고맙다고 하면서 초반에 불만을 품고 무례한 행동을 한 것에 대해 죄송하다고 말했다. 이렇듯 이 대상자들은 심리적 고통이 만성화되고 자신과 타인, 사회에 대한 믿음과 희망이 낮기에 상황과 타인 지각이 합리적인 기능을 하지 못하게 한다. 하지만 충분한 공감과 함께 지지상담을 하면서 심리적 안정이 되고 나면, 줌인에서 줌아웃으로 전체를 통찰하며 또 다른 자기 이해를 하게 된다.

그 외 일반 구직자가 오기도 하는데, 이들은 전업주부, 사업자, 학생, 정년퇴직자, 전역 군인 등 신분이 다양하며 상담 주제도 대상에 따라 다르다. 이들을 상담할 때는 우선 고용보험 가입 여부를 본인에게 확인하고, 이중 확인으로 고용복지플러스센터담당자에게 인적사항으로 확인해야 상담이 인정된다. 고용보험이나 사업자 등록이 되어 있으면 상담 동기가 있어도 상담이 인정이 안 되어 상담할 수 없다. 상담으로 이어지면 이들은 자발적 상담 동기가 있어 상담 효과가 좋다.

다양한 상담 주제 예시

주부의 경우는 자녀가 성장해서 다른 활동이 필요하지만, 어디서부터 무엇을 시작할지 몰라 무작정 센터를 방문했다가 오기도 하고, 주변 지인을 통해 오기도 한다. 경력단절로 인해 저하된 자신감을 향상시키고 흥미와 욕구를 중심으로 하고 싶은 것을 스스로 찾아가도록 해 주면서 양육상담이 병행되기도 한다. 청소년기 자녀 갈등일 때는 자녀도 상담이 이루어지도록 청소년상담복지센터를 소개하기도 한다. 게임중독으로 은둔형 성인 자녀를 둔 경우는 도박게임중독센터를 방문 상담하도록 정보 제공하면서 상담이 진행되기도 했다. 정년퇴직자와 상담할 경우에는 경제적 변화를 수용해 가는 과정에서 불안감과 소속감의 상실로 인한 우울감이 주된 상담 주제다. 일 이외에는 경험해 본 활동이 없기에 자기 자신을 이해하고 수용해 가면서 인생의 전환점을 잘 맞이하도록 해 준다.

5) 심리안정지원 프로그램 진행방법

- 1회기: 1차 스트레스 측정 및 스트레스 관리기법 전수, 개인별 주 호소 문제 확인
- 후속 상담: 개인별 고충 문제에 따른 후속 심층 상담, 추가 스트레스 측정 및 만족도 조사
- 필요시 연계상담

고용노동부의 지침을 통해 심리안정이 요구되는 대상자를 중심으로 스트레스 관리와 심리안정을 위주로 정해진 회기 내에서 진행하지만, 위기대상자는 매년 지침에 따라 연장할 수 있다(자살 위기 대상자는 회기 제한이 없다).

고용노동부 지침상 상담진행 개요는 [그림 6-1]과 같다.

1회기 상담	스트레스 측정 및 스트레스 관리, 개인별 주 호소문제 확인
↓	
후속 상담	심리안정을 위한 심층상담
↓	
상담 종료	상담 종료 및 만족도 조사

출처: 고용노동부(2023).

[그림 6-1] 심리안정지원 프로그램 상담진행 개요

고용노동부상담의 특수성

심리안정지원 프로그램의 대상자는 실질적으로 매슬로우의 욕구단계상 1, 2단계인 생존과 안전에 대한 욕구 해결이 주요한 대상자이며, 대체로 만성화되고 장기적인 심리적 어려움과 인생의 전환점을 경험하고 있는 특수성을 갖고 있다.

첫째, 구직자들은 경제적 어려움과 사회적 고립감 등 복합적인 스트레스를 경험할 수 있는 상황적인 이해가 필요하다. 이러한 구직자의 상황 이해를 바탕으로 구직자의 감정을 수용하며 지원하는 상담이 요구된다.

둘째, 구직자의 재취업 준비라는 측면에서 상담은 단순히 심리적 지원을 넘어, 구직자의 재취업을 위한 준비과정을 돕기 위해 실질적인 조언과 정보 제공도 요구된다. 이는 경력 개발과 직업 탐색에 중점을 두는 특수성이 있다.

셋째, 정서적 회복 지원이다. 실업으로 인한 자존감 저하와 우울감을 극복할 수 있도록 도와 상담사는 구직자가 긍정적인 자기 인식을 증진시키도록 중점을 두는 데 초점화가 요구된다.

넷째, 사회적 연결망 강화다. 구직자들이 사회적 고립을 느끼지 않도록 상담사는 다양한 네트워킹 기회를 제공하고, 지지 그룹을 연결하도록 지원과 지지가 요구된다.

다섯째, 장기적인 관점의 제공이다. 구직자 상담은 단기적인 문제 해결뿐만 아니라 구직자가 장기적으로 안정적인 직업을 찾을 수 있도록 지속적인 지원을 제공해 구직자가 직업적 목표 설정과 경력관리에 대한 확장된 관점을 갖도록 상담이 요구된다.

이러한 특수성이 있어 고용노동부상담은 구직자들이 심리적 안정을 찾아 재취업을 위한 효과적인 전략을 마련하는 데 중요한 역할을 한다.

고용노동부상담의 역할: 든든한 취업 동반자

고용복지플러스센터의 심리안정지원 프로그램은 구직자가 겪는 심리적 어려움을 지원하기 위해 다양한 대상자에게 맞춤형 상담을 제공해 심리적 안정을 도모하고, 취업을 위한 정보 제공 등 구직활동을 지원한다.

① 정서적 지원: 실업으로 인한 우울감, 불안, 스트레스 등을 완화하고 심리적 안정을 찾을 수 있도록 상담과 지지를 제공한다.
② 재취업전략 상담: 효과적인 이력서 작성, 면접 준비, 직업 탐색 방법 등을 안내해 재취업에 필요한 전략을 수립할 수 있도록 돕는다.
③ 자기 이해 및 개발: 개인의 강점과 흥미를 파악하고 적합한 직업군을 찾기 위한 자기 탐색 및 개발 프로그램을 운영한다.
④ 동기부여: 실업 상태에서 목표를 설정하고, 긍정적인 마인드를 유지

할 수 있도록 동기를 부여하는 역할을 한다.

⑤ 사회적 자원 연결: 필요한 경우 교육 프로그램, 직업훈련, 취업지원 서비스 등과 연결하는 정보를 제공해 다양한 네트워킹을 해 가도록 지원하고 지지한다.

이 기능을 통해 구직자들은 심리적 안정을 찾고, 재취업을 위한 준비를 체계적으로 할 수 있다.

이러한 기능과 역할을 수행하는 '심리안정지원 상담사'의 역할을 보면, "심리상담사는 프로그램 참여자를 대상으로 상담을 통한 스트레스 및 심리상태 측정, 개인별 문제 확인, 후속 심층상담 및 스트레스 관리와 관련된 집체교육을 실시하며, 이와 별도로 찾아가는 상담서비스도 운영한다."라고 규정하고 있다. 여기에 각 민간위탁고용기관에서는 고용복지플러스센터 내에서 독립적으로 상담실을 운영하며, 내담자 발굴과 관련된 홍보역할도 규정하고 있다.

표 6-1 요약 및 용어 정리

① 국민취업지원제도(구 취업성공패키지): 2021년 1월 1일부터 저소득 구직자 등 취업취약계층에게 통합적인 취업지원서비스를 제공하고 생계를 지원함으로써 이들의 구직활동 및 생활안정 지원제도로 근로능력과 구직의사가 있음에도 불구하고 취업하지 못한 대상자로 Ⅰ유형과 Ⅱ유형으로 구분된다.

② 심리안정지원 프로그램 신청방법: 가까운 고용복지플러스센터를 방문해 신청서 제출

③ 심리안정지원 프로그램 지원절차

상담신청	➡	대상자 선정 및 상담일정 예약	➡	심리상담 서비스 제공
구직자 · 고용복지플러스센터/수탁기관		수탁기관 · 구직자		수탁기관 · 구직자

*심리안정지원프로그램은 전문상담기관에 위탁해 서비스 제공

출처: 고용노동부(2024).

2
고용노동부상담사, 꿈을 현실로 만드는 준비

고용노동부상담사에게 필요한 역량

고용노동부상담사는 상담에 대한 이론적 지식과 인간에 대한 이해, 상담 기법들은 기본값으로 갖춰야 하는 역량이다. 또한 구직자를 상담하기 위해서는 고용시장, 직업 상담기법, 이력서 작성 및 면접 기술에 대한 지식과 이해도 핵심역량이다. 이를 구체적으로 살펴보면 다음과 같다.

1) 특정 산업별 채용 현황과 미래의 직업 전망 파악

고용노동부에서 구직자를 대상으로 상담하기 위해서는 현재의 고용시장과 그 동향을 잘 알고, 이를 통해 특정 산업별 채용 현황과 미래의 직업 전망을 이해하며, 지역별로 어떤 고용 기회가 있는지를 파악한다면 내담자에게 더 구체적이고 실질적인 조언을 제공하는 데 도움이 된다. 특히 근무 중인 지역의 특성을 이해하고 있는 것은 무엇보다 중요하다.

2) 진로상담 역량

내담자의 성격, 적성, 흥미를 평가해 내담자가 자신의 강점을 발견하고, 이를 바탕으로 취업전략을 세우도록 진로상담에 대한 이론과 접근법도 요구된다.

3) 취업서류 작성에 대한 전문지식

이력서 및 자기소개서 작성에 대한 전문지식도 중요하다. 상담사가 효과적인 이력서와 자기소개서를 작성하는 방법을 알 때 이를 안내할 수 있고, 때로는 내담자의 이력서나 자기소개서를 첨삭해 주면서 내담자의 스트레스를 줄이고 심리안정을 하도록 지지할 수 있다.

4) 면접준비와 관련한 역량

면접준비에 있어서도 다양한 면접유형과 그에 따른 준비 방법을 잘 알고 있으면 좋다. 이로 인해 상담사는 내담자가 면접에서 자신감을 가지고 임할 수 있도록 도와줄 수 있다(상담과정에서 모의 면접을 진행하기도 한다).

5) 직업자격증에 대한 정보 제공

상담사는 필요한 기술이나 자격증에 대한 정보를 제공할 수 있어야 하며, 직업훈련 프로그램, 온라인 강좌, 워크숍 등 다양한 교육기회를 소개할 수 있는 능력이 요구된다(내담자는 부정확한 정보로 구직활동에 도움이 안 되는 교육이나 자격증을 취득하기도 한다).

6) 고용 관련 법, 정책에 대한 이해

고용 관련 법률 및 정부의 지원 정책에 대한 이해도 필수적이다. 부당한 고용관계에서 소송 중인 내담자가 오기도 해서 최소한의 용어나 진행방법들을 알고 내담자를 대할 때 유용하며, 내담자가 이용할 수 있는 각종 지원 서비스에 대한 정보를 제공하고, 법적인 권리와 의무에 대해 안내함으로써 내담자가 자신의 상황을 보다 잘 이해하고 대처할 수 있도록 도와야 한다(때로는 내담자에게 배워 가며 다양한 경험치를 획득해 다른 내담자에게 활용하기도 한다).

7) 네트워킹 역량

네트워킹 능력이다. 소셜 미디어와 온라인 플랫폼을 활용해 내담자가 자신의 전문성을 알리고 네트워킹을 확장할 수 있도록 도와 그들이 경력 개발을 위해 필요한 자원을 확보하고 성공적으로 취업할 수 있는 기반을 마련해 줄 수 있다. 다양한 직업군으로 취업하고자 하는 내담자를 상담해야 하기에 꼭 필요한 역량이다.

8) 지속적인 자기 계발

지속적인 자기 계발이다. 내담자가 변화하는 고용시장에 적응하도록 돕기 위해 최신 상담기법과 이론 및 고용시장의 트렌드와 변화에 대한 민감성을 유지하는 것이 필요하다.

이러한 핵심역량들을 갖춘 상담사는 구직자에게 더 효과적으로 지원할 수 있으며, 그들의 취업 가능성을 높이는 데 기여할 수 있다.

근무조건

지금은 상담사의 고용안정이 당연시되어 가고 근무가 가능한 곳도 다양하다. 그러나 10년 전만 해도 2급을 취득하고 안정적으로 진입이 가능한 곳은 적었고, 어디든 경험이 없으면 뽑히지 않았다. 취업이 되어 일을 하더라도 상담사로서 적절한 대우와 고용이 안정된다는 체감이 되지 않았다. 반면, 고용노동부 심리지원 프로그램은 고용과 급여 등이 안정적인 곳 중 하나다.

급여는 민간위탁기관마다 다르지만 정부에서 회기당 6만 원을 책정하고, 이 예산으로 민간위탁기관에서 사업을 진행하기에 상담사 급여는 회기당 일정비율이 책정된다.

근무형태는 상주 근무지만, 고용복지플러스센터 상황에 따라 주 2일, 주 3일, 주 5일 형태로 운영된다(주 5일 근무 시 상담공백을 최소화하기 위해 2명의 상담사가 상담 일을 나눠 운영하는 형태가 많다). 그 외 복지로 이 프로그램은 공공기관 업무로 법정 의무교육 외 상담사 전문성교육을 요구하고 있어 민간위탁기관에서 교육휴가와 교육비의 일정 부분 지원하고, 명절휴가비, 생일 축하금 등도 지원된다. 연간 사업에서 좋은 평가를 받으면 성과급도 주어진다.

심리안정지원 프로그램을 하는 상담사의 어떤 점을 중요하게 보시나요?

"고용복지플러스센터에서 근무하시는 심리안정지원 프로그램 상담 선생님의 경우 가장 필요한 역량 중 하나가 내담자(들)에 대한 수용성이 아닐까 생각합니다. 워낙 다양한 구직자(성별, 연령, 자라 온 환경, 직전 근무형태 등……)분들을 만나고 있어 이분들에 대해 이해하려는 마음이 무엇보다 중요합니다. 그리고 센터에 방문하는 구직자분들 역시 직장을 구하는 과정에서 수많은 거절과 거부를 당했기 때문에 구직자들에게 필요한 것 역시 온전히 수용받는(받아들여지는) 경험이 중요하다고 생각합니다."

– 초기부터 심리안정지원 프로그램에 참여한 D민간위탁기관 임원 –

고용노동부상담사로 가는 길: 단계별 준비와 성공 전략

1) 자격요건

상담사의 자격과 경력은 필수적이다. 그러나 이 프로그램은 상담 이후 내담자가 구직수당이나 실업급여 등을 받기 때문에 상담이 이러한 수당을 받기 위한 조건적인 부분이 많아 자발적이지만, 상담에 대한 동기나 이해는 낮을 수 있어 상담사의 자질이 더 중요함을 말하고 싶다.

현재까지 6년째 상담하고 있는 J 상담사는 그동안 내담자가 거의 100% 실업급여 대상자였다고 한다. 단지 구직활동 인정 목적으로 1, 2회기만 상담하면 심리상담에 대한 인식이 왜곡될 것이 염려되어 1회기 전 intake를 전화상으로 20~30분 진행해 현재 상담이 필요한 고민거리가 있는지 물었다. 있다면 최소한 5회기를 해야 상담이 무엇인지 알 수 있고 내담자에게도 도움이 될 거라고 설명하고, 없다면 상담은 진행될 수 없다고 구조화해 왔다고 한다. J 상담사는 1년 차에 내담자로부터 고마움을 전하는 쪽지를 받은 후 내담자의 피드백에 깊은 감명을 받고, 내담자의 변화를 더 촉진하고자 이후 상담을 진행하는 모든 내담자에게 5회기 상담을 종결할 때마다

"다른 사람에게 심리상담을 뭐라고 말하고 싶나요?"라고 질문하고, 포스트잇에 적게 했다고 한다. 이후 이 포스트잇을 교육장 입구에 붙여 둠으로써 내담자뿐 아니라, 고용복지플러스센터의 직원들에게도 상담을 생생하게 알리는 데 효과적이었다고 말하고 있다.

상담사의 윤리적이고 전문적인 자질과 인간적 자질이 내담자에게 전달되어 1회기 상담 시 조력관계가 잘 형성되었을 것으로 보인다. 실제로 매년 해당 센터가 A평가를 받았다.

J 상담사는 상담실시 후 매 회기 평가가 이루어지고, 1일 기준 상담 5건을 실시해야 예산을 소진하므로, 성과평가로부터 누구라도 자유로울 수가 없기에 상담사의 윤리적, 전문적 자질은 매우 중요하다.

각 민간위탁기관에서 요구하고 있는 자격요건의 필수사항과 우대사항은 고용노동부상담을 하는 데 최소한의 조건으로 요약하면 다음과 같다.

표 6-2 고용노동부상담사 자격요건 및 근무 예시

필수사항

① 학력: 석사졸업 이상
② 경력: 상담 관련 3년 이상
③ 자격증: 한국상담심리학회 1, 2급, 한국상담학회 1, 2급,
임상심리사(보건복지부), 청소년상담사 1, 2급(여성가족부) 중 1개

우대사항

직업상담사, 고용복지플러스센터 내 상담 및 타 사업 경험자

출처: 한국상담심리학회 구인 공지(2024).

2) 실무경험

고용노동부상담은 다양한 연령층으로 실업과 구직이라는 주제가 명확하다. 여러 상담 분야의 경험 중 성인상담 경험이 있는 경우라면 적응하는

데 도움이 된다. 실업자 중에는 연령이 많고 구직활동을 하는 방법도 설명해 줘야 하는 경우도 있어 노인상담 분야까지는 아니더라도 중장년 이상의 성인상담 경험이 도움이 된다. 개인상담 및 집단상담으로 성격, 정서, 진로, 적성, 대인관계 등의 경험은 고용노동부상담에 중요하다.

3) 교육 및 훈련

다른 분야보다 진입 시 교육과 훈련이 꼭 요구되는 것은 없다. 상담에 대한 전문성을 위해 꾸준한 수련과 자신만의 상담이론 형성 등을 위한 교육이나 훈련이 요구된다. 실업자를 위한 구직상담이므로 직업에 대한 이해나 진로 적성검사 관련 교육은 필수다. 현장에서 민간 진로검사를 사용하기도 하지만, 고용노동부에서 제공하는 직업선호도, 적성검사, 직업가치관검사 등을 자주 접하고 내담자가 실시하도록 정보 제공과 더불어 해석상담이 자주 진행된다.

4) 취업준비 실전

(1) 서류준비

어느 분야든 각자의 실무경험을 중심으로 이력서와 자기소개서를 작성한다. 고용노동부상담에서도 필수로 요구되는 서류로 이력서에는 다음 사항을 필히 기재한다.

① 학력

② 실무경험 분야(고용, 진로상담 분야의 경험은 우대이므로 필히 기재)

③ 자격증(상담 분야 자격증, 직업상담사)

④ 상담과 진로 분야 교육 경험 및 수료증
⑤ 각종 다양한 워크숍 등

자기소개서 작성 시에는 이력서에 기재한 내용으로 작성한다. 고용노동부 심리안정지원 프로그램은 다중적인 관계에서 구직자, 실업자의 스트레스를 안정화해 재취업을 향상시키기 위한 목적을 가지고 있기에 자신의 스트레스 관리능력과 자신의 장단점을 알고, 이를 잘 전달하는 방식으로 작성한다. 특히 자신의 단점을 인식하고 이를 현장에서 어떻게 수용하고 대처하는지도 전달하기를 바란다.

(2) 면접준비 전략

서류전형에 통과가 되면 각 민간위탁기관은 면접을 보는데, 면접은 주로 제출된 서류를 중심으로 경험과 경력에 관한 질문과 지원하게 된 이유를 중요하게 여긴다. 그 외에 이 프로그램은 연간 고용노동부 사업을 잘 운영해야 하는 책임이 있기에 관계와 행정능력에 대한 적응력과 이를 이해하고 수용할 준비성을 본다.

5년을 경험해 보니 이 프로그램은 중간 이탈 상담사가 많다. 중간 이탈자가 생기면 연간 사업을 진행하는 데 차질이 생기기에 민간위탁기관에서는 이미 기존 협력 상담사 등 검증이 된 상담사를 고용하고자 한다. 실제로 이 프로그램을 진행했던 동료 상담사들에게 어떻게 시작하게 되었는지 물으면 대부분은 민간위탁기관에 EAP 협약상담사로 등록되어 있다가 제안을 받고 시작한 경우가 많았다.

15년간 이 프로그램을 진행하고 있는 D민간위탁고용기관 임원진의 면접 시 중요하게 본 것을 직접 들어 보자.

"이사님, 면접을 볼 때 무엇을 중요하게 보시나요?"

면접 볼 때 주요하게 보는 것은 적응력입니다. 아시겠지만, 고용복지플러스센터 상담이 다른 상담과 달리 여러 가지 역할과 상황에 놓여 있잖아요. 상담뿐 아니라 행정도 해야 하고 관계 역시, 내담자인 구직자뿐 아니라 센터의 담당자, 그리고 업체의 담당자 여러 형태의 이해관계 속에서 있다 보니 단순히 상담만 잘하려고 오신 분들이 적응하지 못하고 그만두는 것을 많이 봐 와서……. 상담에 대한 전문성은 기본값이고, 행정능력과 또 복잡한 관계(2중, 3중)에 대한 적응력을 봅니다.

점검하기!

자, 고용노동부상담사가 되기 위해 어느 정도 준비가 되었는지 한번 점검해 보실래요?

다음 체크리스트에 자신이 준비되었다고 생각하는 항목에 ✓ 표시해 보세요.

☐ 진로상담에 대한 지식과 상담기술을 가지고 있다.

☐ 구직자에 대한 이해와 관심이 높다.

☐ 고용시장과 동향에 대한 이해와 관심이 있다.

☐ 이력서와 자기소개서 작성요령을 잘 알고 있다.

☐ 면접유형과 준비방법에 대해 잘 알고 있다.

☐ 직업정보와 자격증에 대해 잘 알고 있다.

☐ 고용 관련 법률과 정부지원 정책에 관심을 많이 갖고 있다.

☐ SNS, 온라인을 활용해 경력을 개발할 수 있는 네트워킹 능력을 갖고 있다.

☐ 지속적으로 자기 계발을 위해 노력한다.

3 구직자의 마음을 돌보는 고용노동부 상담 실무

근무시간은 9 to 6로 사무실에 도착하면 8시 30분. 환기하고 청소를 한다. 이후 자리에 앉아 커피로 정신을 차리면서 그날의 예약된 일정표를 보고 기록해 둔 내담자 상담일지를 통해 내담자에 관한 이해를 한다. 그날의 내담자 서류를 준비해 두고 노쇼가 예상되는 내담자가 있는지, 노쇼가 예상된다면 급하게 연락해도 올 수 있는 내담자는 없는지, 여분의 신청서로 대체준비를 한다. 이 과정은 출근 후 나의 루틴이었다. 상담보다 노쇼에 대한 대비가 더욱 긴장감이 높았다. 보통 오전 3사례, 오후 2사례를 예약한다. 노쇼를 대비하기 위해 오후보다는 오전에 상담을 실시해 오후에 여유시간을 마련해 둔다.

오전 근무가 끝나면 빠르게 식당에 올라가 식사하고(구내식당이 없는 경우는 도시락을 준비한다.) 커피 한 잔을 하면서 바로 오전 내담자의 상담내용을 작성한다. 13시 오후 일정을 시작하고, 보통은 15시 정도 마무리를 하고, 고용노동부 전산망에 상담기록을 올리고 나면 퇴근이 임박해 있거나 시간이 남으면 상담신청서를 회수하려 센터를 순회한다(센터 곳곳에 신청서함과 신청서를 비치해 둔다). 신청서를 회수해 일정표에 맞춰 다음 날 예약자가 없으면 바로 전화해서 예약하고, 아니면 보관한 후 다음 날 전화로 일정을 조율해 예약한다. 이 과정이 전체적인 기본 하루 일과다.

※ 필자가 근무할 때와 현재 달라진 점

코로나 전에는 상담이 끝나면 일일 상담일지에 내담자에게 직접 서명받고 바로 그 자리에서 만족도 조사를 수기로 작성하도록 했다. 이후 일일 상담일지와 만족도 결과지를 센터 담당자에게 주면, 담당자가 고용노동부 사이트에 만족도 결과를 올려 줘야 그날 실시한 상담이 인정된다. 현재는 상담사가 직접 내담자에게 만족도 조사 문자를 발송하고 내담자가 답을 회신하면, 고용노동부 전산망에 반영된다고 한다.

앞의 예시는 필자가 경험한 주요 업무를 바탕으로 5년 동안 수행한 보편적인 하루 일과다. 이와 같이 고용노동부 산하 민간위탁기관에 소속되어 일하는 상담사의 업무는 다음과 같다.

① 구직자 대상 심리상담
② 구직자 대상 심리검사 실시 및 해석
③ 상담스케줄 관리/홍보 및 참여자 발굴(고용복지플러스센터 내)
④ 상담일지 작성 및 위기사례 보고서 작성
⑤ 상담에 필요한 제반 행정(고용노동부 전산프로그램 활용: 만족도 조사/상담통계정리)
⑥ 상담실 운영에 필요한 전반적인 업무 등이다.

고용노동부상담 실무

1) 구직자 대상 심리상담

구직자 대상 상담업무는 첫 회기 상담에는 상담신청서에 작성된 주제를 기본으로 개인정보 동의서를 작성하고 자기보고식 스트레스 검사와 구직 효능감 사전 검사를 실시하고, HRV라는 신체적 스트레스를 측정하면서 상담을 구조화하고 시작한다(민간회사마다 사전사후 검사도구가 다르다). 사후 검사는 최소한 3~4회기 이상 진행된 사례의 경우에 실시해서 분기 보고에 내담자의 변화에 관해 기술하는 자료로 쓰인다.

상담신청서에는 고용복지플러스센터에서 참여 중인 프로그램, 상담주제, 이름, 성별과 주민번호를 작성하도록 한다(주민번호를 신청서에 작성하는 것이 개인정보 보호법으로 제한되어 생년월일 정도만 작성하고 예약 시 전화로 확인한다. 주민번호로 본인 확인과 구직자 여부를 확인한다). 대면으로 신청서를 받을 때도 고용노동부의 개인정보 보호법의 근거를 들어 명확히 설명하고 서명을 받아야 한다.

2) 심리검사 실시 및 해석

심리검사는 상담사 판단하에 심리상태 파악이 필요한 경우 실시하고, 그 외는 내담자가 심리검사를 받아 보고자 할 때 하고 싶은 이유를 듣고 필요한 검사 종류를 상담사가 제안해 실시한다. 주로 MMPI-2, TCI, MBTI, HTP, KFD, SCT, HOLLAND 등을 소속 기관에 요청해 비치해 둔다. 그 외 고용노동부 특성상 워크넷에서 실시하는 직업선호도검사(S유형, L유형)를 가장 많이 실시하고 있다. 워크넷에서 실시하는 심리검사는 실업급여수급자에게는 구직활동으로 인정이 되기에 자신의 진로가 궁금할 경우 상담에서 이를 활용해 상담을 진행한다.

상담일지 작성 및 위기관리

고용노동부상담은 워크넷 내부망에 내담자별 매일 상담일지를 작성하고 만족도, 사전사후 검사 결과와 구직효능감 등을 입력한다. 상담일지 작성 시 내담자의 주 호소를 중심으로 상담 개입과 변화된 내용을 간략하게 작성하되 개인정보 보호법에 의해 개인신상의 세부적인 기록은 보호되어야 한다(내담자의 관리를 위해 개별적으로 파일을 만들어 기록하다가 퇴사 시 삭제하기도 한다).

위기사례의 경우는 우선 소속회사의 수퍼바이저나 개인적인 수퍼바이저와 내담자 보호에 관한 상의를 하고, 이를 내담자의 안전을 최우선으로 해서 필요시 담당자, 가족, 경찰에 연락해 안전망을 구축한다. 이를 위해 사전에 위기라고 파악된다면 가족의 연락처를 확보하고, 경찰에 연락할 수 있음을 설명하고 동의를 구한다. 그 외 지역 내 자살사례관리 기관정보를 내담자에게 주거나 내담자의 동의를 구한 후 직접 연락해 의뢰한다.

상담실 운영: 기획력, 영업력, 추진력의 3중주

상담과 심리검사 외에 상담운영 제반업무를 하기 위해서는 기획력, 영업력, 추진력이 필요하다. 심리안정지원 프로그램 시작 시에는 홍보와 운영 계획을 세워서 내담자를 직접 확보해 상담실을 운영한다.

같이 일했던 동료 상담사는 "상담만 하라고 하면 너무 재미있을 것 같고, 얼마든지 할 수 있을 것 같아요."라며 힘듦을 호소했다. 그만큼 상담 외에 업무의 부담이 있다.

1) 홍보 및 참여자 발굴

상담사의 주요 업무 중에 상담실 운영과 참여자 홍보 및 발굴에서는 기획력이 요구된다. 민간회사 소속이면서 해당 고용복지플러스센터 업무를 하지만, 고용복지플러스센터 내 상담사 본인의 상담실을 운영한다고 보면 좋을 것 같다.

연간 해당 센터에서 사용해야 할 예산이 있고 이 예산을 사업기간 내 모두 수행하기 위해서는 시작 시 센터 분위기, 센터 방문한 내담자 특성, 민원인 수, 센터의 협조 등을 조사해서 운영에 대한 기획이 필요하다.

미리 사전에 소속회사에서 상담신청서, 홍보 포스터, 홍보 배너 등을 보내주므로 일정과 필요한 홍보 자료들을 받아 첫 출근 전이나 첫 출근 날 고용복지플러스센터 내 잘 보이는 곳에 포스터를 붙이고 배너를 세워 둔다. 그 외 상담신청서는 각층 민원인들이 대기하는 장소나 실업급여교육장 안과 밖에 비치해 두고, 또 간단한 사탕이나 필기도구를 동봉해 상담신청서와 함께 센터 내 모든 창구의 직원들에게 인사하고 홍보하며 심리안정지원 프로그램이 시작됨을 알리면서 신청서를 창구에 비치한다.

처음에 상담신청자가 없으면 센터 빈 창구에서 신체적 스트레스(HRV)를 측정하는 이벤트를 실시하면서 내담자를 발굴하기도 한다.

이러한 기획력에는 영업력과 추진력이 중요하다. 홍보와 발굴 작업 시 기획을 잘해도 상담에 내담자가 오지 않으면 상담사가 본연의 업무수행을 할 수 없다. 고용복지플러스센터는 10대부터 70대까지 구직을 위한 다양한 사람들이 출입하고, 구직이라는 더 절실한 문제가 있기에 상담이 우선은 아니다. 또한 상담받는다는 것은 의외로 중장년 이상은 자신이 문제가 있는 것으로 거부감을 가지기도 한다. 20, 30대는 상담에 대해 열린 상태이지만 고용복지플러스센터가 아니어도 상담을 받을 기회가 있고, 업무를 온라인으로 주로 하고 있어 센터에 방문하는 경우가 적다. 상담에 대한 인식이 낮은 중장년 이상의 구직자를 대상으로 상담으로 끌어내야 하기에 홍보 차원에서도 상담을 잘 전달할 영업력이 요구된다.

2) 상담스케줄 관리

이 프로그램은 매일 5건의 상담을 필히 수행해야 하기에 영업력은 노쇼가 발생할 때 더욱 발휘된다. 동료 상담사 중에는 매일 노쇼 없이 5건을 수행해 내는 상담사가 대부분이고, 각자의 영업 노하우가 있어 보인다. 이러한 상담을 수행하기 위해서는 상담사가 직접 상담스케줄을 관리한다. 신청서나 담당자에 의해 접수된 내담자를 중심으로 우선순위를 설정해 매일 5건의 상담을 내담자와 직접 연락해 예약한다(2명의 상담사가 공동 운영을 한다면 앞 시간부터 서로 예약해서 상담을 진행하도록 협력한다. 근무시간에 받은 신청서를 자기만 사용한다는 것은 상담실 운영에 큰 차질을 준다).

만약 노쇼가 발생할 때는 사전 신청자나 미리 언제든 빠른 시간에 하고 싶다는 내담자를 기억해 두고, 연락을 취해 하루 실적을 채우거나 아니면 그냥 못 채우는 것으로 수용한다.

이러한 예산소요와 성과평가를 대비한 실적관리 등은 상담사의 긴장과 스트레스로 인한 소진감이 매우 높지만, 상담실 운영을 위해 필요하다.

상담에 필요한 제반 행정

심리안정지원 프로그램은 분기별 통계와 연간 예산 소진을 위해 매일, 매주, 매월 사례관리를 하고 이를 분기별 통계로 정리한다. 이를 위해 실적관리에 필요한 서류와 자료가 있고 고용노동부 전산망은 민간위탁기관은 접근이 안 되기에(보고서 작성이나 실적 보고 등은 회사가 한다) 상담사가 이를 다운받아 정리해 소속회사에 전달하는 시스템이다. 돌아보면 큰 업무는 아니지만 촉박하게 요청되기도 하고, 정기적인 자료는 제출기한이 있어 바쁠 때는 부담되는 업무다. 실적관리를 위한 행정업무는 내담자가 상담을 통해 변화된 정도를 파악하기 위해 스트레스 검사의 사전, 사후검사를 분기별 통계를 정리하고 구직효능감도 사전 사후 검사의 통계를 소속회사에 전달한다. 그 외 상담진행 건수, 만족도 점수 등 통계 자료를 관리한다.

4
고용노동부상담사 선배의 조언

나를 지탱해 준 마음가짐과 사람들

1) 동료 상담사들과의 연대감을 유지하자

이 일을 처음 시작할 때 그전 프리랜서로서 업무가 있어 딱 주 2일의 시간을 낼 수 있는 상황이어서 출근에만 의미를 두고, 월 1회 사례회의 참석을 가볍게 여겼다. 그래도 참석이 필수 조항이기에 개인센터에서 토요일 오전 상담을 진행하고, 오후에 가면 분위기가 무르익어 있어 참여하기가 어려웠고, 가만히 경청모드나 대답모드로 참여하는 정도였다. 결과는 뭔가 겉도는 느낌이었고, 다행히 같은 날 시작한 동기가 있어 내용을 전달받으며 분위기를 익혀 가다 결국 개인센터 상담과 건강가정지원 객원상담을 정리했다. 그러면서 겉도는 느낌 대신 소속감이 들고, 매달 둘째 주 토요일을 기다리게 되었다. 이날은 한 달간 쌓인 궁금증과 답답함을 풀고 가는 날이었고, 이후 한 달을 시작할 수 있는 정서적 연료를 가득 채워 가는 날이었다.

이렇게 동료들과 1년을 보내고 나니 정이 들어 사업 종료 후 12월에 국내외 여행을 함께하는 멤버가 되었으며, 현재도 의지가 되는 소중한 관계를 유지하고 있다. 혼자는 힘들다. 지지자원을 꼭 구축하길 추천한다.

2) 나만의 스트레스 해소법을 가지고 소진으로부터 보호하자

이 프로그램은 매일 5건의 상담을 진행해야 하고, 사업평가가 주는 긴장감이 유지되는 일이라서 자신만의 스트레스 관리가 필요하다. 또한 이 프로그램의 목적이 구직자의 스트레스 관리를 통해 (재)취업을 안정적으로 해 가도록 하는 것이다. 만약 상담사가 자신의 스트레스를 관리하지 못한다면 내담자와 진실된 상담을 해 갈 수 있을지 자문해 보라. 상담사의 스트레스 자각과 조절은 필수다.

상담 중 자기를 돌보지 않거나 돌봄을 받아 보지 못해 돌보는 방법을 모르는 내담자에게는 구체적으로 자신이 행복하고, 편안하며, 좋아하는 것을 스무 가지 정도 찾아오라고 요청한다. 그리고 찾아온 것을 같이 나누면서 찾으며 경험한 느낌을 충분히 공감하고 정서 반영을 하면서 지지하는 시간을 갖고 나면, 대부분 공통적으로 찾는 과정에서 이미 이완되고 행복감을 경험했음을 알아차린다. 이런 느낌을 나누기 전에는 이러한 방법들이 자신을 지탱해 주는 자원이고, 기분전환을 하게 해 주는 활력소임을 알아차리지 못한다. 내담자에게 일상에서 간단하지만, 소소한 행복을 주는 것을 실천해 갈 때 나를 돌보는 방법임을 알려 주는 것은 소진관리를 위해 중요한 부분이다.

이런 과정에서 상담사가 실제 실천하고 있는 방법들을 같이 나누면 좋다. 필자도 소진으로부터 나를 지키는 다양한 방법들 중 하나를 소개하고자 한다. 그날의 상담을 마치고 지하철을 타고 오다 보면 배도 고프고 진이 빠져 기운도 없고 우울할 때 집 근처 식당에서 활어 회덮밥을 먹으며 기분전환을 하고 집으로 향하는 것이 나를 챙기는 의식 중 하나였다. 그렇게 되면 나의 지침으로 인한 예민함을 소중한 가족들에게 풀지 않게 된다.

여기서 핵심은 언제든 실천할 수 있는 구체성이다. 자신이 좋아하는 활동이나 상황, 장면, 음식, 사람, 음악, 영화, TV프로그램, 운동 등이다. 예를 든다면, 필자는 '한강변에서 음악을 들으며 걷기(같이 걷는 것을 좋아하지만 진짜 소진될 때는 혼자 걷는다.)' '노을 바라보기' '눈을 감고 물가에서 바람 느끼기' '좋아하는 사람과 수다 떨기(구체적인 사람 이름 필요)' '내가 좋아하는 문경새재 걷기(특히 계곡 물소리를 들으며)' '퇴근 후 아무도 없는 집에서 맛있는 저녁 먹으며 TV 보기(은근 자유롭다.)' 등 매우 많다.

이런 스트레스 관리 방법과 동료들이 있어서 이 프로그램을 5년간 진행할 수 있었기에 나만의 확실한 버팀목이 되는 사람들과 나를 챙기는 방법들을 꼭 가지고 임하기를 추천한다.

3) 협력관계가 중요하다

고용노동부 심리안정 상담사는 복잡한 관계 속에서 일한다. 또한 연간 위탁사업을 진행하고 평가를 받기에 나의 전문성인 상담뿐 아니라 협력관계 유지의 역할이 요구된다.

상담사가 맺는 관계는 소속된 회사와 회사가 위탁받은 고용복지플러스센터, 센터 내 담당자와 상담사가 직접 만나는 내담자, 그 외 다양한 센터 내 공무원들과 다른 민간위탁프로그램 관련자들과 함께 일하기에 업무적, 인간적인 면에서 협력관계를 소홀히 할 수 없다.

2016년에 이 일을 시작하고 처음 출근했던 센터에서의 막막함이 떠오른다. 이 막막함은 업무적인 것이 아닌, 그냥 사소한 출근길의 기상 악천우로 인한 어려움이었다. 그날은 눈이 많이 왔고 강원도로 향할수록 고속도로의 눈은 점점 더 쌓여 가고 있었고, 이른 아침에 갑작스러운 눈에 제설도 제대로 되어 있지 않았다. 서울에서 춘천까지 출근하기에 출근시간의 변수를 고려해 늘 일찍 출발했지만, 생각보다 교통이 지체되기 시작하고 빙판길에 속도를 낼 수가 없어 지각을 대비해야 하는 상황임을 직감했지만, 마음 편히 연락할 대상이 떠오르지 않았다. 센터 담당자나 회사 담당자 등 정말 필요할 때는 할 수 있지만, 출근한 지 얼마 안 된지라 지각은 안 하고 싶었나 보다. 다행히 지각은 면했다. 헐레벌떡 간신히 들어서는 나를 보고, 센터 내 한 직원이 무리하게 오지 말고 앞으로는 자신에게 연락하라며 연락처를 건네주었다. 위탁기관 소속이기에 센터 내에서 조심스러운 처지임을 인지하고 우회적으로 도와주려는 마음이 감사했다. 그것을 계기로 가끔 식사도 하고, 간식도 나눠 먹으며 업무 외적으로 1년을 든든하게 지냈다. 이렇게 교류하면서 센터 내 분위기도 익히고, 상담이 필요할 것 같은 민원인을 보내 주기도 하고, 다른 직원에게 내담자를 보내 주도록 협조 요청도 도와주었다. 이렇게 첫 1년을 혼자 힘이 아닌 누군가의 도움으로 견딘 것 같다.

이 외에도 업무적으로 센터 담당자(주무관)와 협업하기도 한다. 센터 담당자는 이 프로그램뿐 아니라 다른 업무도 겸하고 있어 종종 구인처에서 급하게 구직자를 찾을 때 내담자 중 해당 요건이 되는 사람이 있는지 요청하기도 해 몇 사례 지속상담을 받던 내담자가 취업에 성공하기도 했다.

기억에 남는 내담자는 60대 후반의 나이로 퇴직 후 실직상태였지만, 아직 청소년기 지체장애 자녀가 있어 취업이 꼭 필요했다. 그러나 나이로 인해 재취업 가능성이 적어 낙담하고 있었다. 부모로서 자신의 고통보다 자녀를 돌봐야 하는 막중한 책임감에 상담을 통한 심리적 안정에 한계를 경험하고 있었다. 마침 장애인복지기관에서 장애인을 돌보는 업무에 적합한 사람을 찾는다는 센터 담당자의 추천요청에 나이가 있지만 장애 자녀를 돌보는 유경험자임을 적극 추천해 재취업에 성공했다. 경제적인 어려움이 가장 고통이었던 내담자는 취업하게 되면서 활기를 가지게 되었고, 센터 담당자도 취업률을 올리게 되어 모두가 웃는 뿌듯한 경험이 있었다. 그 외에 업무담당자와는 다양한 협력이 필요하다. 행정적인 업무조율, 내담자의 상담연장 여부, 일과가 늦게 끝날 경우 상담일지 전달 여부는 규정할 수 없지만, 원활한 관계유지가 안 되면 필요한 일들이 뭔가 삐걱거림이 감지되기에 업무의 원활함을 위해 협력관계를 유지하기 바란다.

그 외에도 상담사는 상담 외에 신청자가 없을 경우 내담자 발굴도 직접 해야 하기에 타 프로그램 민간기관이나 센터 담당자들과도 소통하며 협조를 구한다. 예를 들어, 집단상담 프로그램에 들어가 홍보시간을 할애받기도 하고, 집단상담실에 신청서와 신청서 함을 비치하는 도움을 받는다.

실업급여대상자는 차시별 집체교육이 있고, 교육담당자에게 사전 홍보시간을 요청해 직접 홍보하고, 관계가 잘 형성되면 상담사가 직접 설명하지 않아도 담당자가 교육 말미에 설명을 한번 곁들여 주기도 한다.

센터 내 직원들과 소통하며 지내다 보면 상담이 필요하다고 여겨지는 민원인들을 직접 연계해 주기도 하고, 자기 자녀나 개인적인 어려움을 상의하러 오기도 한다. 이러한 소통이 없을 때는 외딴섬 같은 위치이지만, 소통으로 인해 다리가 놓이고 서로 교류의 장이 되기도 해서 업무의 효율성과 상담사의 심리적 안정에 도움이 된다. 상담만 하면 되는 직업이 아니라, 조직 안에서 다양한 관계를 맺고 일을 한다는 점을 이해하고 지원하기를 바란다.

센터 직원이 연계한 내담자의 경우 내담자의 비밀보장을 저해하지 않는 선에서 진행과정 설명은 도움이 되며, 내담자의 복지 향상과 변화에 효과적일 수 있다.

4) 전문성을 지속적으로 업데이트하자

이 프로그램은 다중적인 관계에서 사업에 대한 예산 소진과 실적 평가로 직무스트레스가 높다. 그럼에도 이 경험은 해 보기를 추천한다. 나를 성장시킨다!

필자는 이 프로그램을 시작하기 전에 상담사의 전문성을 위해 한 분야는 최소한 5년은 해 보자고 다짐했다. 내가 그 분야에 관한 다양한 사례를 접하고 경험해 온전히 알아 가는 데 나름의 기준이 5년이었다. 5년 동안 그날 사례는 그날 일지를 작성하면서 회기별 사례개념화를 습관화해 갔고, 꾸준히 수퍼비전을 받으며 사례 지도감독을 받았다. 또한 회사에서 지원하는 교육기회를 적극 활용하고, 매월 열리는 사례회의에서 동료상담사의 사례로 경험을 확장해 가며 전문성을 지속적으로 관리하고자 노력했다.

특히 이 프로그램은 정부사업으로 평가가 있고 내담자의 특성도 매우 다양해, 상담사의 역량이 요구되며, 내담자를 온전히 수용하고 이해하기 위해서는 상담사의 전문성을 지속 관리하는 것이 중요함을 다시 한번 강조한다.

(1) 민간위탁고용기관에 지원 시 알아 두면 좋은 정보

상담사는 민간위탁기관을 선택해(12월 말에서 1월 초에 입찰이 있기에 아마도 같은 시기 학회에 구인공지가 올라온다) 지원한다. 내가 지원했다고 하더라도 민간위탁기관이 입찰에 성공해서 사업을 낙찰받아야 상담사 계약이 체결된다. 민간위탁고용기관은 인력풀 형태로 모집하기에 지원한 곳과 다른 고용복지플러스센터로 갈 수 있는지 상담사에게 타진하기도 한다. 여기서 주의할 점은 이 프로그램 운영의 형식적 주체는 민간기관이지만, 실질적 주체는 상담사이기에 고용노동부에서는 입찰 시 소속된 상담사가 자질이 있는 상담사인지를 가장 중요하게 본다. 그러므로 여러 민간기관에 지원하는 게 금지사항은 아니지만, 암묵적으로는 저해요소가 되기에 한곳을 믿고 지원하라. 같은 상담사를 여러 회사에서 동시에 입찰에 올리면 고용복지플러스센터에서는 각 회사에 상담사 확보가 불안정하다고 본다. 지원해 합격이 되면 여러분은 계약된 고용복지플러스센터로 출근하면 된다.

(2) 상담실 공간을 세팅하는 방법

첫 출근 전에 소속회사 담당자나 직원과 같이 고용복지플러스센터를 방문해서 센터업무담당자(주무관), 센터 팀장과 상견례를 하고, 해당 고용복지플러스센터 상담실을 방문해 장소나 가구 등 상담을 하기에 적합한지 둘러보고 소속회사에 요구해 세팅하는 사전 준비가 필요하다.

이 프로그램은 연간 사업이 끝나면 평가하고, 평가 결과에 따라 해당 센터의 운영 여부가 결정되므로 상담실 세팅 준비가 다르다. 좋은 평가를 받으면 지속 운영할 수 있어 세팅의 품이 줄어든다. 상담실은 내담자가 드나들기 편하고 상담을 방해받지 않는 곳이 좋다. 그러나 공공기관의 대부분이 개방형 사무실이기에 폐쇄형 사무실이 많지 않다. 사방이 유리인 경우도 있어 그때는 종이 등을 붙이거나 가구 등으로 가리기도 한다. 폐쇄형 사무실은 가장 안쪽 창가에 자리 잡고 있어 개방형 사무공간을 2~3열 정도 지나서 들어와야 한다. 이러한 환경을 고려해 방음과 시야가 분산되지 않도록 자리 배치 등의 시도를 추천한다. 예를 들어, 상담사 사무공간은 밖에서 보여도 되는 곳에 배치하고 상담테이블은 가구로 외부 시야를 차단하고 안쪽으로 배치해서 상담내용이 최대한 들리지 않도록 세팅하기를 권한다. 불안한 내담자는 상담실이 보이거나 들릴 것을 의식하고 상담할 때 자기 개방을 주저하기도 하기 때문이다. 이렇듯 상담실은 상담사가 2개의 조직에 소속되어 있지만, 고용복지플러스센터 내에서 독립적으로 직접 운영하는 시스템으로 자율성이 보장된다. 그러므로 자기만의 스타일로 상담실을 꾸며 보기를 바란다(커피머신 등을 구비해 내담자와 센터 직원들에게 커피를 제공하는 상담사도 있다).

고용노동부상담사 선배들의 이야기

Q "심리안정 프로그램을 하면서 무엇이 보람 있었나요?"

- K 상담사: "심리안정 프로그램 특성상 실업인정을 받기 위해 단회상담으로 방문하는 경우가 있다. 그러나 1회기 상담을 통해 상담의 필요성을 느끼고 8회 상담까지 받으며 삶의 변화를 말할 때 보람을 느꼈다."
- S 상담사: "경제적으로 어려운 사람들이 심리상담을 경험하고 자신을 알아차리고 이해할 때 보람을 느꼈다."
- L 상담사: "여러 번의 구직 시도에 지쳐 자신감을 잃고 포기하려던 내담자가 상담을 통해 힘을 내어 구직활동을 지속하거나 취업에 성공할 때 보람을 느꼈다."

세 분의 상담사는 최소 4~5년을 근무하신 분들로, 이분들이 느낀 보람은 한결같이 내담자의 긍정적인 변화다. 내담자의 변화는 상담사의 전문적 자질과 인간적인 자질의 결과임을 충분히 공감하는 바다. 필자도 다양한 배경을 가진 내담자의 각양각색의 사례를 접하며 상담역량이 올라가고 성장했음을 현재 다른 분야 상담을 하면서 느끼고 있다(대인관계, 스트레스 관리, 진로, 이직, 전직, 가정문제, 위기사례, 중독, 자녀양육, 애도 상담, 부부관계, 성문제 등등 상담주제도 다양했다).

현 사회에서 구직은 생존과 안전에 대한 욕구의 해결 과제이면서 자아 실현의 길이기도 하기에 하위 욕구의 해결이 되지 않으면 그 상위 욕구로 나아가지 못함을 현장에서 경험한다. 이러한 개인의 욕구를 해결하기 위해 상담에서 온전히 수용받고, 존중받는 경험은 구직의 어려움으로 인한 정서적인 우울, 불안 등이 안정화되도록 한다.

양쌍봉과 박재황(2017)도 구직의 어려움으로 경험하고 있는 우울, 불안, 분노에 관한 연구를 통해 우울과 불안이 심리적으로 안정화되고 회복되어 덜 위축감을 가지면서 구직효능감도 높아짐을 말하고 있다.

이러한 내담자의 변화 경험은 상담사에게 전문적인 성장과 발전을 추구하게 하는 원동력이 되는 경험이다. 정소연과 이제경(2024)도 심리안정지원 프로그램 상담사의 현상학적 연구를 통해 상담사가 이 프로그램의 어려움을 적응해 가며 정체성과 소명을 형성하고, 단지 구직활동 일환으로 상담에 참여했던 내담자가 회기를 거듭하면서 자신을 돌아보는 경험에서 보람을 느꼈음을 말하고 있다. 이는 상담사의 또 다른 성장임을 알게 된다.

이 프로그램은 직무스트레스가 높기에 동료 상담사들은 이 일에 관심 있는 후배 상담사들에게 어떤 말을 해 주고 싶을지 궁금해서 질문을 해 봤다. 다행히 현실적인 상황을 포함하면서도 충분히 긍정적인 피드백을 받았다.

Q "고용노동부에서 상담을 하고 싶은 후배에게 해 주고 싶은 말이 있나요?"

- K 상담사: "다양한 연령과 사례를 접할 수 있어 상담사로서 역량이 높아질 수 있으나, 그만큼 질적 상담을 위한 노력이 요구되며, 협약기관 내에서

근무하기에 기관 담당자 및 본사, 동료와의 의사소통이 상담업무만큼이나 중요합니다."

- S 상담사: "좀 더 진실한 마음의 문을 열고 다가간다면 다양한 사례를 경험하고 성장할 수 있으며, 행정적인 일도 나의 일이라는 생각의 확대가 필요합니다. 직무스트레스는 높은 편입니다."
- L 상담사: "내담자가 다양한 주제의 어려움을 호소하기 때문에 다양한 사례를 경험할 수 있다는 것이 가장 큰 장점이며, 상담 성과를 확인할 수 있는 경우도 상당히 있어 보람을 느낍니다. 반면, 가장 큰 어려움은 정부사업이라 평가 압박이 상당히 심하다는 것, 번민을 느끼는 상황이 많다는 것입니다. 무엇보다 상담사로서 추구하는 가치를 굳건히 하는 것이 중요하다고 생각합니다."

심리안정 상담사는 분명 연간 평가에 대한 부담이 높고, 다중적인 관계에서 일하기에 상담 이외의 역할을 요구하고 있어 직무스트레스가 높다. 그럼에도 동료 상담사들은 한번 도전해 보기를 격려한다. 정소연, 이제경(2024)의 연구에서도 참여자들은 어려움과 한계가 있음에도 불구하고, 사회에 기여하는 바가 커서 오래 하고 싶은 일임을 말한다.

필자도 5년의 과정은 힘들었지만 동료들, 내담자의 변화, 상담사로서의 성장과 발전을 경험했고, 여러분도 고용노동부 상담사에 도전해 보기를 적극 추천한다.

참고문헌

고용노동부(2023). 2024년 심리안정지원 프로그램 운영 위탁사업 제안요청서.

고용노동부(2024). 심리안정지원 프로그램 정책소개.

고용노동부(2025). 2025년 심리안정지원 프로그램 위탁사업 운영기관.

양쌍봉, 박재황(2017). 고용복지플러스센터 심리안정지원 프로그램이 구직자의 분노, 불안, 우울 및 구직효능감에 미치는 효과. 현실치료연구, 6(1), 35-50.

정소연, 이제경(2024). 고용복지플러스센터 심리안정지원 프로그램 상담사가 경험하는 어려움과 진로적응에 관한 현상학적 연구. 학습자중심교과교육연구, 24(1), 615-636.

한국상담심리학회. 구인 공지. https://krcpa.or.kr

부록 심리안정지원 프로그램 운영 현황(2025)

연번	지방고용노동(지)청명	운영 고용복지플러스센터
1	서울지방고용노동청	서울 서초
2	서울지방고용노동청서울강남지청	서울 강남
3	서울지방고용노동청서울동부지청	서울 동부, 성동 광진
4	서울지방고용노동청서울서부지청	서울 서부
5	서울지방고용노동청서울남부지청	서울 남부, 서울 강서
6	서울지방고용노동청서울북부지청	서울 북부, 강북 성북
7	서울지방고용노동청서울관악지청	서울 관악
8	중부지방고용노동청	인천
9	중부지방고용노동청인천북부지청	인천 북부, 인천 서부
10	중부지방고용노동청부천지청	부천
11	중부지방고용노동청의정부지청	의정부, 남양주, 구리
12	중부지방고용노동청고양지청	고양, 파주
13	중부지방고용노동청경기지청	수원, 용인, 화성
14	중부지방고용노동청성남지청	성남, 경기 광주, 이천, 하남
15	중부지방고용노동청안양지청	안양, 광명
16	중부지방고용노동청안산지청	안산, 시흥
17	중부지방고용노동청평택지청	평택, 안성, 오산
18	중부지방고용노동청강원지청	춘천
19	중부지방고용노동청강릉지청	강릉
20	중부지방고용노동청원주지청	원주
21	부산지방고용노동청	부산
22	부산지방고용노동청부산동부지청	부산 동부
23	부산지방고용노동청부산북부지청	부산 북부
24	부산지방고용노동청창원지청	창원, 마산
25	부산지방고용노동청울산지청	울산
26	부산지방고용노동청양산지청	김해, 양산, 밀양

〈계속〉

27	부산지방고용노동청진주지청	진주
28	부산지방고용노동청통영지청	통영, 거제
29	대구지방고용노동청	대구, 대구 강북, 대구 동부, 경산
30	대구지방고용노동청대구서부지청	대구 서부, 대구 달성, 칠곡
31	대구지방고용노동청포항지청	포항
32	대구지방고용노동청구미지청	구미
33	대구지방고용노동청영주지청	영주
34	대구지방고용노동청안동지청	안동
35	광주지방고용노동청	광주, 광주 광산
36	광주지방고용노동청전주지청	전주
37	광주지방고용노동청익산지청	익산
38	광주지방고용노동청군산지청	군산
39	광주지방고용노동청목포지청	목포
40	광주지방고용노동청여수지청	순천, 여수, 광양
41	대전지방고용노동청	대전, 공주, 논산, 세종
42	대전지방고용노동청청주지청	청주
43	대전지방고용노동청천안지청	천안
44	대전지방고용노동청충주지청	충주, 음성, 제천
45	대전지방고용노동청보령지청	보령

출처: 고용노동부(2025).

07

치유와 회복의 여정을 함께하는 **병원상담**

병원상담사가 되기 위해서는 정신건강의학과의 진단체계와 치료과정에 대한 이해가 핵심이다. 이를 위해 본문에서는 병원상담의 역사와 발전과정, 상담유형, 자격요건과 함께 정신과적 면담, 심리평가, 개입 방법 등의 실무를 다룬다. 또한 위기개입 절차, 다학제적 협력방안, 의무기록 작성법, 윤리적 고려사항 등 병원상담사의 전문적인 업무수행에 필요한 내용을 구체적으로 제시한다. 이를 통해 의료현장에서 상담사로서 효과적으로 기능하는 데 도움이 되는 실질적인 정보와 노하우를 전수한다.

프롤로그

상담실로 가는 길: 수학강사에서 병원상담사까지

우리의 인생은 계획하고 생각했던 대로 흘러가는 것만은 아닌 것 같다. 나 역시 그랬다. 고등학교 시절 깊은 진로 고민 없이 단순히 잘하고 좋아했던 과목이 수학이라는 이유로 수학과에 진학했지만, 대학에서 마주한 현실은 달랐다. 영어로 된 교재와 끝없는 증명과정은 싫증을 안겨 주었고, 대학교 생활은 어딘가 모르게 공허하고 이도 저도 아닌 중간지대처럼 느껴졌다. 그러던 중 과외교사와 교회교사로서 청소년들을 만나게 되었다. 학교나 가정에서 겪는 어려움에 관한 이야기에 귀를 기울여 들어 주니 성적도 향상되고 긍정적인 변화가 나타났다. 이러한 경험은 자연스럽게 심리학과 수업에 대한 관심으로 이어졌고, 논리를 중요시하는 과정보다는 인간의 마음을 이해하는 과정에서 새로운 세계를 만난 것 같았다. 이것이 지금의 상담사가 될 수 있었던 첫 발걸음이었다.

하지만 현실은 쉽게 바뀌지 않았다. 10년 동안 수학을 가르치는 직업을 가지고 살면서 결혼, 육아, 주재원 생활을 거쳤다. 상담센터 면접에서 "왜 수입이 좋은 직업을 두고, 오히려 돈을 들여 가며 상담으로 들어왔냐?"라고 질문을 받을 때면 내 선택이 고민되기도 했다. 그러나 지금 이 순간까지 이 길에 들어선 것을 단 한 번도 후회한 적이 없다. 내가 진정으로 원하는 일을 찾아 선택했고, 이보다 더 흥미롭고 보람된 일은 없다고 확신하기 때문이다. 인생의 바닥에서 나와 같은 상담사를 만나서 인생은 살 만하다고 생각하게 되며 자신이 원하는 길을 찾아가는 내담자들을 보면 상담사가 되기를 참 잘했다는 생각이 든다.

대학원 3학기 차에 상담심리사 2급 자격증을 취득하고, 졸업 후 중학교 전문상담사로 일하면서 좀 더 체계적인 교육과 수퍼비전, 연수 등을 통해 유급 인턴, 레지던트 과정을 거쳤다. 중학교 전문상담사를 거쳐 개인 정신건강의학과 상담센터에서 11년간 일했다. 정신건강의학과 상담실은 많은 이들이 마지막 희망의 동아줄을 잡고 오는 곳이다. 병원상담사로서 일하는 것은 쉽지 않은 길이지만, 더욱 단단한 상담사로 성장시켜 준 곳이기도 하다.

이 책에는 10여 년간의 다양한 임상경험과 전문적인 지식을 바탕으로 한 병원상담의 이야기가 담겨 있다. 현재 수련과정에 있는 사람, 현직 상담사, 그리고 진로를 고민하거나 이직을 고려하는 예비 상담사들에게 작은 길잡이가 되기를 희망한다. 각자의 자리에서 누군가의 어둠을 밝히는 빛이 되어 주기를 바라며, 시작한다.

병원상담전문가 **이항순**

1
병원상담사, 이것만은 알고 가자

30대 남성인 내담자 K 씨는 직장에서 권고사직을 당할 위기에 처해 있다. 회사에 자주 지각을 하며, 업무시간에 집중하지 못하고, 잦은 실수로 인해 상사에게 혼나기 일쑤여서 회사에 가기 싫고 집에만 있고 싶은 심정이다. 자책하는 마음이 많아지고 회사에 가려고 하면 가슴이 뛰고 숨쉬기가 어려울 뿐만 아니라, 때로는 죽고 싶은 심정이 들기도 한다. K 씨는 어린 시절 부모님의 잦은 다툼으로 인해 불안정한 환경 속에서 성장했다. 술만 먹으면 때리는 부의 폭력과 이를 방치하는 모 사이에서 캄캄한 방에서 혼자 견디는 시간이 많았다. 초등학교부터 고등학교까지 친구가 거의 없었고, 소심한 아이로 반에서 힘이 센 아이들에게 폭력을 당하기도 했으나 집에서는 오히려 맞고 다닌다고 부로부터 더 맞기도 했다. 게임에 몰두해 있었고 간신히 지방 대학에 입학했으나 또래들과는 어울리지 못하고 혼자서 겉도는 대학 생활을 보냈다. 출석만 겨우 하는 수준이었고, 자취방에 몇 달이고 혼자 게임에 몰두하며, 괴로울 때는 커터 칼로 손목을 자해하는 시간을 보내며 고립된 생활을 이어 갔다. 컴퓨터공학과를 졸업하고 취직했으나 회사 생활에 적응하지 못하고, 잦은 이직과 함께 현재 회사에서도 권고사직 위기에 처해 있다.

최근 정신건강 문제로 고통받는 내담자들이 증가하면서 병원상담의 중요성이 더욱 커지고 있다. 제시한 사례에서 30대 직장인 K 씨는 업무 실수가 잦고 출근이 힘들어 권고사직 위기에 처해 있다. 어린 시절의 트라우마로 인한 우울, 불안, 자살사고로 고통받고 있어 전문적인 의료적 개입과 치료적 상담이 필요한 상황이다. 이처럼 정신건강의학과(이하 정신과)에서는 약물치료와 더불어 전문적인 상담을 통해 내담자의 회복을 돕고 있다. 최근 내담자 수가 증가되고 있는 병원상담의 발달 과정, 특성과 역할 그리고 통합적 치료접근에 대해 살펴볼 것이다.

정신과 병원상담의 역사와 발전과정

1) 우리나라의 정신건강 현황

우리나라는 전통적으로 정신건강 문제에 대한 사회적 낙인이 강한 편이다. 그러나 2000년 초반부터 OECD 국가 중 한국이 세계 자살률 1위를 기록하면서 정신건강 문제의 심각성이 대두되었고, 이는 전문적인 상담과 치료의 필요성을 인식하는 계기가 되었다. 최근에는 코로나19로 인한 우울과 불안, 사회적 고립 등으로 정신건강 서비스에 대한 수요가 더욱 증가하고 있다.

2) 정신의료기관의 증가

이러한 사회적 요구에 따라 정신의료기관도 빠르게 증가하고 있다. 2022년 기준으로 전국의 정신건강 관련 기관은 개인 의원, 종합병원, 대학병원을 포함해 총 3,093개에 달하며, 이 중 정신의료기관이 2,109개를 차지한다. 2023년에는 정신의료기관이 2,147개로 증가해, 매년 50~70개의 새로운 기관이 개설되고 있는 추세다.

3) 정신의료기관과 상담센터의 통합적 서비스 증가

정신건강 서비스의 질적 향상은 1995년 「정신보건법」 제정을 통해 본격화되었다. 이 법은 정신질환자의 인권 보호와 지역사회 기반 치료로의 전환을 강조했고, 이를 바탕으로 1997년부터 정신보건센터가 설립되기 시작했다. 1998년 4개소에 불과했던 정신보건센터는 2022년 기준 전국 261개의 정신건강복지센터로 확대되었으며, 이들은 정신의료기관 및 상담센터와의 연계를 통해 통합적인 정신건강 서비스를 제공하고 있다.

2021년 국가 정신건강 보고서에 따르면, 우울감 경험률이 10.2%에 달하고, 고위험 음주율이 14.1%, 정신 장애 평생 유병률이 27.4%, 인구 10만 명당 자살률이 26명으로 OECD 38개 국가 중 불명예의 1위를 한 실정이다. 이러한 정신질환의 증가로 정신의료기관이 해마다 증가하고 있다.

4) 정신건강 서비스의 변화와 발전

우리나라는 1980년대 이전에는 전통적으로 정신건강 문제에 대한 사회적 낙인 인식이 심해 정신질환자들이 가정이나 사회에서 배제되는 경우가 많았다. 그들은 주로 대형 정신병원에서 입원치료를 하고 약물치료에 의존했다. 1995년 「정신보건법」이 제정되면서, 정신건강에 대한 체계적이고 법적인 기반이 마련되었다. 이 법은 정신건강 서비스의 확충과 함께 정신질환자에 대한 인권 보호를 강조하고, 1997년부터 정신건강복지센터가 설립되고 전국적으로 확대되었다.

코로나19 이후에는 원격 상담 서비스의 도입이 가속화되면서, 비대면상담 서비스가 활성화되었으며, 2024년 7월부터는 전 국민 마음투자 지원사업이 시작되어 국가 차원의 정신건강관리가 더욱 강화되고 있다.

5) 정신질환 현황과 통계

2022년 정신건강실태조사(성인)에 따르면, 평생 유병률 수치는 알코올 사용장애가 가장 높고, 니코틴 사용장애, 불안장애, 우울장애가 그 뒤를 잇는다. 정신의료기관에 입원한 환자의 진단은 중증 정신질환, 조현병, 분열형 및 망상장애, 양극성장애, 주요 우울장애, 물질 관련 중독장애, 신경증성 스트레스 연관 및 신체형 장애 순이다.

2022년 정신건강실태조사(소아청소년)에서는 불안장애가 가장 높은 유병률을 보이며, 그 뒤를 이어 파괴적 충동 조절 및 품행장애, 물질 사용장애, 신경 발달장애, 섭식장애, 우울장애 및 양극성장애 순으로 나타났다.

6) 정신과 병원상담의 수요 증가: 현대사회와 정신건강 인식 변화

2013년 4월, 정부는 환자들이 사회적 편견으로 인해 피해받지 않고, 마음 편히 정신과를 다닐 수 있도록 법을 개정했다. 기존의 F코드 대신에 보건일반상담 Z코드로 건강보험 청구절차를 변경한 것이다. 약을 처방하지 않는 정신과 진료의 경우는 F코드(정신질환)가 아닌 Z코드(일반상담)로 신청할 수 있도록 한 이후 정신과 진료를 받은 사람들이 증가했다.

보건복지부가 전국 18세 이상 성인을 대상으로 실시한 2022년 정신건강실태조사에 의하면, 성인 10명 가운데 1명 이상 꼴로 일생 중 한 번 이상 정신질환을 경험한다고 한다. 2024년 결과에 의하면 여전히 정신건강 문제로 타인과의 상담 또는 병원을 방문한 사람은 27.0%로 4명 중에 3명(73.0%)은 정신건강 문제를 겪고도 방문하지 않은 것으로 나타난 결과가 안타깝다. 이렇게 정신과 치료를 망설이는 이유가 주변인의 부정적인 시선(35.7%)과 사회적 불이익(29.7%) 결과로 나오고, 스스로 극복해야 한다

(29.7%)는 인식도 있어 이러한 인식의 변화가 필요할 것으로 보인다.

빠르게 변화하는 현대사회 속 성취와 경쟁, 경제적 불안감으로 인한 스트레스가 증가되면서 정신건강 문제가 더 많이 증가하고 있다. 또한 코로나 팬데믹으로 인한 고립감, 우울, 불안 등의 영향이 커졌고, 인터넷이나 미디어를 통해 정신건강의 정보를 접할 기회가 늘어났다. 그리고 정부와 기관의 정신건강에 대한 지원 정책의 증가로 인해 사람들이 서비스를 이용할 기회가 역시 많아졌다. 정신건강에 대한 사회인식의 변화로 상담 수요가 증가했고, 정신건강의 조기 개입과 예방이 중요하다는 인식으로 초기 증상이 나타났을 때 상담으로 문제를 해결하려는 경향 등 복합적인 요인으로 인해 병원상담의 수요가 증가하고 있다. 이에 발맞춰 개인 정신과 개원 수가 늘고, 정신과 소속 상담센터가 증가하며, 종합병원이나 대학병원도 전문상담센터가 증가하고 있는 추세다.

병원상담의 이해: 정신건강 의료기관의 스펙트럼

1) 정신과 병원의 종류: 당신에게 맞는 병원 찾기

(1) 개인, 종합병원, 대학병원 정신과

상담사가 정신과 병원에서 일하게 될 때 먼저 이해해야 할 것은 병원의 유형별 특성이다. 정신과는 개인의원, 종합병원, 대학병원으로 구분되며, 각각의 전문 영역과 치료 범위가 다르다.

개인 정신과는 불면증, 우울증, 불안장애, 양극성장애, ADHD, 적응장애, 대인관계 문제 등 비교적 경증의 정신건강 문제를 주로 다룬다. 반면,

종합병원이나 대학병원 정신과는 심각한 자살사고, 자해, 중증 우울증, 조절되지 않는 조울증, 심각한 행동장애, 환청과 환시로 인한 문제 등 중증 정신질환을 치료한다.

특히 자해나 자살 위험이 있는 환자는 입원치료가 필요할 수 있어 입원 병동이 갖춰진 종합병원이나 대학병원으로의 의뢰가 필요하다. 또한 다른 신체질환이 있는 환자의 경우, 정신과 약물의 부작용을 고려해 타 과와의 협진이 가능한 종합병원이나 대학병원에서의 치료가 권장된다.

표 7-1 정신과의 종류

개인 정신과	종합병원 정신과	대학병원 정신과
• 1차 진료 기관 • 경증, 신경증, 외래, 약물 및 상담 위주의 운영 • 불면증, 우울증, • 불안장애, 양극성 장애 • ADHD, 적응장애, • 관계에서의 어려움	• 2차 진료 기관 • 소규모의 입원 병동 갖춤 • 경증의 외래, 다른 과의 협진 의뢰 • 낮 병동, 개방 병동, 폐쇄 병동(보호 병동) 운영 • 시외에 있는 종합병원은 알코올 의존증 혹은 만성질환자의 입원 • 2주까지 입원 기간 제한(정신보건법 개정) → 국공립 병원에 소속된 다른 정신과 의사의 판단과 일치해야만 연장 입원 가능	• 3차 진료 기관 • 1차, 2차 정신과에서 의뢰서를 통해 가능 • 조현병, 양극성장애, 치매, 초기 정신증, 심각한 자해 및 자살 환자

출처: 보건복지부 국립정신건강센터(2021).

(2) 낮 병원: 사회복귀를 위한 징검다리

병원상담사들이 낮 병원에 다니는 내담자를 현장에서 만나는 경우는 드물지만, 현장에서 근무하려면 종합병원이나 대학병원 낮 병원의 시스템이나 다양한 프로그램도 알아 둘 필요가 있다. 우리나라 낮 병원은 1976년 국립서울정신병원에서 개설되었고, 1980년에는 서울대학교 병원에서 낮 병원을 개설했다. 표를 통해 낮 병원에 대해 자세히 살펴보자.

표 7-2 낮 병원

낮 병원이란	낮 병원 이용자	낮 병원 이용 방법
• 입원치료와 외래치료의 중간 형태인 부분 입원의 한 유형 • 낮에는 병원에서 재활치료를 받고, 밤에는 집에서 가족들과 함께 생활하면서 증상 조절, 규칙적인 생활, 사회기술 습득 등 사회복귀를 준비하는 곳	• 잔존 증상 및 기능 저하로 인해 대인관계나 사회생활에 어려움이 있는 경우 • 퇴원 이후에도 집에만 있으려 하거나 장기간 의욕 없이 지내는 경우 • 병식이 있고 치료를 받으려는 동기가 뚜렷한 경우	• 낮 병원 원무과 접수 → 주치의 면담 → 낮 병동 등록 → 초기 평가 및 계획수립 → 프로그램 참여
낮 병원의 기능	**낮 병원 치료팀 구성원**	**낮 병원 프로그램**
• 정신질환이 생기기 전이나 후, 또는 급성기에 있는 환자들을 전문적으로 평가하고 치료 • 다양한 정신질환에 알맞은 치료프로그램 개발로 적절한 치료 제공	• 정신과 전문의, 전공의 • 정신보건사회복지사 • 정신보건임상심리사 • 간호사로 구성된 치료 팀이 운영	• 차 모임: 자신의 일과와 최근 관심사, 일상생활, 시사상식 등의 다양한 이야기 • 집단치료 • 개인 심리치료 • 인지 재활훈련 • 사회기술훈련 등의 프로그램

출처: 국립중앙의료원 낮병원 홈페이지.

낮 병원이 필요한 이유는 일정 기간 입원치료를 받고 퇴원한 후, 바로 발병 전의 생활로 되돌아가기 매우 어렵기 때문이다. 이에 건강한 이전 모습으로 돌아가기 위한 징검다리 역할을 담당한다.

낮 병원은 증상 조절, 약물 관리를 통한 재발 예방 및 규칙적인 생활 점검을 통한 사회적 고립을 방지하고, 사회기술훈련 및 대인관계 경험 기회를 제공한다. 또한 위생 및 외모 관리 등 일상생활 관리능력을 향상시켜

사회에서 생활할 수 있는 능력을 기르고 음악, 미술, 작문 등 여가생활 격려 및 취미 개발 또한 도모해 생활에 활력을 더해 주는 효과를 준다.

다양한 주제에 대해 자기 생각을 정리하고, 자기표현에 대한 자신감을 향상하는 집단치료, 개인의 내면 문제를 드러내어 갈등을 명료화시키고 해결책을 찾아갈 수 있도록 지원하는 개인 심리치료도 이루어진다. 다양한 게임과 활동을 통해 인지적 손상을 방지하고 운동지각, 집중력, 판단력, 기억력, 사고력, 언어력 등 인지기능의 향상을 돕는 인지 재활훈련 및 타인과 원활하게 의사소통할 수 있도록 다양한 상황에서의 대처 기술과 문제 해결 기술을 향상함으로써 원만한 대인관계 형성 및 유지를 돕는 사회기술훈련 등의 프로그램이 진행된다.

그 외에도 여러 가지 미술도구를 사용해 자기 생각과 느낌, 감정을 자유롭게 표현하고 작품을 완성하는 과정에서 성취감을 경험하며 정서적 안정을 도모하게끔 한다. 미술치료, 또한 건강 교육을 통해 자신의 생활 습관을 점검해 보며 문제점을 인지하고, 올바른 생활 습관으로 변화할 수 있는 동기를 제공한다. 미디어를 활용해 문제 해결 장면을 통해 문제를 해결할 수 있는 대처 능력을 향상시키는 시청각 교육, 다양한 음악 활동을 통해 정서적 환기를 경험하게 하는 음악치료 등의 프로그램 역시 운영된다.

(3) 치유형 대안학교: 마음의 쉼터 학교

병원에서 청소년을 상담하다 보면 약물치료와 상담을 병행하고 있지만, 정서적 어려움으로 인해 학교에서 교우관계 또는 교사와의 갈등으로 다양한 부적응이 나타나 내담자를 치유형 대안학교로 보내야 하는 경우도 종종 있다. 운영 방식은 전일제, 기숙형, 위탁형, 통학형 등으로 다양하다. 또한 그 정도가 심각해 병원에 입원해야 할 경우 입원 병동에서 병원학교를 다닐 수 있는 곳도 있다. 주요 대학병원에 병원학교를 운영하는 곳이 있고, 서울에는 국립서울병원의 병원학교인 '참다울학교'가 있다.

표 7-3 치유형 대안학교

치유형 대안학교 종류	치유형 대안학교 구성원	치유형 대안학교 입소 방법
• 시도교육청 소속 치유형 위탁학교 • 종합병원 위탁 대안학교 • 병원형 Wee센터	• 정신과 전문의 • 정신건강간호사 • 정신건강사회복지사 • 전문상담사 • 임상심리사 • 외부 협력팀	1) 학교에서 학생에게 제안하는 경우 2) 학생이 학교에 요청하는 경우 * 학생, 보호자, 담임교사나 Wee클래스 교사가 위탁 문의 → 보호자가 현재 다니고 있는 학교에 입소 희망서를 제출 → 학교에서는 해당 서류를 대인 학교에 제출 → 접수 면접이나 심리평가 → 정신과 전문의와 면담 및 보호자 면담 → 입소하고 3~6개월 후 본교로 복교함

출처: 인천대안교육지원센터 홈페이지.

각 학교에서 정신건강상의 어려움을 가지고 있는 학생들을 대상으로 학교에서 위탁해 운영하기 때문에 학교 출석이 인정되고 학업을 유지하면서 적극적으로 치료해 다시 원래 학교로 복귀할 수 있도록 돕는 곳이다. 최초 3~6개월이며, 전문의 진단에 따라 더 연장되기도 한다. 공교육의 학교 수업보다 적은 학과목을 배우고, 내용의 난이도 면에서도 다소 쉬운 내용을 학습하게 되며, 심리적 · 정서적 어려움을 치료하는 개인 또는 집단 프로그램으로 구성된다.

치유형 대안학교는 정신과 의사가 교장 직위를 역임하며, 중 · 고 통합형으로 수업하는 방식과 중학교와 고등학교를 분리하는 방식으로 나뉜다. 전국 각 지역에 치유형 대안학교가 있다. 원래 다니던 학교에 학적을 두고 치유형 대안학교에서 학습과 치료를 함께 받고 출결을 인정받을 수 있는 제도다.

주로 중 · 고등 치유형 대안학교가 운영되었고, 2019년 전국 최초 초등학교 치유형 대안학교 '희망오름학교'가 인천에서 개교했다. 갈수록 정신질환을 앓고 있는 연령이 낮아지고, 등교거부 연령이 낮아지고 있는 현실이 안타까우면서도 청소년들에게 꼭 필요한 곳이 생겨서 반갑다. 인천 소재인 중고교 치유형 대안학교로 조아학교, 킬리안공감학교, 마음더하기학교가 있다. 치유형 대안학교에 배정받기 전 징검다리 교실(3일)을 참여하는 프로그램도 있다.

운영 프로그램은 공교육 학교 프로그램과는 차이가 있다. 심리적, 정서적으로 어려움을 겪는 학생들을 대상으로 하므로 상담 프로그램, 교육 프로그램, 치료 프로그램, 창의적 체험 프로그램으로 시간표가 구성된다. 이러한 프로그램 구성은 학교마다 다르니 홈페이지 시간표를 잘 살펴보고 선택해야 한다.

상담 프로그램은 심리검사나 개별상담, 전문의 면담, 부모상담이나 교육, 교사 교육 프로그램이 있고, 교육 프로그램은 공교육의 기본 과목인 국어, 영어, 수학, 사회, 한국사 등으로 구성되어 있어 복교했을 때 학습 과정을 따라갈 수 있도록 한다.

치료 프로그램에는 심리극이나 역할극, 사회기술훈련이나 인지행동치료 등이 포함된다. 창의적 체험 프로그램은 미술치료, 음악치료, 진로활동, 체육활동 등으로 구성되며, 정기적으로 진로 체험이나 외부 활동을 진행한다.

성적은 소속 학교 학업 성적 관리 규정에 따라 처리되고, 시험 평가가 있는 날은 당일 소속 학교로 출석해 시험을 응시하는 것이 원칙이다. 다만, 출석 응시가 어려운 부득이한 사유가 있는 경우 소속 학교 학업성적관리

위원회의 결정에 따라야 하므로 각 소속 학교에 사전 연락해 보는 것이 좋다. 소속 학교에 출석하지 않기 때문에 시험 범위나 내용은 다를 수 있는데, 이럴 때 학교 담임교사를 통해 자료를 요청해 시험에 불이익이 없도록 해야 한다.

주요 치유형 대안학교로는 서울시교육청 꿈타래학교, 성모마음행복학교, 전라남도 교육청 사랑어린마을인생학교, 충청남도교육청 다사랑학교 등이 있다. 각 시도교육청 대안교육지원센터 내 치유형 대안학교를 잘 살펴보길 바란다.

2) 정신과 병동의 입퇴원 절차

병원상담을 하다 보면 다양한 이유로 내담자를 입원시켜야 하는 경우가 발생한다. 따라서 정신과 병동에 대한 이해와 입·퇴원 방법 등의 절차를 알아야 한다. 정신과 병동에 입원하는 방법은 〈표 7-4〉와 같다.

자해나 자살 시도 등으로 생명이 위급할 경우, 먼저 대학병원 응급실에 방문하게 되는데, 이것이 정신과 병동에 입원할 수 있는 가장 빠른 방법이기도 하다. 이런 경우 약물치료와 함께 정신과 전공의의 진료를 통해 입원과 외래 진료를 권유받게 되고, 보호자와 함께 상의 후 입원을 결정하게 된다.

일반 상담센터에서 내담자가 호소하는 내용과 MMPI-2와 SCT를 통해 약물치료와 입원치료가 필요한 때에 따라 개인 정신의학과에 의뢰하고, 정신과 의사의 판단에 따라 2차나 3차 병원으로 가게 된다. 이때 개인 정신과에서 종합 심리검사를 받고, 심리평가 보고서와 최소한 1~6개월의 의사 진료를 받은 후 소견서나 진단서를 받을 수 있으니 참고하기를 바란다.

표 7-4 정신과 병동의 입원 절차

대학병원 응급실 방문	개방 병동 입원	폐쇄 병동 입원
• 보호자와 함께 대학병원 응급실 방문 • 약물치료 후 외래 진료와 입원에 대한 절차 설명	• 병원 입원 신청서 작성: 인적 사항, 의료보험 정보, 의료 기록 작성 • 의사 소견서 또는 진단서: 주치의 또는 전문가가 작성한 진단서 및 소견서가 필요할 수 있으니 준비하는 것이 좋다. • 서류 제출 준비: 의료보험 정보를 확인할 수 있도록 보험 카드 또는 기타 관련 서류를 제출 • 신분증: 신분을 확인할 수 있는 신분증을 지참. • 의료 기록 및 의약품 정보: 이전 의료 기록이나 현재 복용 중인 의약품 목록을 준비 제출 • 전자기기 소지 가능, 개인 물품 소지 가능 • 자유롭게 병동 내부 이동 가능 • 보호자 면회 가능	• 필요한 서류는 개방 병동 동일 • 끈이나 날카로운 물건, 유리병 소지 불가능 • 현실 검증력 손상(환청, 환각)이나 인지 결손 손상의 환자, 자·타해의 위험이 있는 환자가 입원하는 경우이므로 병동 출입 제한 있음 • 의사의 허가에 따라 주말에 보호자 동반하에 외출 또는 외박 가능

출처: 보건복지부 국립정신건강센터 홈페이지.

(1) 정신과 병동 퇴원 절차

정신건강복지법에 따른 정신과 입원제도는 자의입원, 동의입원, 보호입원, 응급입원으로 구분된다. 각 유형별 퇴원 절차와 요건은 다음과 같다.

정신과 전문의 진단 및 자의입원인 경우 입원 후 2주마다 퇴원 의사를 확인하고, 본인이 원할 경우 퇴원이 가능하다. 동의입원인 경우는 본인과 보호의무자 1인 동의가 있어야 하고 역시 퇴원 의사는 2주마다 확인하고,

본인이 퇴원 신청을 할 경우 지체 없이 퇴원할 수 있다. 보호 입원은 정신질환으로 인해 자·타해 위험성이 심각하여 입원치료가 필요하다는 정신과 전문의의 진단이 있지만 환자가 입원치료를 거부할 경우 진행되는 비자의적 입원 유형이다. 보호 입원은 보호 의무자 2인 이상의 신청으로 입원은 2주가 가능하다. 입원 후 2주 이내에 다른 정신과 전문의 1명의 추가 소견과 일치하면 입원 유지가 가능하다. 만약 2명의 정신과 전문의 소견이 불일치하면 퇴원한다.

응급 입원은 자신의 건강이나 안전 또는 다른 사람에게 해를 끼칠 경우에 해당된다. 이럴 경우 누구든지 발견한 사람, 의사(정신과 전문의일 필요 없음)와 경찰관 동의를 받아 정신의료기관에 응급 입원 의뢰가 가능하고, 3일(공휴일 제외) 내 입원이 가능하며, 정신과 전문의 진단하에 자·타해 위험 및 계속 입원할 필요가 없을 경우 즉시 퇴원할 수 있다.

병원 내담자에 대한 이해

조현병 및 기타 정신병적 장애를 겪는 심각한 상태의 내담자는 주로 입원치료가 필요한 경우이기에 개인 정신과에서는 만나기가 어렵고, 종합병원이나 대학병원 정신과에서 만날 수 있다. 이 외에도 이상심리학 목차에서 다루는 다양한 정신질환을 앓는 내담자를 만날 수 있다.

이러한 (많은) 내담자 중에 자해나 자살을 시도한 내담자, 불안장애, 우울장애, 그리고 성격장애에 포함된 경계선장애 내담자에 대해 살펴보고자 한다.

1) 자해와 자살 위기 내담자들과의 만남

(1) 정신건강의학과에서 만나는 자살 위험 내담자들에 대한 접근 방법

정신과 상담을 하면서 상담사가 겪는 가장 큰 불안은 자해 시도나 반복적인 자살 시도 내담자들을 만나는 것이다. 이러한 내담자들이 겪고 있는 정서적 고통에 공감하면서도, 내담자가 자살할지도 모른다는 불안감에 압도당해 안절부절못한다. 물론 자해 및 자살 시도를 하는 내담자는 다른 상담기관에서도 만날 수 있지만, 정신과에서 만나는 내담자들은 주로 약물치료를 병행하고 있으므로 가지고 있는 약을 과다 복용하거나 술과 함께 많은 양의 약을 복용해 자살 시도를 하는 경우가 종종 존재한다. 따라서 이런 위험성이 있는 내담자의 경우는 약물 처방 간격을 더 자주 한다. 이들은 약물 과다 복용과 함께 좀 더 강력한 방법을 사용해 적극적으로 자살을 시도하는 경우가 종종 있다.

그래서 필자는 초기 면접 시 상담동의서에 반드시 생명존중 서약서를 첨부해 서명받고, 실제 자해나 자살 시도가 있을 경우 반드시 정신과 의사에게 해당 사실을 알리고 부모에게 연락해 상담을 진행한다. 내담자와 함께 생명존중 서약서를 작성하는 이유는 과거 자해나 자살 시도 여부를 살펴볼 수 있고, 발생할 경우 대처법에 대해 교육할 수 있으며 반복하지 않을 것을 상담사와 약속함으로써 안전하게 상담을 시작할 수 있기 때문이다.

초기상담사일 때 만났던 내담자(당시 중학생이었던 A)는 지속적으로 자해 및 자살 시도를 했기에 상담사가 불안감과 두려움을 느꼈다. 상담의 진행 방향 결정에서 막막함을 경험했으며, 매번 다음 상담 시간이 될 때까지 긴장하고 있었던 기억이 떠오른다. 결국 상담사의 불안을 이기지 못하고, 다른 상담사에게 심리상담을 의뢰한 경험이 있다. 추후 확인한 결과, 이 내담자는 심각한 정신장애를 겪고 있었으며, 다행히 약물치료와 대학병원 치료 등 여러 과정을 거쳐 성인이 되었고, 현재 자신의 삶을 나름대로 잘 살아가고 있다. 무엇보다 중요한 것은 내담자의 안전과 상담사의 안전이 함께 고려되어야 한다는 것이다.

2) 불안(공황, 사회공포증, 대인 불안)한 내담자를 돕기

주요 우울장애 환자에서 동반되는 불안장애 유병률은 58%, 기분 부전장애 6.7%로 나타난 연구결과가 있다. 그리고 불안장애 중에서는 범불안장애 16.3%, 광장공포증 15.3%, 단순공포증 24.3%, 사회공포증 27.1%, 공황장애 9.9%, 외상 후 스트레스장애 19.5%로 나타났다. 공황장애 환자의 우울장애 비율은 40~50%로 나타나고, 우울증 환자에서의 공황장애 빈도가 20~30% 비율로 나타나 불안장애 중 공황장애에 대해 살펴보고자 한다. 공황장애 진단을 받은 대부분의 내담자들은 정신과를 방문하기에 앞서 호흡에 어려움을 겪어 대학병원 응급실을 가는 경우가 대부분이고, 응급실에 도착했을 때 증상이 사라지거나 심전도 검사 등에서 이상소견이 발견되지 않았을 때, 정신과 방문을 권유받는 경우가 많다.

정신과에서 공황장애 진단을 받고 약을 복용하면서 증상은 호전되지만, 예기 불안으로 인해 등교를 거부하거나 회사를 퇴사 또는 병가를 내고 쉬는 내담자들이 여럿 존재한다. 불안장애를 겪는 내담자들은 주로 긴장이완법이나 호흡법을 익히게 해서 평소에도 대처법을 연습할 수 있도록 한다. 특히 공황장애 내담자 같은 경우에는 생명을 위협받는 것과 유사한 공포를 경험하는데, 이러한 경우 상담 시간을 통해 '공황장애로 인해 죽는 경우는 없다'는 인식을 심어 주고 안심시키는 것이 중요하다.

3) 만성적으로 우울한 내담자의 희망 회복하기

10년간 만난 내담자들의 약물치료 중 가장 많은 부분을 차지하는 것이 우울증이었다. 세계보건기구(WHO)에 따르면, 전 세계 인구 중 3억 명 이상이 우울증을 겪고 있으므로, 우울증은 가장 흔한 정신질환 중 하나다. 이런 우울증의 높은 유병률은 병원상담에서도 나타난다. 〈표 7-5〉에서 보여 주듯이 이는 2024년 국립 정신건강센터에서 발표한 정신건강 통계에서 1년간 경험한 정신건강 문제 경험률에서 수일간 지속되는 우울감에서 증가 비율이 높아지고 있는 것과 같은 결과를 나타낸다. 대개 주요우울장애라고 진단하며, 이러한 우울증은 불면증과 함께 발병되는 경우가 많다. 우울증을 오래 경험하는 내담자들 중에서는 조증 발병과 함께 양극성장애 진단으로 진행되는 내담자도 적지 않다.

표 7-5 연도별 우울감 경험률

연도(년)	2016	2017	2018	2019	2021	2022	2024
지속되는 우울감(%)	28.6	31.8	29.1	30.3	30.6	30.0	40.2

출처: 보건복지부 국립정신건강센터(2024).

병원상담실에 오는 내담자들은 약물치료를 병행해야 내담자의 안전을 보장할 수 있는 사례인 경우가 빈번하다. 내담자에 관한 사례개념화를 할 때 반드시 내담자가 병원 세팅으로 들어올 수밖에 없었던 촉발 사건 및 내담자에 관한 이해를 하는 것이 필요하다.

4) 경계선 성격장애 내담자의 대인관계 패턴 이해하기

병원상담에서 만나는 다양한 성격장애 내담자 중 경계선 성격장애 내담자를 상담하기는 유난히 어려운 일이다. 경계선 성격장애는 강렬한 애정과 분노가 교차하는 불안정한 대인관계와 극단적인 심리적 불안정성 및 사고를 기반에 두고 있으며, 감정, 행동 및 자아상을 비롯한 성격 전반에서 현저한 불안정성을 나타낸다. 이들이 가장 두려워하는 것은 타인에게 버림받는 것이다. 이성에 대한 이상화로 강렬한 애정을 느끼고, 급속도로 연인관계로 발전하나 애정에 대한 욕구가 좌절되면 상대방을 극단적으로 평가절하하며 강렬한 증오나 경멸을 나타내고, 자해나 자살 시도 같은 극단적인 행동양상을 보이게 된다.

이러한 경계선 성격장애를 가진 환자는 외래환자 중에 약 10%, 정신과 입원 환자 중 20%로 추정되는 APA(미국심리학회) 보고가 있다. 이러한 내담자를 상담하는 것은 상담사로 하여금 막대한 부담감을 안겨 준다. 이러한 경계선 성격장애의 가족이나 상담사가 어떻게 대응해야 하는지에 관해서는 '잡았다, 네가 술래야'라는 책을 참고하길 바란다.

병원상담의 특수성

1) 병원상담의 특수성

정신과 병원상담은 80~90%의 비율로 정신과 약물을 복용하면서 상담을 받는다는 것이 일반상담과의 차이점이다. 대상은 미취학 아동부터 초등학교, 중고등학교, 대학교 이상의 성인과 중년기, 노년기 등으로 그 층이 넓고 다양하다. 일반상담센터에서 만나는 내담자들은 10% 정도가 정신과에서 약물치료를 병행하며 상담을 받는다.

약물치료의 종류도 다양하다. 필자가 상담한 경우는 우울증의 비율이 가장 높은 편이고, 소아 우울과 ADHD도 증가하는 추세이다. 청소년도 우울, ADHD, 품행장애나 적대적 반항장애, 불안장애가 많은 편이다. 성인인 경우에도 우울증, 불안장애 중 공황장애의 비율이 높고, 성인 ADHD가 증가하고 있다. 그 외에도 양극성장애나 경계선 성격장애, 자기애성 성격장애 등 다양한 성격장애 등을 앓고 있는 내담자들이 정신과 상담실을 방문하게 된다. 최근에는 섭식장애 증상이 있는 청소년들의 수가 증가하고 있으며, 불법 영상 촬영이나 성과 관련한 이슈가 있는 내담자의 수도 늘어가고 있다. 그러나 각 병원이나 지역, 의사의 전문성에 따라서 오는 내담자들의 증상이나 특징은 다르다.

일반상담은 먼저 상담사를 만나고 내담자가 호소하는 내용과 심리검사(MMPI-2와 SCT) 등을 통해 약물치료와 입원치료가 필요한 경우에 따라 개인 정신의학과에 의뢰하고, 정신과 의사의 판단에 따라 2차나 3차 병원으로 가게 된다. 일반상담에서는 자기 이해에 좀 더 초점을 둔다면, 정신과 상담은 다양한 정신질환의 증상이 있는 내담자들이 찾아오므로, 약물치료를 통한 증상 완화를 통해 일상생활을 영위할 수 있도록 하는 것이 필요하다.

반면, 정신과 상담은 상담에 앞서 정신과 의사와 만난다는 것이 차이점이다. 병원마다 다른 시스템이지만, 필자가 근무한 병원에서는 초기에 간단한 사전검사로 BDI(벡우울검사), BAI(벡불안검사)를 실시한 후 의사의 면담으로 먼저 약물치료를 시작하고, 필요한 경우에 상담을 권유한다. 정신과 초진 진료는 대체로 45분~1시간 정도로 진행하는 편이다. 병력의 발생과정과 가족관계와 양육 과정을 탐색하고, 증상에 맞게 약물치료를 시작하게 된다. 이후 재진부터는 각 정신과마다 다르지만 대체로 2~10분 정도 약을 복용한 후의 변화나 약의 부작용을 살펴보고, 약 용량의 변화나 약의 종류를 변경하기도 한다. 최근에는 예약제로 운영되는 병원이 늘어나는 추세다. 정신과에서 의사의 약물 처방만으로는 치료에 한계가 있다. 대부분 상담이 필요한 경우이나, 의사에게 상담받으면 수가가 비싸고 치료자 입장에서 상담보다는 약물치료를 통해 더 많은 환자를 보는 것이 경제적인 면에서 유익이 있다. 따라서 정신과에서 부설로 상담센터를 운영할 수밖에 없는 구조인 것이다.

정신과 약물 처방이 주를 이루고, 의사 개인에 따라 CBT(인지행동치료)를 중심으로 한 심리치료를 하기도 한다. 고(故) 소암 이동식 선생님의 도정신치료를 바탕으로 이루어진 한국정신치료학회에 속한 정신과 의사들은 사례발표와 함께 심리치료를 활발히 진행 중이다. 한국정신치료학회에 한국상담심리학회 상담심리사나 임상심리사들도 가입해 정신치료에 대한 학술 세미나를 열고 공부에 참여하고 있다. 따라서 정신과 의사와 상담을 하고 싶다면, 한국정신치료학회나 한국정신분석학회에 소속된 의사가 운영하는 병원을 찾는 것도 방법이다.

2) 병원상담의 장점: 다양한 연령과의 장기 상담

병원상담사로서의 경험은 내담자뿐만 아니라 다양한 사람에 관한 깊은 이해를 하도록 이끌어 준다. 그간 쌓아 온 병원상담사로서의 경력은 일반 상담에서 만나는 내담자보다 더 심각한 내담자를 만나기 때문에 상담의 효과가 천천히 나타나는 것에 대해 기다릴 줄 아는 상담사가 된다는 것이다. 그리고 병원 외 다른 기관에서 어떠한 내담자를 만나더라도 흔들리지 않고 단단하고 안정적으로 만날 수 있는 발판으로 거듭날 수 있다는 것이다. 장기 상담을 경험할 기회가 되고 놀이치료 아동, 청소년, 성인 및 부모 상담을 통해 가족의 전반을 이해할 기회가 되기도 한다.

3) 병원상담의 어려운 점: 상담사의 소진과 심리적 부담감

자해나 자살사고 위험이 있는 내담자를 경험하면서 상담사의 불안과 소진이 올 수 있는 부분이 있다. 실제 자살사고 발생 시 상담사가 안고 가야 하는 심리적인 부담이 매우 크다. 이에 대한 대비와 함께 상담기록을 철저히 해 놓을 필요가 있다. 병원 내담자로 들어온 청소년의 경우는 등교 거부 등으로 인해 자퇴의 위험을 안고 가는 경우가 다수이고, 청소년과 부모 사이의 갈등이 첨예화되는 경우가 발생한다.

2 병원상담사, 꿈을 현실로 만드는 준비

병원상담사가 되기 위해 필요한 학력, 자격요건, 경력 사항을 살펴보고, 병원상담사로서 어떤 업무를 하는지와 급여 및 근무조건 등을 살펴보고자 한다. 또한 병원상담사로 합격하기 위한 팁과 개인 정신의학과와 종합병원 정신과 대학병원 정신과에서의 연구원 채용에 대해서 알아보고자 한다. 대학병원 정신과는 낮 병원과 입원 병동을 운영하고 있으나 실제 상담사 채용보다는 사회복지사나 정신건강사회복지사를 채용해 구조화된 프로그램을 운영하는 경우가 많다. 다만, 대학병원 교수 연구실에서 다양한 연구를 위한 연구생을 채용하는 경우가 있어 이에 대해서도 다룰 예정이다.

병원상담사에게 필요한 역량 아홉 가지

(1) 내담자의 현재 기능 상태를 평가하는 능력

정신과 의사로부터 의뢰서를 받을 때에는 지지 상담이 필요하다고 써주는 경우가 대부분이다. 필자가 속했던 상담센터에서는 정신과 의사로부터 의뢰서나 종합 심리검사 평가서를 받아 내담자에 대한 의사나 임상심리사의 진단 기준을 먼저 파악하기도 한다. 병원상담에서는 무엇보다도 내담자의 현재 기능 상태를 점검하는 것이 우선이다. 예를 들면, 3끼 식사를 어떻게 하고 있는지를 질문한다. 병원에 오는 내담자들은 약물치료를 받을 정도이면 자신을 위해 먹는 것조차도 버거운 경우가 많기 때문이다. 특히 식이장애 내담자들은 식사에 대한 부분을 더 자세히 다룬다. 수면 시간을 체크하고 일과를 어떻게 보내는지 점검하는 시간을 가진다. 주변의 지지자원을 체크하며 소통하고 있는 사람들이 있는지 살펴보고, 혼자 있을 때 할 수 있는 활동을 함께 탐색해 본다.

(2) 약물치료에 대한 전문적 이해와 지원능력

의사로부터 약에 대한 설명을 듣지만, 상담에서도 약물치료에 대한 이해를 도울 필요가 있다. 내담자는 약의 용량 변화나 부작용에 대해 의사에게 자세히 질문하기를 두려워하는 경우가 많다. 따라서 이를 반드시 체크하고, 어떤 점이 궁금하고 무엇을 두려워하는지를 상담에서 다루어야 한다. 약을 잘 먹고 있는지와 약을 먹지 않고 모아 놓고 있지는 않은지를 점검해야 한다. 이러한 사실을 의사에게 솔직하게 표현할 수 있도록 하고, 모아 놓은 약은 의사에게 반드시 보고하거나 병원에 가지고 갈 것을 요청한다.

(3) 의료진과 내담자 간 관계 중재능력

병원상담은 병원 의뢰로 내담자를 배정받기도 하지만, 상담센터로 직접 신청하거나 연계된 학교나 Wee센터, 바우처 기관 등에서부터 상담을 의뢰받기도 한다. 그러나 약물치료가 필요한 내담자가 대부분이고, 그렇기에 의사 선생님과의 긴밀한 협조가 필요하다. 때로는 내담자로부터 의사에 대한 존경심은 있으나 상담사에 대한 태도는 그와는 사뭇 다른 경우가 있어 그러한 시선에 익숙해질 필요가 있다. 또한 가족과 의사와의 관계를 조정하는 역할이 중요하다.

(4) 정서적 안정성과 공감능력

내담자들이 상담실을 찾게 되는 이유는 부모로 인해 괴로움을 겪고 이후 부모를 특정한 이유로 싫어하게 되었는데, 어느 순간 내담자 본인도 '자녀를 똑같이 대하고 있다는 사실에 놀라서'라고 한다. 이러한 악순환을 반복하지 않기 위해 상담실을 찾은 내담자의 용기를 지지하고 분리하는 작업을 통해 안정감을 제공해 주는 것이 필요하다.

병원에서는 많은 감정적 스트레스와 압박이 존재할 가능성이 높다. 다양한 정신질환을 앓는 내담자들과 가족들을 만나는데, 때에 따라 자해나 자살사고가 있는 내담자들도 있다. 이러한 부분에 대한 불안을 잘 조절할 수 있도록 상담사는 이러한 상황에서도 자신의 정서적 안정을 유지하고, 다른 사람을 지원할 수 있는 능력이 필요하다.

(5) 정신병리학적 전문지식과 문제 해결능력

내담자들은 다양한 문제와 고민을 상담사에게 가져올 수 있다. 따라서 병원상담사는 문제를 신속하고 효과적으로 해결할 수 있는 능력을 갖춰야 한다. 그리고 이상심리학에 대한 전문지식을 습득하고 익혀야 한다. DSM-5-TR(정신질환의 진단 및 통계 매뉴얼)나 ICD-11(국제질병분류)에 있는 진단 기준에 대해 이해하는 것이 필요하다. 정확한 증상 파악을 하고 접근해야 한다. 이는 다양한 정신질환을 앓고 있는 병원 내담자들의 증상을 이해하고, 상담할 수 있도록 하기 위해서다. 내담자의 증상을 가족들에게 설명과 이해를 통해 상담할 수 있도록 하기 위해서는 꼭 필요하다.

(6) 자기 관리 및 전문성 유지능력

상담사 자신을 도구로 사용해 상담하므로 상담사 자신을 돌보는 작업도 매우 중요하다. 따라서 상담사 자신의 문제로 인해 내담자와의 상담에 영향을 미치는 일, 즉 역전이를 최소한으로 해야 해서 자기 분석도 매우 중요하다. 상담사는 장기간의 개인 분석 경험을 통해 병원에서 만나는 내담자들을 있는 그대로 바라보고 상담할 수 있도록 노력해야 한다.

(7) 다양한 상담이론과 치료 기법 적용능력

상담이론에 대한 지식, 내담자의 심리적 특징에 대한 평가능력, 사례개념화를 토대로 한 상담전략을 수립하고 실제 치료의 개입을 실행하는 데 필요한 지식과 기술을 갖춰야 한다. 병원상담사는 다양한 상담이론 및 치료 방법을 익히고 적용하는 것이 필요하다. 정신역동치료, 인지행동치료(CBT), 변증법적 행동치료(DBT), 수용전념치료(ACT) 등 다양한 기법을 연마해 내담자의 증상에 맞게 상담할 수 있어야 한다.

(8) 위기 대처 및 안전 관리능력

병원상담에서는 자해나 자살 시도 등 자살 위험이 있는 내담자들을 다수 만날 수 있다. 따라서 위기상황에서 신속하고 적절하게 대처하는 능력이 필요하다. 자살 위험이 있는 내담자는 매 회기 확인하는 작업이 필요하고 보호 조치를 하는 것이 중요하다. 위기 평가 도구(Suicide Risk Assement Tool) 등을 활용해 체계적으로 대응하는 것이 필수다.

(9) 지속적인 학습과 성찰능력

전공 서적이나 전공 서적 이외의 다양한 분야의 독서를 해야 한다. 내담자들의 심리뿐만 아니라 그들의 관심 분야에 관해 관심을 가지고 보는 것이 소통에 좋다. 또한 산책이나 여행을 통한 자기성찰의 시간을 가지는 것도 중요하다. 상담사 자신의 몸과 마음을 잘 돌봄으로써 상담사로서의 기력 소진을 예방하고, 내담자와의 관계에서 잘 반응하고 공감적인 관계를 잘 이어 갈 수 있도록 하는 것이 필요하다.

앞서 언급한 태도와 전문성 외에도 다음과 같은 역할이 있다. 필자가 있었던 병원상담센터는 언어치료, 미취학 아동이나 취학 아동의 놀이치료 개인 및 사회성 집단치료, 청소년이나 성인 개인상담을 진행하고, 초기에 의사 선생님이 CBT를 통해 환자를 치료하기도 했다. 필자는 상담실장으로 재직하고 있었기 때문에 상담업무 외에도 상담사들의 사기를 상승시키고, 병원 행정원들의 업무 관련 고민 상담을 진행하거나 함께 식사나 차 마시는 시간을 가지는 등 병원과 센터 직원들 간의 소통과 관리를 담당했다. 병원에 오는 내담자들의 거센 항의를 처리하기도 했다.

병원상담에서 상담사는 내담자의 심층적인 깊은 내면을 이해하기 위해 더 민감하게 접근해야 한다. 병원상담에 들어오기까지의 과정을 살펴봄으로써 오랜 시간 동안 어떠한 고통을 받았고, 어떻게 용기를 냈는지를 충분히 지지하고 공감해야 할 필요가 있다.

상담사인 우리도 관계를 유지하는 패턴이 반복되고 있음을 인지할 때가 많다. 내담자들도 친밀한 관계와 외부 관계, 상담사와의 관계에서도 관계를 반복할 가능성이 매우 높다. 따라서 병원에서 만나는 내담자들의 상담 경험에 대해 아주 상세하게 들어 보고 탐색하는 과정을 통해 병원상담에서 새로운 관계 경험을 할 수 있어야 한다.

병원상담사의 자격준비 과정

1) 개인 및 종합병원 정신과

개인 및 종합병원 정신과 상담사 채용 조건은 다음과 같다.

(1) 자격조건

표 7-6 병원상담사 채용예시

① 자격증: 상담심리사 1, 2급(한국상담심리학회), 전문상담사 1, 2급(한국상담학회), 청소년상담사 1, 2급(여성가족부), 임상심리전문가, 정신건강임상심리사 1, 2급, 부부가족상담전문가 1, 2급(한국가족치료학회), 놀이치료 상담사 1, 2급(한국놀이치료학회)
② 학력: 심리학, 상담학과 관련 졸업 석사
③ 경력: 최소 1~3년 이상
④ 우대: 유료 상담경험자, 심리검사 해석 가능자
⑤ 근무형태: 정규직, 프리랜서

요구하는 경력으로는 최소 1~3년이라고 공고에 적혀 있으나 대부분 유료 상담경험 또는 병원 경력이 있는 상담사를 우선시하는 경우가 많다. 그리고 유료 기관의 상담경험과 장기 상담에 대한 경험이 필수적이다.

병원상담에서는 청소년을 만날 기회가 많으므로 학교 전문상담사의 경험도 필요하다. 학교의 시스템을 알고, 교사와 학부모-학생 간의 관계에 대해 파악할 수 있어서 이러한 경험이 도움이 된다.

(2) 근무조건

근무형태는 정규직(4대 보험 가입) 또는 프리랜서 형태로 근무하고, 병원은 의사가 운영하면서 상담센터는 센터장을 상담사로 고용해 4대 보험 가입과 함께 월급을 주는 경우도 있다. 센터장의 경우, 1급 상담사로 주 5일 이상 근무하는 형태가 많고, 대부분이 프리랜서 형태로 1, 2급 상담사가 2~3곳을 재직하는 경우가 일반적이다. 최근에는 바우처 사업이 활성화되면서 반드시 상담사의 4대 보험 가입 의무로 인해 고용보험과 산재보험을 가입한 근로계약서를 작성해 근무하고 있다. 내담자의 권리를 중요하게 생각하고 보장하는 것도 중요하지만, 상담사의 권리와 근로를 보장받을 수 있도록 근로계약서 작성과 함께 처우를 개선하는 것이 필요하다.

급여의 경우, 센터장이나 정규직의 경우 4대 보험 가입과 함께 월급을 주는 곳도 있다. 그러나 대부분의 상담사가 여러 기관 또는 병원에서 프리랜서로 계약해 활동하고 있다. 상담사의 경력에 따라 내담자가 내는 상담료에 대한 비율제로 받는데, 2급의 경우는 대부분 상담사:센터= 5:5의 비율이 가장 많고, 1급의 경우는 6:4의 비율로 받기도 한다. 물론 비율제 상담료에서 3.3%의 세금은 제외한 금액을 월급으로 받는다. 병원에 따라 다르지만, 기본급 외 명절상여금, 여름 휴가비를 지급하는 경우도 있으나 각 지역마다 또 센터마다 상담료가 다르기 때문에 급여 부분은 이력서를 제출하기 전에 확인하는 것이 필요하다.

근무하는 요일은 대부분 파트나 프리랜서로 상담사를 선발하기 때문에 주 1~5일로 다양하다. 주로 평일에 원하는 요일을 선택하고, 토요일 근무가 필수인 경우가 많다. 병원에 따라 센터장으로 근무할 경우 주 5일 이상 월급제로 하는 곳, 4대 보험에 가입해 준 뒤 비율제로 진행하는 등 다양하다. 3일이지만 정규직으로 근로계약을 해서 4대 보험 가입을 해 주는 곳도 있다. 따라서 자신에게 채용 조건이 잘 맞는지를 체크해 보고 지원서를 제출하는 것을 추천한다.

근무시간은 주로 평일 10~19시, 토요일 9~16시 정도이지만, 실제 상담 시간은 직장인 상담으로 인해 오후 8시나 9시, 늦게는 10시까지도 상담을 하게 되는 경우가 있다. 상담이 있는 시간보다 조금 일찍 출근해 상담을 준비하고, 상담이 끝나고 일지 정리 후 퇴근하는 경우가 대부분이다. 따라서 실제 근무시간은 명시된 시간보다 조금 더 길다고 보면 된다.

2) 대학병원 소아청소년 정신과 연구원

(1) 자격조건

표 7-7 채용조건

자격요건 및 학력	경력
• 심리학과, 특수교육과, 아동학과, 사회복지학과 등 관련학과 학사 이상-석사 학위 이상 • 간호학, 의료정보, 생물학 등 관련 전공 석사 이상 • 병원 연구원 경험이 있는 경우 전공 및 학위 무관	• 영문 독해가 가능하고 논문 작성이나 연구 프로젝트, 국책과제 경험자 • 통계 프로그램 활용을 통한 기본적인 통계 분석 능력 • 컴퓨터 활용능력 중급 이상 • 우대사항 - 논문 작성 및 연구 프로젝트 참여 경험자 - 심리평가 또는 상담 경험자 - 지능검사 등 신경심리검사 가능자

출처: 한국상담심리학회 구인 게시판(2020).

(2) 근무조건

근무형태는 계약직 연구원으로, 4대 보험이 미포함된 특징을 가지고 있다. 근무조건은 주 5일제로 일반적인 근무시간은 오전 9시부터 오후 5시까지다. 급여는 내부규정에 따라 결정되며, 업무 강도에 비해 높지 않은 수준의 연봉을 예상할 수 있다.

근무혜택으로는 월차와 여름 및 겨울 휴가가 제공되며, 연구 자료를 바탕으로 논문 작성이 가능하다. 주요 근무처는 대학병원 내 연구실이며, 기본적으로 개인 업무 책상과 컴퓨터가 지급된다.

추가적인 지원 사항으로는 업무 및 자기 개발에 필요한 다양한 교육기회가 제공된다. 여기에는 통계 강좌, 연구 관련 세미나 등의 교육비 지원이 포함되며, 해외 학회 참석 기회와 경비 지원도 이루어진다. 또한 논문 참여에 있어 저자 및 공저자로 등재될 수 있으며, 뇌영상 처리 및 분석 기술을 습득할 기회가 제공된다. 이러한 교육들은 연구 수행에 필요한 전문성을 높이는 데 중요한 역할을 한다.

3) 실무경험

(1) 공공기관에서의 다양한 상담경력

공공기관에서의 다양한 상담경력은 병원상담사로 성장하는 데 있어 중요한 전문성 기반을 마련했다. 건강가정지원센터에서의 상담경험은 연령과 관계의 다양성을 이해하는 폭넓은 시각을 제공했다. 다문화 가족, 개인, 부부, 가족상담을 통해 획득한 다양한 심리적 접근법은 병원상담에서 내담자의 배경을 더욱 깊이 있게 이해하는 데 직접적인 도움이 되었다.

지방가정법원 협의이혼 상담위원으로서의 경험은, 특히 가족 해체의 심리적 역동을 깊이 이해하는 계기가 되었다. 이혼 과정에서 겪는 부부와 자녀들의 심리적 고통을 목격하고 이해함으로써, 병원상담에서 만나는 복합적인 가족관계와 심리적 트라우마에 더욱 민감하게 접근할 수 있게 되었다.

청소년 수련관에서의 심리검사 경력은 병원상담사로서의 전문성에 핵심적인 역량을 제공했다. 유치원생부터 성인에 이르기까지 다양한 연령대의 종합 심리검사 경험은 발달단계별 심리적 특성을 이해하는 데 깊은 통찰력을 제공했다. 이러한 경험은 병원에서 임상심리사의 평가 보고서를 해석하고 내담자를 이해하는 데 매우 유용한 배경지식이 되었다.

부부상담전문가 자격증 취득은 부부상담의 다양한 이론을 바탕으로 한 복잡한 관계 역학을 이해하는 전문성을 더했다. 이는 병원상담에서 만나는 다양한 관계 문제와 심리적 갈등을 역동적 관점에서 더욱 전문적으로 접근할 수 있게 해 주었다.

이러한 다양한 공공기관 상담경력은 단순한 경험을 넘어, 병원상담사로서 필요한 전인적 접근, 다양성에 대한 이해, 심리적 평가능력, 그리고 깊은 공감능력을 형성하는 데 결정적인 역할을 했다. 각각의 경험은 마치 퍼즐 조각처럼 병원상담사로서의 전문성을 완성해 가는 중요한 토대로 작용했다.

(2) 학교 전문상담사 경력

경기도 시범 사업으로 중학교에서 전문상담사의 경험은 상담사로서 발전하는 데 큰 역할을 했다. 학교 시스템에 대한 이해, 교사와 학생들 간의 갈등, 교사와 교사의 첨예한 이해문제, 교사와 학부모와의 관계에서 오는 갈등 등을 실제 현장 경험을 통해 깊이 있게 이해하는 시간이었다. 개인상담뿐만 아니라 학년별 집단상담(자기 성장, 친구관계 증진, 진로 찾기), 동아리 운영, 학교 진로 행사와 관련해 타 부서들과의 연계 및 협조 요청이 필요한 경험을 통해 상담사의 업무 능력을 향상시킬 수 있었다. 또한 매 학기마다 방학 동안 30시간의 연수를 통한 학교 현장에서 필요한 교육을 받고, 학기 중 매주 집단 사례 수퍼비전을 받으면서 학교상담사로 성장하는 계기가 되었다. 또한 동료 수퍼비전을 통해 축어록 제시와 책을 발제한 경험이 이론과 실제 상담경험을 겸비한 상담사로 발전하는 것의 초석이었다. 학교에서 사회복지사와 연계 프로그램을 통해 외부와 연계하는 프로세스를 파악하고, 위기청소년의 경우 Wee센터와 병원 연계 프로그램의 존재를 인지할 수 있었다.

이러한 경험은 청소년 언어와 문화를 이해로 병원상담에서 청소년 내담자와의 라포 형성에 도움이 되었고, 학교폭력 사안 등의 경우 실제적인 개입 방법에 도움이 되었다. 다양한 행사와 집단 프로그램 운영으로 학년별 집단 역동을 이해하고, 상담계획 수립 시 학교 맥락을 고려할 수 있었다. 학교, 병원, 가정 연계 시스템을 이해하고 구축할 수 있었다.

(3) 사설기관 전문상담경력

일반적으로 유료 상담인 경우 4회기 또는 매월 초에 상담료를 결제하는 시스템에 따라 다음 상담비 결제가 이루어질 것인가에 대한 부담감이 존재한다. 특히 초기 내담자가 상담에 대해 기대하고 오는 바와 실제 상담의 차이가 있어서 초기 상담구조화가 매우 중요하다. 매주 상담에 와야 하는 이유와 상담에서 어떤 과정을 거쳐 상담효과가 나타나는지에 대한 설명을 해야 유료 상담을 안정적으로 진행할 수 있다. 경제적으로 다소 열악한 지역과 여유가 있는 지역에서의 사설 기관 상담경험도 내담자의 주 호소 양상의 차이가 있다는 사실을 파악할 수 있었다.

청소년부터 성인, 부부의 다양한 연령을 상담할 기회가 있었고, 청소년의 경우 Wee센터나 학교상담실에서 의뢰된 경우에는 정해진 회기를 소진한 이후에도 상담이 더 진행되어야 하므로, 내담자나 부모에게 상담의 필요성에 대해 알릴 수도 있어 이러한 부분에서 유연하게 대처해야 한다. 청년마음건강지원사업(2025년 현재 전 국민 마음투자 지원사업으로 통합)에 청년들이 정신건강복지센터로 신청해 연계되는 내담자들을 상담해서 청년들의 가족 문제, 대인관계, 진로 및 취업, 주거 환경의 어려움으로 인한 심리적 고통을 이해할 수 있는 스펙트럼이 넓어졌다.

4) 교육과 훈련

상담진행 중에는 다양한 심리검사가 실시되며, 현재에도 무수히 많은 심리검사가 개발되어 나오고 있다. 필자는 학습과 진로 관련 검사를 하는 기관에서 집단 프로그램 강사로 초등학교부터 중학교, 고등학교, 대학교에 가서 검사를 실시한 후 후속 프로그램을 진행한 경험이 있다. 홀랜드(Holland)검사, 학습전략검사를 실시하고, 후속 프로그램을 통해 집단원들의 자기 이해를 돕는 강점 찾기 및 성격 유형을 찾고 학습에 도움을 줄 수 있도록 했다. 이러한 프로그램 진행을 통해 각 연령에 맞는 발달 과제를 이해하고, 실제적으로 도움을 줄 수 있는 팁을 얻을 수 있었다.

3 환자들의 마음을 돌보는 병원상담 실무

2023년부터 2024년에 인기리에 방영되었던 넷플릭스 드라마 〈정신병동에도 아침이 와요〉를 기억할 것이다. 정신병동 중 주로 폐쇄병동에 입원한 환자를 중심으로 한 간호사와 의사, 그 외 사람들의 이야기다. 드라마이지만 작가가 정신병동 간호사 출신이기에 이야기를 더 현실적이면서도 공감이 가능하게끔 이끌어 나간 것 같다. 이 드라마를 통해 낮 병동에서 근무하는 간호사나 의사의 실제 생활과 함께 사회 불안장애, 망상장애, 공황장애 등의 다양한 정신질환을 가진 환자들과 가족들이 겪는 일상을 알 수 있다. 낮 병동에 입원하는 내담자들보다는 다소 증상의 심각성이 낮지만, 통원치료가 가능한 내담자들을 상담하기까지 상담사로서의 경험이 어떤 도움이 되었고, 업무에 필요한 역량들이 무엇인지 살펴보고자 한다.

상담 및 심리평가 업무

1) 심층적인 심리상담: 증상 이면의 심리역동 이해하기

상담 배정은 심각한 경우에 상담 의뢰서와 함께 정신의학과 의사가 직접 적합한 상담사에게 지정하기도 한다. 상담센터 데스크에서는 상담사의 연령과 전문 분야에 맞게 상담을 배정하고 상담사는 신청서와 함께 상담을 시작하게 된다.

장기 상담을 이끌어 갈 수 있는 능력과 다양한 심리평가 보고서를 읽고 내담자를 파악하는 능력과 많이 사용하는 심리검사(MMPI, TCI, SCT, HTP, KFD 등)를 실시하고 해석하는 능력을 갖춰야 한다. 또한 자기표현 능력이 미숙하거나 경계선 지능의 청소년 같은 경우, 라포 형성을 위해 다양한 도구를 사용하거나 보드게임이나 다양한 카드(감정 카드, 니즈 카드, 공감대화 카드, 가치 카드)를 익히고 활용하는 능력을 기르는 것이 도움이 될 것이다.

2) 자녀의 정확한 증상 이해를 위한 부모교육: 부모상담의 실제

아동이나 청소년의 경우에는 당연히 부모상담을 통해 자녀를 이해할 뿐만 아니라 상담사가 사례개념화한 것을 전달할 필요가 있다. 청소년이 아닌 성인의 경우에도 자해나 자살사고가 있을 시 부모상담을 진행하고, 특히 입원이 필요한 경우에도 부모상담을 진행하게 된다. 부모상담을 통한 대화법 교육 및 대처 방법 교육을 하고, 부부의 문제가 자녀에게 영향을 크게 줄 때는 부부상담을 권유해 진행한다.

3) 정신병리 이해를 위한 심리평가: 심리검사 결과의 통합적 해석과 프로그램 운영

대부분의 병원에 임상심리사나 임상심리전문가가 있어 종합심리검사를 상담사가 할 필요는 없지만, MMPI-2/MMPI-A 및 문장완성검사(SCT) 검사를 실시하고 해석하는 업무를 하게 된다. 최근에는 TCI/J-TCI검사를 선호하고 있어 검사에 대한 워크숍을 듣고 준비하면 도움이 될 것이다. 병원에 있는 프로그램을 활용해 이완법, 명상법을 가르치기도 하고, 부모교육 및 부모상담, 소견서 작성 등의 업무를 담당하기도 한다. 아동의 경우는 사회성 집단 프로그램을 운영하기도 한다. 지방 정신과 부설 상담센터는 심리검사 실시 해석이 가능한 상담사를(MMPI-2, HTP, SCT 등) 우대하는 경우도 있다. 심리상담뿐만 아니라 종합 심리검사도 수행하는 병원도 있다.

의사와 다양한 치료사와의 협업 관계

1) 의사와 협업하기: 의료진과의 원활한 소통

병원상담에서 상담사와 정신과 의사와의 협업은 매우 중요하다. 때로는 내담자 이해에 대해 상담사의 견해와 의사의 견해가 상이한 경우가 있으니 말이다. 내담자들은 자신이 어떤 증상의 약물치료를 받고 있는지에 대해 정확하게 모르는 경우가 많기 때문에 의사로부터 내담자의 약물치료에 대한 설명과 함께 상담에 대한 내담자의 태도 등을 듣기도 한다. 또한 정신병리 증상에 대한 치료 기간이나 중요하게 알아야 하는 부분을 배우기도 한다. 내담자의 중요한 변화나 위험 감지에 대해 의사에게 전달하기도 하고, 약물치료에 대한 부모교육이 필요할 경우 의사에게 요청해 도움을 받은 경우도 있다.

정신과 의사들의 상담에 대한 마인드와 태도에 따라 협업의 유형이나 방법은 다르다. 또한 최근에는 근거 기반 치료를 상담사들에게 배우게 하고, 정해진 프로그램을 운영하게 하는 곳도 있다.

우선 필자가 근무했을 때의 경우는 의사가 상담의뢰서를 적어서 준 것이 상당히 도움이 되었다. 의뢰서를 통해 의사가 중요하게 보고 있는 관점과 진단명을 정확하게 알 수 있기 때문에 내담자에 대해 협업하기가 더 용이했다. 의뢰서에는 의사가 파악한 현재 증상과 가족관계, 진단명과 함께 치료의 방향성에 대해 적어 주기도 한다. 내담자가 약물치료를 잘 받고 있지 않거나 비밀보장의 한계를 넘어서는 행동을 할 경우 의사에게 면담을 요청하고 내담자에 대해 논의했다. 또한 입원이 필요하다고 판단되는 경우 상담사가 부모상담을 통해 전달하는 경우도 있지만, 우선 의사에게 먼저 이를 알리고 직접 부모 면담을 통해 입원에 대한 권유 및 소견서를 작성하고, 종합병원이나 대학병원에 보내는 프로세스를 따르고 있다.

2) 다각적 치료 방법을 위한 사례회의: 사례개념화에서 치료계획까지

다른 기관 같은 경우에는 매주 또는 2주에 한 번, 월 1회 상담사들과 의사들이 집단 사례회의를 통해 소통하며 협업하고 있다. 각자 맡고 있는 내담자들의 현황과 현재 상태에 대해 반 페이지나 한 페이지 정도에 해당하는 보고서를 작성해 토의하는 시스템을 이어 가는 곳도 있다.

일부 병원상담센터에서 진행되고 있는 사례회의 형태를 보면, 상담사들이 접하기 쉽지 않은 뇌 영상학적 검사 결과나 해석에 대한 설명을 듣고, 환자의 치료나 예후에 대해 함께 논의하기도 한다. 병원 약물치료에 대한 교육을 받거나, 의견을 나누기도 한다. 실제 사례를 가지고 정신과 의사, 임상전문가, 상담전문가가 함께 모여 한 내담자에 대해 약물, 심리평가 결과, 상담사의 의견을 듣고 치료계획을 세우고 한다면 종합적으로 내담자를 변화시키는 것에 큰 역할을 할 것이다. 물론 의사의 성향과 운영 방침에 따라 다르게 이루어지고 있으니 실제 근무하는 상담사들에게 문의하거나 병원 센터에 직접 전화 문의를 한다면 기관의 운영 방식을 알 수 있을 것이다.

다양한 주제 연구 및 개발 업무: 구조화된 치료프로그램 개발

주로 대학병원 연구실에서는 연구 자료를 관리 및 분석하거나 연구 참여자를 관리하고 연구검사 스케줄을 정리한다. 또한 연구검사를 진행(뇌파검사 등)하고 연구보고서 작성, 예산 및 행정 관리 업무를 담당한다. 데이터베이스 구축 작업인 데이터를 정리, 코딩하는 작업과 기타 연구실 업무를 담당하는 등 상당히 다양한 업무를 맡는다.

각 연구실의 특성에 따라 연구주제가 달라지는데 자폐스펙트럼장애 관련 연구, 신경발달장애 디지털 치료제 및 AI 기술 개발 연구, 빅데이터 기반의 ADHD 및 ID진단 치료용 차세대 플랫폼 개발 연구, 신경발달장애의 뇌회로 해석을 통한 진단 및 치료효과 평가기술 개발 등에 관한 연구를 수행한다.

4 병원상담사 선배의 조언

지금까지 병원상담사가 되기까지의 과정과 역량 및 업무에 대해 살펴봤다. 이번에는 현장에서 상담하기 위해 실제로 필요한 경험과 정보를 나누고자 한다.

우선 병원상담사가 되기 위해서는 내담자의 성장과 회복뿐만 아니라 다른 직종의 상담사도 마찬가지이지만, 상담사의 자기 관리 또한 아무리 강조해도 지나치지 않다.

상담사의 자기 관리 가이드

1) 자기 관리는 아무리 강조해도 지나치지 않다

병원상담사의 자기 관리는 아무리 강조해도 지나치지 않다. 병원에서는 심각한 사례를 다루는 일이 많아서 에너지 소진도 올 수 있고, 내담자의 정신적 무게를 감당해야 하기에 자기 관리가 매우 중요하다. 이러한 자기 관리에는 정신적인 부분과 신체적인 부분, 전문성 유지를 위한 부분에서 균형를 맞춰 나갈 필요가 있다.

필자는 정신적인 면에서의 역전이를 방지하기 위해 10년이라는 기간 동안 두 분의 선생님께 교육분석을 받았다. 이를 통해 내담자에게 상담사의 내면이 투사되지 않도록 객관적인 시선으로 상담하려고 부단히 노력했다. 또한 마음챙김과 명상 등을 실천하기도 하고, 상담실 근처에 작은 공원에서 점심 식사 후나 상담이 없는 시간에는 상담실 밖에서 산책하며 내담자를 이해해 보고자 했다.

정신건강뿐만 아니라 신체건강도 매우 중요하다. 규칙적인 운동과 무엇보다 충분한 수면 시간을 확보하는 것, 그리고 식사 시간을 보장하는 것이 중요하다. 전문성 관리를 위해 하루에 상담 수를 제한하는 것과 정기적인 수퍼비전 참여, 최근 연구 동향이나 상담기법을 학습하는 것도 도움이 된다. 또한 병원 내의 동료 상담사와 교류하거나 가족이나 친구와의 시간을 보내며 지지체계를 구축하는 것도 필요하다.

실제 상담에서는 기독교적 상담기법을 사용하지는 않지만, 개인적으로 기독교 신앙을 가지고 있어 사람에 대한 이해에 도움이 되었다. 상담사는 각자 자기만의 다양한 방식으로 자신의 심리적 · 정신적 건강을 유지하며, 지속적으로 성장하는 태도를 가져야 한다.

2) 신체건강이 정신건강을 결정한다

상담사는 정신건강뿐만 아니라 신체건강을 유지하는 것도 매우 중요하다. 몸이 지치면 마음도 약해지고, 정신적인 소진이 육체적인 피로를 가지고 올 수 있기 때문이다. 필자는 이러한 균형을 잘 유지하기 위해 주 3일 수영을 통해 유산소 운동을 했고, 주 1회 마음이 맞는 지인들과 약 3시간 정도 주변 둘레길을 걸으며 지인들과 담소를 나누는 시간을 가졌다. 자연 속에서 신선한 공기를 마시며 대화를 나누고, 즐거운 식사 시간을 통해 몸과 마음을 동시에 단련하는 소중한 시간을 만들었다. 이러한 과정을 통해 10년 동안 병원상담을 지속하면서도 지치지 않고 체력과 정신력을 유지할 수 있었다.

상담사로서 소진을 예방하는 방법은 다양하다. 동료 상담사들과 내담자에게 도움이 되는 책이나 상담사의 소진을 예방할 수 있는 좋아하는 책을 선정해 북리딩을 하거나 흥미 있는 다양한 프로그램에 참여하는 것도 소진을 예방할 수 있는 좋은 방법이다. 신체건강과 정신건강은 별개가 아니다. 몸과 마음을 함께 돌보는 균형 잡힌 자기 관리가 상담을 오랜 기간 할 수 있도록 하고, 나아가 내담자에게 더 나은 상담을 할 수 있도록 한다.

3) 조급함을 내려놓고 기다리는 힘, 인내력을 길러라

병원상담사가 갖춰야 할 중요한 덕목 중의 하나가 인내력이다. 대개 오랜 기간 정신적 어려움을 겪어 왔고, 약물치료와 상담을 병행하더라도 내담자나 상담사 또는 보호자가 기대하는 만큼 빠르게 회복되는 경우는 드물다. 내담자뿐만 아니라 상담사나 보호자도 역시 원하는 목표에 쉽게 도달하지 못할 때 좌절감을 느낄 수 있다. 특히 회복과정이 더딜 때, 상담사는 조급한 마음이 들거나 자신의 상담역량에 대한 의구심을 품기도 한다.

상담을 하다 보면, 내담자의 상태가 호전과 악화를 반복하는 경우가 많다. 이처럼 좋아지다가 나빠지는 과정을 자연스러운 회복의 일부로 받아들여야 한다. 상담이 진행되는 동안 내담자는 감정의 기복을 겪을 수 있으며, 때로는 악화되는 것처럼 보일 수도 있다. 이러한 순간에 상담사는 조급해하지 않고, 내담자의 곁에서 묵묵히 지켜봐 주며 지지하는 자세가 필요하다.

병원상담은 내담자뿐만 아니라 가족과 보호자도 심리적인 지지가 필요하다. 상담은 일주일에 1번 50분의 시간을 만나지만, 가족이나 보호자가 내담자와 보내는 시간이 절대적이기 때문이다. 내담자들은 장기간의 치료로 인해 지쳐 있거나 무관심으로 대하는 주변 사람들의 태도에 더 깊은 상처를 받는다. 이러한 감정을 잘 알아 주고 내담자와 보호자가 현실적인 기대를 할 수 있도록 회복과정에 관한 설명을 할 필요가 있다. 그만큼 병원상담에서는 변화가 미세하거나, 회복되는 속도가 느리거나, 때로는 퇴행으로 인해 증상이 악화되는 순간이 있다. 이러한 순간에도 조급해하지 않고 인내심을 갖고 내담자의 속도에 맞춰 함께 걸어가는 것, 그리고 그 과정 자체를 존중하는 것이야말로 상담사가 가져야 할 중요한 태도다.

상담현장에서 꼭 알아야 할 세 가지 원칙

1) 지지와 공감은 넘칠수록 좋다

내담자는 상담에 오는 것만으로도 있는 힘을 다하고 최선을 다하는 것일 수도 있다. 그래서 내담자의 작은 변화도 소홀히 여기지 않고, 지지하며 격려하는 것이 필요하다. 아침에 일어나는 것조차 힘든 내담자에게 더 많은 것을 하도록 요구하거나 재촉하는 것은 가정의 부모가 주는 부담과 압박감과 다름이 없다. 병원상담사는 내담자의 속도를 존중하고 작은 변화와 변화를 위해 애쓰고 노력하는 과정만으로도 소중하게 여기고 격려하는 것이 필요하다.

천 리 길도 한 걸음부터라는 말이 있듯이 내담자는 자신의 작은 변화에 따라오는 응원과 지지가 힘이 되고, 다시 나갈 용기를 얻기도 한다. 어린 아이는 걸음마를 위해 넘어지고 일어나기를 수백 번, 수천 번 하더라도 아이는 엄마와 아빠의 "잘한다."라는 한마디에 용기를 내어 일어나고 넘어지기를 반복한다. 그렇게 시간이 지난 후에 비로소 걷고 뛸 수 있게 된다. 내담자도 그러한 시행착오를 거치면서 천천히 앞으로 나아간다. 그런 여정을 비난하거나 재촉하지 않고, 따뜻한 지지와 격려를 해 주는 대상이 필요하다. 조그마한 자극에도 넘어질 때 일어날 수 있도록 기다려 주고 함께 쉬어 주기도 할 그런 대상 말이다. 즉, 당장 눈에 띄는 변화가 보이지 않더라도 상담에 오는 자체가 의미 있는 과정임을 알아주고 존중해 주는 태도를 가지는 것이야말로 병원상담을 하면서 알게 된 지혜다.

내담자의 변화는 한 번에 이루어지지 않는다. 병원상담사는 내담자가 작은 걸음을 내디딜 때마다 지지하고, 넘어지고 좌절해도 다시 도전할 수 있도록 용기를 주는 역할을 해야 한다. 내담자의 걸음마를 지켜보는 부모처럼 따뜻한 관심과 공감, 격려로 내담자의 회복과정을 함께하는 것이 상담사로서 가져야 할 중요한 태도다. 이것은 필자가 10년 동안 병원상담사로 일하면서 얻은 가장 귀중한 깨달음이다. 오래전 정신과 의사 선생님의 수업에서 들었던 말이 떠오른다.

"10년 동안 병원에서 일하면서 깨달은 것은, 내담자를 변화시키는 것은 결국 '사랑'이라는 것이다."

2) 내담자의 감정 담아 주기를 연습하라

상담을 하다 보면 상담사 자신도 조급해서 스스로를 밀어붙이는 순간이 올 때도 있다. 하지만 이럴 때일수록 상담사는 한 걸음 떨어져서 자신을 바라볼 필요가 있다. 상담이 내담자가 아닌 상담사의 속도에 맞춰 가고 있는 것은 아닌지 살펴봐야 한다.

병원상담사에게 중요한 덕목 중의 하나는 내담자의 감정을 담아 주는(contain) 능력이다. 내담자와 상담을 하다 보면 분노와 좌절감 등 강한 감정을 상담사에게 표현할 수 있는데, 이럴 때 내담자의 감정을 있는 그대로 수용하고 함께 견뎌 주는 상담사의 태도가 필요하다.

상담사가 내담자의 감정을 급히 해결하려 하거나 피하려고 하면, 내담자는 충분히 표현되지 못한 감정을 억누르게 되고, 다른 환경이나 대인관계에서의 상황을 반복하는 것처럼 느낀다. 상담과정에서도 안전감을 느끼기 어렵고 불안한 상황이 반복될 수 있으므로 상담사의 '버텨 주는' 태도가 중요하다.

내담자가 감정을 온전히 경험하고 견뎌 낼 수 있도록 돕는 것이 상담사의 역할이다. 감정을 담아 주는 과정을 통해 내담자는 자신이 이해받고 지지받고 있음을 느끼며, 점차 자신의 감정을 조절하고 회복해 나가는 데 도움을 받는다.

3) 규칙적인 기본생활습관을 형성하도록 하는 게 우선이다

병원상담센터에 오는 사람들은 일상생활에서의 조절이 힘들어 회사에 다니거나 사회적 관계 형성이 어려워 고립된 생활을 한 채로 오기도 한다. 불규칙적인 식사 패턴이나 불면증을 동반하는 경우가 많으므로 우선 3끼의 규칙적인 식사와 운동, 수면 관리를 할 수 있도록 한다. 이러한 기본 생활이 형성되고 난 후에야 치료와 개입이 효과가 있기 때문이다.

초기상담사일 때 실수한 부분 중 하나도 이러한 일상생활 유지보다 심리적인 부분에만 치중해 통찰치료를 통해서 과거력 탐색에 중점을 둔 것이다. 현재 생활에서 관계 유지에 필요한 심리적인 지지가 절대적으로 필요했고, 이런 안정화가 된 후 자신과 주변을 돌아볼 수 있는 상태로 나아간다는 것을 시간이 지나서야 알게 되었다. 지금 그리고 여기에 초점을 두고 도널드 위니컷의 말처럼 "충분히 좋은 엄마(good enough mother)"와 같은 지지적인 환경을 주는 충분히 좋은 어머니의 경험을 상담사와의 대상관계를 통해 재경험하게 해 주고, 통찰과 변화를 몰고 올 수 있도록 하는 것이 중요하다. 각 상담사가 선호하는 이론과 기법들이 있을 것이다. 병원상담에서도 마찬가지로 상담사가 선호하는 이론을 사용해 상담할 수 있지만, 불안장애 내담자들도 많기에 이때 사용할 수 있는 기법들을 익혀 두는 것이 필요하다. 호흡법이나 긴장 이완 기법 등을 익혀 두고, 내담자와 함께 연습하거나 내담자도 사용할 수 있게 돕는 것이 좋다. 또한 지속적인 부정적 사고로 인해 고통을 겪는 내담자들이 많으므로 생각 멈추기 기법 등의 인지행동치료 기법을 활용하는 것도 도움이 된다. 내담자의 강점(잘 기능했던 부분)을 찾아 주는 것도 매우 중요한 부분이다. 다양한 이론을 통합적으로 익히고 사용하는 것이 좋다.

경쟁력 있는 전문가로 거듭나기

1) 전문가가 된 이후에도 수퍼비전과 워크숍 등으로 배움을 이어가라

다양한 이론을 배우고 익히면서 잘 맞는다고 느끼는 이론이 생길 것이고, 이를 사용하기 시작할 것이다. 2급 때는 다양한 이론의 대가들의 수퍼비전을 받았다. 필자는 대학원에서 지도 교수님의 영향을 받아 정신 역동과 대상관계이론에 관심을 두게 되었고, 그에 따라 해당 이론들을 상담에 적용하게 되었다. 그래서 1급 전문가를 취득한 이후에도 대상관계이론을 중심으로 강의와 수퍼비전을 진행하는 교수님과 수년간의 그룹 수퍼비전을 통해 사례를 보는 눈을 익혔으며, 습관과 틀에 얽매여 사례를 바라보지 않으려 노력했다. 그룹 수퍼비전을 수년 동안 함께해 온 동료들과 기꺼이 자신의 사례를 내놓고 피드백을 주고받으며 동고동락했고, 이를 원동력으로 삼아 여기까지 올 수 있었다.

또한 마음에 맞는 동료들과 같은 병원에 근무하는 것도 좋은 시너지 효과를 볼 수 있다. 상담사를 구인할 때 병원에서도 믿고 맡길 만한 상담사를 찾기에 주변 지인을 추천받기를 원할 때가 있다. 같은 근무지에 속했다는 일종의 소속감과 연대감이 힘든 병원상담을 견뎌 내는 힘으로 작용하기도 한다.

병원상담에서는 다양한 증상을 호소하는 내담자들을 만난다. 불안, 우울, 공황뿐만 아니라 이로 인한 불면증을 다루어야 하는 경우도 많다. 그렇기 때문에 상담사는 지속적으로 배우고 다양한 워크숍에 참여해 상담에 필요한 실무역량을 키우는 것이 필요하다. 현대인의 병이라고 할 수 있는 불면증은 다른 정신질환과 공존하는 질환으로, 매우 흔하다. 내담자가 일상생활을 영위하기 힘들 경우에는 병원에서 수면유도제 또는 수면제를 처방받아 복용하며 치료한다.

필자는 불면증 내담자들을 이해하고 도움이 되는 수면심리전문가 양성을 위한 워크숍에 참여하고 과정을 이수해 실제 상담에 적용해 오고 있다. 수면 패턴을 살펴보고 수면에 대한 오해나 중요성을 설명하고, 일정한 수면 패턴을 유지하고 자다가 깼을 때 시계를 확인하지 않는 것, 가능한 한 침실에서는 시계 사용을 금하는 것, 카페인 섭취를 조절하는 것 등 실제적으로 활용할 수 있는 방법을 상담하기도 한다. 이러한 방법을 통해 불면증이 호전되면 우울증이나 불안장애의 증상이 감소하는 결과를 얻기도 했다. 또한 병원상담에서 만나는 ADHD나 자폐 스펙트럼에 대한 이해가 필요한 교육을 듣고, 약물치료에 대한 워크숍 등을 통해 내담자의 증상 호전과 자기 이해와 성장에 도움을 주기 위해서 상담사는 지속적으로 배움을 연마하는 마음을 가져야 한다. 또한 정신질환에 대한 공병률과 유전율에 관한 공부와 가족 단위의 상담이 필요한 경우가 있기 때문에 부부나 가족치료 등을 통해 가족 내의 문화나 규칙, 체계를 이해하는 것도 필요하다.

트라우마 내담자를 상담하는 데 필요한 주요 상담기법으로 호흡법 연습 및 안전한 장소를 상상하고, 현재에 집중해 안정감을 느낄 수 있도록 하는 심상훈련이나 그라운딩 기법을 사용해 신체감각이나 주변 환경에 주의를 기울이게 하는 안정화 기법을 훈련할 필요가 있다. 또한 신체기반 심리치료 SE(Somatic Experiencing), SP(Somatic Psychotherapy) 등을 연마해 외상을 경험한 내담자들에게 실제적인 도움을 줄 수 있다.

2) 비밀보장의 한계에 대처하는 법

병원상담사는 다양한 윤리적 딜레마와 마주치게 되는데, 특히 비밀보장의 한계를 잘 대처하는 것이 중요하다. 다음은 가상사례로 병원상담에서 흔히 만날 수 있는 경우다.

사례

자해와 자살 시도가 있었던 중학교 3학년 여학생이 부모에게 거짓말을 하고, 미성년 출입이 불가한 장소에 다녀왔다. 내담자의 상황을 부모에게 알릴 것인지에 대해 병원상담사는 고민하게 된다. 품행장애인 청소년의 경우 술, 담배, 성과 관련한 문제에서 윤리적 딜레마에 빠지는 경우가 발생한다.

(※ 이 사례는 가상사례임을 알린다.)

이러한 경우에 상담사는 내담자와 상담을 통해서 현재 상황이 내담자에게 주는 유익과 해로움에 대해 충분히 다루는 것이 중요하다. 그리고 비밀보장의 한계에 대해 충분히 설명하고, 이러한 행동이 지속될 경우 부모와 의사에게 알릴 것에 대해 미리 논의하고 고지한다. 무엇보다 내담자는 자해와 자살 시도가 있었으므로 내담자의 안전을 우선으로 해야 한다. 그리고 중학교 3학년 미성년자이기 때문에 법적 보호자에 대한 정보를 공유할 의무가 있다. 그러나 상담관계를 해칠 수 있어 즉각적인 위험이 없을 경우 부모에게 급히 통보하지 않고, 내담자 스스로 알릴 수 있도록 한다. 품행장애 청소년의 경우 상담관계를 맺는 것이 어렵기 때문에 동맹관계를 깨지 않는 선에서 미성년자 보호에 대한 상담사의 의무에 대해 충분히 설명한다. 필요할 경우에만 부모상담을 통해 간접적으로 개입할 수 있도록 한다. 지지체계를 구축할 수 있도록 하고, 수퍼바이저와 사례회의를 통해 내담자에게 최적화된 개입 방법을 모색하는 방향이 좋다.

알아 둡시다! 병원상담 실전에 필요한 TIP

① 다양한 기관에서의 상담경험을 활용하고 유료 기관 상담경험이 필요하다.

② 정신과 의사와 잘 협업하는 방법을 터득하자.

③ 자기 분석과 수퍼비전을 꾸준히 연마하자.

④ 다양한 상담이론 및 기법을 적극 연마하자.

전문가 인터뷰

연세 준 정신건강의학과 **김성준 원장**

Q 간단한 자기소개를 부탁드립니다.(병원 의사의 경력 및 전문 분야 등)

저는 한림대학교 성심의료원에서 수련 후 정신건강의학과 전문의가 된 뒤에는 전북도립 마음사랑병원 진료과장 및 알코올 중독 센터장을 역임했습니다. 2013년 개원 이후로는 우울 및 불안장애 환자분들을 주로 진료하고 있습니다.

Q 병원상담사 채용 시 자기소개서와 면접에서 중요하게 생각하는 것은 무엇입니까?

개인적으로는 업무에 대한 진정성과 성실성이 중요하다고 생각합니다. 실력이 부족하다면 시간이 걸려도 채울 수 있지만, 상담사로서 기본자세인 진정성과 성실성이 유지되지 않으면 힘들 것 같습니다. 또한 면접 시에는 상담사분들이 얼마나 편안하고 매력적(?)인지도 보는 것 같습니다. 아무래도 치료자의 인간적 매력은 상담에 영향을 주는 플러스알파로 그 비중이 큰 것 같습니다.

Q 병원상담사가 되기 위해 준비해야 하는 역량과 필요한 전문성은 무엇이라고 생각하십니까?

물론 임상에 대한 경험은 기본입니다. 아무래도 병원에서 상담을 시작하는 분들의 증상이 일반적인 상담보다 더 심한 경우가 많아서 자살이나 자해 충동이 있는 내담자들에 대해 구조화를 유지하면서 관계를 끌어 나갈 수 있는 역량이 꼭 필요합니다. 더 욕심을 내자면 두 가지 이상의 상담기법을 가지고 계시면 훨씬 도움이 됩니다. 가족치료, 미술치료, 인지행동치료, 대인관계치료 등 내담자의 요구에 맞춰 여러 가지 치료 방법을 할 수 있다면, 결과적으로 훨씬 치료효과가 높아지는 것 같습니다. 또 아무래도 질병으로 진단된 내담자를 볼 때는 이 질환의 유병률이나 치료 기간, 재발 가능성, 공존 질환 등에 대해 폭넓게 이해하고 있다면 더 잘 이해할 수 있을 것 같습니다. 특히나 우울을 주 호소로 왔던 우울증 내담자가 어느 순간 조울증으로 변한다든가, 성격적 문제를 가지고 있는 분들의 물질 남용이나 기분 증상들을 잘 알고 있다면, 내담자에 대한 부담과 역전이에서 도움을 받을 수 있습니다. 게다가 내담자의 보호자들과 내담자 치료 참여에 대한 안정적인 관계 유지도 중요합니다. 아무래도 증상이 심한 만큼 가족들의 일차 지지 그룹의 형성과 지속도 상담사의 역량에 따라 차이가 큰 것 같습니다. 또 적절한 약물치료, 심리검사가 분업화되어 있으므로 다른 치료자들과의 긴밀한 소통도 중요합니다.

Q 개인병원, 종합병원, 대학병원에서 일하는 상담사의 각각 역할의 차이점은 무엇인가요?

제가 경험한 바로는 대학병원에서의 상담사는 임상도 중요하지만, 연구와 검사, 수련생들을 위한 훈련, 다른 진료과와 협력 업무도 중요했습니다. 종합병원에서는 환자 수도 많고 입원치료가 필요한 질환인 환자분들이기 때문에 집단치료 및 교육 등이 강조되는 양상입니다. 개인병원에서는 외래환자분들 중심의 체계라서 지속적인 상담을 통한 보조적 자아 역할을 많이 요구하게 되는 것 같습니다.

Q 병원상담사로 일하면 어떤 부분이 보람 있고 성장 가능하다고 보시는지요? 또 어려움은 무엇이라고 생각하시는지요?

아무래도 병원상담이 일반적인 상담환경보다는 증상이 심한 경우들이 많습니다. 그에 따른 부담감과 책임감, 상담의 실패, 사고의 발생 등이 큰 어려움일 수 있을 수 있습니다. 하지만 그러기에 더욱 최선을 다해서 돌볼 수 있고 그럼으로써 상담사로서의 성장은 덤으로 따라올 것 같습니다.

Q 병원상담사가 되려고 하는 수련생들에게 하고 싶은 당부의 말씀은 무엇인지요?

상담학에 대한 열정과 내담자들에 관한 관심과 배려가 있다면 이미 준비가 된 것입니다. 경험을 해 보시고 어려움이 있을 때 다른 분야의 전문가들과 협력을 통해서 내담자가 나아지는 과정은 상담사로서 충분히 가치 있는 경험이라고 생각합니다. 특히 상담사분들이 약물치료의 한계와 부작용들에 대해서 오해가 있는 경우가 종종 있는데, 다방면의 치료 도구를 통해 내담자가 나아지는 경험은 더 큰 보람과 성취로 돌아옵니다.

참고문헌

김정범, 정성원(2007). 우울증 환자들에서 불안장애의 인지. 대한불안의학회지, 3(1), 15-19.

백대업, 제영묘, 김상엽, 이대수, 김현진, 조정녀, 최진혁(2003). 주요 우울 장애 환자와 범불안장애 환자의 성격 특성 비교 연구. 생물치료정신의학, 9(1), 106-111.

보건복지부 국립정신건강센터(2021). 2021년 정신건강실태조사(성인). 서울: 보건복지부.

보건복지부 국립정신건강센터(2022). 2022년 정신건강실태조사(소아청소년). 서울: 보건복지부.

보건복지부 국립정신건강센터(2024). 2024년 국민 정신건강 지식 및 태도 조사. 서울: 보건복지부.

안용민, 최효정, 한재욱, 장선주, 류인균, 권준수(2013). 종합병원 정신건강의학과 낮병원의 역할 변천 및 발전 방향: 주간집중치료 센터 소개. 대한신경정신의학회지, 52(1), 17-25.

부록

부록 1
24시간 운영하는 주요 상담기관

1) 자살 예방상담전화

전화번호: 109

24시간 긴급상담 / 전문상담사 상시 대기 / 필요시 지역 연계 가능

2) 정신건강위기상담전화

전화번호: 1577-0199

24시간 상담 제공 / 전국 어디서나 이용 가능 / 지역센터 연계 서비스

3) 보건복지상담센터

전화번호: 129

24시간 긴급지원 / 자살 위기상담 / 복지서비스 연계

4) 청소년상담전화

전화번호: 1388

24시간 운영 / 청소년 특화 상담 / 긴급구조 지원

5) 학교폭력신고센터

전화번호: 117

24시간 신고접수 / 긴급개입 지원 / 경찰 연계 가능

6) 여성긴급전화

전화번호: 1366

24시간 상담 / 긴급보호 제공 / 피해자 지원서비스

7) 생명의 전화

전화번호: 1588-9191

24시간 상담/위기개입/자살 유가족 지원

이러한 위기상담은 익명성이 보장되고 무료로 이용 가능하며, 필요시 유관기관 연계가 가능하다. 또한 긴급출동 서비스가 지원 가능하다.

부록 2
상담 및 정신건강 관련 주요 웹사이트

① 상담심리사 채용공고 웹사이트

1) (사)한국상담심리학회(www.krcpa.or.kr)

한국상담심리학회는 1964년부터 2025년 현재까지 60여 년 전통을 가진 국내에서 가장 오래된 상담심리분야학회로, 구인 공고는 학회 회원만 열람이 가능하다. 회원은 정회원과 준회원으로 구분되는데, 정회원은 대학원에서 상담 관련 분야의 학문을 전공해 석사 이상의 학위를 취득한 자로 상담심리사 1급(구 상담심리전문가) 또는 상담심리사 2급(구 상담심리사) 자격을 취득한 회원이고, 준회원은 상담 관련 분야의 석사과정을 이수 중인 자 또는 상담 관련 분야의 학사학위를 받은 자를 말한다. 따라서 상담 전공자가 아니면 구인 공고 열람이 불가능하다.

2) (사)한국상담학회(www.counselors.or.kr)

한국상담심리학회와 함께 대표적인 상담분야학회다. 한국상담학회는 비회원 전용과 회원 전용 홈페이지가 따로 있어서 회원 전용 홈페이지에서 로그인 없이도 '채용' 란에서 구인 공고를 확인할 수 있다. 회원 전용이지만 비회원도 구인 공고를 확인할 수 있다.

3) 카운잡(www.counjob.co.kr)

카운잡은 일반인도 회원 가입이 가능하고, 로그인 후 채용정보 확인이 가능하다. 이력서 등록란도 있어서 취업을 원한다면 이력서를 올려 둬도 된다. 카운잡에서 채용정보는 직종, 지역, 역세권, 학력, 채용종류, 직급, 연봉, 경력/나이 상세 검색이 가능하다. 예를 들어, 연봉 5,000만 원 이상 채용공고만 검색해 볼 수 있다.

② 정신건강 관련 주요 웹사이트

1) 정신건강 종합정보 및 지원

▸ 국가정신건강정보포털(www.mentalhealth.go.kr)

- 정신건강 관련 정보와 전국 정신건강복지센터 위치 및 상담 정보를 제공한다.
- 자가진단, 교육자료, 기관 검색

▸ 정신건강 통합 플랫폼 블루터치(www.blutouch.net)

- 서울 지역 중심의 정신건강 정보, 상담 서비스, 캠페인을 제공한다.
- 정신건강 상담 및 정보, 자가관리 프로그램

2) 자살 예방 및 위기상담

▸ 한국생명의전화(www.lifeline.or.kr)

- 자살 예방과 위기상담 서비스를 제공하는 비영리 기관이다.

• 전화상담(24시간), 교육 및 예방 프로그램

▶ 서울시자살예방센터(www.suicide.or.kr)

• 지역별 자살 예방 활동과 상담 서비스를 담당하는 공공기관이다.

• 자살 고위험군 지원, 교육 및 캠페인 진행

3) 중독 관리 및 치료 지원

▶ 중독관리통합지원센터(www.mohw.go.kr)

• 알코올, 약물, 인터넷중독 등 다양한 중독 문제를 다루는 보건복지부에서 운영하는 전문기관이다.

• 상담, 치료 프로그램 안내, 연구 자료 제공

▶ 스마트쉼센터(www.iapc.or.kr)

• 인터넷 및 게임중독 예방과 치료를 위한 전문 정보를 제공한다.

• 예방 교육, 상담 및 지원 프로그램

4) 정신질환 및 심리치료

▶ 국가정신건강정보포털(www.mentalhealth.go.kr)

• 정신질환 인식 개선 및 치료 정보를 제공한다.

• 정신질환에 대한 올바른 정보와 교육 콘텐츠 제공

▶ 대한신경정신의학회(www.knpa.or.kr)

• 정신의학 발전과 국민 정신건강 증진을 목표로 하는 전문 학회다.

- 정신과 전문의 정보 제공, 학술 자료 공유

▶ 근로복지넷(www.welfare.comwel.or.kr)

- 근로복지공단이 상시 근로자수 300인 미만 중소기업 근로자에게 상담(EAP) 서비스를 무상 제공한다.
- 전화/온라인 상담, 대면상담, 집단 프로그램

5) 청소년 및 가족 정신건강

▶ 한국청소년상담복지개발원(www.kyci.or.kr)

- 청소년 성장과 복지를 통합적으로 지원할 수 있는 총괄기관.
- 청소년 관련 정책 연구, 사업 개발 및 운영 지원 관련 인력 양성 및 교육 등

▶ 가족센터(www.familynet.or.kr)

- 가족 단위의 심리적 안정과 건강 증진을 목표로 활동한다.
- 가족상담, 부모교육, 가족치료 프로그램

부록 3
(사)한국상담심리학회 상담심리사 윤리규정

한국상담심리학회는 인간의 존엄성과 가치를 존중하고 다양한 심리적 조력활동을 통해 개인이 자기를 실현하는 삶을 살도록 돕는다. 본 학회는 이러한 목적을 구현하기 위해 상담심리사 자격제도를 운영한다. 본 학회에서 인증한 상담심리사(1급, 2급)와 상담심리사 수련과정에 있는 학회원은 전문가로서의 능력과 자질을 향상시키며 상담심리사의 역할을 하는 데 있어 내담자의 복지를 최우선 순위에 둔다. 상담심리사는 전문적인 상담활동을 통해 내담자의 개인적인 성장을 넘어 국민의 심리적 안녕을 도모함으로써 사회적 공익에 기여한다. 이러한 책무를 다하기 위해 상담심리사는 전문성, 성실성, 사회적 책임, 인간 존중, 다양성 존중의 원칙을 따른다. 윤리강령의 준수는 내담자와 상담사 보호 및 상담사의 전문성 증진에 기여한다. 이를 위해 상담심리사는 다음과 같은 윤리강령을 숙지하고 준수할 것을 다짐한다.

1. 전문가로서의 태도

가. 전문적 능력

1. 상담심리사는 자신의 능력의 한계를 인정하고 교육과 수련, 경험 등에 의해 준비된 역량의 범위 안에서 전문적인 서비스와 교육을 제공한다.

2. 상담심리사는 자신이 가진 능력 이상의 것을 주장하거나 암시해서는 안 되며, 타인에 의해 능력이나 자격이 오도되었을 때에는 수정해야 할 의무가 있다.
3. 상담심리사는 문화, 신념, 종교, 인종, 성적 지향, 성별 정체성, 신체적 또는 정신적 특성에 대한 자신의 편견을 자각하고, 이를 극복하기 위해 노력해야 한다. 특히 위와 같은 편견이 상담과정을 방해할 우려가 있을 경우 자문, 사례지도 및 상담을 요청해야 한다.
4. 상담심리사는 자신의 활동 분야에 있어서 최신의 과학적이고 전문적인 정보와 지식을 유지하기 위해 지속적인 교육과 연수의 필요성을 인식하고 참여한다.
5. 상담심리사는 자신의 전문적 능력에 대해 정확히 인식하고 정기적으로 전문인으로서의 능력과 효율성에 대해 자기점검 및 평가를 해야 한다. 상담사로서 직무를 수행하는 데 방해가 되는 개인적 문제나 능력의 한계를 인식하게 될 경우 지도감독이나 전문적 자문을 받을 책무가 있다.

나. 성실성

1. 상담심리사는 자신의 신념체계, 가치, 제한점 등이 상담에 미칠 영향력을 자각해야 한다.
2. 상담심리사는 내담자에게 상담의 목표와 이점, 한계와 위험성, 상담료 지불방법 등을 명확히 알린다.
3. 상담심리사는 능력의 한계나 개인적인 문제로 내담자를 적절하게 도와줄 수 없을 때, 전문적 자문과 지원을 받는 등의 적절한 조치를 취한 뒤, 직무수행을 제한할지 아니면 완전히 중단할지 여부를 결정해

야 한다.

4. 상담심리사는 자신의 질병, 죽음, 이동, 퇴직으로 인한 상담의 갑작스러운 중단가능성에 대비하고 있어야 하며, 또한 내담자의 이동이나 재정적 한계 등과 같은 요인에 의해 상담이 중단될 경우, 이에 대해 적절한 조치를 취해야 한다.
5. 상담심리사는 내담자가 더 이상 도움을 필요로 하지 않거나, 상담을 지속하는 것이 더 이상 내담자에게 도움이 될 가능성이 없거나, 오히려 내담자에게 해가 될 것이 분명하다면 상담관계를 종결해야 한다. 내담자가 다른 전문가를 필요로 할 경우에는 적절한 과정을 거쳐 의뢰하거나 관련 정보를 제공한다.
6. 상담심리사는 개인의 이익을 위해 상담전문직의 가치와 품위를 훼손하는 행동을 해서는 안 된다.
7. 상담심리사는 자신이 지도감독 내지 평가하거나 기타의 권위를 행사하는 대상, 즉 내담자, 학생, 수련생, 연구 참여자 및 피고용인을 물질적, 신체적, 업무상으로 착취하지 않는다.
8. 상담심리사는 자신의 기술이나 자료가 다른 사람들에 의해 오용될 가능성이 있는 활동에 참여해서는 안 되며, 이런 일이 일어난 경우에는 이를 바로잡거나 최소화하는 조치를 취한다.

다. 자격관리

1. 상담심리사는 자신의 자격급수와 상담경력을 정확히 알려야 하며, 자신의 자격을 과장하지 않는다.
2. 상담심리사는 자신이 상담 관련 분야에서 취득한 최종 학위 및 전공을 정확히 명시하고, 그 이외의 분야에서 취득한 학위가 있더라도 그

것을 마치 상담 관련 학위인 것처럼 알리지 않는다.

3. 상담심리사는 자신의 전문자격을 유지하기 위해 지속적인 교육, 연수를 받아야 한다. 만약 자격이 정지되었을 경우에는 이에 따른 책임을 지며 자격을 회복하기 위해 노력한다.

2. 사회적 책임

가. 사회와의 관계

1. 상담심리사는 사회의 윤리와 도덕기준을 존중하고, 사회공익과 상담 분야의 발전을 위해 최선을 다한다.
2. 상담심리사는 필요시 무료 혹은 저가의 보수로 자신의 전문성을 제공하는 사회적 공헌 활동에 참여한다.
3. 상담비용을 책정할 때 상담심리사들은 내담자의 재정상태를 고려해야 한다. 책정된 상담료가 내담자에게 적절하지 않을 때에는, 대안적 서비스를 받을 수 있도록 돕는다.
4. 상담심리사는 상담자 양성에 도움이 되는 다양한 전문적 활동에 참여한다.

나. 고용 기관과의 관계

1. 상담심리사는 자신이 종사하는 기관의 목적과 방침에 공헌할 수 있는 활동을 할 책임이 있다. 기관의 목적과 방침이 상담사 윤리와 상충될 때에는 이를 해결하기 위해 노력해야 한다.
2. 상담심리사는 근무기관의 관리자 및 동료들과 상담업무, 비밀보장, 직무에 대한 책임, 공적 자료와 개인자료의 구별, 기록된 정보의 보관

과 처분에 관해 상호 협의해야 한다. 상호 협의한 관계자들은 협의 내용을 문서화하고 공유한다.

3. 상담심리사는 자신이 속한 기관의 효율성에 제한을 줄 수 있는 상황에 대해 미리 알려 주어야 한다.

다. 상담기관 운영자

1. 상담기관 운영자는 기관 내에서 이루어지는 제반 상담활동을 관리 감독함에 있어, 내담자의 권리와 복지를 최우선으로 고려해야 한다.
2. 상담기관 운영자는 방음, 편안함, 주의집중 등을 고려해 상담 및 심리평가에 적합한 독립된 공간을 제공해야 한다.
3. 상담기관 운영자는 상담심리사를 포함한 피고용인의 권리와 복지 보장 및 전문성 제고를 위해 최선의 노력을 다할 책임이 있다.
4. 상담기관 운영자는 업무에 적합한 전문성을 갖춘 상담심리사를 고용하고, 이들의 증명서, 자격증, 업무내용, 기타 상담사와 관련된 다른 정보 등을 정확하게 파악하고 관리해야 한다.
5. 상담기관 운영자는 직원들에게 기관의 목표와 활동에 대해 알려 주어야 한다.
6. 상담기관 운영자는 고용, 승진, 인사, 연수 및 지도 시에 성별, 장애, 나이, 성적 지향, 성별 정체성, 사회적 신분, 외모, 인종, 가족형태, 종교 등을 이유로 차별적인 행동을 해서는 안 된다.
7. 상담기관 운영자는 고용을 빌미로 상담심리사가 원치 않는 유료 상담, 유료 교육, 내담자 모집을 강제해서는 안 된다.

라. 다른 전문직과의 관계

1. 상담심리사는 함께 일하는 다른 전문적 집단의 특성을 존중하고, 상호 협력적 관계를 도모한다.
2. 공적인 자리에서 개인 의견을 말할 경우, 상담심리사는 그것이 개인적 의견에 불과하며 상담심리사 전체의 견해나 입장이 아님을 분명히 해야 한다.
3. 상담심리사는 내담자가 다른 정신건강 전문가의 서비스를 받고 있음을 알게 되면, 내담자로 하여금 상담 사실을 그 전문가에게 알리도록 권유하고, 긍정적이고 협력적인 치료관계를 맺도록 노력한다.
4. 상담심리사는 내담자 의뢰나 소개와 관련한 비용을 수취하거나 요구하지 않는다.

마. 자문

1. 자문이란 개인, 집단, 사회단체가 전문적인 조력자의 도움이 필요해 요청한 자발적인 관계를 말한다. 상담심리사는 자문을 요청한 개인이나 기관의 문제 혹은 잠재된 문제를 규명하고 해결하는 데 도움을 준다.
2. 상담심리사는 자신이 자문에 참여하는 개인 또는 기관에게 도움을 주는 데 필요한, 자질과 능력을 갖추었는지를 스스로 검토하고 자문에 임해야 한다.
3. 상담심리사는 자문에 임할 때 자신의 가치관, 지식, 기술, 한계성이나 욕구에 대한 깊은 자각이 있어야 하고, 자문의 초점은 문제를 가진 사람이 아니라 풀어 나가야 할 문제 자체에 두어야 한다.
4. 자문 관계는 자문 대상자가 스스로 성장해 나가도록 격려하고 고양하는 것이어야 한다. 상담심리사는 이러한 역할을 일관성 있게 유지

해야 하고, 자문 대상자가 스스로의 의사결정자가 되도록 도와주어야 한다.

5. 상담활동에서 자문의 활용에 대해 홍보할 때는 학회의 윤리강령을 성실하게 준수해야 한다.

바. 홍보

1. 상담심리사는 전문가로서의 자신의 자격과 상담경력에 대해 대중에게 정확하게 홍보해야 하며, 오해를 일으킬 수 있거나 거짓된 내용을 전달해서는 안 된다.
2. 상담심리사는 일반인들에게 상담의 전문적 활동이나 상담 관련 정보, 기대되는 상담효과 등을 정확하게 알려 주어야 한다.
3. 상담심리사는 출판업자, 언론인, 혹은 후원사 등이 상담의 실제나 전문적인 활동과 관련된 잘못된 진술을 하는 경우 이를 시정하고 방지하도록 노력한다.
4. 상담심리사가 워크숍이나 상담 프로그램을 홍보할 때는 참여자의 선택을 위해서 정확한 정보를 제공해야 한다.
5. 상담심리사는 상담사의 품위를 훼손하지 않도록 책임의식을 가지고 홍보해야 한다.
6. 상담심리사는 홍보에 활용하기 위해 내담자에게 소감문 작성이나 사진 촬영 등을 강요하지 않는다.
7. 상담심리사는 자신이 실제로 상담 및 자문 활동을 하지 않는 상담기관이 자신의 이름을 기관의 홍보에 사용하지 않도록 해야 한다.

3. 내담자의 복지와 권리에 대한 존중

가. 내담자 복지

1. 상담심리사의 일차적 책임은 내담자의 복지를 증진하고 존엄성을 존중하는 것이다.
2. 상담심리사는 내담자의 잠재력을 개발해 건강한 삶을 영위하도록 도움을 주며, 어떤 방식으로도 해를 끼치지 않는다.
3. 상담심리사는 상담관계에서 오는 친밀성과 책임감을 인식해야 한다. 상담심리사의 개인적 욕구충족을 위해서 내담자를 희생시켜서는 안 되며, 내담자로 하여금 의존적인 상담관계를 형성하지 않도록 노력해야 한다.
4. 상담심리사는 직업 문제와 관련해 내담자의 능력, 일반적인 기질, 흥미, 적성, 욕구, 환경 등을 고려하면서 내담자와 함께 노력하지만, 내담자의 일자리를 찾아 주거나 근무처를 정해 줄 의무가 있는 것은 아니다.

나. 내담자의 권리와 사전 동의

1. 내담자는 상담계획에 참여할 권리, 상담을 거부하거나 상담 개입방식의 변화를 거부할 권리, 그러한 거부에 따른 결과에 대해 고지 받을 권리, 자신의 상담 관련 정보를 요청할 권리 등이 있다.
2. 상담심리사는 상담을 시작할 때 내담자가 충분한 설명을 듣고 선택할 수 있도록 적절한 정보를 제공해야 하고, 상담사와 내담자 모두의 권리와 책임에 대해서 알려 줄 의무가 있다. 이러한 사전 동의 절차는 상담과정의 중요한 부분이며, 내담자와 논의하고 합의된 내용을 적절

하게 문서화한다.

3. 상담심리사가 내담자에게 설명해야 할 사전 동의 항목으로는 상담사의 자격과 경력, 상담 비용과 지불 방식, 치료기간과 종결 시기, 비밀보호 및 한계 등이 있다.
4. 상담심리사는 내담자에게 상담과정의 녹음과 녹화 가능성, 사례지도 및 교육에의 활용 가능성에 대해 설명하고, 내담자에게 동의 또는 거부할 권리가 있음을 알려야 한다.
5. 내담자가 미성년자 혹은 자발적인 동의를 할 수 없는 경우, 상담심리사는 내담자의 최상의 복지를 고려해, 보호자 또는 법정 대리인의 사전 동의를 구해야 한다.
6. 상담심리사는 미성년인 내담자를 상담할 때, 필요하면 부모나 보호자가 상담에 참여할 수 있음을 내담자에게 알린다. 이 경우, 상담자는 부모 혹은 보호자의 참여에 앞서 그 영향을 고려하고 내담자의 권익을 보호하도록 한다.

다. 다양성 존중

1. 상담심리사는 모든 인간의 기본적인 권리, 존엄성, 가치를 존중하며 성별, 장애, 나이, 성적 지향, 성별 정체성, 사회적 신분, 외모, 인종, 가족형태, 종교 등을 이유로 내담자를 차별하지 않는다.
2. 상담심리사는 내담자의 다양한 문화적 배경을 이해하려고 적극적으로 시도해야 하며, 상담심리사 자신의 고유한 문화적 정체성이 상담과정에 어떤 영향을 주는지 인식해야 한다.
3. 상담심리사는 자신의 고유한 가치, 태도, 신념, 행위를 인식하고, 내담자에게 자신의 가치를 강요하지 않는다.

4. 상담관계

가. 다중관계

1. 상담심리사는 객관성과 전문적인 판단에 영향을 미칠 수 있는 다중관계는 피해야 한다. 가까운 친구나 친인척, 지인 등 사적인 관계가 있는 사람을 내담자로 받아들이면 다중관계가 되므로, 다른 전문가에게 의뢰해서 도움을 준다. 의도하지 않게 다중관계가 시작된 경우에도 적절한 조치를 취해야 한다.
2. 상담심리사는 상담할 때에 내담자와 상담 이외의 다른 관계가 있다면, 특히 자신이 내담자의 상사이거나 지도교수 혹은 평가를 해야 하는 입장에 놓인 경우라면 그 내담자를 다른 전문가에게 의뢰한다.
3. 상담심리사는 내담자와 상담실 밖에서 연애 관계나 기타 사적인 관계(소셜미디어나 다른 매체를 통한 관계 포함)를 맺거나 유지하지 않는다.
4. 상담심리사는 내담자와의 관계에서 상담료 이외의 어떠한 금전적, 물질적 거래를 해서는 안 된다.
5. 상담심리사는 내담자의 선물로 인해 발생할 수 있는 문제를 숙고해야 한다. 선물의 수령 여부를 결정함에 있어서 상담관계에 미치는 영향, 선물의 의미, 내담자와 상담사의 동기, 현행법 위반 여부 등을 신중하게 고려해야 한다.

나. 성적관계

1. 상담심리사는 내담자 및 내담자의 보호자, 친척 또는 중요한 타인에게 자신의 지위를 이용해 성희롱 또는 성추행을 포함한 성적 접촉을 해서는 안 된다.

2. 상담심리사는 내담자 및 내담자의 보호자, 친척, 또는 중요한 타인과 성적 관계를 가져서는 안 된다.
3. 상담심리사는 이전에 연애 관계 또는 성적인 관계를 가졌던 사람을 내담자로 받아들이지 않는다.
4. 상담심리사는 상담관계가 종결된 이후 적어도 3년 동안은 내담자와 성적 관계를 맺지 않아야 한다. 그 후에라도 가능하면 내담자와 성적인 관계는 갖지 않는다.

다. 여러 명의 내담자와의 관계

1. 상담심리사가 두 명 이상의 사람들에게 상담 서비스를 제공하는 경우(예: 남편과 아내, 부모와 자녀), 누가 내담자이며 각각의 사람들과 어떤 관계를 맺어갈지를 명확히 하고 상담을 시작해야 한다.
2. 만약에 상담심리사가 내담자들 사이에서 상충되는 역할을 해야 된다면, 상담심리사는 그 역할에 대해서 명확히 하거나, 조정하거나, 그 역할로부터 벗어나도록 한다.

라. 집단상담

1. 상담심리사는 집단 목표에 부합하는 집단원들을 모집해서 집단상담이 원활히 진행되도록 한다.
2. 상담심리사는 집단참여자를 물리적 피해나 심리적 외상으로부터 보호하기 위해 충분한 주의를 기울인다.
3. 집단리더는 지위를 이용해 집단원의 권리와 복지를 훼손하지 않는다. 또한 집단 과정에서 집단원의 선택의 자유를 존중하고, 이들이 집단 압력으로부터 보호받을 권리가 있음을 유념한다.

4. 집단리더는 다중관계가 될 수 있는 가까운 친구나 친인척, 지인 등을 집단원으로 받아들이지 않는다. 또한 집단상담이 끝난 후 집단원과 사적인 관계를 맺거나 유지하지 않는다.

5. 정보의 보호 및 관리

가. 사생활과 비밀보호

1. 상담심리사는 상담과정에서 알게 된 내담자의 민감 정보를 다룰 때 특별히 주의해야 하고, 상담과 관련된 모든 정보의 관리에 있어 개인 정보 보호와 관련된 법을 준수해야 한다.
2. 상담심리사는 사생활과 비밀유지에 대한 내담자의 권리를 최대한 존중해야 할 의무가 있다.
3. 내담자의 사생활 보호에 대한 권리는 존중되어야 하나, 때로 내담자나 내담자가 위임한 법정 대리인의 요청에 의해 제한될 수 있다.
4. 내담자의 사생활 보호가 제한되는 경우라 하더라도, 상담심리사는 내담자의 사생활 침해를 최소화하기 위해 노력해야 하고, 문서 및 구두 보고 시 사생활에 관한 정보를 포함시켜야 할 경우 그 목적과 밀접한 관련이 있는 정보만을 포함시킨다.
5. 상담심리사는 강의, 저술, 동료자문, 대중매체 인터뷰, 사적 대화 등의 상황에서 내담자의 신원확인이 가능한 정보나 비밀 정보를 공개하지 않는다.
6. 상담심리사는 상담기관에 소속된 모든 구성원과 관계자들에게도 내담자의 사생활과 비밀이 보호되도록 주지시켜야 한다.

나. 기록

1. 상담기관이나 상담심리사는 상담의 기록, 보관 및 폐기에 관한 규정을 마련하고 준수해야 한다.
2. 상담심리사는 법, 규정 혹은 제도적 절차에 따라, 상담기록을 일정기간 보관한다. 보관 기간이 경과된 기록은 파기해야 한다.
3. 공공기관이나 교육기관 등은 각 기관에서 정한 기록 보관 연한을 따르고, 이에 해당하지 않는 경우에는 3년 이내 보관을 원칙으로 한다.
4. 상담심리사는 상담의 녹음 및 기록에 관해 내담자의 동의를 구한다.
5. 상담심리사는 면접기록, 심리검사자료, 편지, 녹음 파일, 동영상, 기타 기록 등 상담과 관련된 기록들이 내담자를 위해 보존된다는 것을 인식하며, 상담기록의 안전과 비밀보호에 책임을 진다.
6. 상담심리사는 내담자가 합당한 선에서 기록물에 대한 열람을 요청할 경우, 열람할 수 있도록 한다. 단, 상담심리사는 기록물에 대한 열람이 내담자에게 해악을 끼친다고 사료될 경우 내담자의 기록 열람을 제한한다.
7. 상담심리사는 내담자의 기록 열람에 대한 요청을 문서화하며, 기록의 열람을 제한할 경우, 그 이유를 명기한다.
8. 복수의 내담자의 경우, 상담심리사는 각 개별 내담자에게 직접 해당되는 부분만을 공개하며, 다른 내담자의 정보에 관련된 부분은 노출되지 않도록 한다.
9. 상담심리사는 기록과 자료에 대한 비밀보호가 자신의 죽음, 능력상실, 자격박탈 등의 경우에도 보호될 수 있도록 미리 계획을 세운다.
10. 상담심리사는 상담과 관련된 기록을 보관하고 처리하는 데 있어서 비밀을 보호해야 하며, 이를 타인에게 공개할 때에는 내담자의 직접

적인 동의를 받아야 한다.

다. 비밀보호의 한계

1. 내담자의 생명이나 타인 및 사회의 안전을 위협하는 경우, 내담자의 동의 없이도 내담자에 대한 정보를 관련 전문인이나 사회에 알릴 수 있다.
2. 내담자가 감염성이 있는 치명적인 질병이 있다는 확실한 정보를 가졌을 때, 상담심리사는, 그 질병에 위험한 수준으로 노출되어 있는 제삼자(내담자와 관계 맺고 있는)에게 그러한 정보를 공개할 수 있다. 상담심리사는 제삼자에게 이러한 정보를 공개하기 전에, 내담자가 자신의 질병에 대해서 그 사람에게 알렸는지, 아니면 스스로 알릴 의도가 있는지를 확인한다.
3. 법원이 내담자의 동의 없이 상담심리사에게 상담 관련 정보를 요구할 경우, 상담심리사는 내담자의 권익이 침해되지 않도록 법원과 조율해야 한다.
4. 상담심리사는 내담자 정보를 공개할 경우, 정보 공개 사실을 내담자에게 알려야 한다. 정보 공개가 불가피할 경우라도 최소한의 정보만을 공개한다.
5. 여러 전문가로 구성된 팀이 개입하는 상담의 경우, 상담심리사는 팀의 존재와 구성을 내담자에게 알린다.
6. 비밀보호의 예외 및 한계에 관한 타당성이 의심될 때에 상담심리사는 동료 전문가 및 학회의 자문을 구한다.

라. 집단상담과 가족상담

1. 집단상담을 할 경우, 상담심리사는 그 특정 집단에 대한 비밀보장의

중요성과 한계를 명백히 설명한다.

2. 가족상담에서 상담심리사는 각 가족 구성원의 사생활 보호에 대한 권리를 존중한다. 한 가족 구성원에 대한 정보는, 해당 구성원의 허락 없이는 다른 구성원에게 공개될 수 없다. 단, 미성년자 혹은 심신미약자가 포함된 경우, 이들에 대한 비밀보장은 위임된 보호자에 의해 제한될 수 있다.

마. 상담 외 목적을 위한 내담자 정보의 사용

1. 교육이나 연구 또는 출판을 목적으로 상담관계로부터 얻어진 자료를 사용할 때에는 내담자의 동의를 구해야 하며, 각 개인의 익명성이 보장되도록 자료 변형 및 신상 정보의 삭제와 같은 적절한 조치를 취하여 내담자에게 피해를 주지 않도록 한다.
2. 다른 전문가의 자문을 구할 경우, 상담심리사는 사전에 내담자의 동의를 구해야 하며, 적절한 조치를 통해 내담자의 사생활과 비밀을 보호하도록 노력한다.

바. 전자 정보의 관리 및 비밀보호

1. 전자기기 및 매체를 활용해 상담 관련 정보를 기록 · 관리하는 경우, 상담심리사는 기록의 유출 또는 분실 가능성에 대해 경각심과 주의의무를 가져야 하며 내담자의 정보 보호를 위해 적극적인 노력을 해야 한다.
2. 내담자의 기록이 전산 시스템으로 관리되는 경우, 상담심리사는 접근 권한을 명확히 설정해 내담자의 신상이 드러나지 않도록 조치를 취한다.

6. 심리평가

가. 기본 사항

1. 심리평가의 목적은 심리검사를 활용해 내담자의 자기 이해 및 의사결정을 돕고 치료계획을 수립하는 데 있다.
2. 상담심리사는 규정된 전문적 관계 안에서만 심리검사를 활용한 진단, 평가 및 개입을 한다.
3. 심리평가에 대한 상담심리사의 결과해석, 소견 및 권고는 충분한 정보와 근거를 바탕으로 이루어져야 하며, 상담심리사는 이에 대한 내담자의 알권리를 존중한다.
4. 상담심리사는 심리검사의 결과나 해석을 오용해서는 안 되며, 전문적 자격을 갖추지 않은 사람에 의한 심리검사의 개발, 출판, 배포, 사용에 대해서는 적절한 조치를 취한다.
5. 상담심리사는 내담자 혹은 내담자의 법정 대리인의 동의가 있는 경우에만 내담자의 개인정보가 포함된 심리평가 관련 자료를 공개한다. 단, 공개 대상은 자료를 해석할 만한 충분한 자격을 갖춘 전문가로 제한한다.

나. 검사를 사용하고 해석하는 능력

1. 상담심리사는 심리평가를 수행함에 있어 평가 도구의 채점, 해석과 사용, 관리에 대한 책임이 있으며, 자신이 훈련받은 검사와 평가만을 수행해야 한다. 이는 온라인 검사의 경우에도 해당된다.
2. 상담심리사는 검사도구의 타당도와 신뢰도, 검사도구의 개발과 사용 지침에 대해 이해하고 있어야 한다.

3. 상담심리사는 검사의 실시, 채점 및 해석이 제공되는 온라인 검사의 경우에도 원 검사의 구성 및 해석에 대해 숙지하고 있어야 한다.
4. 상담심리사는 수련생이 심리검사를 유능하게 수행할 수 있는지 지속적으로 감독해야 한다.

다. 사전 동의

1. 상담심리사는 심리평가 전에 내담자 또는 내담자의 법정 대리인에게 사전 동의를 받아야 한다. 사전 동의를 구할 때에는 검사의 목적과 용도, 비용에 대해 내담자가 이해할 수 있도록 설명해야 한다.
2. 상담심리사는 검사 결과를 제공할 때 내담자 혹은 내담자가 사전 동의한 수령인에게 결과를 전달하고 적절한 해석을 제공해야 한다. 이는 집단으로 실시된 검사도 해당된다.

라. 검사의 선택 및 실시

1. 상담심리사는 내담자에게 적절한 심리검사를 선택해야 하며 검사의 타당도와 신뢰도, 제한점 등을 고려한다.
2. 상담심리사는 다문화 배경을 가진 내담자를 위한 심리검사 선택 시, 그의 사회문화적 맥락을 신중히 고려해야 한다.
3. 상담심리사는 표준화된 조건에 따라 검사를 시행한다. 검사가 표준화된 조건에서 시행되지 않거나, 검사 수행 중 일반적이지 않은 행동 혹은 예외적인 상황이 발생할 경우, 그러한 내용을 기록해야 하고, 그 검사 결과의 타당성을 의심하거나 무효 처리할 수 있다.
4. 상담심리사는 신뢰할 수 있는 검사 결과를 얻기 위해 검사지 및 검사도구가 노출되지 않도록 주의하고 그 내용을 언급하지 않을 책임이

있다.

마. 검사 결과의 해석과 진단

1. 상담심리사는 검사 해석에 있어서 성별, 장애, 나이, 성적 지향, 성별 정체성, 사회적 신분, 외모, 인종, 가족형태, 종교 등의 영향을 고려하고, 다른 관련 요인들과 통합 비교해 검사 결과를 해석한다.
2. 상담심리사는 경험적으로 입증되지 않은 평가 도구를 사용할 경우, 그 도구를 사용하는 목적을 내담자에게 설명하고 결과 해석에 신중해야 한다.
3. 상담심리사는 정신장애에 대한 평가를 하는 경우 각별한 주의를 기울여야 한다. 내담자를 위한 치료 방향, 치료 유형 및 후속조치를 결정하기 위해서 개인 면담 및 평가 방법을 신중하게 선택하고 사용한다.
4. 상담심리사는 내담자의 문제가 그가 속한 문화의 영향을 받는다는 것을 인지하고, 정신장애 진단 시 사회경제 및 문화적 경험을 고려해야 한다.
5. 상담심리사는 정신장애를 진단하는 것이 내담자나 다른 사람들에게 해가 된다고 판단할 경우, 진단 혹은 진단 결과의 보고를 유보할 수 있다. 상담자는 진단이 지니는 긍정적, 부정적 함의를 신중하게 고려한다.

바. 검사의 안전성

1. 상담심리사는 공인된 검사의 전부 또는 일부를 발행자 허가 없이 사용, 재발행, 수정하지 않는다.
2. 상담심리사는 실시한 지 오래된 검사 결과에 기초한 평가를 피하고,

시대에 뒤떨어진 검사 도구를 사용하지 않는다.

3. 상담심리사는 심리검사의 요강, 도구, 자극, 또는 문항이 대중매체, 인터넷(온라인) 등을 통해 노출되지 않도록 해야 하며, 또한 특정한 반응에 대한 구체적인 해석이 대중적으로 공개되지 않도록 해야 한다.

7. 수련감독 및 상담자 교육

가. 수련감독과 내담자 복지

1. 수련감독자는 수련생이 진행하는 상담을 지도 · 감독할 때, 내담자의 복지를 우선적으로 고려해야 한다.
2. 수련감독자는 수련생이 내담자들에게 상담 서비스를 제공함에 있어서, 자신의 자격요건을 명확히 알리도록 지도한다.
3. 수련감독자는 사전 동의 및 비밀보장 등의 권리가 내담자에게 있음을 수련생에게 주지시킨다.

나. 수련감독자의 역량과 책임

1. 수련감독자는 사례지도 방법과 기법들에 대한 교육과 훈련을 받음으로써, 사례지도 역량을 향상시키기 위해 노력한다.
2. 수련감독자는 전자 매체를 통해 전송되는 모든 사례지도 자료의 비밀보장을 위해서 주의하고, 필요한 조치를 취한다.
3. 수련감독자는 사례지도를 진행할 때, 학회에서 권고한 사례지도 형식과 시간을 준수해야 한다.
4. 수련감독자는 사례지도를 시작하기 전에, 진행 과정에 대해 충분히 설명한 후 동의를 받음으로써, 수련생의 적극적 참여를 독려할 책임

이 있다.

5. 수련감독자는 수련생에게 그들이 준수해야 할 전문가적 · 윤리적 규준과 법적 책임을 숙지시킨다.
6. 수련감독자는 지속적 평가를 통해 수련생의 한계를 파악하고, 그가 자신의 한계를 인식하고 보완할 수 있도록 돕는다.
7. 자격 심사 추천을 하는 주 수련감독자는 수련생이 합당한 역량을 모두 갖추었다고 여겨질 때에만 훈련과정을 확인 및 추천한다.

다. 수련감독자와 수련생 관계

1. 수련감독자는 수련생과 상호 존중하며 윤리적, 전문적, 개인적, 그리고 사회적 관계를 명료하게 정의하고 유지한다.
2. 수련감독 관계의 변화나 확장이 있을 경우, 수련감독자는 그로 인한 문제가 발생하지 않도록 적절한 전문적 조치를 취한다.
3. 수련감독자와 수련생은 성적 혹은 연애 관계를 갖지 않는다.
4. 수련감독자와 수련생은 상호 성희롱 또는 성추행을 해서는 안 된다.
5. 수련감독자는 가족, 친구, 동료 등 상대방에 대한 객관성을 유지하기 힘든 사람과 수련감독 관계를 맺지 않는 것을 원칙으로 한다.

라. 상담 교육자의 책임과 역할

1. 상담 교육자는 상담과 관련된 자신의 지식과 능력 범위 안에서 교육을 제공하며, 상담 분야에서의 가장 새로운 정보와 지식을 활용한다.
2. 상담 교육자는 교육과정에서 상담사의 다양성 인식 증진 및 다문화적 역량 향상을 도모한다.
3. 상담 교육자는 교육생들이 상담이라는 전문직의 윤리적 책임과 규준

을 숙지할 수 있도록 지도하고, 교육자 스스로 윤리적인 역할 모델이 될 수 있도록 노력한다.

4. 상담 교육자는 자신이 속한 기관의 정책과 실제가 수련과정의 취지와 어긋난다면, 가능한 범위에서 그 상황을 개선하도록 노력한다.
5. 상담 교육자는 수련 중인 학회 회원의 상담료나 교육비를 책정할 때 특별한 배려를 함으로써 상담사 양성에 기여한다.
6. 강의나 수업 중에 내담자, 학생, 혹은 수련생에 관한 정보나 이야기를 사례로 활용할 경우, 신상 정보를 충분히 변경해 그 개인이 드러나지 않도록 보호한다.
7. 상담 교육자는 교육생들이 훈련프로그램 중 상담사의 역할을 할 경우에도, 실제 상담사와 동일한 윤리적 의무와 책임이 있음을 인식하도록 지도한다.
8. 상담 교육자는 평가대상이 되는 학생과 상담관계를 맺지 않는다. 단 학교 현장에서 교육의 목적으로 이루어지는 집단상담의 경우는 예외로 한다.
9. 상담 교육자와 교육생은 성적 혹은 연애 관계를 갖지 않는다.
10. 상담 교육자와 교육생은 상호 성희롱 또는 성추행을 해서는 안 된다.

8. 윤리문제 해결

가. 숙지의 의무

1. 상담심리사는 본 윤리강령 및 적용 가능한 타 윤리강령을 숙지해야 할 의무가 있다. 본 윤리강령에 대해 모르고 있거나, 잘못 이해했다고 해도 비윤리적 행위가 정당화될 수는 없다.

2. 상담심리사는 현행법이 윤리강령을 제한할 경우, 현행법을 우선적으로 적용한다. 만약 윤리강령이 현행법이 요구하는 것보다 엄격한 기준을 설정하고 있다면 윤리강령을 따라야 한다.
3. 특정 상황이나 행위가 윤리강령에 위반되는지 불분명할 경우, 상담심리사는 윤리강령에 대해 지식이 있는 다른 상담심리사, 해당 권위자 및 상벌윤리 위원회의 자문을 구한다.
4. 상담심리사는 사실이 아닌 일을 만들거나 과장해서 위반 사례로 신고하거나 이를 조장하지 않는다.

나. 윤리위반의 해결

1. 상담심리사는 다른 상담심리사의 윤리강령 위반을 인지한 경우, 그 위반이 심각한 해를 끼치지 않는다면, 우선 해당 상담심리사에게 윤리문제가 있음을 인식시킨다.
2. 명백한 윤리강령의 위반으로 개인이나 조직이 실질적인 해를 입거나 그럴 가능성이 있는 경우, 그리고 개별적인 시도로 해결되지 않는 경우, 상담심리사는 상벌윤리 위원회에 신고한다.
3. 소속 기관 및 단체와 본 윤리강령 간에 갈등이 있을 경우, 상담심리사는 갈등의 본질을 명확히 하고, 소속 기관 및 단체에 윤리강령을 알려서 이를 준수하는 방향으로 해결책을 찾도록 한다.

다. 상벌윤리 위원회와의 협조

1. 상담심리사는 상벌윤리 위원회의 업무에 협조한다. 상담심리사는 윤리강령을 위반한 것으로 신고된 사건 처리를 위한 상벌윤리 위원회의 조사, 요청, 기타절차에 협력한다.

9. 회원의 의무

본 학회의 모든 회원(정회원, 준회원)은 상담심리사 자격취득 여부와 상관없이 본 윤리강령을 준수할 의무가 있다. 윤리강령에 어긋나는 행위를 한 상담심리사는 윤리강령과 상담심리학회 회칙에서 정한 절차에 따라 징계를 받을 수 있다. 또한 징계결과를 학회원, 다른 기관이나 개인에게 알릴 수 있다.

부칙

1. 본 윤리강령은 2003년 5월 17일부터 시행한다.
2. 본 윤리강령은 학회 명칭과 상담전문가 명칭을 변경함에 따라 해당되는 용어를 수정해 2004년 4월 17일자부터 시행한다.
3. 본 개정 윤리강령은 2009년 11월 21일부터 시행한다.
4. 본 개정 윤리강령은 2018년 1월 1일부터 시행한다.

저자 소개

청소년상담전문가 **김태연**(Kim Taeyeon)

한양대학교 교육학과 상담심리 전공 석사, 한양대학교 다문화교육학과 박사를 수료했다. 한국상담심리학회 상담심리사 1급, 청소년상담사 2급 자격을 취득했다. 2001년부터 20여 년간 청소년부터 성인을 대상으로 심리상담을 하고 있으며, 청소년상담복지센터, 대학교상담센터, 사설 상담센터 등에서 근무했다. 청소년상담복지센터에서는 3개 기관에서 약 6년간 전화상담원, 전일제 청소년동반자, 상담원(일시보호소 운영, CYSNet 운영 등) 등 실무자로 근무했다.

학교상담전문가 **민춘숙**(Min Choonsuk)

덕성여자대학교에서 상담 및 심리치료 전공으로 박사를 수료했다. 한국상담심리학회 상담심리사 1급, 한국상담학회 전문상담사 1급, 여성복지부 청소년상담사 1급, 한국산업인력공단 임상심리사 1급, MBTI 강사, 미술치료사 1급, 인간중심 · 포커싱 전문과정 자격을 취득했다.
인천승학초등학교, 계남초등학교, 계남중학교, 부천서여자중학교, 상인천여자중학교, 인제고등학교, 신현고등학교 등 2012년부터 2023년까지 Wee클래스 전문상담사로 근무했다. 건강가족지원센터, 허그맘허그인, 마인드카페, 이지앤웰니스, 병영생활전문상담관 등 다양한 현장에서 아동 · 청소년부터 성인까지 심리상담을 하고 있다.

병영생활상담전문가 **박민정**(Park Minjung)

덕성여자대학교 문화산업대학원에서 임상 및 상담심리 전공으로 석사학위를 취득하고, 포커싱 심리치료, 인간중심상담전문가 과정을 수료했다. 한국상담심리학회 상담심리사 1급/2급, 청소년상담사 2급, 임상심리사 1급, 성폭력 상담원 자격을 보유하고 있다. 다수 국공립학교와 건강가정지원센터, 서울시 감정노동종사자권리보호센터, 국방부 병영생활전문상담관으로 근무했으며, 현재는 편안한 심리상담센터를 개업하고 센터장을 맡고 있다. 인간중심상담과 실존주의상담에 관심이 있으며, 최근에는 현상학과 근본적 수용(Radical acceptance)에 관심을 두고 있다.

대학상담전문가 **손자영**(Son Jayoung)

숙명여자대학교에서 상담 및 생활지도 전공으로 교육학 박사학위를 취득했다. 한국상담심리학회 1급 상담심리사이자 한국상담학회 1급 전문상담사이고, 한국상담학회 심리치료분과에서 자격관리 부위원장직을 역임했다. 2016년부터 2021년까지 가천대학교와 서울대학교 대학생활문화원에서 전임상담사와 특별상담사로 근무했으며, 현재는 홍익대학교 세종캠퍼스에서 겸임교수로 재직하면서 학부생을 대상으로 인간관계론 강의를 하고 있다. 또한 리솜심리상담센터를 운영하며, 대학생을 포함해 청소년부터 성인을 대상으로 심리상담과 상담수련생 지도를 하고 있다.

고용노동부상담전문가 **신수진**(Shin Soojin)

2013년 한국상담대학원대학교에서 상담심리학 석사를 졸업하고 상담 실무를 배우고자 한국방송통신대학교 진로심리상담센터에 지원해 1년간 인턴을 거쳐 한국상담심리학회 상담심리사 2급과 산업인력공단 임상심리사 2급을 취득한 후 본격적인 상담에 진입했다.

그 이후 개인센터에서 레지던트를 수련과 병행하고 건강가정지원센터에서 개인, 부부, 가족상담을 경험한 후 서울가정법원 면접교섭위원, 가사상담위원, (주)다인 고용노동부상담과 EAP상담을 하며 상담심리사 1급을 취득했다. 2021년에는 재정비를 위해 1년간 휴식기를 가지고자 했으나 그해 10월 육군소속 병영생활전문상담관에 지원해 현재 4년째 군 장병들을 만나고 있다.

병원상담전문가 **이항순**(Lee Hangsoon)

연세대학교 연합신학대학원 상담학 연구과정과 가톨릭대학교 상담심리대학원에서 상담학과 석사를 졸업했다. 현재 한림대학교 일반대학원 생명교육융합학과 생사학 박사과정 중에 있다. 한국 상담심리학회 상담심리사 1급이며, 부부상담전문가, 미술치료사 2급 자격증이 있다.

2013년부터 12년간 연세 준 정신건강의학과 부설 연세지아심리상담센터에서 상담실장을 역임했다. 중학교 전문상담사, 건강가정지원센터, 사설 상담센터, 공공기관 상담실, 지방법원 협의 이혼 상담위원의 경력으로 16년간 심리상담을 하고 있다. 청소년부터 성인까지 다양한 상담경험을 바탕으로 현재 빛들 심리상담센터를 운영하고 있다. 대상관계이론과 트라우마에 대한 이론과 기법에 관심이 있다.

기업상담전문가 **최인선**(Choi Insun)

이화여자대학교 수학과를 졸업하고 금융회사에서 6년여간 근무했다. 출산과 육아로 약 4년간의 경력단절 후 숙명여자대학교 일반대학원 교육학과에서 상담교육 전공으로 석사학위를 취득하고, 박사를 수료했다. 소지한 자격은 한국상담심리학회 상담심리사 1급, 청소년상담사 2급, 직업상담사 2급, 임상심리사 2급, 하트풀니스 명상 트레이너, NAHA 국제 아로마테라피스트 자격을 보유하고 있다. 2012년부터 다수 대학교, 청소년상담복지센터, EAP 기업상담 전문기관, 사설 상담센터에서 심리상담사로 근무했으며, 현재는 S사 사내 기업상담실의 상담실장으로 근무하고 있다. 최근에는 언어 기반 상담 외에도 몸감각 기반 통합 치료에도 관심이 있다.

상담사 커리어 로드맵

7인의 1급 상담심리사가 알려 주는 현장 솔루션

A Career Roadmap for Counselors

2025년 10월 25일 1판 1쇄 인쇄
2025년 10월 30일 1판 1쇄 발행

지은이 • 김태연 · 민춘숙 · 박민정 · 손자영 · 신수진 · 이항순 · 최인선
펴낸이 • 김진환
펴낸곳 • (주) 학지사
04031 서울특별시 마포구 양화로 15길 20 마인드월드빌딩
대표전화 • 02)330-5114 팩스 • 02)324-2345
등록번호 • 제313-2006-000265호

홈페이지 • http://www.hakjisa.co.kr
인스타그램 • https://www.instagram.com/hakjisabook

ISBN 978-89-997-3574-5 93180

정가 18,000원